세계의 선생님들이 바라본 교사의 역할과 가능성

교사의
전문성,
어떻게
만들어지나

교사의
전문성,
어떻게
만들어지나

초판 1쇄 인쇄 2015년 5월 28일
초판 1쇄 발행 2015년 6월 10일

지은이 국제교원노조연맹
옮긴이 김석규
펴낸이 김승희
펴낸곳 도서출판 살림터

기획 정광일
편집 조현주
북디자인 꼬리별

인쇄·제본 (주)현문
종이 월드페이퍼(주)

주소 서울시 영등포구 양평로21가길 19 선유도 우림라이온스밸리 1차 B동 512호
전화 02-3141-6553
팩스 02-3141-6555
출판등록 2008년 3월 18일 제313-1990-12호
이메일 gwang80@hanmail.net
블로그 http://blog.naver.com/dkffk1020

ISBN 978-89-94445-89-2 03370

세계의 선생님들이 바라본 교사의 역할과 가능성

교사의 전문성, 어떻게 만들어지나

국제교원노조연맹 보고서 | 김석규 옮김

살림터

교사의 전문성 담론과 교원노조의 역할

한만중_전 전교조 부위원장

교원노조 활동을 해온 입장에서 이 책이 주는 메시지는 분명하였다.

"세계의 교사들이여! 학생들에게 질 높은 교육과 공교육 강화를 실현하기 위해 교사의 전문성을 강화하고 함께 교육의 본질을 실현하기 위해 실천하고 단결하자!"

2011년부터 2013년까지 교사에 관한 회의에 제출되었던 국제교원노조연맹 EI(Education International)의 교원의 전문성에 대한 세 편의 보고서는 21세기 세계 사회에서 교원들이 직면한 현실과 고민, 그 해결 방안을 교원 전문성의 측면에서 바라보고 있다.

영국의 존 뱅스와 데이비드 프로스트 교수John Bangs and David Frost가 2011년에 발표한 「교사의 자기 효능감과 목소리, 지도력」은 교사들이 자기 효능감(자기실현)을 가지는 것이 학생들이 행복한 질 높은 교육의 선결 조건이며, 학교와 교육정책 운영이 관리자 중심에서 교사의 지도력이 보장되는 분권형 지도력을 형성하고 교육정책과 전문성 개발에 주도적으로 참여해야 한다는 것을 결론으로 제시하고 있다.

「교사라는 전문 직업의 미래」 편은 존 맥베스 교수가 2012년 회의에 제출한 논문으로 전 세계적으로 교사들에게 불어닥쳤던 교원의 정체성 위기의 배경이 되었던 주요 정책의 변화와 이에 대한 해법을 찾기 위한 지난한 과정을 현란한 비유와 해법으로 보여준다. 신자유주의 세계화의 흐름은 자유주의적인 교사의 교육 방식과 교육과정을 개편하기 위한 과정에서 교육 성취도에 대한 학교의 효과성을 묻고, 나아가서 이에 관한 교원 개개인의 성과를 추궁하는 정책으로 나아가게 된다. 이 과정에서 영·미를 중심으로 하는 지역의 교원들은 '화려한 신화' 시대의 자존감과 정체성이 송두리째 흔들리는 과정을 이 논문을 통해 생생하게 드러내고 있다. 한국에서도 신자유주의 교육정책이 기승을 부리기 시작하면서 학교 평가와 교원 성과급 제도에 이어 교원 평가가 도입되는 과정에서 교사집단에 가해졌던 시선과 이에 대한 교원노조를 비롯한 교사집단의 대응 과정을 되새기게 해준다. 5·31 교육개혁 이후 한국 사회에 밀려온 경쟁을 통한 교육의 효율성 추구와 표준화된 평가체제에 복무하는 교사를 만들기 위한 일련의 과정은 영·미에는 존재하지 않고 있는 학교와 학원의 효과성이라는 비논리적이고 반교육적인 수단을 동원하여 가해졌다.

이 논문은 이러한 사회적 흐름과 미래 사회의 학교 역할 등에 대한 다양한 연구 결과들을 통해 학교의 역할을 재구성하고 교원의 역할을 재정립하기 위한 교사들의 집단적인 노력이 필요하다는 진단을 제출한다. 교원 전문성의 개념을 재정립하고 확장하면서 학교와 지역사회, 교사와 학부모와의 관계 등의 네트워크를 형성해나가는 방안 등은 한국의 혁신학교와 혁신교육지구 사례에서 그 실천적 모습을 확인하게 된다.

국제교원노조연맹의 연구소 자문위원인 로라 피가졸로가 작성한 「교원 평가의 활용과 오용」은 전 세계적으로 실시되고 있는 교원평가제도에 대해 교원노조의 입장에서 제출한 최초의 국제 비교 보고서이다. 2002년 사교육비 경감 방안의 일환으로 이른바 교원의 전문성 함양을 위한 평가제도라는 명목으로 새로운 교원 평가를 도입하려 했던 정부에 대항하여 지금도 시행령 수준의 법적 근거를 가지고 실시되는 교원평가제도의 본질과 문제점을 객관화하는 데 이 논문은 많은 시사점을 보여준다.

세 편의 논문은 각각의 영역을 다루지만 교사의 자기 효능감과 학교와 교육제도 속에서의 위치와 역할에 대해서는 공통되고 일관된 입장을 견지하고 있다. 그것은 교사는 교육의 본질을 추구하기 위한 활동에서 자기 효능감을 느끼고 자신의 역할에 맞는 사회경제적 지위와 학교를 비롯한 교육제도와 정책에서 주체로서 위상을 지녀야 한다는 것이다. 이를 위해서는 한 사회에서 교사가 처한 현실에 대한 총체적인 조망을 바탕으로 집단적인 실천이 이루어져야 하고 그 역할은 조직화된 교사집단인 교원노조에게 부여된 사명임을 강조한다. 교원평가제도 역시 교원노조와 교사집단이 그 필요성과 내용을 동의하고 함께 설계했을 때 효과를 거둘 수 있다는 것을 강조한다.

"교원노조는 전문가로서 교사의 자율성과 지도력을 높일 조건을 마련하고 자신감을 더해줄 수 있다. 교원노조는 양질의 전문성 개발 프로그램을 제공할 수 있을 뿐만 아니라 전문성 개발을 위한 정책 분야에서 지도력을 발휘할 수 있다. 교원노조는 교과과정, 표준, 교수학습 방법, 평가와 같은 문제에 대해 실사구시의 정책을 제창할 수 있고, 조합원들이 이런 정책을 놓고 토론하고 아이디어를 제공할 중요한 기회를 제공할 수 있다"는 것이다.

이 책은 세계 곳곳에서 교사들이 공통적인 현실과 고민을 안고 살아가고 있는 현실을 보여준다. 연구자들은 교사들, 특히 교원노조 관계자들과의 양적으로 풍부하고 질적으로 깊은 대화와 연구를 통해 그 현실과 해법을 드러내는 방식을 취하고 있다. 또한 교사집단의 조직화된 대중 조직인 교원노조가 그 고민과 과제를 해결하기 위해 연구 활동 등의 치열한 노력과 세계적인 차원에서의 연대 활동이 이루어져야 함을 강조한다. 또한 이러한 보고서가 미국의 교육부와 양대 교원노조가 함께 만든 '교사에 관한 회의'에 제출되고 정부 정책에 많은 영향을 미치고 있음을 보여준다.

이러한 측면에서 이 책은 전교조 활동과 관련하여 교원노조뿐만 아니라 사용자 역할을 담당하는 정부의 역할에 대해서도 많은 시사점을 제시하고 있다. 전교조는 1989년 참교육 실현을 위해 노동조합을 선언하면서 출범하였다. 1999년 김대중 정부에서 전교조가 합법화되면서 일부 세력은 전교조가 참교육 정신을 잃어버렸다고 비판한다. 하지만 교섭의 상대자인 정부는 교원노조와의 단체교섭은 교원의 경제적 지위 향상에 관한 사항으로 국한되어야 한다고 주장하면서 교사의 삶과 밀접하게 연관된 정책에 참여하는 것을 배제해왔다. 반면에 교원 평가와 학교 평가, 성과급 제도의 삼중 평가에 의해 교원의 자율성과 전문성을 침해하는 정책으로 일관해왔다. 이러한 과정에서 전교조가 교육 시장화 정책과 교원 통제 정책에 반대하는 투쟁에 집중하게 되고 신규 교원들의 계층적인 변화 등과 맞물려 전교조 가입 조합원들이 지속적으로 감소해왔다. 혁신학교 등 교사 주도의 학교 혁신 운동이 전교조 운동에 바탕을 두고 이루어진 것^{정진화, 2014}이 분명하지만 교과와 생활 교육의 전문성을 담보해온 전교조의 역할이 상대적으로 약해진 것도 현실이다.

이 책은 교사 전문성의 개념을 교사의 역할이 학교에서의 수업과 교육 활동을 넘어서, 지역사회와의 연계 활동, 교육정책에의 참여로 확장해나가는 것을 설정하고 있다. 이와 관련한 전문성을 갖추기 위한 집단적인 노력과 연구 활동, 교육부와 교육청과의 단체교섭에서 사회적 교섭의 비중을 높이는 활동이 전교조 활동에서도 중요한 역할로 설정되어야 할 것이다. 실제 이 책에서 그려지고 있는 교사와 학생, 학부모와의 교육 3주체론에 입각한 신뢰와 연대 활동 교사 주도의 학교 개혁 운동, 혁신교육지구 등에서 실현되고 있는 지역과 함께하는 운동에서 한국의 교사들은 치열하고 선도적인 모습을 보여주고 있지 않은가!

전교조 국제국장으로 활동하면서 지금은 충북에서 지역사회와 함께하는 교육 노동의 삶을 몸소 구현하고 있는 김석규 선생님이 없었으면 이 좋은 논문이 우리에게 쉽게 전달될 수 없었을 것이다. 혁신학교 등 교사들의 집단적인 실천을 통한 공교육의 강화가 현실화되는 또 하나의 참교육 실천 운동이 불붙고 있는 시점에서 전교조 운동을 비롯한 교사의 역할을 되새김질할 수 있는 이 책이 번역된 것을 행운으로 여기며 그 고민과 열정에 찬사를 드린다.

옮긴이의 말

    여기에 번역한 교사 전문성에 관한 세 편의 논문은 '교사에 관한 회의Teachers Summit'에서 2011, 2012, 2013년에 국제교원노조연맹Education International, EI이 발표했던 원고이다. '교사에 관한 회의'란 미국의 교육부와 양대 교원노조National Educational Association, American Federation of Teachers' Union; NEA, AFT가 주도하여 OECD 국가들의 교육부 관료와 교원노조 지도자들을 초청하여 개최하기 시작한 학술회의이다. 이 회의에서 국제교원노조연맹EI은 미국 교원노조의 요청에 따라 교사의 시각을 가지고 교사 전문성 정책을 분석하고 대안을 제시하였다.

    한국은 2011년 미국 뉴욕에서 열린 첫 회의에 교육부와 교총, 전교조 대표단이 함께 참석한 이후 큰 관심을 보이지 않고 있지만, 회의는 해마다 한 차례씩 계속 이어지고 있다. 교사 전문성에 대한 정책의 흐름을 국제적으로 비교해볼 수 있는 좋은 기회인데, 한국의 교원 평가 정책이나 성과급이 얼마나 교사의 목소리를 외면한 형태로 실시되고 있는지 파악할 수 있는 회의이다. 아쉽게도 번역자가 회의에 참석하지 못하여 토론으로 이어진 내용까지 소개하지는 못하지만, 국제교원노조연맹의 발표 원고만 꼼꼼히 읽어보아도 우리나라 교사 전문성 정책을 반성할 수 있을 것이다. 특히, 교원단체 회원들은 교사들의 자발성을 기초로 하여 전문성 개발을 추진하기 위한 실천과 연구 방향에 대한 유익한 시사점을 얻을 수 있을 것이다.

우리가 교사 전문성에 대해 새삼스럽게 관심을 가져야 할 이유는 진보 교육감의 대거 당선과 혁신학교운동의 확산에 있다. 혁신학교를 가능케 한 요인 중 하나가 교사들의 전문성이라는 점, 즉, 전국교직원노동조합(전교조) 소속 교사들이 중심이 되어 집단지성을 발휘한 때문이라는 점을 주목해야 한다. 교사들이 민주적으로 토론하여 학교의 교육과정을 새롭게 계획하고 서로의 수업을 공개하면서 부족한 점을 개선해나가는 동료성을 발휘했기 때문에 혁신학교들이 성공할 수 있었다고 한다. 여기서 성공이란 교사 문화를 일신하고 무기력하던 학생들이 높은 학습 의욕을 보이기 시작했다는 점을 강조한 것이다. 여기에 번역한 국제교원노조연맹의 2011년 발표 논문에서도 밝혔지만, 교사 전문성의 한 영역인 교사들의 집단적 자기 효능감이 높아지면서 학생들의 학습 동기까지 높인 것으로 해석할 수 있다. 분명히 혁신학교 교사들은 우리가 이제까지 보지 못했던 교사의 전문성을 발휘하고 발전시킨 것이다.

우리나라의 교사 전문성에 대한 연구 동향을 살펴보면, 신자유주의 정책의 영향인지 "수업 잘하는 교사"를 중요시하면서 교사 전문성의 내용을 교과 지식과 업무 수행 능력 정도로 협소하게 이해하는 흐름이 주류이다. 물론 주류 교육학자들도 교사 전문성의 내용으로 지식, 기능과 함께 교사의 신념을 중요한 요소로 들기는 하지만, 교원 능력 평가와 같은 제도로 나타날 때 평가 점수 체크리스트에는 태도, 가치관, 소명의식과 같은 요소의 비중을 아주 적게 반영하는 것이 현실이다. "교사의 열정이 곧 전문성"이라고 주장하는 오욱환[2005]처럼 신자유주의 흐름을 비판하는 학자도 다수 존재하므로, 그러한 연구와 연결하여 번역

논문을 살펴보면 더욱 유익할 것이다.

1990년대 초 김영삼 정부의 국가경쟁력 강화 담론의 도입 이후 교사 전문성 중 기능과 지식을 강조하면서 교사의 탈전문화를 부추겼다는 지적이 있다. 또한 교육 시장화 정책이 학생의 학업 성취 결과 향상으로 직결되는 교사 전문성만을 중시하면서, 수량화나 측정이 어려운 요소를 배제하고 교사 간 협력과 대화마저 위축시켰다는 분석도 있다.

서구의 경우와 비교할 경우 똑같이 신자유주의 정책이 시행되더라도 한국의 국가 통제가 훨씬 강하기 때문에 우리나라 교사의 탈전문화 정도가 심하다는 점을 염두에 두어야 할 것이다. 교육과정의 편성 또는 운영과 같이 높은 수준의 교사 자율성과 전문성이 요구되는 영역에 대하여 국가의 통제 위주 정책이 전문성 신장의 장애물로 작용하고 있는 구체적인 사례에 대한 연구 결과도 있다. 최근에 혁신학교와 함께 등장한 교사학습공동체가 교사 전문성 개발의 계기가 될 수 있다는 주장도 등장하였다. 서경혜[2009]는 해외 사례와 더불어 국내의 협동학습연구회의 경우를 분석하여 교사학습공동체 내에서 이루어지는 전문성 개발의 특성과 한계를 잘 보여주는데, 국제교원노조의 2012년 발표 자료 「교사라는 전문 직업의 미래」에서도 비슷한 사례를 소개하고 있다. 하지만 국가별로 교사 문화의 차이가 있기 때문에 우리나라만이 가지고 있는 가능성을 무시할 필요는 없다. 예를 들면, 「교사의 자기 효능감, 목소리, 지도력: 국제교원노조연맹의 정책 방향」에서 보면, 덴마크 교사들이 학교 울타리 밖을 벗어나서 교사가 전문성을 발휘해야 한다는 데 대해 부정적으로 인식하고 있는 데 비해, 우리나라의 혁신학교 교사들은 지역사회와 협력하는 데 지도력을 발휘하고 있다.

교사를 통제와 관리의 대상으로 보는 관점을 거부하고 교사들의 자존감, 자기 효능감, 지도력을 중시하는 것은 교사 전문성에 대한 교사

입장을 표현하는 출발점이다. 2011년 열린 최초의 '교사에 관한 회의'에서 국제교원노조연맹이 교사의 자기 효능감과 지도력을 중요한 영역으로 제시한 것도 그런 입장에서 나왔다. 교육심리학자인 김아영[2012]도 역시, 교사 전문성의 핵심 요인으로 교사 효능감을 들고 있으며, 기능이나 지식보다 열정, 신념, 자신감을 강조한다. 우리나라에서는 혁신학교 교사들이 이런 방식으로 전문성을 개발하는 사례를 보여주고 있지만, 이를 자세히 분석한 연구가 아직 드물기에 여기 번역한 국제교원노조연맹의 논문들이 그런 연구와 실천을 강화할 것을 기대한다. 특히, 국제교원노조연맹은 「교사라는 전문 직업의 미래」를 통해 미래 사회에 학교의 모습이 어떻게 변해갈지에 대한 여러 가지 시나리오를 인용하면서 교사들이 갖추어야 할 자질과 능력에 대하여 생각해볼 기회를 제공하고 있다. 예를 들면, 교사는 더 이상 교실과 학교 담장 안에 머물기보다 지역사회와 소통하고 교육 자원을 동원하는 지도력을 발휘할 수 있어야 한다고 하는데, 이때 교사 전문성의 내용은 지금까지보다 훨씬 넓어져야 한다. 각각의 논문을 좀 더 자세히 소개하면서 그 시사점을 이야기해보자.

먼저, 「교사의 자기효능감, 목소리, 지도력: 국제교원노조연맹의 정책 방향」을 살펴보면, 자신감을 가진 교사들이 전문가로서 학교 안에서 서로 협력하는 문화를 만들 경우에 교사와 학생 모두가 행복할 수 있다는 점을 강조한다. 이때 교장과 관리자들은 교사들이 교수학습, 교과과정 개발, 학부모/지역사회와의 협력 등에 있어서 지도력을 충분히 발휘하도록 권한을 위임해야 한다고 주장한다. 최근에 우리나라에서 이런 종류의 지도력을 '수평적 리더십'이라고 부르는 경우가 많은데, 여기서는 권한을 나눠 가진다는 의미에서 '분권형 지도력distributed leadership'이라는 용어를 사용한다. 두 용어에 표현된 방식으로 교사 지도력이 발휘되려면, 학교의 의사결정 구조가 민주적이어야 하고 교사 개인이나 집단이 자신의 의견을 표현할 자유와 통로가 보장되어야 함은 물론이다. 이런 환경에서 교사들이 전문가로서 서로 협력하는 문화를 만들고 서로의 수업까지 공개하며 전문적인 학습공동체를 만들 수 있다고 한다. 이러한 학교의 문화를 위협하는 중앙정부의 시도에 대하여 교장까지도 나서서 반대하는 사례가 있는데, 호주에서는 일제고사 성적에 따른 학교 순위표를 공개하려는 정책에 대하여 교장들이 징계 위협을 무릅쓰고 집단으로 반발했다고 한다.

다음으로 「교사라는 전문 직업의 미래」에서는, 교사가 교육 전문가로서 정체성을 유지하고 발전시킬 수 있게 하는 사회정치적 환경과 학교 교육제도의 역사를 살펴보고 있다. 전문가로서 가져야 할 자율성, 자기 효능감, 자신감에 영향을 미치는 요인으로 통제 강화, 역할에 대한 과부하, 탈전문화, 학생의 일탈 행동을 들고 있는데, 우리나라만의 문제가 아니라는 점이 놀랍다. 상황이 이렇게 된 배경으로 '학교 효과성' 개념이 등장한 역사를 분석하고, 이에 반대하고 그 대안으로 방과 후 놀이 프로그램을 실시했다는 점이 우리나라 대안학교운동의 등장을 보는 듯하다. 그리고 미래 사회의 학교가 요구하는 교사의 전문성에 대하여 동료 간 협력과 학교-지역사회 협력이 그 중심 주제가 될 것이라는 주장도 귀 기울여야 할 부분이다. 교원노조가 여기에서 중요한 역할을 할 것이라는 예측도 현실성이 있어 보인다.

마지막으로 「교원 평가의 활용과 오용-OECD 국가를 중심으로」에서는, 교육의 효과를 좌우하는 가장 큰 변수로 교사 효과를 들면서 교원 평가제도를 중시하지만 평가의 기준과 방법에 대한 우려가 여전히 크다는 점을 지적한다. 즉, 교사의 자질과 전문성을 체크리스트 몇 가지 항목으로 협소하게 정의하고, 학생의 시험 성적과 같은 수치에 근거하여 등급으로 서열을 만들며, 평가 결과를 성과급과 같은 금전적 보상과 연계시킬 때 여러 가지 부작용이 나타나는 사례를 제시한다. 우리나라의 교원평가제도에 대해 전문성 개발을 지원하겠다는 정책 의도를 인정해주고 있는데, 제도를 설계하는 과정에서부터 교사들의 참여를 배제하였고 승진 기준이 되는 근무평정이나 성과급 지급 기준이 되는 평가와 겹치는 부분이 많아서 문제가 되고 있는 점을 분석하지는 않는다.

따라서 미국에서 교원노조들이 참여하여 만든 '전문적 교수활동을 위한 국가위원회National Board of Professional Teaching Standards'와 '뉴욕 주 교원평가와 개발Teacher Evaluation and Development'과 같은 사례를 좀 더 깊이 살펴볼 필요가 있다. 그리고 이 논문에서 주장하듯이, 학생의 성적 향상 정도를 중시하는 '성과향상도 평가방법value-added methods, VAMs'이 수업을 시험문제 풀이 위주로 변화시키거나 부자 동네 학교의 교사들이 좋은 등급을 받는 현상과 같은 부작용을 나타낸다는 점에 주목해야 한다. 그 대안으로 '종합적인 접근방법'을 말하는데, 평가과정을 설계하는 데 교사들이 참여하고, 체크리스트보다는 자기 성찰의 기록과 동료 관찰을 활용하여 평가하는 방식을 제시하고 있다. 우리나라에서도 교육부와 진보 교육감이 이런 문제로 충돌한 적이 있기 때문에 좀 더 자세히 살펴볼 필요가 있다.

아무쪼록 이 책이 교사 전문성이라는 주제를 교사의 관점에서 논의하는 흐름을 강화하는 계기가 되기를 바라며, 이 연구를 진행했던 국제교원노조연맹의 노력에 경의를 표한다. 또한 이 논문을 번역하여 출판하도록 허가해준 EI의 회원단체인 전국교직원노동조합에게 감사드린다. 번역자의 역량이 부족하여 잘못 번역한 부분이 있을까 염려되지만, 출판하도록 격려해신 한국교육연구네트워크 회원들을 비롯한 연구자와

교사들의 따끔한 질책을 기다린다는 점을 밝히고 싶다. 어려운 형편에
도 출판을 맡아주신 살림터 정광일 사장님께도 감사드린다.

2015년 5월

김석규

I

교사의 자기 효능감, 목소리, 지도력: 국제교원노조연맹의 정책 방향
-교사와 교원노조 간부들을 인터뷰한 연구 결과

*존 뱅스와 데이비드 프로스트John Bangs and David Frost, 케임브리지 대학교 교육학과, 2011년 발표

II

교사라는 전문 직업의 미래

*존 맥베스John MacBeath, 케임브리지 대학교 석좌교수, 2012년 발표

III

교원 평가의 활용과 오용
OECD 국가를 중심으로

*로라 피가졸로Laura Figazzolo, 국제교원노조연맹 연구소 자문위원, 2013년 발표

I

교사의 자기 효능감, 목소리, 지도력: 국제교원노조연맹의 정책 방향

교사와 교원노조 간부들을 인터뷰한 연구 결과

TEACHER SELF-EFFICACY, VOICE AND LEADERSHIP: TOWARDS A POLICY FRAMEWORK FOR EDUCATION INTERNATIONAL

존 뱅스와 데이비드 프로스트 John Bangs and David Frost
케임브리지 대학교 교육학과, 2011년 발표

발간사

교사의 자기 효능감, 목소리, 지도력에 대한 이 연구는 국제교원노조 연맹 연구소가 주관하였는데, 교원들이 사회와 정책 담당자로부터 점점 더 많은 압력을 받는 상황에서 수행되었다. 그리고 교육의 변화를 이끌 어가는 데 있어서 교사들의 역할과 가능성을 다시 확인해야 하는 상황 에 이르렀기에 추진되었다. 특히 이 연구는 교사의 자기 효능감과 자신 감에 대한 최근의 연구를 인용하고 있으며 국제 교사 지도력 프로젝트 International Teacher Leadership Project 안에서 수행되었던 개념 정리 작업도 언급하고 있다.

국제교원노조연맹의 견해로 보자면, 교사들이 학교에 근무하면서 자 신의 지식과 능력에 대해 자신감을 가지고 전문가로서 서로 협력하는 문화를 만드는 것이야말로 중요하고도 셀 수 없이 많은 긍정적인 영향 력을 발휘한다.

분권형 지도력distributed leadership의 본질이란 무엇일까? 그것은 특정 한 교수학습 영역, 교과과정 개발, 학생의 사회적·정서적 행복wellbeing 이라는 요구에 대해 지도력을 발휘할 책임을 교사들에게 부여하는 것이 다. 그리고 교사들이 갖고 있는 혁신적인 가능성을 분출할 수 있게 하는 것을 의미한다. 그렇게 하면서 학생들의 요구를 충족시키고 교육의 성과를 드높이는 것을 말한다.

　또한 분권형 지도력은 학교의 단결력을 향상시키고 교장과 관리자들에게 학교의 성공과 발전을 위한 요구를 파악하고 활동을 추진해나갈 수 있는 시간과 역량을 부여한다.

국제교원노조연맹 사무총장　프레드 반 리우벤Fred Van Leeuwen

서론

교육정책 수립은 갈수록 중앙집권화, 세계화되고 있다. 각국 정부는 유럽연합EU, 세계은행World Bank, 유네스코UNESCO에 조언을 구하며 세계적 수준에서 경쟁력을 높이는 데 주력하고 있다. PISA와 같은 OECD의 프로그램은 국제비교를 할 수단을 제공하고, 그럼으로써 국가들에게 PISA 순위가 높은 몇몇 나라의 모든 정책 또는 일부분을 적용하도록 유도하였다. 예를 들면, 지난 십 년 동안 핀란드의 성공을 따라 배우려는 세계 각국의 사람들이 쉴 새 없이 핀란드를 방문하였다. OECD와 유럽연합의회가 정책 방향을 제시하였다. 세계비교교육학회의 규모가 계속 커지는 것도 우연한 일이 아니다. 국제비교(연구)가 큰 돈벌이가 되는 사업으로 성장한 것이다.

몇 가지 정책 개발 담론은 연구를 거쳐 탄생하였다. 사실상 정책 수립 과정을 자세히 들여다보면, 연구 작업이 큰 역할을 하지 못하는데도 말이다.Bangs, MacBeath and Galton, 2011 교사의 목소리는 대부분 국제교원노조연맹의 회원인 교원단체를 통해 나온 것인데, '세계 교육 노동자의 목소리(The voice of educational workers worldwide, 연구 프로젝트)'는 교사들이 교육정책 수립에 참여할 것을 가장 우선순위로 내세운다. 그러나 국제적 수준에서든 국내에서든 정책 수립 분야를 보면 교사라는 존재는 거의 무시된 채로 진행되고 있다.

교사들과 그들의 행복, 전문가 대우, 그리고 전문성 개발은 교육 성과를 어떻게 개선할지 논의하는 자리에서 중요한 주제이다. 교사들의 자질과 그들이 변화를 가져오기 위해서 한 행위[OECD, 2011]는 미국 교육부가 2011년 3월에 주최한 국제회의의 핵심 의제 중에서도 중심에 있었다. 그 회의에서 국제교원노조연맹의 대표들은 전문직으로서 교원의 가치를 강조하기 위한 사례를 제시하였고, 회의에 앞서서 다음과 같은 의견을 게시하였다.

이 회의는 전문직으로서 교원의 가치를 효과적으로 부각시키고 강조하는 훌륭한 실천 사례를 세계 각지에서 수집하는 기회로 활용될 것이다. 국제교원노조연맹과 회원단체들은 이 기회를 모든 사람에게 적합한 공교육을 무상으로 제공해야 한다고 주장할 계기로 삼을 것이다. 그리고 교사들이야말로 그러한 교육정책을 개발하는 데 빼놓을 수 없는 일부분이라는 점을 확고하게 인식시키는 계기가 되어야 한다.[EI website, www.ei-ie.org]

미국 정부와 같이 힘 있는 세력이 전문직으로서 교원의 미래에 대해 탐색하려는 시도를 하고 있다는 점은 고무적이었다. 그들의 입장은 다음과 같은 미국 교육부의 주장에 표현되어 있다.

교수 활동에 관해서라면 재능이 무지무지 중요하다. 하지만 훌륭한 교사는 그런 재능을 타고나서 되는 것이 아니다. 거기에는 채용, 교육훈련, 고용 유지에 투자를 아끼지 않는 높은 수준의 제도, 그리고 효과적인 교수 능력을 개발하기 위해 경력 과정 전체에 걸쳐서 교사들을 지원하는 제도가 있어야 한다. 이 회의는 우리가 다 같이 직면하고 있는 도전을 극복할 가장 좋은 방법에 대해 세계 각국의 사례를 서로 배우는 기회이다. 그 도전이란 교사를 지원하여 강해지도록 만들고 학생들이 지식경제라는 현실에서 성공하는 데 필요한 기능을 배우도록 격려하는 것이다.아르네 던컨

Arne Duncan, 미국 교육부 장관

이 회의는 세 조직의 작품인데, 미국 교육부, OECD, 그리고 국제교원노조연맹EI이다. 사상 최초로 교원노조의 국제조직이 정부와 협력하여 전문직으로서 교원의 미래에 대한 회의를 열었다. 이 회의에서는 교원노조와 각국 정부 사이에 공감대를 끌어내려고 노력했고 교원 정책에 관한 제도 개선 과정에 전문가로서 교사들이 참여하는 것이 중요하다는 결론에 근접하고 있음을 확인했다.Bangs, 2011 OECD의 토론 준비 자료(「전문직으로서 교원의 질을 높이자Building a High Quality Teaching Profession」)에서는 교원 정책의 기본 가정으로 "개혁은 아래로부터 지지를 받을 때에만 효과를 거둘 수 있음"을 내세우고 있다. 이 회의에서 교원 정책의 중요성에 대한 공감대가 아주 깊이 있게 이루어졌음을 알 수 있다. 그러나 주류의 분위기를 볼 때, 많은 나라에서 이러한 낙관주의는 교육정책 수립에서 교사에게 중심 역할을 부여하자는 것으로 해석될 수 없었다. 뿐만 아니라 자신들이 소속된 학교에서 언제나 전문가로서 실천 사례를 만들어갈 수 있다는 것도 아니었다.

바로 이런 이유 때문에 국제교원노조연맹 연구소는 교사의 자기 효능감, 목소리, 그리고 지도력에 대한 연구 작업을 위탁하였다. 케임브리지 대학교 교육학과의 '학습을 위한 지도력the Leadership for Learning' 연구자들이 데이비드 프로스트가 지도하는 '국제 교사 지도력 프로젝트'와 협력하여 이 연구를 수행하였다. 이 연구의 목적은 교사의 다음과

같은 요구를 둘러싼 주변 환경과 실현 가능성에 관한 자료를 보여주는 것이다.

- 지도력을 행사함.
- 정책에 영향을 미침.
- 전문가로서 실천을 진전시킴.
- 전문적 지식을 축적함.

이 연구는 또한 교사들이 다른 학교 또는 더 넓은 지역사회와 연계를 만들 가능성에 대해서도 입증하려고 시도하였다.

우리가 바라는 바는 이 연구의 결과물로 인해 전문직으로서 교원의 미래와 발전에 대한 논쟁이 일어나도록 기여하는 것이다.

1장
자기 효능감, 행복, 교사의 지도력

어떻게 교사의 목소리를 정책과 실행에 반영할 것인가라는 문제는 전문성 개발professional development의 개념을 정의하는 방식과 밀접하게 관련된다. 아르네 던컨이 앞에서 지적한 교사 채용 개선과 전문성 개발 필요성에 대한 많은 자료를 보았다. 그러나 교사 자신들이 교수 활동의 질을 개선하는 것이라기보다는 국민들이 한다는 것이 상식이다. 많은 교원단체가 교사의 창의성, 책임감, 학교에서의 지위를 향상하기 위한 정책을 제시했지만, 이제까지 그런 제안이 채택되거나 영향력을 행사했다는 증거는 거의 없다. 우리가 여기서 주장하려는 것은 교사를 그런 과정의 중심에 두는 교사 전문성 개발 또는 학교 발전 방법을 고민할 때가 되었다는 점이다. 만약 이런 일이 일어난다면, 교사들은 정책과 실행 모두에 영향력을 행사할 기회를 갖게 될 것이다.

이 논의 전반부는 교사의 자기 효능감의 중요성을 다루고, 그다음에 지도력의 중심 역할을 다루겠다.

자기 효능감의 중요성

자기 효능감이라는 용어는 심리학 연구에서 자주 쓰이는데, 인간이란 스스로 행동에 돌입하여 성공할 능력과 역량을 갖고 있다는 믿음을 표현하는 데 사용되는 경향이 있다. 자기 효능감이라는 개념을 이해하기는 쉽지 않다.Tschannen-Moran and Woolfolk Hoy, 2001 하지만 이 개념은 인간 발달의 이론에서 핵심을 이루며, 앨버트 반두라Albert Bandura가 주장하듯이 가장 중요하고 대표적인 것이다.

> 인간의 성취와 행복에는 개인이 낙관적으로 느끼는 자기 효능감이 필요하다. …… 자신에 대한 의심은 어떤 실패 후에 곧바로 나타나거나 또는 그 반대의 순서가 될 수 있다. 여기서 중요한 것은, 난관에 직면했을 때 자연스럽게 즉각 나타나는 자신에 대한 의심을 떨쳐버리고, 자기 효능감의 상실이 난관 때문에 생겼음을 자각하고 그로부터 얼마나 빨리 회복하는가이다.Bandura, 1989: 1176

여기서는 자신이 가진 자기 효능감에 대한 확신이 중요하다. 자기 효능감에 대한 강한 확신을 가진 교사는 회복 능력이 있고, 문제를 해결할 수 있으며, 무엇보다 중요하게도 자신의 경험으로부터 배울 수 있다.

OECD가 실시한 교수학습에 관한 국제조사연구(Teaching and Learning International Survey, TALIS)에서는 교사들이 보고한 자기 효능감을 조사하고 그것이 '규율을 강조하는 분위기'와 같은 요소들과 어떤 연관성이 있는지 연구하였다. 그러나 이어서 전개된 2차 자료 분석에서는 자기 효능감에 주목할 경우 나타날 가능성에 대해 많은 이야기를 하였다.

교사들이 높은 수준의 자기 효능감을 가지고 있을 때 자기가 하는 일에서 더 많은 창의성을 발휘하고, 자기의 활동이 목표를 달성하지 못하는 경우 더 많은 노력을 집중하고 더 오랫동안 지속한다. 따라서 교사의 자기 효능감은 학생의 학습과 학습 동기에 영향을 미칠 수 있으며, 이는 학생의 학습 동기가 없고 동기 부여가 어렵다고 여겨질 때조차도 그렇다.Guskey and Passaro, 1994 …… 대부분의 연구에서 교사의 자기 효능감과 학생의 인지 능력 발휘, 예를 들면 핵심 과목에서 성취도e. g. Anderson, Greene and Loewen, 1988; Aston and Webb, 1986; Moore and Esselman, 1994 또는 수행 능력과 기능Midgley, Feldlauferand Eccles, 1989; Ross, Hogaboam-Gray and Hannay, 2001 사이에 긍정적인 관계가 있음을 밝히고 있다.Scheerens, 2010: 28

자기 효능감이라는 개념은 주체적 활동력agency이라는 개념과 연결되어 있는데, 활동력이란 자신의 삶뿐만 아니라 우리를 둘러싼 세계에 변화를 가져올 수 있는 인간의 기본 능력을 말한다. 활동력이란 인간만이 가진 특성인데, '자기 스스로 정한 목표와 목적을 자신이 알고 있는 전략적 행위를 통해 달성하려고 하는' 우리의 역량을 가리킨다.Frost, 2006: 20 이것은 역량이기 때문에 경험에 따라 커질 수도 있고 작아질 수도 있다.

인간이 자신의 활동력 향상을 경험하는 것은 모든 인류의 행복을 위해 중요하다. 그리고 사회가 교사와 같은 전문가들에게 요구하는 것이 무엇인지 생각해보면 그것은 특별히 중요하다. 판단을 하고, 일련의 원칙에 따라 일하고, 주도권을 발휘하고, 스스로를 평가하며, 동료와 이해 당사자들에게 과정을 투명하게 보여줄 수 있는 등의 능력은 주체적 활동력을 가진 인간으로서 얼마나 효율성 있게 활동하느냐에 전적으로 달려 있다.

개인이 주체적 활동력을 발휘하는 것은 성찰하고, 스스로를 조절하는 생각을 하고, 그리고 자신의 요구에 따라 기술을 사용할 때 이루어진다. (그 외에도) 일련의 행위를 선택하고 지원하는 데 영향을 미치는 자기 조절self-influence의 다른 도구들을 활용하는 것을 통해서도 이루어진다. 자기 스스로 만들어낸 영향력은 외부의 요인들이 미치는 것과 똑같은 방식으로 행동에 결정적 작용을 한다. …… 자기 스스로 만들어낸 영향력이 행위에 결정적으로 작용한다는 바로 그 이유 때문에 자기 주도성self-directedness과 자유를 어느 정도 발휘하는 것이 가능하다.Bandura, 1989: 1182

얼핏 보기에 이것은 단지 교사의 행복과 관련된 것이다. 그리고 그것은 교수학습을 개선한다는 목표와 상반되는 것으로 여겨질 수도 있다. 즉 주체적 활동력과 자기 효능감은 행복의 핵심 영역이다. 하지만 위와 같은 주장의 근본 취지는 교사 자신과 실천 행위를 발전시킬 수 있도록 하려는 것이지 직업생활에서 오는 도전 앞에 좌절하게 하려는 것이 아니다.

영국에서 행복이라는 개념은 몇몇 전문 직업인 출신 연구자들이 조사하고 개발한 주제이다. 이 연구자들은 교수학습을 개선할 전략에 관심이 있었다. 다음 글은 어느 학교의 교장이 교사의 행복과 학생의 학습 사이에 존재하는 관련성을 탐구한 것이다.

행복이라는 말이 나에게 의미하는 것은 애매모호하고 좋은 의미를 가진 신세대의 세계-직원들이 항상 행복한 곳을 의미하지는 않는다. 나는 "교사들에 대하여 낭만적이거나 감상적"으로 되고자 하는 것이 아니다.Hargreaves, 1997: 3 나는 학생들의 배움이라는 문제를 주변부로 밀쳐두지 않는다. 직원들의 행복은 도덕적으로나 법적으로 필요한 것이고 결근, 채용, 근무 지속에 실질적이고 실용적으로 영향을 미친다.[Angel, Fearn, Elston, Basset & McGinigal, 2008] 더욱이 교사의 행복과 학생의 사회적, 정서적, 학문적 발전 사이에는 상호 관련성이 있다.[Birch & Ladd, 1998; Dewberry & Briner, 2007; OECD, 2009] 내가 발견한 바로는 이런 관련성이 학생이 성인으로 자라기까지 지속적으로 영향을 미친다.[Pederson, Fatcher & Eaton, 1978, Hannibal, 2011: 5]

연구자들 사이에는 교사의 행복이 갖는 본성에 대한 이견이 존재한다. 캐나다 온타리오 주 초등학교 교사들에 대한 레이스우드[Leithwood, 2006]의 연구를 보면, 교사가 느끼는 방식이 훌륭한 성과를 내고자 하는 동기에 영향을 미친다. 그의 연구는 교사가 직무를 수행할 의지와 열정을 어느 정도 형성할 '마음의 상태[internal states]'가 중요함을 규명해냈다. 배시아[Bascia]는 이 연구의 시사점에서 다음과 같은 문제 제기를 끌어냈다. 그녀가 주장한 바에 따르면, 교사의 만족도와 그들의 효율성 사이의 연관성이 감정과 동기보다 더 흥미롭다. 이것은 교사의 근무조건의 속성이 학생의 학습 조건으로 작용하는 방식에 관한 것이다. 이런 연관성이 드러나는 가장 중요한 경로는, 교사의 근무 환경이-조직의 맥락과 전문가 문화의 속성이라는 관점에서-자기 효능감에 대한 긍정적인 확신을 발전시키도록 만드는 것이다.

주목해야 할 점은 레이스우드가 교사의 자기 효능감에 대한 믿음과 관련성을 갖는 환경의 종류를 판별해내려는 연구를 인용하고 있다는 것이다. 이것은 교사들이 자신의 일과 동료와의 협력에 영향을 미치는 의사결정에 참여하는 것을 포함한다. 그러므로 그 연구는 당연하게도 교사들에게 자신들만의 직업적 네트워크를 건설해야 한다고 권유한다. 그리고 자신들의 전문성을 개발하는 데에도 적극 나서라고 주문한다. 하지만 교사들에게 "당신의 관리자가 효율적인 지도력을 행사할 것을 기대해야 한다"[p. 76]고 주문하면서도 교사들 스스로가 지도력을 발휘해야 한다는 어떤 제안도 덧붙이지 않는다. 여기서 놓치고 있는 것은 우리가 학교의 지도력을 어떤 개념으로 정의하느냐에 따라 교사의 전문성 개발 방법의 핵심 개념이 정해질 수 있다는 점이다.

분권형 지도력과 교사의 지도력

분권형 지도력이라는 관점에서 보면 지도력은 협력과 소통의 행위인데 그것을 통해 조직이 유지되고, 문제가 해결되며, 실천이 개선된다.[Gronn, 2000; 2002; Spillane, Halverson & Diamond, 2004; MacBeath, Watehouse and Oduro, 2004; Spillane, 2006] OECD의 「학교 지도력 개선 보고서」[Pont, Nusche, & Moorman, 2008]가 강력하게 호소하는 점은 학교에 '분권형 지도력'이 필요하다는 것이다. 그런데 거기서 제안하는 접근법보다 아래의 요약문에서 인용한 문장을 읽어보는 것이 더 도움이 된다.

> 학교 지도력에 대한 설명 책임과 투명성을 더욱 높여야 한다는 필요 때문에 지도력을 분산시키자는 목소리가 학교 안팎에서 커지고 있다. 교육위원회School boards 역시 많은 새로운 과제에 직면하였다. 전문 직업인 practitioner은 학교 지도력에 중간관리자 수준의 책임을 가장 중시하지만, 이런 종류의 실천은 보기 드물고 그 경계가 종종 불분명한 채로 남아 있다. 그리고 관련된 사람들조차 그들의 임무를 항상 알고 있는 것은 아니다.[OECD, 2008]

이 보고서는 조직 구조, 보상체계, 중간 수준 관리, 설명 책임 보장

체계의 변형에 대해 논의하는 방향으로 나아간다. 여기에서 제안하는 분권형 지도력의 관점은 한계를 가진 것이다. 왜냐하면 학교의 조직 구조 발전과 갈등 관계에 빠져버린 지도력 개념이 나타난 영국의 상황을 반영하기 때문에 그렇다. 부서장Heads of Departments과 일 년 임기 교장Heads of Year과 같은 역할이 1980년대 중등학교에서 흔히 나타났고, 이런 유형의 조직 구조/직책은 특수교육 요구 담당자Special Educational Needs Coordinator, 중요 3단계 담당자Key stage 3 Coordinator, 학습 지도자 Learning Leader 등과 겹쳐 있었다. 학교지도력국립대학National College for School Leadership은 분권형 지도력에 대한 유용한 연구를 지원했다.[Bennett et al., 2003: MacBeath et al., 2004] 그러나 '중간관리자 지도력'과 '신흥 지도력 emergent leaders'에 초점을 맞춘 교육훈련 과정을 제공하면서 중간관리자들이 자기 팀을 보다 생산적으로 관리하는 능력을 갖추게 하는 데 주력하는 경향을 보였다.[Naylor, Gkolia & Brundrett, 2006] 이것은 중간관리자의 지도력 발전을 담보하지 못했을 뿐 아니라, 모든 교사들이 지도력을 행사하고 지도 역량을 개발할 자격이 있음을 부정하는 것이다.

국제교원노조연맹은 분권형 지도력 이론에 긍정적인 입장을 표현했는데, 그 이유는 학교 안에서 교사들이 전문가로서 협력하는 문화를 발전시킬 가능성이 크기 때문이다. 즉, 그런 학교에서는 교사들이 내부의 잠재력을 발휘하고, 또한 그렇게 함으로써 학생들의 요구를 수용하고 교육의 성과를 더 키울 수 있는 학교의 역량이 확대된다. 물론 분권형 지도력과 눈에 보이는 효과 사이에 뚜렷한 관련성이 없다는 주장이 계속 제기되었다.[Hartley, 2007] 그러나 최근 연구에서는 협력하는 지도력 유형이 학생들의 성취도 개선과 긍정적인 연관성을 갖고 있음을 밝혀내기 시작했다.

분권형 지도력은 또한 교장과 관리팀이 직원에 대한 세부적인 관리

감독 업무로부터 벗어나 교사를 위한 발전적인 지원을 제공할 수 있게 해준다. 이러한 환경에서 학교의 공식 지도력과 학급에 있는 교사 사이에 신뢰 분위기가 커질 수 있다. 그래서 분권형 지도력 이론이 인기를 끌고 있다. 하지만 잘못 해석될 위험성도 있어서 교장이 그저 관리 책임을 학교 내부에서 나눠주는 것으로 그칠 수 있다. 분권형 지도력을 좀 더 도움이 되는 방향으로 해석하자면, 그것은 학교장이 교사들의 지도 역량을 키워주는 학교 교직원 문화를 만드는 것이다.

반면, 국제 교사 지도력 프로젝트(International Teacher Leadership, ITL)의 관점에서 보면, 모든 교사가 전문가로서 변화를 시작하고 이끌어가며, 지식 축적에 기여하고, 집단의 실천을 통해 학교뿐만 아니라 좀 더 넓은 범위까지 영향력을 미칠 수 있는 자격을 갖는 것이다. 그것은 본질에 있어서 목소리를 내는 것이고, 그것도 단순히 위로부터 협의회에 불려 나가는 것이 아니라 의제 설정, 교육문제에 대한 해법 제시와 증명할 권리까지 갖는 것을 의미한다.[Frost, 2011] ITL 프로젝트의 접근법은 교사들을 지위, 담당 업무, 위임받은 책임 등에 구애받지 않고 초청하여, 함께 성찰하고 계획하기 위한 도구로 만들어진 프로그램에 참여시키는 것이다. 거기서 교사들이 혁신을 선도했던 경험을 나누고 토론할 수 있게 된다.

OECD의 교수학습에 관한 국제조사연구(Teaching and Learning International Survey, TALIS)에 대한 2차 분석 결과, 전문성 개발은 학교에서의 일상행위와 밀접한 관련이 있고, 교사가 '근대적인 전문가 조직'의 일원으로 일하면서 기여하는 '2차 과정'에서 하고 있는 역할을 포함한다.

2차적 역할을 재차 강조하는 현상은 교사 직업이 근대화되면서 나타났다. 교사는 연구자, 동료들로부터 조언을 듣는 사람, 혁신가, 활동력 있는 동료, 교장의 협력자, 그리고 때때로 '교사 지도력teacher leadership'이라 불리는 것을 드러내 보이는 존재로서 2차적 역할을 수행한다.Scheerens, 2010: 191

여기서 우리는 교사와 학교 발전에 대해 활동력 있는 주체를 중시하는 접근법이 분권형 지도력과 결합된 양상을 발견했다. 그러한 지도력은 그 본성이 민주적일 뿐만 아니라 교사에게 자기 효능감을 증대시키고 자신들의 효율을 스스로 높일 수 있는 활동 주체를 만들 가능성 또한 지니고 있다.

교원노조의 역할

앞에서 설명한 연구로 인해 교원단체가 몇몇 학자를 놀라게 할 발언을 한다면, 그것은 바라던 바이다. 교원노조는 조합원을 대표하고 그들의 이익을 지키기 위해 항상 존재해왔고 급여, 업무량, 실적 관리와 같은 문제에 관심을 가질 수도 있다. 배시아는 정책 수립 담당자와 교원노조 사이의 협상이 전통적인 노사 관계 모델에 갇혀 있어서 근무조건과 교수학습이라는 두 가지 관심 사항이 서로 충돌하는 것으로 본다.Bascia and Rottman, 2010 이와 같이 교원노조를 부정적으로 보는 시각은 널리 퍼져 있다. 예를 들면, 오바마 대통령의 교육 자문관인 제프리 캐나다Geoffery Canada는 영국 교육부 장관 마이클 고브Michael Gove에게 노조가 혁신을 방해할 수 있다고 경고했다.Vasagar and Strantton, 2010 미국에서 노조가 항상 개선improvement을 반대할 것이라는 견해는 마이론 리베르만Myron Lieberman의 책 『교원노조: 그들은 어떻게, 왜 개혁을 거부하는가?*The Teacher Unions: How They Sabotaged Reform and Why*』 때문에 확산되었다. 그 책에는 단체협상이 민주적으로 선출된 대표로 구성된 정부에 어울리지 않는다는 주장이 등장한다.Lieberman, 2000: xi 이와 같은 부정적인 견해가 세계 많은 나라를 휩쓸고 있다는 것은 확실하다. 하지만 벤 레빈Ben Levin이 최근 자신의 블로그에서 지적했던 다음과 같은 질문을 던져볼 수 있다.

> 오늘날 수많은 교육 언설들에 교원노조가 개혁에 좋지 않은 영향을 끼친다는 의견이 포함되어 있다. 몇몇 학자들의 주장을 보면, 노조의 반대를 없애는 일은 가장 핵심적인 사안이거나, 개선된 결과를 가져올 가장 중요하고도 유일한 것이고, 나머지 많은 것들은 종속변수로 끼워 넣어진 것에 불과하다. 그러나 여기서 흥미로운 관찰 결과가 하나 나왔다. 실제로 세계적인 평가에서 가장 좋은 성적을 보여준 나라들에는 강력한 교원노조가 있다. 핀란드, 한국, 일본, 캐나다, 호주 등이 그들이다. 물론 그것을 인과관계로 볼 수는 없지만, 강한 교원노조가 좋은 결과(성적)를 내지 못하게 한다고 볼 수만은 없다는 점을 보여준다. 게다가 노조의 영향력이 줄어드는 단계에 들어선 나라나 주정부 수준에서 어떠한 점진적인 개선이 이루어졌다는 사례를 보지 못했다. 어떤 경우에는, 영국처럼, 개혁 후에 교사 부족 문제를 해결하기 위해, 그리고 학생들의 성적을 개선하기 위해, 많은 방법을 동원해야 했다.Levin, 2010

이 관찰은 흥미롭다. 여기서 알 수 있는 것은 교수학습을 개선하려는 노력과 교사의 근무조건을 개선하는 노력을 서로 대립시키지 않아도 된다는 것이다.

우리는 여기 보고된 프로젝트 결과로부터 국제교원노조연맹이 교직의 미래 발전 전망에 대한 논쟁을 불러일으키는 데 도움을 받기를 바란다. 벤 레빈이 주장했듯이 교원단체는 교사의 전문가 역할을 발전시키는 데 중요한 소임을 한다. 교사의 지도력과 자기 효능감에 대한 연구물이 많아짐에도 불구하고, 그것들을 개선할 정책에 대한 시각은 아직 문건화되지 않았다. 교원노조가 논의를 시작하고 협상을 요구할 수 있을 것인데 말이다. 이 연구가 그러한 정책 구도의 밑그림을 제공할 기회를 만들고 있다. 연구 결과 나올 제안서는 국제적인 논쟁을 불러일으킬 것이다.ㄴ

2장
교사, 교원노조와 나눈 대화: 방법론

이 연구의 전반적인 목적은 자료를 모으고 분석하여 국제교원노조연맹EI이 전문 직업으로서 교원을 위한 정책 제안을 만들어내고 발전시키도록 독려하는 것이다. 자료는 질적 연구로 두 집단에 대한 설문조사와 인터뷰를 통해 수집했다. 한 그룹은 몇몇 나라에서 열린 조사연구 워크숍에 참여한 교사들이고, 다른 그룹은 교원단체에서 일하는 직원들이다.

교원단체 선정은 EI 회원 가운데 연구 네트워크에 참여하고 있는 단체 중에서 뽑았다. 조사연구 워크숍은 선진국과 개발도상국을 적절히 배분하여 개최하였다. 교원노조 선정에는 다른 목적이 있었다. EI 연구 네트워크에서 자발적으로 (이 연구에) 참여한 노조는 스스로 조합원들의 지도 역량을 개발하는 행위를 조직적으로 준비했거나 하고 있는 곳들이다. 이런 조사 방법을 보충하기 위해 영국에서 개성이 뚜렷한 두 단체 구성원인 교사 약간 명과 잘 짜인 질문들로 구성된(반半구조화된) 인터뷰를 진행하였다. 즉, 스티브 시노트 장학재단Steve Sinott Fellowships www.outwardfacingschools.org.uk 장학금 수혜자와 티치 퍼스트Teach First 프로그램의 동창 모임이다. 이 장학재단은 정부 재정을 기반으로 하는데, 학생의 의욕과 재능을 고취하기 위해 학교 밖과 혁신적인 연계를 만들어내는 데 중요한 역할을 한 교사에게 자금을 주는 곳이다. 이 프로그램은 뛰어난 사범대 졸업생을 도심 빈민 지역 학교에 도전하도록 하고 지도력 개발 프로그램을 지원하는 곳이다.

교원노조 간부들과의 인터뷰를 통해 노조의 목표를 교사들의 관점, 태도와 비교할 수 있었다. 교원노조 직원들과의 인터뷰는 전화로 하였다. 모든 자료 수집 행위는 다음과 같은 몇 가지 공통 주제에 따라 진행하였다.

- 혁신과 발전에 대한 교사의 지도력
- 정책과 실행에 있어서 교사의 영향력
- 교수학습 문제에 있어서 선택과 판단
- 지속적인 전문성 개발에 대한 지도력
- 교과과정 개발에서 교사의 역할
- 학부모와의 관계, 소통에 대한 책임
- 학교 평가/감사
- 학생의 학습에 대한 평가에서 교사의 역할
- 교원 평가
- 전문 지식의 창조
- 교사의 목소리와 영향력
- 자신감과 자기 효능감을 높일 전략과 정책

이러한 주제들에 대한 질문과 토론을 통해 교사라는 전문가 역할의 범위에 대한 교사들의 열망뿐만 아니라 그것을 둘러싼 환경과 기대치를 탐색하였다. 집단 인터뷰 진행자에게는 자세한 안내서와 활동을 지원할 도구를 제공했는데, 그렇게 함으로써 교사들이 자신의 경험을 성찰하고 현재의 상황과 미래의 희망에 대한 자신의 관점을 명확하게 드러낼 수 있게 하려는 것이었다.

이번 조사연구의 전체적인 목적은 교사집단에게 그들이 현재 감당할 수 있는 책임의 범위와 자신의 학교에서 실천을 발전시키는 지도력에 영향력을 행사할 수 있는 범위에 대한 견해를 표출하도록 하자는 것이었다. 이 활동을 통해 교사들은 자신의 목소리와 영향력을 키워나가는 조건과 논의의 대상이 되는 영역에 대한 견해를 표현할 수 있었고, 자신감과 자기 효능감을 드높일 전략과 정책에 대해서도 말할 수 있었다.

위에서 이야기한 것과 관련하여 교사들의 영향력, 책임 범위를 지적했을 뿐 아니라, 워크숍을 가짐으로써 교사들 자신이 해야 한다고 믿는 범위를 명확하게 하였다. 즉, 연구 참여자들에게 실제로 하고 있는 바와 그 실천의 중요성, 두 가지 모두에 대해 얘기하도록 요구한 것이다.

'학습 네트워크를 위한 지도력Leadership for Learning network'을 통해 조사연구팀에 협력할 분들을 찾았는데, 10여 명의 교사집단과 회합이 주선되었다. 그 교사들은 자신이 전문가로서 하는 역할과 자신의 전문성에 대한 열망을 표현하고 토론하려고 적극 노력하였다. 그 조사연구의 협력자들에게 조사연구 워크숍을 진행해달라고 요청하였고, 거기에 사용된 질문지는 자료 수집의 도구일 뿐만 아니라 성찰과 토론을 촉진시키기 위한 방편이었다. 진행자들이 워크숍에서 논의된 요점을 기록하기로 하였다.

질문지는 두 가지 측면을 동시에 탐구하는 것이었는데, 실제로 이루어지는 실천 행위에 대한 생각과 그런 실천이 갖는 상대적인 중요도에 대한 견해를 모두 물었다. 일련의 문장을 제시하면서 한쪽 면에 다음과 같은 질문에 답하게 되어 있다.

"당신의 학교 상황에 비추어 볼 때 다음 진술에 얼마나 동의합니까?"

그리고 반대쪽 면에서 이렇게 묻는다.

"이런 일이 당신에게는 얼마나 중요한가요?"

응답자는 1에서 4까지 숫자로 답을 하는데, 페이지 중앙에 제시된 문장에 동의하는 정도에 따라 표시한다. 질문지 끝에 가서 참가자들은 아래의 두 가지 주관식 질문에 답하기 전까지 토론을 벌인다.

"무엇이 당신의 자신감과 신념을 높여주어 학생들의 학습과 행복을 긍정적인 방향으로 개선할 수 있게 만들까요?"
"어떻게 하면 정책 수립 담당자, 관리자, 행정 책임자가 당신에게 교사로서 전문적인 자신감을 더 갖게 만들 수 있을까요?"

그러므로 이런 개방형 질문에 대한 답변은 집단의 관점에 좌우된다고 말할 수도 있겠다.

워크숍 진행자는 질문지를 작성한 후에 이어진 전체 토론 또한 기록하였다. 이 토론이 영어로 진행되지 않는 경우에는 통역이 준비되었다.

참가를 요청하는 초청장을 전 세계에 보냈는데, 캐나다, 미국, 호주, 홍콩, 유럽과 스칸디나비아 반도의 나라들이 포함되었다. 6개월이 지난 후에 이 나라들로부터 자료를 수집했다. 다음의 표에 그 나라들의 참가자에 대한 설명이 있다.

참가한 나라	집단 구성원 숫자	집단의 특징
영국 (콜체스터 Colchester)	12	공립학교 중 중등학교 (학교선택권 있는 곳 Selective) 교사들
그리스	10	학생들의 성취 수준이 높은 인기 있는 공립 중등학교 교사들
미국(LA)	12	대학원에 등록 중인 고등학교 교사들
마케도니아	15	공립 초등학교 교사들
홍콩	15	공립 초등학교 교사들
영국 (허츠캠HertsCam)	32	초등과 중등학교 양쪽 모두에서 근무하는 교사들 (수석교사 3명 포함)
덴마크(FS/AS)	18	공립 종합학교(6세~17세)의 교사들
네덜란드	12	중등학교 교사들
덴마크	11	초등과 중등 모두에서 근무하는 교사들
불가리아 (소피아)	12	초등, 고등학교 교사들
불가리아 (Veliko Tarnove)	12	교사 지도력 프로그램에 참여하고 있는 초등학교 교사 들(중등교사도 일부 있음)
터키	15	초등학교 교사들과 교과 전담 교사들
이집트	8	초등과 중등 모두에서 가르치는 교사들 (학교 형태는 다양함)
총	175명	

이 연구에 참여한 교사들의 집단이 대표성을 갖는 표본은 물론 아니다. 이들은 대부분 대학과 연계되거나 교사를 지원하는 다른 조직과 관계를 갖고 있다. 즉, 그들이 자발적으로 참가하고 그런 시간과 마음을 낼 수 있었다는 것으로 보아, 그들은 주디스 삭스Judith Sachs가 활동가라고 부르는 부류에 해당한다.Sachs, 2003

이 조사연구는 모든 교사들의 생각을 보여줄 수 있다고 주장하지 않는다. 그렇지만 이들의 견해에서 전문 직업으로서 교원이 직면하고 있는 도전과 이슈들을 파악할 수 있어 많은 도움이 된다. 서로 다른 문화적 맥락에 처해 있음을 감안하면, 응답들 사이에 높은 수준의 일관성이 드러난다는 것은 주목할 가치가 있다. 예를 들어, "교사들이 자기가 살고 있는 나라와 지역에서 교육정책과 실행에 영향력을 발휘한다"라는 내용에 대해 단지 23%의 교사들만 '그렇다'고 답했다. 대부분의 교사들이 그런 영향력이 '매우 중요하다'거나 '(정책의 성공에) 결정적으로 중요하다'고 답했다.

이 연구의 워크숍에 참가한 교사들의 견해는 이 보고서의 주제를 표시한 제목 아래에 쓰여 있다. 이 제목들은 교사들이 책임을 지거나 영향력을 발휘할 수 있는 영역들을 생각해보고 정한 것이다. 이 제목들이 이 조사연구의 결과를 설명할 틀을 제공하는 것이다.

3장
교사의 견해와 관점

이번 장은 조사연구 워크숍에서 교사들이 이야기한 것에 대한 분석으로 구성되어 있다. 조사연구 도구(설문지)와 워크숍 토론에서 다루었던 주제들로 제목을 정하였다.

혁신과 개발에 대한 교사 지도력

이 연구는 교사들에게 자신이 책임 범위 내외에서 개발을 시작하고 스스로 지도력을 발휘하는 평범한 실천 행위로 볼 수 있는 것에 대해 간략하게 이야기해달라고 요구하였다. 여기서 개발 개념에 대한 해석이 여러 가지라는 곤란한 문제가 제기된다. 어떤 사람은 다른 형태의 교수 기법을 시도하는 것과 같은 비공식적인 것을 생각하는 반면, 다른 사람은 장기간 계획을 가지고 협력을 통해 이루어지는 혁신 프로그램을 의미하였다. 그럼에도 질문지에 대한 답변과 그에 이어서 진행된 토론에서는 몇 가지 굵직한 방향이 드러났다.

대규모로 진행되거나 제도를 갖춘 혁신은 보통 중앙(부서)에서 이끌어가며 전문가의 조언, 그리고 때때로 연구 결과물에 의해 촉진되는 것으로 여겨진다. 연구에 참여한 교사 거의 대부분의 생각에 따르면 이것은 보통 있는 일이다. 이 주장에 대한 동의 수준은 70~100%로 다양하다. 이것을 달리 해석하면, 교사가 자기 자신의 실천 행위를 개선하기 위한 조치를 취하는 것을 받아들일 수 있다는 뜻이다. 또한 교과부장과 같은 특별한 책임을 지고 있는 교사가 자신이 영향을 미칠 수 있도록 정해진 범위 내에서 그런 지도력을 발휘하는 것도 수용할 만하다는 뜻이다. 하지만 우리가 교사들에게 자기가 맡은 범위를 넘어서 개발 작업을 시작하고 지도하는 데 대해 물었을 때는 반응이 상당히 다르게 나타났다. 훨씬 적은 숫자의 교사들이 자신의 책임 영역을 벗어나서 변화를 이끄는 것을 보통 있는 일로 여겼다. 그리스의 경우 20%만이 그렇다는 답변을 하였는데, 터키도 비슷하였다. 이 점은 특별히 중요한데, 왜냐하면 질문에 답한 터키의 교사들은 좀 더 넓은 범위에서 지도력을 발휘하도록 요구받는 프로그램에 참여하고 있는 상태였기 때문이다. 불가리아의 높은 긍정 답변(79%)과 마케도니아(80%)의 경우는 이들이 초등학교 교사라는 사실로 설명할 수 있을지도 모른다.

개발 작업을 이끄는 것이 교사들에게 중요한가? 몇몇 집단에서는 자신의 실천을 개발하는 것이 중요하다는 생각이 확고했다. 그러나 어떤 집단에서는 자신이 맡은 영역을 뛰어넘는 변화를 시작하거나 지도한다는 생각에 아주 낮은 가치를 부여했다는 점이 매우 놀랍다. 예를 들면, 덴마크의 두 집단 모두 자신의 실천을 펼쳐나가야 한다는 생각에 80~90% 동의했지만, 자신의 영역 밖에서 변화를 지도한다는 생각에 대해서는 20%보다 낮은 지지 의사를 보였다. 이것은 마케도니아가 93% 이상 동의한 것과 뚜렷한 대조를 보인다. 이러한 결과는 덴마크의 전문직업 문화에서 교사의 자율성을 강조하기는 하지만, 결과적으로 자기 교실을 뛰어넘는 곳에 영향력을 발휘하려는 시도를 부적절하게 본다는 것을 의미할 수 있다.

정책과 실행에 대한 교사의 영향력

이 연구는 교사들에게 그들 자신과 동료들이 정책과 실행에, 자기가 근무하는 학교와 교육청 단위와 전국에 걸쳐서 어느 정도 영향을 미치는지 물었다.

또다시 참여한 집단들 사이에 일관된 유형이 나타났다. 몇 가지 뚜렷한 변동이 나타나기는 하지만 말이다. 대략 4분의 3 정도 되는 교사들은 자기 학교 안에서 정책과 실행에 어느 정도 영향력을 행사할 수 있다. 이것은 때때로 교사들이 학교장과 협의회를 갖는다는 의미일 수 있다. 다른 한편으로는 교사들이 계획서를 제안하고 논의과정을 이끌어가도록 격려와 지원을 받는 학교 환경을 반영한 것일 수도 있다. 영국의 콜체스터Colchester에서 온 어느 교사는 자기 효능감을 지지해주는 것이 무엇이냐는 주관식 질문에 이렇게 답하였다.

> 학교 전체에 걸쳐서 일어나고 있는 일에 대해 내가 영향을 미칠 수 있음을 아는 것. 내가 타인들과 협력을 통해 귀중하게 취급될 지도 조언과 제안을 구할 수 있음을 아는 것. _영국 콜체스터의 교사

명백한 것은, 현실과 관련된 질문에 대한 답변이 영향력이 적음을 암시하는 것인 반면 그런 영향력을 갖는 것이 중요한가라는 질문에 대한 답변은 교사들의 생각이 똑같다는 점이다. 예를 들면, 홍콩에서 온 집단의 모든 교사들은 영국의 허츠캠HertsCam 교사들, 마케도니아와 덴마

크 교사들이 동의하는 것 거의 모두에 동의했다. 영국과 홍콩의 경우, 학교 안에서 교사의 영향력 정도에 대한 생각(각각 67%)과 그들의 열망(영국 97%, 홍콩 100%) 사이의 격차는 특히 중요하다. 그것이 교사들이 지도력을 열망한다는 주장을 뒷받침하기 때문이다. 이 조사연구의 워크숍에서 이루어진 토론은 이 주장을 강조한다. 그러나 이 주장의 의미가 정책 담당자들이 생각하는 대로 교사들이 단순히 자신들만의 물질적 근무조건을 개선하거나 노동 강도를 줄이는 데 관심이 있다는 것은 아니다. 물론 이것도 고려할 만한 가치가 있지만, 반대로 그들이 좀 더 업무에 적합한 교사가 되려고 추구하는 것에 대해 표현한 것을 보자.

> 교과과정과 학생들의 삶의 다른 측면에 좀 더 많은 영향력을 행사해서 그들이 가정에서 문제를 겪을 때 도움을 주는 것. _덴마크 교사

> 수석교사head teacher가 할 일은 모든 교직원에게 학교 안에서 영향력을 행사하고 긍정적인 변화를 이끌 수 있는 적절한 조건과 기회를 제공하는 것이다. _영국 Herts Cam Network 교사

연결된 질문은 교사들에게 자신의 학교를 넘어서 행사하고 있는 영향력에 대해 물었는데, 여러 가지 다른 답변이 나왔다. 영국의 허츠캠 집단은 3분의 1가량이 지역이나 전국 차원에서 교사들의 영향력을 부정하였다. 다음의 말에 뒤이어 전개된 토론을 기록하였다.

> 정책과 전문 직업인으로서 우리가 알고 경험하는 것 사이에는 절망을 느끼게 하는 장벽이 있다고 느낀다. _허츠캠 집단의 토론에서 나온 발언 기록

이 글은 홍콩, 덴마크, 그리스, 미국의 교사들에게서 공감을 얻었고 그곳에서도 비슷한 수준의 부정적인 답변이 나왔다.

다시 한 번 이것이 교사에게 얼마나 중요한지에 대한 질문을 생각해 보고 결론을 짓자. 이 질문에 대한 답은, 제도의 각 수준에서 정책 방향에 영향을 미치는 것이야말로 교사들에게 가장 중요한 문제임을 분명히 강조하고 있다. '매우 중요한' 또는 '결정적인'이라고 답한 비율이 높다. 허츠캠에서 87.5%, 홍콩의 집단이 100%, 마케도니아 집단에서 93%, 미국 집단에서 83%, 터키의 집단에서 80%이다. 이상하게도 덴마크의 두 집단 중 하나와 네덜란드 집단에서는 비교적 낮은 비율의 답변이 나왔다.

교수학습의 문제에 대한 선택과 판단

최근 몇 년간 정부에서 교과과정뿐 아니라 교수학습 활동에 영향력을 발휘하려고 시도했지만 이 연구에서 확인한 바로는, 최소한 교수학습 문제에 관한 한 교사의 자율성에 대한 신념은 살아 있고 잘 지켜지고 있다. 이 연구 워크숍의 대부분의 경우에서 많은 교사들이 교수학습 방법을 스스로 선택한다고 보고하였다. 두 집단(영국 콜체스터와 그리스)에서 다른 답변이 나왔지만, 그것은 "동료들과 협력하여"라는 구절이 포함된 질문의 단어 선택 때문이라고 볼 수도 있다. 이에 대한 부정적 답변이 시사하는 가치관은 몇몇 학교에서 교실이 폐쇄적이어서 교수활동을 취급하는 행동이 사적인 일로 받아들여지는 것이다.

예상한 바와 같이 이 답변은 교사들이 교수학습 활동이 자신들의 영역이라고 여기고 있음을 의미한다. 교수학습 활동의 접근법에 대한 전문적인 판단력을 행사할 자유를 갖는 것이 중요하다는 데 반대하는 교사는 단 한 명도 없을 것이다. 워크숍에 참가한 교사들 가운데 절반을 훨씬 넘는 사람들이 이 질문의 중요도에 대해 '결정적인crucial'이라는 등급을 선택하였다. 이렇게 분명한 답변에 비추어 볼 때, 이 질문이 모든 워크숍 토론이나 주관식 질문에 대한 답변에서 주요 발언 주제로 부각되지 않은 것은 당연하다. 워크숍에 참가한 대부분의 교사들은, 비록 전문가 집단 내부에서만 논의하는 것이긴 하지만, 어떻게 가르칠 것인가를 결정하는 것을 당연한 권리로 여기고 있다. 그러나 여기서 명확하게 드러난 점이 있는데, 교사들이 서로에게서 배우기를 열망한다는 사실이다. 다음에 좀 더 자세한 내용이 논의될 것이다.

이집트의 상황은 딱 잘라 말하기 어렵다. 연구 설문지에 대한 답변만 보면 교사들이 교수학습 활동에 선택권을 갖는 데 대해 수긍할 만한 수준에서 공감대가 이루어져 있다. 그러나 최소한 한 사람은 다른 식으로 이야기하였다. 토론을 기록한 진행자의 노트에 다음 내용이 포함되어 있다.

> 교사가 교실 안에서 자율성과 자유를 누리는지는 논쟁의 대상이었다. 어느 교사는 게임을 통해 수학을 가르치려고 시도했는데, 그것은 그가 가르치는 어린 나이의 아이들에게 바로 적용할 만한 것이었다. 그러나 그는 이유를 해명하도록 요구받았고 처벌을 받았는데, 그 이유는 학생들이 반드시 의자에 앉은 상태여야 한다는 것이었다. 그때부터 그는 어떤 혁신적인 시도조차 중단하였다. _워크숍 진행자, 이집트

이것은 작은 집단이었고, 이런 관점이 전국의 상황을 반영했다고 주장할 수는 없다. 그러나 명확한 것은 질문에 답한 이집트 교사들이 자

신의 교수 활동 전략을 선택할 자유가 중요하다고 생각한다는 것이다.

지속적인 전문성 개발에 대한 지도력

연구 워크숍에서 놀라운 수준의 긍정적 답변이 나타났는데, 그것은 교사들이 자신의 전문성 개발의 성격을 결정할 책임을 가진다는 것이다. 해석의 여지는 개방되어 있다. 어떤 사람에게는, 그들이 (교육청에서 제공하는) 직무연수 중에서 어느 것을 선택하는 것이다. 그리고 다른 이들에게는 교사가 학교 안에서 상급자의 지시 없이 자신이 원하는 방향으로 갈 수 있는 것이다. 또 다른 이들에게는 제공되는 것이나 준비된 것이 거의 없어서 전문가의 지원조차 없이 그럭저럭 해나가는 것이다. 몇 개 나라(그리스, 터키, 마케도니아)에서는, 절반 정도의 교사들이 이에 동의하지 않았다. 그 이유는 아마도 충분한 지원이 제공되지 않음을 목격했기 때문일 것이다. 공개 토론에서 그리스 교사들은, 지속적인 전문성 개발의 기회는 학교 밖에서 그리고 중앙 통제를 받는 세미나에 국한되어 있다고 한다. 그것도 대부분은 토론, 성찰, 질문보다 강연이라고 한다. 그들이 다음에서 밝히고 있듯이 어느 정도 융통성은 있다.

확실한 구조가 부족한 점은 교사들이 혼자서 행동할 수 있는 융통성을 주고, (그 때문에) 문제에 대응하려고 창의성을 발휘하고 새로운 시도를 할 수 있게 한다.

이 경우는 뭔가 부족한 점이 있어서 교사에게 독립성을 부여하는 것일 수도 있다. 한편, 교사가 자신의 전문적인 학습의 방향을 설정할 수 있고 그것을 격려하는 것이 되기는 어렵다.

네덜란드에서 그리고 덴마크의 두 집단 중 하나에서는 교사들의 전문성 개발의 성격을 결정할 책임이 전적으로 교사에게 있는 것 같다. 하지만 이것이 꼭 긍정적인 형태의 답변은 아니었다. 우리가 그런 책임에 대한 질문과 답변을 받아서 (다른 집단과) 비교했을 때, 그 만족도 점수는 실제로 훨씬 낮았다.

워크숍의 토론에서 매우 강력하게 나타난 경향은, 대체로 정부가 아직까지 교사들이 자신만의 전문성 개발을 추진해나갈 수 있게 지원하지 않고 있다는 점이다. 불가리아에서 토론을 진행한 진행자의 다음 기록은 이 점을 묘사하고 있다.

> 일반적인 의견은 교사들이 다른 교직원 동료에 비해 더 수동적이라고 한다. 자기 평가와 피드백을 위한 체계가 갖추어져 있지 않다. 자신의 일과 전문성 개발에 대한 평가는 외부로부터 주어지는데, 교사들 사이에서 이루어지는 전문적 의사소통의 의미와 영향력을 자각하게 되는 것은 그런 식의 접근법이 가진 문제점을 인식하기 때문이다. 이제까지 전문성 개발을 위한 실천은 개인들의 요구나 필요에 기초를 둔 것이라기보다는 지역 교육청이나 교육부가 강제하는 것이었다. 교사들이 일상에서 직면하는 어려움과 꼭 관련되지도 않은 주제에 대한 목록 중에서 선택하는 것이었다.
>
> _워크숍 진행자, 불가리아

전문성 개발에 대한 결정권을 갖는 것이 교사들에게 중요한가? 이 질문을 받은 교사 대부분은 전적으로 동의했는데, 오직 한 집단 네덜란드 교사들만 비교적 미지근한 답변을 하였다. 여기서 주목해야 할 중요한 점은 교사들 자신의 전문성 개발에 대한 현재의 책임감 정도(76%)와 그런 책임을 가지려는 열망(94%) 사이에 드러난 차이다. 물론 교사들에게 그런 책임을 추궁하기 어려운 사정이 있다는 점은 고려해야 한다. 그들이 전문성 개발의 학습 방향과 목표를 정하는 데 있어서 지원을 받은 경험이 없다면 그러할 것이다.

교사가 자신의 전문성 개발을 위한 학습에 책임을 진다는 데 대해서는 높은 수준의 공감대가 있는데, 그런 책임감이 중요하다는 공감대는 더 크다. 이와 대조적으로 동료들의 전문성 개발 학습에서 주도적인 역할을 교사들이 해야 한다는 관점에 대해서는 그 격차가 두드러진다. 예를 들어 홍콩의 교사집단에서는 교사들이 서로 배우면서 전문성을 개발하는 것을 교사들이 주도적으로 하는 것이 중요하다는 데 전원이 동의했는데, 그리스 교사집단에서는 전적으로 동의하는 사람은 한 명도 없고 절반 정도 숫자가 절대 반대 입장이었다. 불가리아 교사집단에서는 절반이 반대하고 나머지는 찬성하는 양상을 보였다. 이 점은 특별히 주목할 만한데, 불가리아 교사들은 모두 '국제 교사 지도력 프로젝트International Teacher Leadership Project'에 참여하고 있는 활동가 집단Active Teachers club에 소속되어 있기 때문이다. 물론 이것은 근본적으로 문화적 차이를 반영한 것일 수 있다. 어느 문화에서는 협력을 찬양할 수 있으나, 또 다른 곳에서는 동료 교사의 학습에 지도력을 발휘하는 것이 불안정한 고용 상태에 처하게 만든다는 생각을 할 수 있다.

이 문제에 대한 뚜렷한 공감대가 마련되지 않았지만, 그럼에도 교사들이 동료들의 전문성 개발을 지도하는 데에서 할 역할이 있다는 것은 분명해 보인다. 허츠캠 네트워크HertsCam Network의 교사집단은 '교수학습 개선하기Learning Teaching and Learning' 석사과정에 등록하고 있는데, 그래서인지 3분의 2 정도가 자기 동료의 전문성 개발 학습을 이끌어야 한다고 답변했다. 그것이 얼마나 중요한지에 대해서는, 32명 중 27명이 매우 중요하거나 결정적critical이라고 답하였다.

설문조사 도구를 보면, 질문을 해석하는 데 대한 신뢰도가 낮다. 번역의 문제나 서로 다른 문화에서 살아온 점을 고려하면 특히 그러하다. 예를 들어, 영국의 콜체스터에서 열린 토론이 어떤 방식으로 일대일로 벌어지는 전문성 개발 학습에 초점을 맞추었는지 살펴보는 것은 흥미롭다.

> 학교 현장을 기반으로 한 전문성 개발에서 일대일 멘토링의 가치를 토론하였다. '원격 멘토링' 프로젝트를 교육청 부서장이 운영했는데, (비디오로 교실 수업 장면을 찍고 실제 행동에 대한 피드백을 받음) 강력한 호응과 지지가 있었음을 보고하였다. 그런 방식으로 개인 사이에, 실제 행동을 중심으로, 상호 소통하면서 짧은 기간에 연속하여 이루어진다는 점 때문에 다른 전문성 개발 유형보다 가치 있게 받아들여졌다.
>
> _워크숍 진행자, 영국 콜체스터

여기서 '멘토링'을 얘기할 때, 그것은 동료 사이에 일대일 관계를 통해 서로의 전문성 개발 학습을 지원해주는 것이다. 언급된 사례에서 이 모델은 영국의 다른 맥락에서 있었던 것만큼 수평적 관계는 아니다. 영국에서는 코칭 모델이 발달하면서 동등한 지위에 있는 동료들이 일정한 틀을 만들어서 변화를 촉진하는 과정에 참여하여 서로에게 질문을 제기할 수 있었다.

> 동료 지원과 협력이 우리에게 전문가 역할과 자신감을 발전시키도록 돕는다. _워크숍 진행자, 영국 허츠캠

전문성 개발에 대한 일대일 접근법이 도움이 된다는 점은 시간이 지날수록 인정을 받고 있다. 동료 간 멘토링, 코칭, 또는 단순한 교실 상호 관찰 등 어떤 것이든 상관없다.

교과과정 개발에서 교사의 역할

학교 교과과정의 목표와 내용은 국가가 지정하는 추세지만, 아직도 학교 수준의 교과과정 계획에는 여지가 남아 있으며 어떤 경우에는 지역 수준에서 교과과정의 내용을 정할 수도 있다. 초등과 중등학교의 차이 또한 존재하고, 몇 개 나라에서 초등학교 교사들은 교과과정 내용을 조절할 수 있는 권한을 갖고 있다.

그리스, 터키, 이집트의 경우, 교사들은 교과과정 개발에서 하는 역할이 거의 없다고 말했다. 이와 대조적으로 홍콩의 초등학교 교사와 덴마크 교사집단 중 하나는 교사들이 교과과정 개발에서 목소리를 내야한다는 데 전적으로 동의했다. 몇몇 경우에 특히나 중등학교 제도에서, 교사들은 가르쳐야 할 내용에 대해 영향력이 거의 없다. 그러나 영향력을 행사하는 것이 중요하거나 결정적이라는 것에는 완벽하게 동의하고있다. 현실과 이상의 차이가 극명함을 느낀다. 그리스 교사집단에서 나온 다음의 말은 다른 이들에게도 공감을 주었다.

> 교실에서 오랜 경험을 가진 교사들이 교과과정 개발에서 역할을 못한다. 교사들이 참여해야 하고, 그렇지 못하다면 적어도 그 교과과정에 대한 피드백을 주어야 한다. _워크숍 진행자, 그리스

학부모와의 관계와 소통에 대한 책임

학부모와의 관계에 대한 책임은 대부분의 교사들에게 확실히 중요한 문제이다. 그리고 학부모와 관계를 유지할 책임이 교사에게 있느냐는 질문은 지역사회가 교사를 전문가로서 존중하는 문제와 관련이 있어 보인다. 교사가 "학부모와의 관계를 수립하는 데 주도권을 행사해야 하는가?"라는 질문에 대한 답변은 매우 솔직하다. 다수(81%)가 이런 책임을 지고 있고, 그보다 더 많은 수(84%)가 이런 주도권을 행사하는 것이 중요하다고 생각한다. 마케도니아, 덴마크, 불가리아에서 매우 긍정적인 답변이 나왔고, 이집트와 터키에서는 매우 높은 열성을 보여주었다. 아래에 답변의 사례가 있다.

> 학부모와의 관계는 모든 교사가 소중히 키워가고 있다. …… 그들은 학부모를 지원하고 협력하는 관계를 만들려고 한다. 예를 들어 한 학생이 정서 불안과 학습 부진이라는 문제를 갖고 있다고 생각되면, 교사는 그 학생을 가르치는 다른 교사와 얘기를 나누고, 학부모에게 전화를 걸어서 관심을 공유하며, 그들이 협력적인 경우에는 그 학생을 도울 방법을 함께 찾으려 노력한다. 학교는 적절한 도움을 줄 방법을 찾으려고 하고 그 방향으로 이끌고 가려고 여러 가지 시도를 한다. 때때로 학부모는 교사보다 자녀의 판단을 더 신뢰하고 방어적인 자세를 취한다. 학부모와의 좋은 관계와 협조를 만들어가는 것은 학생의 진보를 위해 결정적으로 중요하다.
>
> _워크숍 진행자, 그리스

학부모가 교사를 존중하고 신뢰하는 정도는 위의 인용문에 묘사되어 있다. 이렇게 긍정적인 흐름에도 불구하고, 실제의 행동에 대한 관념과 이런 행동의 중요성 사이에는 흥미로운 차이가 몇 가지 있다. 홍콩의 교사들은, 학부모와 연락을 취하는 것이 보통 있는 일이지만 단지 교사집단의 절반만이 그것을 중요하게 생각한다. 비슷하게 네덜란드 교사들은 그런 책임을 수행하지만 이에 대한 큰 열정은 없다. 이와 대조적으로 영국 콜체스터에서 온 교사집단은 학부모와 연락을 취하는 것을 자신이 하는 역할의 일부일 뿐이라고 보지만, 그 집단의 거의 모든 교사들이 그 일이 중요하다고 믿는다.

교사들에게 학부모와의 관계에 대한 책임을 몇몇 지정된 교사가 전담하게 하는 문제에 대해 물었다. 워크숍 설문조사에서 홍콩과 이집트를 제외하고 대부분은 이것이 방법상의 문제가 아니라고 답했다. 어떤 교사들은 학부모와 연락하는 일은 특별하고 책임을 가진 사람이 해야 한다고 보았는데-예를 들어 영국에서는 전통적으로 일 년 임기 수석 교사의 할 일이었다. 이집트와 터키 그리고 어느 정도 비슷하게 마케도니아에서도 그러하였다. 그러나 대부분의 교사는 이러한 역할 분담에 찬성하지 않았다.

> 모든 교사가 학부모와 직접 소통하는 것은 결정적으로 중요하다. 오직 몇 명의 교사만이 학부모에 대해 특별한 책임을 진다는 것은 덴마크 학교 전통에 크게 어긋난 것이다. _워크숍 진행자, 덴마크

어떤 교사들은 자신들의 전문적인 활동을 교실에서 가르치는 교과에 한정하려고 했지만, 이번 조사연구 워크숍에서 강력하게 지지를 받은 생각을 보면, 학부모와 동반자 관계를 형성하는 것이 교사의 핵심 역할이며 소수의 전문가 집단의 책임이 되어서는 안 된다. 많은 사람들이 교사와 학부모의 소통을 제한하는 현상은 교사에 대한 존중이 부

족하기 때문에 나타난다고 보았다.

학교 평가 / 감사

학교에 대한 감사는 교사들을 불행하게 하는 원인으로 종종 지적되었다(학교 순위표로 출판됨). 영국은 영국교육청Ofsted 정책 수립 담당자들이 감사를 수행하는 강력한 전통이 있다. 학교 자체 평가를 하는 것이 권장되지만, 그것은 이 감사에 따라 조정되고 검정을 받는다. 영국에서 열린 워크숍에서 조사한 바에 따르면 감사는 파괴적이다. 학교 자체 평가가 교육청의 감사와 연계되어 있다는 사실은, "교사는 학교에 대한 외부의 평가/감사에 기여하는 데 핵심 역할을 한다"는 설문지 질문에 동의하는 응답이 많은 것에 반영되어 있다. 하지만 몇 명이 비난을 한 것은, 모든 교사가 학교 자체 평가의 과정에 참여하거나 협의에 응한 것이 아니라는 암시일 수도 있다. 이 질문에 대해 몇 개 나라(덴마크, 터키, 그리스)에서 매우 낮은 수준의 동의를 보였는데, 그것은 교사가 감사 체계에 참여하고 있다는 느낌을 받지 못하거나 참여할 제도가 없다는 사실을 반영한다.

절대 다수의 교사들이 학교 평가과정에 참여하기를 원한다. 이런 느낌이 강한 곳은 영국, 미국, 마케도니아, 홍콩, 불가리아, 터키, 이집트이다. 네덜란드와 덴마크는 사뭇 양상이 다른데, 실제와 중요성 척도 모두에 대해 비교적 낮은 수준의 동의를 표하는 답을 하고 있다. 여기서 명확한 것은, 교사들이 참여하고 있지 않으며 참여할 욕구를 느끼지 못한다는 점이다. 어떤 경우에는 교사의 참여 정도와 참여하고자 하는 욕구 사이의 차이가 아주 명확하다. 예를 들면, 터키에서 교사의 참여는 거의 없으나 그런 생각에 대한 지지도는 엄청나다. 그리스도 마찬가지이다.

> 교사들은 역할을 (핵심적인 것이 아니라도) 하고 싶다. 최소한 학교에 대한 외부 평가에 기여하는 데서라도 더 큰 역할을 하고 싶다. 예를 들어, 어떤 주제를 가지고 평가할 것인지를 결정하는 것. _워크숍 진행자, 덴마크

대부분의 교사들이 응답한 것을 보면, 감사는 그리스를 제외하고 학교 밖의 외부 기관이 통제한다. 그러나 예상한 대로, 대부분의 경우에 교사들은 이런 일을 가치 있게 보지 않는다. 이에 대한 주목할 만한 예외로 마케도니아를 들 수 있다. 그들은 감사를 외부 기관이 하는 것에 전적으로 동의하는데, 단, 거기에 교사들이 높은 수준에서 참여하는 한에서 그렇다. 핵심 문제는 미국 교사의 말처럼 존중의 문제이다.

> 나는 일본에서 두어 달 가르쳤는데, 거기서 엄청나게 무시당했다. 그전에 나는 가는 곳마다 존경을 받았었다. 교사들이 받고 있는 멸시 때문에 나는 돌아왔고 공항에서 눈물을 흘렸다. 나는 떠나오면서야 비로소 차이점을 알았다. _워크숍 진행자, 미국

이 교사들은 설명 책임이란 생각을 거부한 것이 아니며 또한 무기명 평가의 권리를 주장하는 것도 아니다. 그들은 학교 평가의 과정에서 전문가로서 참여하고자 하는 희망을 표현하고 있다.

학생의 학습 평가에 대한 교사의 역할

의심할 여지가 없이 조사연구 워크숍 설문조사에 대한 교사들의 답변에서, 교사들이 학생의 학습 평가를 자신들의 일로 생각하고 있음이 드러났다. 이 답변 자료에서 명확하지 않은 부분은 교사가 평가를 실행하는 데 대해 교사들이 어떤 종류의 개념을 갖고 있는가 하는 문제이다. 어떤 교사에게는 '학습을 위한 평가'란 문자 그대로 광범한 평가 행위를 포괄하는 것이지만, 다른 이들에게는 단순히 '시험 보기'를 의미할 수도 있다.

교사의 책임으로서 평가의 중요도에 대한 생각은 의견이 둘로 갈라진다. 영국에서는 그것이 정말로 중요하게 여겨진다. 미국과 마케도니아에서도 같다. 그리스, 홍콩, 덴마크, 네덜란드, 불가리아, 터키에서는 평가에 대한 열성이 더 적다. 이러한 현상의 배후에는 교사의 학생에 대한 평가는 의무로 여기지만, 그것이 교육적 가치를 지닌다고 보지 않는 관점이 있다.

교사가 학생들의 학습에 대한 평가를 서로 조절하여 표준화하기 위해 협력하는 정도를 물었을 때, 그 답변은 뒤섞여서 나왔다. 보통의 경우에 교사들은 그러한 일이 일어나지 않는다고 말하는 것처럼 보인다. 불가리아와 마케도니아의 교사들만 이런 일이 대단히 자주 일어난다고 답변했다. 하지만 좀 더 많은 교사들이 이런 협력의 필요성을 인정하는 것이 분명하고, 어떤 답변은 이 점을 명확하게 보여준다. 터키 교사집단의 예를 들면, 단지 3분의 1 정도만이 이런 협력이 이루어지고 있다고 답변하면서도 거의 모든 교사들이 그렇게 되어야 한다고 생각했다.

교원 평가Teacher performance assessment/appraisal

이 개념은 교사에게 '실행 성과를 중시하는 경영 기법performance management'을 적용한 것일까? 교사의 전문성 학습을 장려하기 마련인 공유된 설명 책임shared accountability 개념을 반영한 것은 아닐까?

서로의 실제 행위에 대해 평가하는 것은 영국, 마케도니아, 홍콩에서 전문 직업의 두드러진 특징이다. 불가리아와 미국에서도 어느 정도 그렇다. 이집트의 워크숍에서는 다음과 같은 생각을 지지하는 사람이 매우 많았는데, 교사들은 새로운 이집트에서 이런 일이 이루어져야 한다는 견해를 강력하게 표현하였다.

> 교사들을 근무 경력보다 실제 행위와 경쟁력에 기초하여 평가하되, 일
> 을 잘 못하는 교사들에게 불이익을 주는 것. _워크숍 진행자, 이집트

교사집단이 교사 지도력 프로그램에 소속된 경우(영국의 허츠캠, 불가리아, 마케도니아)에서 교사들이 서로의 실제 행위를 평가하는 데 참여해야 한다는 생각을 강하게 지지하였다. 대조적으로 홍콩에서는 이런 평가가 자주 일어나고 있지만 그런 이론을 거의 지지하지 않는다고 한다. 영국의 콜체스터에서도 비슷한 답변이 나타났는데, 교원 평가teacher evaluation가 전문성 개발을 지원하는 열쇠라고 답했던 것과는 모순된다. 교사들의 답변을 보면, 이런 평가가 이루어지고 있고 계속되어야만 한다고 열렬히 주장한다.

그리스와 터키 교사들의 답변은 가장 충격적인 유형이다. 그들의 말에 따르면, 현재 사용되고 있는 교원 평가방법은 전문성 개발과 동떨어진 것이지만, 교원 평가가 이루어져야 한다는 제안에는 전적으로 찬성

한다고 한다. 네덜란드 교사들의 답변은 당황스러운데, 교원 평가방법이 전문성 개발을 지원해야 한다는 이론의 가치를 크게 인정하지 않는 것 같았다.

전문적 지식의 창조

'지식 창조와 전파knowledge creation and transfer' 또는 '지식 경영 knowledge management'은 교육계에서 크게 발달하지 않았다는 의견이 많다.Hargreaves, 2001; OECD, 2009 그리고 우리의 조사연구 워크숍에서 이런 질문을 받은 많은 교사들이 그 토론에 참여하는 것을 불편하게 여겼다.

교사들이 스스로 전문 지식을 쌓아야 한다는 생각은, 대학에 기초를 둔 연구와 학교 밖의 권위 있는 기관을 통해 이루어져야 한다는 생각보다 아주 조금 더 많은 지지를 받는 것 같다. 허츠캠 네트워크에서는 교사를 지식 창조자로 부각시키는 담론을 뚜렷하게 내세우고 있다. 그래서 워크숍 질문에 교사들이 연결 짓기networking와 지속적인 전문성 개발을 통해 전문 지식을 쌓는 것이 중요하다고 답변한 것도 크게 놀라운 일은 아니다. 그들은 외부에서 자극을 받아 나타난 지식 창조보다 두 배는 열성적으로 주도적이었다. 그리스 교사집단도 비슷한 의견을 보였는데, 그들은 현재 지식 창조에 있어서 거의 역할을 하지 못하는 현실과 크게 괴리감을 느끼고 있다.

교사들과 지식 창조에 대한 토론을 벌이면서 부딪치는 어려움은, 전문 지식의 본질에 대해 많은 부분을 의문의 여지 없이 그대로 받아들이면서 그것이 어떻게 만들어져서 전파되는지 생각해보려 하지 않는다는 점이다. 이것이 사실이라면, 지식 경영은 교육계에서 힘을 발휘하지 못하는데, 이 문제에 대한 의식 수준이 낮다는 점도 반영된 것일 수 있다.

교사의 목소리와 영향력

교사들이 영향력을 발휘할 기회를 갖는 것과 그것을 가능하게 만드는 조건에 대해 토론을 벌일 자극제가 될 질문을 준비하였다. 이 조사연구에 대한 답변 그 자체만으로 뭔가를 알 수 있는 것은 아니었다.

먼저 가장 친숙한 교사집단의 예를 보면, 수석교사가 교사들에게 영향력을 발휘할 수 있고 광범위한 문제에 대해 협의하는 환경을 만들어야 한다는 제안에 60% 정도가 동의했다. 이런 환경의 중요성에 대해서는 100% 동의가 있다. 그러한 간극이 그리스와 이집트 교사들에게 확연히 나타났지만, 모든 경우가 똑같지는 않다. 어떤 교사집단의 답변을 보면, 그들의 학교에서 협의에 초청을 받는 것은 실제로 이루어지는 행위에 의견이 반영되는 것보다 훨씬 덜 중요하다. 이렇게 불명확한 이면에는 '협의'라는 개념에 내재된 긴장이 있을 것이다. 즉, 교장이 좀 더 직접적인 방법으로 교사들에게 영향력을 발휘하는 학교일 가능성이 있다. 어떤 교사에게 협의가 의미하는 바는 교장이 모든 결정을 내리면서 교사의 관점을 아주 미약하게 반영하는 것일 수도 있다. 터키 교사집단의 발언을 들어보자.

> 그들(교사들)은 협의에 초대를 받는다. 그러나 교사들이 생각하기에 이
> 것은 형식상 있는 일이고, 그들의 의견이 진정으로 고려의 대상이 되는지
> 확신할 수 없다. 그래서 그들에게 묻는 것이 중요하지 않은 것이라고 생각

하는데, 그 이유는 그들의 생각이 중요하게 취급받지 않기 때문이다. 그들에게 이것은 업무상 주어지는 부담일 뿐이며 그 이유는 그들이 정책에 영향을 미칠 수 없다고 느끼기 때문이다. _워크숍 진행자, 터키

교사들이 자신의 학교에서 얼마나 영향력이 있는가라는 질문은 중요하다. 그러나 이 문제에 대한 토론에서 나오는 결론은, 교사와 교장 모두 전문가로서 교육 체제 안에서 제한된 영향력을 갖고 있다는 점이다. 영국의 허츠캠 교사집단에서 발표용 차트에 기록된 발언은 이 점을 간명하게 표현하였다.

우리는 전문가로서 '목소리 없음'을 경험하고 있다. 정책과, 그리고 그것을 실행하는 사람으로서 우리가 알고 경험하는 것 사이에 간극이 있다는 사실에 절망감을 느낀다. _워크숍 진행자, 영국 허츠캠 교사

자신감과 자기 효능감을 높여주는 전략과 정책

아래와 같은 두 가지 개방형 질문을 교사들에게 던지고 글로 써서 답변하도록 요구하였다.

"여러분의 자신감과 신념을 향상시켜서 아이들의 학습과 행복에 긍정적인 변화를 가져올 수 있게 하는 것은 무엇인가요?"

"책 담당자, 경영자, 행정가들이 어떻게 하면 여러분의 교사라는 전문가로서의 자신감을 높여줄 수 있을까요?"

자기 견해를 밝힐 기회가 있으면, 교사들은 자신의 일하는 능력에 영향을 미친다고 믿는 몇 가지 기본적인 요인을 당연히 언급하곤 한다. 보수와 급여 수준은 자주 언급되는 대상이다. 그것은 교사의 사회적 지위를 반영하기 때문에 아주 중요할 것이다. 낮은 급여 수준은 존중의 부족과 교직에 대한 천시의 구체적 표현이다.

훌륭한 일에 좋은 급여를 보장하는 것, 그리고 최소한 전국의 대중매체에서 교직에 대한 존경심을 가지고 말하는 것. _불가리아 교사

어떤 나라에서는 더욱 실제적이다. 급여가 너무 낮아서 교사들은 생계를 위해 분투하고 자기 가족을 먹여 살려야 하는 의무를 다하지 못하는 상황을 피하려고 애쓴다. 질문에 답한 많은 교사들이 급여 문제를 교육 재정과 연관시켰는데, 여기에는 학교에 대한 지원이 부족하다는 점이 포함되었다. 이것은 교육의 효과성에 대한 토론에서 중요한 요소로 간주되었지만, 이 문제의 핵심은 자존감과 자기 효능감이다.

많은 교사들에게 중요한 문제는 학교와 가정에서 유지되는 학생들의 행동과 훈육의 수준이었다. 어떤 이들은 자신의 자기 효능감이 이런 종류의 문제 때문에 손상된다고 느낀다. 그러나 이 문제에 집중하고자 하는 교사는 우리의 조사연구 워크숍에서 두세 명에 불과했다. 흥미로운 점은 많은 교사들이 학부모와 협력하는 관계를 만드는 것이 중요하다고 이야기한다는 것이다.

교사의 일에 학부모가 동반자이자 조력자로서 참여하는 것, 그래서 아이들이 소중하게 여겨짐을 느끼고 (그것이) 그들의 행복에 영향을 미친다.

_불가리아 교사

이렇게 말한 교사에게 그것은 어린이의 교육을 위해 협력하는 문제이지만, 그의 동료가 보기에는 교직의 사회적 지위와 관련된 것이었다.

> 학부모가 학생의 훈육과 학습 준비 정도에 관심을 갖는다. (이것은) 교사의 사회적 위신을 높인다. _불가리아 교사

대중매체에 비치는 교사의 이미지는 많은 교사들의 관심을 끌었는데, 특히 정부와 학부모들의 신뢰와 존중에 영향을 미쳐서 자기 신뢰마저 위협한다고 느끼는 교사들이 그러하였다. 이집트 교사들의 워크숍에서 어느 진행자가 남긴 말은 이런 문제의 극단을 보여준다.

> 존중받지 못하게 되는 것은 교육부 장관 때문에도 그렇다. 어떤 교육부 장관은 "내가 학부모로부터 불만 사항을 하나라도 듣는다면, 나는 그 교사를 감옥에 집어넣을 것이다"라고 말했다. 이 발언 하나만으로도 교육부 내에서 교사들이 얼마나 존중받지 못하는지 알 수 있다. _워크숍 진행자, 이집트

이 개방형 질문에 대한 답변 중 많은 수가 교사들이 사회 일반으로부터, 특히 정부기관으로부터 존중받지 못할 때 느끼게 되는 감정을 묘사하는 데 집중되어 있다. 몇몇 교사들이 확신하는 것처럼, 정책 수립 담당자들은 대중매체에 교사들이 어떤 방식으로 그려지는지에 대해 영향력을 행사할 수 있다.

> (정책 수립 담당자는) 신문 지면에 공립학교를 긍정하고 지원하는 분위기를 만들 수 있다. _덴마크 교사

정부가 교사들의 말에 귀를 기울이거나 조언을 구하는 정도에 대한 인식은 교사의 행복감을 좌우한다. 하트포드셔Hertfordshire에서 열린 워크숍에서 교사 참가자가 약간 과장하여 말한 발언에 그런 점이 묘사되어 있다.

> 학교는 이미 나에게 엄청난 자문을 구했지만 나는 정부의 정책 수립 담당자에게 내 의견을 말하고 싶다. 어느 정부기관에서도 나에게 생각/피드백/협의를 구한 적이 한 번도 없었다. 나의 생각은 꼭대기에 앉은 이들에게 중요하지 않은 것인가? _영국 허츠캠 교사

그녀는 덧붙여서 이렇게 말했는데, 판단하는 것의 기초가 되어야 할 교사들의 전문 지식에 특별한 관심을 갖게 한다.

> 긍정적인 변화를 만들 수 있다는 나의 자신감과 신념은 내 의견이 소중하게 다뤄진다는 느낌이 들 때 커질 것이다. 교사들은 날마다 실천 현장에서 학생들과 긴밀하게 만나기 때문에 학생들의 학습과 행복에 영향을 미치는 문제를 즉각 이해한다. 이 점을 인정하고 교직원들과 협의한다면 그들은 발전을 이끌어가는 데 필요한 자신감을 갖게 될 것이다.
>
> _영국 허츠캠 교사

교사들이 전문적 판단을 내릴 수 있다고 신뢰하지 않는 것은 정책 수립 담당자들의 의제 밑바탕에 교사에 대한 불신이 자리 잡게 만든다. 그런 의제가 정치적 고려에서 나올 때 그런 것처럼 말이다. 이것은 단지 교사의 행복이나 그들에 대한 존경심 문제가 아니다. 그래서 정부의 지속적인 간섭이 없다면 교사들이 교육제도를 개선할 수 있을 것이라는

주장이 나오는 것이다. 덴마크 교사의 말은 이 점을 잘 보여준다.

정치인들은 전문적 내용에 대한 결정을 전문가들에게 맡겨야 한다. 학교제도는 선거운동의 일부로 끝나지 않아야 한다. 만약 교사를 포함한 사회 전체가 학교제도를 긍정적으로 묘사하는 데 동의하고 항상 변화해야 한다는 필요성을 주장하기보다 현재 하고 있는 일에 신뢰를 보내준다면, 그것은 교사들에게 전체 제도를 발전시킬 여유를 주는 셈이 될 것이다. 그리고 정치인들이 내내 저지르고 있는 작은 불장난을 할 필요가 없게 만들 것이다. _덴마크 교사

또 다른 덴마크 교사도 이렇게 언급한다.

그들은 학교 정책에 휴지 기간을 두고 규칙과 규정을 해마다 바꾸는 일을 중단하되, 우리에게 이삼 년 동안 새로운 시도를 해볼 시간을 줄 수 있다. 변화는 우리를 어느 것도 끝마치지 못하게 만드는 망각의 상태로 이끄는 경우가 많다. _덴마크 교사

불가리아 교사는 이것을 다른 방식으로 표현했는데, 그녀는 명확하게 협의를 요청하면 자신의 생각을 공헌할 수 있다고 말한다.

문서, (교수학습)표준standard, 국가교육 기준, 교과과정, 교과서 개발에 우리 같은 '보통 교사들'을 포함시키는 것. 실제로 교사들의 의견에 귀를 기울이는 것. _불가리아 교사

전국 단위 학업성취도평가(일제고사) 제도가 확고하게 자리 잡은 환

경에서 근무하는 교사들일수록 중앙으로부터 오는 압력을 예민하게 감지한다. 미국에서 토론이 벌어지면 '낙오방지법No Child Left Behind'의 부정적 측면에 집중하는 경향이 있었는데, 그 법령을 어떤 교사들은 무의미한 간섭과 관료제의 폐해로 느꼈다. 이것을 좀 더 직접적으로 언급하는 교사의 말을 들어보자.

나를 좀 내버려줘! 교육 행정가들과 나눈 대화의 99%는 그들의 행위를 정당화하거나 방어하는 데 필요한 서류 작업에 대한 것이다. 이것이 나를 지치게 하고 건설적이지 못하게 한다. _미국 교사

미국에서 '교육 행정가administrator'라는 용어는 교육청 관료 또는 학교 교장을 가리키는 것 같지만 약간 불분명하다. 그들과의 대화 밖에서 교사들의 주된 관심 사항은 그들의 학교가 운영되는 방식에 대한 것이고, 전체적으로는 긍정적인 언급이 더 많으며 비판적이라고 하더라도 최소한 건설적이다.

내가 느끼기에 우리 학교는 나에게 긍정적인 변화를 가져올 기회를 주고 모든 개발 작업에서 나를 철저히 지원한다. 협력과 분권형 지도력이 우리 학교에서 우선순위 상위를 차지하고 있다. _영국 허츠캠 교사

같은 집단에 속한 다른 교사는 요구 사항에 대한 유용한 설명을 해주는데, 이런 이상적인 조건은 아직 실현되지 않고 있음을 암시한다.

나는 교직원이나 학생이 자신들의 목소리를 내고 있다고 느끼는 학습 공동체의 일원이 되고 싶다. 그곳에서는 그들의 의견의 가치를 인정하며,

공감을 나누는 대화의 문화가 있다. 그런 공동체에서는 대화, 지식의 공유, 그리고 가장 좋은 실천 행위를 통해 공통의 전망을 만들어낸다. 교직원과 학생은 그런 전망을 위해 희생할 생각이 있다. 그 이유는 그들이 그 전망의 요점을 이해하고 있고 그것을 성취하는 데서 해야 할 역할이 있다고 느끼기 때문이다. 교수학습에서 혁신을 높이 평가하는 교직원 단체의 일원이 됨으로써 교사들은 새롭고 다른 방식으로 교수학습을 발전시키는 길로 자유롭게 나아갈 것이다. _영국 허츠캠 교사

개방형 질문에 대한 답변에서, 교사들은 학교장에게 지원과 격려를 제공해달라고 직접 간청한다. 꽤 많은 교사들이 전문성 개발 과정 참여를 교장에게 요구한다. 이것은 학교장이 그러한 태도를 일관성 있게 취하지 않음을 보여준다. 그들은 학교를 지도할 기술을 이미 알고 있기 때문이다. 터키 교사의 말이 암시하는 바는, 지구 상 어느 곳에서는 정치적 고려에 따라 학교장을 임명하며, 이 때문에 교직원이 격려와 지원을 받는 방식에 나쁜 영향을 미칠 수 있다는 점이다.

교사들은 그들의 정치적 견해와 상관없이 지원과 감사를 받아야 한다.

_터키 교사

물론 교사들은 정치적 편견에서 벗어나고 싶어 하고 정책과 그 실행이라는 문제에 대한 협의에 응하길 원한다. 그러나 우리의 조사연구 워크숍에서 교사들은 학생들의 성과를 개선하고 혁신적인 실천을 할 수 있도록 허용하는 환경에 대해 뚜렷한 전망을 제시했다. 이렇게 허용하는 분위기에 대한 교사들의 요구가 우리 워크숍 설문조사의 응답에도 나타난다.

학생, 학부모, 동료 교사와 함께 일할 때 좋은 실천 행위를 공유할 수 있게 하는 조건이란-비공식 회의, 공개 토론회, 문제 해결을 위한 절차 개발, 교수 활동과 의사소통의 다양한 형식과 수단을 도입하는 것. 이 과정에 교사들이 적극적으로 참여하면 더 많은 인센티브를 주는 것.

_불가리아 교사

질문을 받은 몇몇 교사들에 따르면, 고위직 지도자의 핵심 임무는 피드백을 제공하는 것이다. 이 점을 설득력 있게 표현한 교사는 긍정적 피드백이 주는 좋은 느낌만을 요구하지 않았다.

내가 하는 일에 대해 긍정적인 피드백을 들으면 기분이 좋겠지만 약간의 비평을 받거나 약점을 어떻게 극복할지에 대한 가르침을 얻을 수 있다면 더욱 행복할 것이다. 그에 더하여 교사들의 긍정적인 결과나 성취 결과를 지적하여 자신감을 갖게 하는 것도 중요하다. _마케도니아 교사

여기에는 피드백이 위로부터 내려오는 것이라는 전통적인 가정이 자리 잡고 있다. 하지만 조사연구 워크숍에 참석한 교사들에게 가장 중요한 요소는 교사들 서로 간에 배울 수 있는 조건이었다. 많은 교사들이 이미 친숙한 것-교육부에서 계속 제공하는 전문성 개발 교육-을 개선해달라고 요구했지만, 학교에 중심을 둔 교사 지도력 지원 프로그램을 경험했던 이들은 실천 행위를 공유하는 데서 배우는 전문적 식견의 가치를 잘 알고 있었다. 또 하나 명확한 것은, 조금이라도 도움이 되는 실천 행위를 공유하려면 그것이 혁신하는 분위기와 연결될 필요가 있다는 것이다.

학교에서 교사들에게 허용되어야 할 자유란, 아이들의 배움을 시험보다 중심에 두고 원칙과 가치관을 확고히 세우면서 교수 활동을 발전시키는 것이다. _영국 허츠캠 교사

여기서 핵심 단어는 '개발'이다. 이것은 전통적인 방법으로 가르칠 자유 또는 어느 특정한 교사가 그/그녀에게 가장 편리한 방식으로 가르치는 것을 옹호하는 것이 아니다. 교사가 혁신하고 실천 행위를 개발할 수 있도록 허용하라고 요구하는 것이다. 토론과 설문지 답변을 통해 나타난 교사들의 희망은 정책 수립 담당자들이 뭔가 할 수 있게 허용하는 전략에 중점을 두라는 것이다. 불가리아의 교사의 말에는 많은 것이 담겨 있다.

자원resource을 공급해주고 전문 직업인으로서 우리들의 생애를 책임 있게 살아가는 사례를 만들어서 우리를 격려해달라. _불가리아 교사

이런 견해는 영국 시노트 펠로우즈 단체와 티치 퍼스트 동문 모임과의 인터뷰에서 다시 나왔다. 이 단체에 준 장학금에 대한 평가에서 중요한 요건은, 이 단체가 겉으로 드러나는 활동들의 책임을 져야 한다는 것이었다. 이 단체가 강조한 것은 그런 활동이 학생들의 참여와 목표 달성을 촉진한다는 것이다. 하지만 그 학생들의 행동이 성공적인 경우는 교사의 자율성과 지도력이 학교의 문화 속에서 장려될 때뿐이었다.[Bubb, 2010] 사실 겉으로 드러나는 활동이 성공할 전제 조건은 지도력을 발휘할 만큼 자신감에 찬 학교공동체 구성원들이 있고 그들 사이에 동반자 관계가 존재하는가이다.

모든 사람에게 돌아가는 이익의 전체 크기는 우리가 협력관계 속에서 함께 일하는 경우 더 커질 것이다. …… 그것은 우리가 협동하는 것의 일부이다. …… 그것은 또한 사람들이 지도력을 발휘할 동기를 부여하는데, 우리들 각자는 …… 학교에서 지도자가 되려는 동기가 모든 사람과 개인마다 다르다. …… 내가 열렬히 원하는 바는 학교에서 각각의 전문가가 모두 지도력을 발휘하기 원한다는 것이다. 그것이 교실 안이든, 소속 부서 내에서든, 학교를 가로질러서이든, 운동장 안에서든 모두 그렇다.^{Steve Sinnot Fellow 1, 2011}

이것은 협력의 가치와 지도력에 대한 책임 분담이 중요함을 보여준다. 또 다른 구성원은 창조성과 협력 사이의 관계에 대해 말하는데, "창조성은 본질에 있어서 지도력이다."^{Steve Sinnot Fellow 2, 2011} 인터뷰에 응한 사람에 따르면, 창조성과 창조적 지도력에 필수적인 것이 또 있는데 그것은 학생의 목소리이다.

당신이 그들에게 …… (목소리를) 내도록 허용하면…… 그들은 자신이 그 기관의 회원임을 느끼기 시작하고 참여의식과 가치를 인정받는다는 느낌을 갖는다. 당신은 그들을 참여시킬 수 있고 그들이 학교에 참여하기를 간절히 원한다는 것을 실제로 알 수 있다.^{Steve Sinnot Fellow 1, 2011}

흥미롭게도, 시노트 펠로우즈는 학교 지도 집단이 겪고 있는 어려움을 "동굴 속에 갇혀 살고 있는" 지도자 개인의 탓으로 돌리는 경향이 있었다.

고위 지도자 집단에서 일하면서 가장 흥미로웠던 점 중 하나는, 어려움을 겪는 지도자 집단마다 어떤 순간에 획기적으로 문제를 개선하려면 밖으로 시선을 돌릴 필요가 있음을 깨닫는 순간이 있다는 점이다. 예를 들면, 그들이 살고 있는 동굴에서 나오는 것. 역사 교사는 역사의 동굴에서, 영어 교사는 영어 교과의 동굴에서 말이다. 그리고 이 순간에 이런 학교들은 (동굴을) 벗어나기 시작하고 …… 학생들의 성취 결과가 개선되기 시작하며, 그들은 사면이 벽으로 막힌 곳에서는 스스로 모든 문제를 풀지 못할 것임을 문득 깨닫는다.Steve Sinnot Fellow 3, 2011

이 말에 나타난 통찰력은 여러 가지 수준에서 드러난다. 어느 학교의 지도 집단이 바깥을 보지 않고 학교 안의 문제점들만 중요시하는 경우에는 외부의 시각으로 접근하는 데서 오는 풍부한 시사점을 놓칠 뿐만 아니라 고위 지도자들이 서로 고립된다. 그래서 교사들끼리도 서로 소통하지 못하는 결과를 초래한다. 그러므로 밖으로부터 안으로 향하는 접근법을 취하는 학교의 모든 단위에서 창조적인 지도력이 효과를 발휘하리라는 것은 명확하다.

이 단체가 보여준 통찰력을 보충하려면, 교육 전문가들의 논쟁에서 우연히 드러난 것이긴 하지만, 티치 퍼스트 동문 모임과의 인터뷰를 주목해보자. 이 모임에 속한 사람은 인터뷰에서 자신의 학교에 살아 있는 문화의 특성에 대해 이야기하면서 기대치를 이렇게 표현했다.

여러분이 하고자 하는 프로젝트가 있다면, 그 사람들이 귀를 기울이고 도우려 할 것이다. …… 우리 학교 고위 지도자들은 우리에게 계획서를 쓰게 하고는 그들의 회의STM에 데려가서 매우 공식적으로 그것을 시작하게 할 것이다. 그렇게 그 일을 전문가의 방식으로 해나간다면 우리는 설명 책임 문제를 해결하고 그 지도자들로부터 신임과 권한 위임을 받게 될 것임을 즉시 알아챌 수 있다. …… 그러나 그때 우리가 알게 되는 것은 그 프로젝트가 끝난 후에 똑같은 회의에 나가서 보고를 하게 될 것이라는 점이다. …… 내 생각에 그것이 정말로 중요한데, 그 이유는 그것이 우리에게 자유와 책임을 주는 동시에 아주 큰 기대를 걸게 만들기 때문이다. …… 우리 학교는 전진하기 위해 적극적인 방법을 찾아 나서고 있기 때문에 어떤 생각이든지 환영하며 그것에 대해 활발하게 토론하는 과정을 거친다.-그렇게 함으로써 우리는 직장생활을 즐길 수 있었다.

_Teach First 첫 인터뷰, 2011년

시노트 펠로우즈와 티치 퍼스트 동문 모임의 구성원 모두, 어떤 의미에서는 교사 지도자로 공식 검증 과정을 거친 교사들이다. 많은 교사들이 혁신적인 활동에 참여하였고, 지도력을 보여줄 능력의 증거가 되는 새로운 생각을 적극적으로 권장하는 학교에 근무하였다. 대체로 그들은 수업을 하는 전형적인 교사인가? 워크숍 설문조사에서 드러난 결과를 살펴보면, 많은 교사들이 앞에서 이 단체들이 보여준 것과 똑같은 방식으로 그들의 학교에서 지도력 행사 능력을 개발하는 데 참여하고 싶어 한다. 그것과 똑같은 조건을 제공하고 기회를 준다면, 작은 규모의 계획으로 방향을 제시할 수 있는 어떤 일을 할 수 있다는 말이다. 그러나 그것이 전체적인 분위기를 바꾸는 데 필요한 일까지 대신 해낼 수는 없다.

4장
교사들이 단결된 목소리를 내야 할 시기

교사들의 지도력을 지원하고 고무 찬양해야 할 교사 조직은 어디에 있는가? 배시아Bacia가 보기에 교원노조는 선택의 기로에 서 있다. 그 하나는 교사들의 근무 환경에 영향을 미치는 의사결정을 하는 과정에서 소외된 현재의 체제를 부지불식간에 강화시키는 것이고, 나머지 하나는 다음과 같다.

> 교사들이 그들의 조직에 참여할 수 있는 다양한 방법을 제시하는 데 중점을 두는 것이다. …… 회비를 내서 후원하는 방식으로 활동하는 이제까지의 원칙을 강조하기보다, 회원들이 관심을 갖고 접근하는 문제를 우선 과제로 한다. 예를 들면, 전문성 개발의 다양한 형식과 주제를 포괄하는 과제를 만들어 제시하는 것 …… (그리고) 많은 교사들에게 조직을 활성화할 기능을 개발하고 조직에 참여하여 이름 있는 지도자가 될 기회를 제공하는 것이다.Bascia, 2008

이 연구의 맥락에서 보면, 배시아의 노조에 대한 견해(교사들이 학습과 지도력에 대한 자신감을 개발하는 곳)는 노조가 집단적인 교사 지도력을 제공한다는 개념과 잘 어울린다. 이런 노조들이야말로 이 연구의 핵심을 건드려주고 있다. 미국, 캐나다, 노르웨이, 호주의 4개 교원노조 지도 간부와 경력 있는 평조합원을 인터뷰하여 이 연구에 활용하였다. 네 곳 모두 국제교원노조연맹의 연구 네트워크에 참여하고 있다. 인터뷰 질문은 교사에 대한 조사연구를 위한 워크숍에서 했던 것과 똑같은 주제에 중심을 두었다.

교사 지도력은 시대의 산물이다

네 명의 답변 모두 노조가 해야 할 역할에 대한 의견이 일치하였고, 학교에서 권한 위임의 지도력이 갖는 특성에 대해 정확한 이해를 보여주었다. 동료성과 분권형 지도력이 학교에 좋을 것이라고 이렇게 강조한다.

> 호주교원노조AEU는 교사 지도력이라는 개념을 강력히 지지한다. …… 노조의 관점에서 보면, 학교가 가장 훌륭하게 움직이는 때는 교장이 개인주의 방식이 아니라 동료성, 지원, 협동을 중시하는 방식으로 행동하면서 직원들과 관계를 맺고 그들을 동료 교육자로 대우하며 함께 일할 때이다. …… 분권형 지도력이라는 문화는 교장이 성공적으로 지도력을 발휘할 수 있도록 공헌한다고 우리는 믿는다. _호주교원노조 집행간부

이 인터뷰에서 미국교원노조(National Education Association, NEA)의 대표가 교사 지도력을 두 가지로 구분한 것이 유용했다. 그는 교사가 공식적인 지도자 역할을 맡는 것과 지도력을 발휘하는 교사의 좀 더 일반적인 실천 사이에 구분을 지었다.

교사 지도력은 시대의 산물이다. …… 미국교원노조NEA에게는 새로운 개념이다. …… 사실, 학교에 교사의 공식적인 지도자 역할이 존재하기 이전에는 교원노조야말로 교사에게 지도력을 발휘하고 교실 밖의 정책이나 실천에 영향력을 미칠 수 있는 기회를 제공하는 곳이었다. …… 교사 지도력이 발휘되는 때는 교사가 자기가 맡고 있는 교실의 범위를 넘어서 교수학습에 영향을 미칠 수 있는 공식적·비공식적 역할을 수행할 때이다.

_미국교원노조NEA의 정책분석 담당 고위 간부

캐나다교원노조(Canadian Teachers Federation, CTF)의 간부는 자신들이 수행한 연구에서 발견한 증거를 보여주면서 이 연구의 결론을 지지했다.

캐나다교원노조의 견해는 교사들이 학교 내부 의사결정에서 중요한 역할을 해야 한다는 것이다. …… 교사들 대부분이 학교 밖에서 이루어지는 교육정책 수립 과정에 참여하고 싶어 한다. …… 우리 단체가 수행한 전국 단위 교사 대상 설문조사에서도 확인된 사항이다.[CTF, 2010] …… 주단위의 교원단체에서도 교육정책에 영향력을 발휘할 목적으로 회원들에게 정책 토론에 참여할 기회를 제공하려고 노력한다. _캐나다교원노조 간부

교원노조가 중재 조정 역할을 하고 교사들이 협의 권한과 영향력을 갖는 문제에 대해 노르웨이 교사단체의 대표는 이렇게 말한다.

전국 단위 정책에 대한 교사의 영향력은 교원노조를 통해 발휘되는 수밖에 없다. …… 때때로 고용주들이 조직한 교사단체가 전국 단위 정책 제안에 의견을 내는 경우가 있지만, 거의 모든 상황에서 노조가 참여한

다. …… (우리의 견해로는) …… 학교장은 교사가 (그들의 전문적 활동에) 영향력을 발휘할 수 있는 여건을 만들어야 한다. 그리고 아주 폭넓은 문제에 대해 교사들과 협의해야 한다. _노르웨이교원노조, 자문위원

언급한 네 교원노조 모두가 조합원들에게 교육정책에 영향력을 발휘할 기회를 제공하고 참여를 독려하며, 그것을 교원노조의 핵심 사업으로 삼고 있다. 이들 노조의 공통된 신념은 교육정책과 교사 전문성 정책에 조합원들이 협력함과 동시에 영향력을 발휘할 수 있도록 해야 한다는 것이다. 흥미롭게도 캐나다교원노조CTF는 조합원들의 이해를 가장 크게 반영하는 문제를 몇 가지로 정리했는데, (약자에 대한) 사회적 지원, 빈곤 아동과 이주민 증가의 영향, 공교육 정책의 방향 등이 그것이다. 그러나 인터뷰에 나타난 공통된 관심 사항인 교사 지도력과 분권형 지도력이라는 밀접하게 연결된 두 개념이야말로 교사들이 자신의 학교에서 영향력을 발휘할 조건을 만들어준다는 것을 주목하자. 이들 교원노조에게, 어느 인터뷰에서 인정했듯이 분권형 지도력이란 수많은 교장들과 갈등을 빚어낸 모델이다.

최근 몇 년간 교장들이 내세운 오직 '화합'이라는 방침은 빅토리아와 서부 호주 같은 보수파 주정부의 은밀한 지원을 받아 세워진 것이다. …… 그것의 핵심은 교장의 권한을 증대시키고 모든 형태의 경영 관리 개념을 강조하는 데 있다. …… 이것은 주정부 차원에서 추진된 권한 이양이라는 정책agenda과 같은 차원인데, 학교장이 기업 경영인을 모델로 하여 학교 의사결정을 시장의 이해관계에 따라 내리게 하려는 것이다.

_호주교원노조 집행간부

이와 같은 설명은 영국의 정책 방향과 정말 비슷하다. 정부 교육 권력을 학교로 위임하는 것은 학교장의 권한을 증대하는 것과 같은 의미로 이해할 수 있다. 정부 교육정책의 핵심적인 전망은 학교장에게 좀 더 많은 권한과 통제력을 행사할 수 있게 하자는 것이다. _호주 교육부, 2010

이 정책은 영국 정부 고문이자 교장들의 지도자 역할을 하는 마이클 윌쇼 경(Sir Michael Wilshaw, 현재 영국 학교 감사원장Chief Inspector for Schools) 이 『타임Times』 교육 분야 증보판에서 밝힌 아래의 견해와 일치한다.

영화 「페일 라이더Pale Rider」의 한 장면을 생각해보라. 악당들이 마을을 습격하는데 안개는 자욱하고 클린트 이스트우드가 거기에 있다. …… 교장이 된다는 것은 도덕적으로 올바른 것을 위해 홀로 싸우는 전사가 되는 것이다. 훌륭한 싸움을 하는 강력한 힘을 가진 어느 최고경영자처럼 말이다. …… 나는 분권형 지도력을 신경 쓰지 않는다. 그런 말을 사용해본 적도 없다. …… 우리는 자존심을 가진 교장을 필요로 한다. …… 내가 여기서 '나'가 아닌 '우리'라는 단어를 사용한 것을 주목하라. …… 우리가 원하는 학교장은 권력을 즐기고 그것을 행사하길 좋아하는 사람이다.Barker, 2011

'자존심을 가지고 권력을 행사하는 교장이 필요하다'는 윌쇼의 주장은 제프리 캐나다Geoffery Canada와 매우 흡사하다.Vasagar and Stratton, 2010 이 주장은 교육의 질을 향상하는 데 가장 효과적인 학교에서 나타나는 지도력의 본질에 대한 최근 연구 결과와 모순될 뿐 아니라, 자발적으로 유지되는 교사들 사이의 협력이 중요하다는 연구 결과와도 모순된다.OECD, 2011 교사들 사이의 협력이 교사의 지도 능력을 높여준다는 주장은 메트라이프MetLife의 조사연구와 시노트 펠로우즈와 티치 퍼스트 동문 모임과의 인터뷰에서도 확인되었는데, 교원노조들도 이를 인정하고 있다. 월쇼와 그의 동료들이 거부하더라도 그렇다.

예를 들어 캐나다교원노조CTF는 조합원들에게 전문가로서 협력하도록 고무한다. 미국교원노조NEA의 대표는 협력의 필요성을 이렇게 설명한다.

> 교사의 협력은 우연히 이루어지는 일이 아니다. …… 협력은 학교의 일상적인 일의 일부가 될 때 가장 효과적으로 이루어질 수 있다. …… 덧붙이면 협력은 교사들이 단순하게 팀이 되어 회의를 하는 것을 말하는 것이 아니다. …… 핵심은 학생들의 배움을 개선하는 것이어야 한다. …… 협력을 위한 팀은 교사들에게 지속적으로 질문을 던지는 과정에 참여할 기회를 제공한다. …… 교사들이 알고 있는 것은 무엇인가? 그런 지식을 어떻게 측정하는가? …… 우리는 학습자를 어떻게 돕고 있나? …… 협력은 전문성에 대해 새롭게 인식하도록 교사들에게 자극을 준다.
>
> _미국교원노조NEA의 고위 정책분석 담당자

답변에 나선 이들은 낙관적이었는데, 미국에서는 학교마다 협력하는 문화를 더 많이 만들어내고 있으며, 팀별로 매일 만나서 실천 사례를 공유하고 교수학습 방법과 학생들의 진전 상황에 대해 토론한다고 한다. 한편으로 협력의 장애물을 이렇게 진단했다.

> 많은 학교 행정 담당자들이 좀 더 창의성을 발휘할 필요가 있는데, 여러 학교에서 협력을 가능하게 할 혁신적인 (수업) 시간표를 만드는 데 나타나는 장애를 극복할 수 없다. …… 교장과 학교의 다른 지도자들이 협

력하는 문화를 만들고 학교를 개선하려는 노력을 지속하려면 교사들이 서로 만날 수 있도록 학교의 시간표를 다시 짜고 시간을 내는 데 집중해야 한다…… _미국교원노조NEA의 고위 정책분석 담당자

노르웨이교원노조(UEN, Union of Education in Norway)에 따르면, 학교에서 협력하는 문화를 만들자는 주장과 현실 사이의 간격이 뚜렷하다. 다음은 교원노조가 교수학습을 개선하려는 지도부의 일원이 되어 제 역할을 어떻게 할 수 있는지 묘사하고 있다.

교사들이 전문가로서 만나서 서로 협력할 때 보통 하는 일은 정보와 행정사항을 공유하고 물자와 시간 배치에 관련된 결정을 하는 것이다. …… 그런 실천 행위는 보통 교수학습 방법을 공유하지 않는다. …… 교원노조의 주장은, 교수학습의 개선에서 좀 더 많은 협력이 이루어져야 한다는 것이다. …… 교수 활동을 관찰할 필요가 절실하다. …… 동료들끼리 관찰하는 일은 학교에서 두드러진 것이 아니고 자주 이루어지지 않고 있다. …… 대부분의 노르웨이 학교 건물이 그런 목적을 위해 지어지지 않은 것이 사실이다. …… 우리 교원노조가 보기에 교사들이 교수 방법에 있어서 더 많이 협력하는 것이 매우 중요하다. 그리고 동료끼리 관찰하여 교실 수업에서 전문가로서 행한 일에 대해 논쟁해야 한다.

_노르웨이교원노조, 자문위원

노르웨이교원노조가 협력을 강조하는 것은 교사들이 배워나가는 데서 협력이 중요하고 그것이 교사들의 자기 효능감과 관계가 있기 때문이다. 경제협력개발기구는 '교수학습에 관한 국제조사연구(Teaching and Learning International Survey, TALIS)'[OECD, 2009]에서, 전문성 개발에 가

장 크게 영향을 미치는 것은 대부분 협력에 의해 이루어진다고 믿는 교사들의 견해를 집중 조명하였다. 교사들의 연구 작업이 가장 큰 영향을 미치고, 교수 활동 개선을 위해 나누는 비공식 대화가 세 번째로 큰 영향을 미친다고 결론지었다. 다른 한편으로 주목했던 사실은 모든 나라에서 협력을 통해 전문성 개발을 시도하는 경우가 별로 없다는 점이다.

교사 전문성과 학습 능력 개발

이 연구에 참여한 교원단체 네 곳 모두 조합원들에게 양질의 전문성 개발 기회를 제공하는 것을 핵심 사업으로 여긴다. 회원 자격이 주어지는 핵심 서비스로서만이 아니라 단체의 가치 규약 중 하나로 간주한다. 호주교원노조의 경우를 보자.

> (그것을 위한) 체제가 거의 갖추어져 있지 않고, 교사들의 개발과 학습에 대한 폭넓은 접근 경로가 갈수록 학교 수준에서 책임져야 하는 것으로 되어가고 있다. …… 교원노조가 선언한 목표는 전문가들의 폭넓은 학습공동체라는 체제를 회복하는 것이다. _호주교원노조 집행간부

전문성 개발 기회를 직접 제공하는 교원노조 사례로, 호주 뉴사우스웨일스New South Wales 교원노조는 교사연수 기관으로서 많은 교육과정에 교사들을 등록시키고 있다.

교사 전문성 개발에 대한 이런 접근 방식은 오지에 따로 떨어진 마을에 특별히 효과가 있을 것처럼 보인다. 호주 교원노조에서 제공하는

기회가 없다면, 그 지역에 근무하는 교사는 자신의 전문 직업세계에서 고립된 채 방치될 것이다.

교원노조의 전문성 개발 기회는 멀리 떨어진 오지에 있는 교사, 특히 신규 교사에게 중요하다. …… 이런 교육에서 교사들이 서로 만나서 배우고, 그렇게 전문성을 습득한 교사들이 교원노조에 더욱 활발하게 참여하게 된다. …… 젊은 교사들이 들어오고 계속 머물게 하기 어려운 매우 먼 오지에서 이런 체계는 꼭 필요하다. 이런 오지 마을들에서 전문성 개발을 가능하게 하는 교원노조야말로 …… 교사들의 이런 발령 제도를 작동하게 만들고 있는 것이다. _호주교원노조 집행간부

호주교원노조 대표는 교사가 지리상 먼 거리에 있고 체제에서 주목하지 않을 때 전문가로서 고립되는 상황을 매혹적인 언어로 묘사하고 있다. 전문가의 고립이 지리상 거리 때문이 아니라 명령에 복종하길 요구하는 지도 방식을 고집하는 정치세력에 의해 일어난다는 점을 주목해야 한다.^{Fullan and Hargreaves, 1992}

그러나 호주교원노조의 정책이 보여주듯이 전문가의 고립이라는 빈 공간을 채워주는 것은 교사들 자신의 조직, 교원노조이다. 캐나다에서는 캐나다교원노조CTF의 설문조사에서 보여주듯이 주정부 범위의 자매단체에서 회원 교사들에게 전문성 개발 프로그램을 공급하고 있다. 특히 교육위원회, 고등교육기관, 또는 주정부 교육부에서 보다 높은 수준의 교육이 학기 중에 이어 여름(방학)에 제공된다. 이런 전문성 개발 교육에 대한 인기가 어느 정도 인지는 인터뷰를 보면 알 수 있다.

전문적인 학습공동체가 장려되고 …… 교과과정 분야에서 전문가

인 지도자급 교사들을 활용하는 경향이 강하다. ······ (그리고 왜냐하면) ······ 교사들에게 제공되는 전문성 개발 프로그램이 교수학습 활동과 관련성이 있거나 교사들이 학교에서 부딪히는 문제를 다루기 때문이다.

_캐나다교원노조 간부

전문성 개발에 대한 국가 단위의 체계와 교원노조가 어떤 관계인지, 이 연구에서 인터뷰했던 교원노조원들 사이에서도 차이가 난다. 노르웨이의 사정은 다음과 같다.

교사들은 전문성 개발에 대해 스스로 결정할 권리가 거의 없다. ······ 그들은 교장이나 지방자치정부와 협약을 맺어야 한다. ······ 교사들의 지속적인 교육을 위한 전국 단위의 계획이 있다. ······ 전국 단위에서 재정이 준비되어 있고 지방자치정부에 분배할 권한이 있다. ······ 지방자치정부가 그 돈을 전문성 개발 자체에만 쓰라는 규정은 없다. ······ 작년에 4,000명의 교사가 교육을 더 받기 위해 2,500곳에 신청했지만, ······ 1,500곳에만 재정 지원이 이루어졌다. _노르웨이교원노조 자문위원

노르웨이교원노조의 전문성 개발 정책의 주요 목표 중 하나는 전문성 개발을 위한 전국 단위의 일관된 체계가 있어야 한다는 것인데, 참여하는 교사에게 교육받을 시간을 결정하고 참가 여부를 선택할 권리를 달라고 요구하고 있다. 이런 정책이 있지만, 교사들이 그런 배움에 대해 동등한 기회를 갖거나 선택할 권한을 보장하고 있지는 않다.

평가와 시험

네 개의 교원노조가 시행하고 있는 평가는 영국에서처럼 엄격하지 않다. 길리언 셰퍼드Gillian Shephard에 따르면, 영국의 전직 교육부 비서관 경험으로 볼 때, 영국에는 독특하고 위험성이 큰 모델이 있다. 이것이 의미하는 바는, 시험 보는 제도가 학생 개인 수준 측정과 학교를 비교하기 위한 목적 모두에 맞게 설계되었는데, 격렬한 반대에 직면했다. 호주교원노조에 따르면, 연방정부의 (평가)계획을 거부하겠다는 노조의 위협에 학교장들이 지지를 보냈다고 한다. 교장들은 자신의 역할을 불안정하게 만드는 것을 발견했기 때문에 그렇게 행동했는데, 그 근거는 다음과 같다.

> 시장의 원칙이 학교의 의사결정을 지배하고 기업의 관리자로 교장의 역할을 규정했다. …… 한 가지 사례로 호주교원노조에 속한 교사 조합원과 똑같이 교장들이 학교별 순위표를 만드는 데 반대하여 전국 단위 시험(일제고사)을 거부하였다. …… 교장들을 해고하거나 징계하겠다는 위협이 가해졌지만 교원노조에 대한 교장들의 지지는 강력했다.
>
> _호주교원노조 집행간부

다른 나라 교원노조의 경우, 학교를 평가하려는 시험제도는 갈등을 일으키는 원인이 되었다. 다른 형태의 학교 평가도 마찬가지였다.

> 지방자치정부는 보통 숫자로 표시된 시험 결과만을 요구하였다. …… 그들은 학교의 전체 그림을 원하지 않았다. …… 학교 평가는 교장이 지방정부와 중앙정부에 똑같이 보낸 공문서 양식에 적힌 정보에 따라 이루

어졌다. …… 감사 요원이 학교를 직접 방문하는 일은 특별한 경우였다. …… 학교 단위의 자체 평가 규정이 있었지만 교장과 지방자치정부는 이를 무시하였다. _노르웨이교원노조 자문위원

기관별 자체 평가라는 형식은 캐나다의 특징이지만 노르웨이처럼 밖에서 (평가한) 정보를 모은 문서들로 이루어진다.

캐나다의 주정부 영역에는 외부에서 온 감사 요원이 거의 없다. …… 교육위원회가 설명 책임과 투명성을 입증해야 하고, 이해 당사자들의 견해를 들으러 다닌다. …… 종종 별도의 설문조사를 벌이기도 한다. …… 교육위원회는 정기적인 평가 계획을 작성하고 그 결과는 인사 문제를 논의하는 위원회에 내부 문서로 보관된다. _캐나다교원노조 간부

여기서 다시, 외부에 보여주기 위한 시험의 권한 박탈 효과를 주목해본다면, 이는 다른 형태의 학교 평가보다 더 많은 걱정을 불러일으킨다.

교사들은 보통 평가에 대해 책임을 진다. 하지만 밖에 보여주기 위한 표준화된 시험이라는 제도는 이제 더 큰 역할을 하면서, 교사들의 자율권에 영향력을 행사한다. _캐나다교원노조 간부

미국교원노조NEA에게 외부 평가의 활용은 기껏해야 삶에 짜증을 더하는 상황을 불러오는 것이다. 그리고 설명 책임에 대한 전국 단위의 일관된 정책은 실제로 존재하지 않는다. …… 미국에 1만 5,000개 학교교육구school district가 있음을 기억해야 한다. 모든 학교교육구가 서로 다른 형태의 설명 책임 입증 형식을 채택한다. …… 연방정부 차원에서 채택하고

있는 유일한 설명 책임 입증제도가 '아동낙오방지법(No Child Left Behind Act, NCLB)'이다. …… 이것에 따라 연방정부가 학생의 성취도에 대한 설명 책임 입증제도를 갖추고 있음을 보여주는(일제고사를 시행하는) 주정부에만 교육 재정을 제공한다. _미국교원노조NEA 고위 정책분석 담당자

교과과정-참여는 하지만 정식 일원이 되지는 않는다

네 개의 교원노조 모두 교과과정 개편에 조합원이 적극 참여하고 학부모들과 함께한다고 말한다. 교과과정과 관련해 교원노조의 응답은 회의적이었는데, 교과과정 개편이 양날의 칼이 될 수 있다는 견해였다. 노르웨이교원노조 대표의 말을 예로 들면, "교사가 학교와 동료들과 협력하여 교과과정 개발에 공헌하는 것이 매우 중요하다고 믿으면서도 교과과정 개발에 필요한 자신감, 능력, 시간을 교사들이 갖고 있는지"에 대해서는 의문을 표시했다. 캐나다교원노조CFT 간부는 교육부에서 결정한 틀 내에서일지라도 교사가 교과과정을 작성하는 데 깊숙이 관여하고 있음을 인정하였고, 교원노조가 교과과정 개편의 속도를 늦출 수는 있지만 항상 교과과정 개편을 본질적으로 바꾸려는 정도로 추진하는 것은 아님을 실토했다.

종교와 윤리 영역에서 교과과정에 대한 논쟁을 벌이는 것을 회피하는 나라에서, 미국교원노조NEA가 교과과정 개편 영역을 교사의 지도력을 발휘할 공간으로 설정하지 않은 것은 당연하다. 호주교원노조는 주정부 수준에서 교과과정을 만드는 과정에 교사가 참여해온 오랜 전통을 연방정부가 위협하고 있다고 말한다. 연방정부는 수업을 담당한 교사가 '아주 사소한 사실에만 관여할 수 있는' 중앙 집중화된 교과과

정을 강제하려 한다고 주장한다. 호주교원노조가 보기에, 연방정부 교과과정 개편은 교사로부터 그들이 전문가로서 살아가는 데 중요한 주체적 활동력과 권한을 빼앗는 방향으로 움직이는 거대한 흐름을 상징한다.

> 연방정부의 교과과정 개편 방향은 교과과정에 대한 중앙 집중화 경향이 커지고 있음을 의미한다. …… (그리고 이어서) …… 평가에 관해, 좁은 범위의 시험과 평가를 치르면서 이에 대한 반대급부로 학교장에게 권한을 위임하였다.

학부모-새로운 계약?

모든 교원노조는 학부모와 생산적인 관계를 시작하는 것이 교사의 중요한 책임이라고 인정하였다.

> 교사와 교장 모두 학부모와 첫 만남의 기회를 주도적으로 만든다. …… 교사는 학교 상담에서 주도적 역할을 하고 아이가 갈등을 일으키면 부모님을 오시게 한다. …… 캐나다교원노조는 이 정도 수준에서 전문적인 책임을 수행하길 기대한다. _캐나다교원노조CTF 간부

호주교원노조는 전문적인 책임의 기대치를 높였는데 학부모를 강력한 정치적 우군으로 여기는 입장을 취하고 전문가로서 교사의 지위를 보호하는 데 연대한다.

(호주에는) 학부모와 긍정적인 관계를 수립하는 강력한 전통이 있다. 진실로 교원노조는 학부모와 교사 사이에 사회적 계약이 존재한다고 믿는다. …… 그러한 계약은 일련의 이슈를 포함해야 한다. …… 학부모는 공교육과 교사의 가장 강력한 옹호자라고 믿는 것이 중요하다. …… 문제는 교사를 통제하는 학부모가 되는 것이 아니라 함께 활동하는 동반자 관계를 어떻게 지켜낼 것인가에 있다. _호주교원노조 집행간부

표준-누구의 표준인가?

조합원들이 전문가로서 느끼는 자기 효능감을 높이는 데서 교원노조가 해야 할 역할은 무엇인가. 이에 대한 공감대가 이 연구에 참여한 네 개의 교원노조 사이에 이루어졌다. 미국교원노조NEA는 다른 노조보다 유독 한 가지에서 앞서 나갔는데, 그것은 교사 지도력의 표준을 개발하는 분야였다. 호주교원노조가 연방정부 수준에서 교수 활동 표준을 개발하는 데서 중심적 역할을 했지만, 미국교원노조NEA와 미국교원연맹AFT, American Federation of Teachers은 미국교사지도력탐색협의회US Teacher Leadership Exploratory Consortium를 결성하는 데 주도자로서 참여하였다. 거기에서는 독자적인 입장에서 일련의 표준을 설정함으로써 교사 지도력의 본질을 정의하려고 시도하였다. NEA는 표준을 제시한 의도가 개인들에게 장애물목록을 만들어서 교사들이 뛰어넘도록 하려는 것이 아니라는 점을 강조하였다.

교사지도력탐색협의회(NEA는 회원단체임)는 이 표준을 점검표 또는 지침서 같은 것이 되게 하려는 게 아니다. …… 우리에게 그 표준이란 두루

뭉술하게 기술한 일련의 기대치이거나 활동과 지식의 분야이다. 그것으로 교사 지도력의 중요 요소를 정의하고 교사 지도력이 무엇인지에 대한 전문가들 사이의 논의를 불러일으키려는 것이다.

_미국교원노조NEA 고위 정책분석 담당자

진정으로 그 표준이란, 교사들 사이에 어떤 종류의 능력을 갖춰야 하는지와 어떤 종류의 전문성 개발 교육을 받아야 하는지에 대한 토론을 활성화하는 촉매 역할을 하는 것으로 보인다.

교사 지도력에 대한 일련의 표준을 개발하는 것은 지도자로서 교사가 지녀야 할 능력의 범위에 대해 전문가들 사이에 토론을 불러일으킬 것이다. 그리고 이런 형태의 지도력이 행정가 지도력과 나란히 작동하면서도 어떻게 구분되는지, 그리하여 그것이 효과적인 교수 활동을 지원하고 학생의 학습을 고무 추동할 수 있는지 논의하게 하려는 것이다. …… 또한 그 표준을 활용하여 교사 지도자의 전문성 신장을 지원하기 위한 학습 기회와 교과과정을 알려줄 수 있다. …… 그 표준들을 좀 더 높은 수준의 교육 프로그램 개발에 사용할 수도 있다. 교사 지도력 표준이 지향해야 할 마지막 역할은 교사로서 일하는 삶을 붙잡아주는 연결고리가 되고, 교실에서 수업하는 교사들의 삶에 스며들어 성장하는 유기체의 점검표가 되어야 한다. _미국교원노조NEA 고위 정책분석 담당자

미국교원노조NEA는 그러한 표준의 개발을 실제로 이익이 되는 방향에서 접근한다. 그리고 어떤 의미에서는, 미국교원노조 활동의 강조점인 전문가로서 자기 효능감을 갖는 것과 교원노조의 역할에 대한 전통적인 입장 사이를 연결 짓는다.

교사 지도력을 발휘할 기회는 교사에 대한 보상을 확대하는 방법이 될 수 있다. …… 그런 기회를 주는 것으로 교사들에 대한 정당한 보상을 대체해서는 안 된다. …… 모든 교사는 전문가로서 임금을 받아야 한다. …… 하지만 추가되는 책임이나 지도 역할을 맡은 교사들은 보상을 더 받아야 한다. …… 교사 지도력은 경력의 승진 사다리나 교사의 전문성 신장을 지원하고 교직을 평탄한 (승진 기회가 없는) 곳으로 여기는 문제에 대한 해결책을 제공한다. _미국교원노조NEA 고위 정책분석 담당자

미국교원노조NEA의 응답자는 교사 지도력을 위한 동등한 기회 제공을 포함해야 한다는 견해를 밝혔다.

…… 교사 지도력은 여성들에게 어마어마한 기회의 영역을 만들어내고 있다. …… (그것은) …… 재능 있는 교사들을 이 전문 직종에 계속 머무르도록 할 방법을 제시하려고 시도한다. _미국교원노조NEA 고위 정책분석 담당자

5장

결론: 정책의 틀을 제시하며

이 연구의 목적은 교사의 전문 역량을 개발하려는 정책의 틀을 만드는 데 필요한 증거를 제공하는 것이다. 1장에서 소개한 레빈Levin의 주장, 즉 강하고 활동력 있는 교원노조가 제도를 개선해나가는 데 중요한 요소라는 것을 이 연구의 인터뷰에 응한 교원노조 대표들도 확인해주었다. 이 연구에 참여한 교사들의 견해를 수용한다면, 교원노조 대표들이 인터뷰에서 교사 지도력을 배가시키는 방법으로 제시한 처방은 동반 상승효과를 낼 것이 분명하다. 배시아Bascia, 2008는 교사들이 교원노조에 원하는 것은 전문성 개발과 학습, 의사결정 과정에 참여할 권리 증진, 전문가로서 긍정적인 정체성을 확립하고 고무하는 것이라고 결론을 내린 바 있다. 그의 주장은 이 연구에서 교원노조들이 취하고 있는 접근 방식과 일치한다. 현재 모든 교원노조가 이런 역할을 하려고 하지는 않지만 그들이 그럴 역량을 갖고 있음은 확실하다. 이 연구에 참여한 교사들이 그들의 (지위와) 역할을 확대하기 위해 제시한 생각을 교원노조가 따른다면 교사들의 전문 역량을 드높이기 위한 실질적인 전략을 개발하는 데 공헌할 것이다.

교사의 전문 역량 개발

이 연구에 참가한 교원노조들은 크게 두 가지 종류의 전략을 가지고 조합원의 전문 역량을 배가하려고 한다. 하나는 교사들의 단결된 목소리를 모아내려고 정부와 논쟁거리가 되는 주제 중에서 전문성 문제를 부각시키는 것이다. 호주교원노조와 연방정부의 논쟁이 이런 경우이다. 또 다른 하나는 교사의 생활에 크게 영향을 미치는 법률 조항이나 정책 영역에 초점을 맞추는 전략인데, 이 연구에서도 그런 요구가 있음이 확인되었다. 전문성 개발을 위한 지원에 대해 법률 조항 확보에 중점을 두는 경우가 있는데, 일부 교원노조는 좀 더 폭넓은 정책 목표를 겨냥하고 있다. 즉, 교사들의 전문가 공동체와 전문가로서 자신감을 함께 성장시키는 것이다. 이는 오래전부터 있어온 주장인데, 지속적인 전문성 개발은 불연속적인 훈련이나 개인 능력 개발 프로그램이라기보다는 교육 개혁과 혁신의 한 영역으로 대우받아야 한다.[Frost, 2012]

교사의 근무조건이라는 개념을 다시 정의할 필요가 있는데, 교사의 자기 효능감을 높이는 요소를 포함시키기 위해서이다.[Leithwood, 2006] 이렇게 함으로써 전문가답게 지도력을 발휘할 교사의 능력 개발이 중요함을 알 수 있다. 이 연구에 참여한 교사들과 교원노조 대표들이 인터뷰에서 계속 강조했던 말도 이 점을 확인해준다. 교사가 학교생활에서 전문가다운 자신만의 면모를 만들어가야 하며, 그들이 전문가로서 개인 또는 집단으로 내는 목소리에 귀를 기울여야 한다는 주장이 크게 주목을 받고 있다. 개인들의 자기 효능감을 높은 수준으로 끌어올리는 교육제도가 필요한 이유는 OECD의 '교수학습에 관한 국제조사연구(TALIS)'[OECD, 2009]에서도 강력하게 확인되고 있다.

이 연구의 기초가 되는 설문조사의 한계를 인정하면서도, 정책 수립 담당자들이 고려해야 할 몇 가지 권고 사항을 제시할 근거는 충분하다고 본다. 다음과 같이 일곱 가지 요점을 정책 수립을 가능하게 할 영역으로 제시한다.

1. 정책은 전문적인 실천 행위를 개선하고 개발하는 데서 교사들이 지도력을 발휘할 기회를 제공하고 지원해주는 방향으로 가야 한다.
2. 정책은 정책 수립의 모든 단계에서 의견을 말하고 영향력을 발휘할 권리를 보장하려고 노력해야 한다. 교과과정의 내용과 구조에 대한 것도 그러하다.
3. 정책은 교사들이 동료들의 협력으로 설명 책임을 확보하면서 어떻게 가르칠 것인지를 결정할 권한을 보호해주고 신장해야 한다.
4. 정책은 교사들 스스로가 전문성 개발의 방향을 설정하고 동료들의 전문성 신장에 기여할 수 있도록 지원해야 한다.
5. 정책은 교사가 학부모 그리고 지역사회와 협력하는 관계를 수립하는 데서 핵심 역할을 해야 한다는 점을 인식해야 한다.
6. 정책은 교사가 학생 평가, 교원 평가, 학교 평가에서 더 큰 역할을 하도록 지원하고 격려해야 한다.
7. 정책은 교사가 전문 지식을 창조, 전파하려는 행위에 참가할 수 있게 보장해야 한다.

이런 권고 사항을 지지하는 글은 다른 곳에서도 찾을 수 있다. 미국에서 최근 실시한 대규모의 설문조사도 폭넓은 제도 개선의 성공 여부는 교사의 목소리를 얼마나 듣느냐에 달려 있다는 주장을 확인해주었다. 정책 수립과 실행을 결정하는 과정에 참가하면서 자연스럽게 발생하여 증가하는 혜택에 대해 교사들이 이야기하는 것은 다음과 같다.

"단결력teamwork이 커지고 교사들 사이에 협력이 이루어진다", "정책이 가장 좋은 실천에 결합되어 실현된다." 그리고 "학습을 최우선으로 하고 학생들에게 보다 많은 이익이 돌아간다."MetLife, 2010 이것은 교수 활동에서 효력을 발휘하는 것과 관련된 담론에 대해 적극적으로 영향력을 행사하려는 욕구를 교사들이 강하게 느끼고 있다는 의미이다.

어떤 정책 수립 담당자는 교사들이 위에서 언급한 방식으로 전문가 경력을 꾸려갈 욕구와 능력이 있는지를 확신시켜줄 많은 증거를 요구할 것이다. 이에 대한 설득력 있는 증거를 최근 15개 나라에서 실시한 연구인 '지위에 근거하지 않은 교사 지도력non-positional teacher leadership'에서도 발견할 수 있다.

> ······ 교사들은 진실로 혁신을 이끌 수 있다. 교사들은 전문 지식을 쌓을 수 있다. 교사들은 정말로 지도자로서 능력을 개발할 수 있다. 교사는 동료들과 함께 학교에서 이루어지는 전문가로서의 실천 행위의 특성을 실제로 변화시킬 수 있다. 그런데 아주 많은 증거에 의해 확인되는 것처럼, 교사들은 적절한 지원을 받을 경우에만 이런 일을 하려고 할 것이다.Frost, 2011, p. 57

교사 지도력이라는 개념은 교사의 전문 역량을 높여줄 조건과 행위의 범위에 주목하도록 우리를 이끌어간다.

교사 지도력과 전문 역량

교사 지도력은 교육 개혁에서 수년 동안 핵심 지렛대 역할을 해왔는데, 특히 미국에서 그랬다. 주목할 만한 참고 문헌은 다음과 같다. 『교사 지도력에 대한 전망을 평가함』[Little, 1988], 『교사 지도력에 있는 것은?』[Lieberman, 1992], 『잠자는 거인 깨우기: 교사가 지도자로서 성장하는 것을 돕기』[Katzenmeyer and Moller, 1996], 『교사 지도자 개발하기: 교사 지도력이 학교의 성공을 배가시키는 방법』[Crowther et al., 2002], 그리고 『교사 지도력』[Lieberman and Miller, 2004] 앞에서 언급했듯이 최근의 돌파구로, 미국에서 '교사지도력탐색협의회Teacher Leadership Exploratory Consortium'가 결성되어 교사 지도자에 대한 일련의 표준 모델을 출판한 것을 주목해보자. 제안된 표준은 일곱 가지 영역으로 이루어져 있다.

교사 지도자 능력의 영역

- 교사들의 자기계발과 학생의 학습을 지원하기 위해 서로 협력하는 문화를 만듦.
- 교수 행위와 학생의 학습을 개선하기 위해 연구 결과를 찾아서 활용함.
- 지속적인 개선을 위해 전문가다운 학습을 장려함.
- 교수 활동과 학생의 학습에 있어서 개선 작업을 위해 자료와 평가 기회를 제공함.
- 학교와 지역 교육 단위의 개선 작업을 위해 자료와 평가 기회를 제공함.
- 가족과 지역사회에 다가가서 협력을 증진함.
- 학생의 학습과 장래 직업을 위해 대외 활동을 벌임advocating.

교사지도력탐색협의회의 접근방법은 교사들이 토론과 자기 성장 진단의 기준으로 사용할 수 있는 구조와 수단을 제공하는 것이다. 그렇게 함으로써 그 기준이란 것에 대한 명백한 공감대를 만들어서 교사 지도력 개발의 개념을 규정하려는 사람들에게 이의를 제기하고 또한 분발을 촉구한다. 이 협의회에는 미국교원노조NEA와 미국교원연맹AFT이 참여하고 있다.

이상에서 언급한 활동의 기초가 되는 가정은 일부 교사들이 교사 지도자로 선발되어 임명되는 일 또한 일어난다는 것이다. 이것은 '국제 교사 지도력 프로젝트International Teacher Leadership Project'에서 주장한 "지도력은옮긴이 주: 모든 교사가 발휘하는 교사 전문성의 핵심 요소이다"라는 것과 어긋난다.

(교사 지도력은) …… 그것에 의거해서 교사들이 자신의 가치관을 명확히 하고, 실천 활동 개선에 대한 개인의 계획을 구체화하고, 그러고 나서 동료들이 참여하는 자기 평가, 혁신과 같은 행동이 이루어지는 과정의 전략을 만들어가는 것이다. 이런 접근 방식의 전제는, 모든 학생들의 학습 결과와 개혁 작업에 대한 책임을 공유하는 문화 안에서, 인간의 주체적 역할을 높여주는 것이야말로 학습공동체에 속한 모든 구성원들이 배울 수 있게 만드는 핵심 요소라는 것이다.Frost, 2011: 10

강조점이 교사 지도자의 활동에 있건 혹은 모든 교사가 발휘하는 지도력에 있건 상관없이, 교육 개혁의 조건으로서 교사들이 권한을 위임받고 영향력을 발휘할 수 있어야 한다는 데 대한 공감대가 어느 정도 있다.

경제협력개발기구OECD의 '교사 전문성에 대한 국제회의International Summit on the Teaching Profession'OECD, 2011 토론용 보고서에서도 역시 이런 교사 지도력의 개념을 강력하고 암묵적으로 지원하고 있다. 그 보고서에 인용된 ILO/UNESCO 회의 자료를 살펴보자.

> 대화의 기초가 되는 전제는 민주주의에 기초한 문화, 법과 규칙에 대한 존중, 개인이 자신의 견해를 개인으로 또는 노조나 협회 같은 집단의 의견으로 표현할 자유를 보장하는 체제와 통로가 있는 것이다. 그 의견은 개인 사생활이나 전문 직업인의 일상생활에 영향을 미치는 문제에 대한 견해를 말한다. …… 이것이 의미하는 바는 교사가 전문 직업인으로 누릴 자유를 존중받는 것과 일련의 문제(교과과정, 교수학습 방법, 학생에 대한 평가, 교육기관에 관한 문제 등)의 결정과정에 적극 참여할 수 있게 되는 것이다. ILO/UNESCO, 2006; vi

OECD 보고서는 또한 교육기관의 준비 정도에 대해 다음의 사항을 강조하였다.

> 정책 개발을 위한 토론 기회를 제공하고 또한 전문 직업인의 표준 설정과 자질 확보를 위한 제도를 갖추는 것이 중요하다. 그것은 교사 교육, 교사 채용, 교수학습 행위의 성과와 경력 개발에 대한 것이다. OECD, 2011, 4장

교사의 목소리와 지도력이 교육 개혁을 지속하고 뿌리내리게 하는 데 꼭 필요하다면, 교육기관에서 준비를 갖추고 제도를 마련해야 한다. 그 목소리를 집단으로 모아내고 그것이 집단을 통해 실현되는 것을 느끼는 집단의 자기 효능감이 꼭 있어야 한다. 그런 준비 장치가 무엇이 되든지, 그것이 교원노조, 주제별 모임, 또는 전문가 협회와 관련을 갖든 말든 상관없이, 그런 장치는 교사들이 소유하는 것이어야 한다.

개인의 목소리 아니면 집단의 것?

교사의 자기 효능감에 대한 믿음이 높을수록 학생의 성취도도 높다고 한다.[Leithwood, 2006] 같은 보고서는 집단의 자기 효능감이 하는 역할도 크다고 강조한다. 전문가로서 지도력을 발휘하는 데 교사의 능력을 높여주는 역할을 하는 교원단체와 교원노조를 주목할 가치가 있다.[Bangs, 2011] 그런 조직들은 교사의 전문가 역량 개발을 지원할 뿐 아니라, 교사의 자존심과 집단으로서 느끼는 자기 효능감을 높여준다. 그 조직들은 교사가 자기 학교의 안팎에서 지도력을 행사할 역량을 키워준다. 교원노조는 교사의 편에 서서 지도력을 행사하지만, 현재 시행되고 있는 정책을 따르지 않으면서도 자신만의 가치관과 원칙에 따라 행동하도록 조합원들에게 권한을 부여한다.

> 교사들의 조직이 집단으로서 행동 주체가 되면 전국에 있는 전문가들의 공동체를 만들어서 그 안에서 교사들이 학습하고 교원 정책 수립에 공헌할 수 있다.[Bangs and MacBeath, 2012]

이러한 견해는 레빈의 주장과 연결되는데, 이미 언급했듯이 교사의 집단적인 목소리는 교육제도의 여러 부분에 반영되어 있다.

> 국제적인 교육 평가에서 상위권의 성과를 내는 모든 나라에는 강력한 교원노조가 있다. …… (그렇다고 해서) …… 인과관계를 암시하는 것은 아니지만 …… 어느 정도 관계가 있다고 생각할 만한 근거는 충분하다.[Levin, 2010]

OECD는 더 앞서 나가는 주장을 했는데, 전문직으로서 교사와 교원 단체는 교육 개혁의 핵심 요소라고 강조하였다.

교육 개혁에서 성공의 기회 증가는 효과를 가져오는 협의, 타협을 하려는 의지, 그리고 교육 개혁의 입안과 시행에 교사들이 참여함을 통해 이루어진다. …… 학생의 성적이 좋은 나라들에는 대부분 강력한 교원노조가 있으며, 교육제도가 좋은 성과를 낼수록 그 나라의 교원노조와 건설적인 관계를 맺으며 전문가 조직으로서 동반자 대우를 하고 있을 가능성이 높다.OECD, 2011

실제로 풀란Fullan은 교사들의 참여를 끌어내는 데 실패한 특정 국가들을 비판한다. OECD를 인용해보자.

미국과 호주가 낮은 신뢰도 전략을 철회하고 문제의 해결책을 찾는 과정에 전문 직업인(교사)들의 교원 정책 참여를 허용하지 않는다면, …… 그들은 전체 제도의 성공을 위해 필요한 기술이나 헌신을 끌어낼 수 없을 것이다.Fullan, 2011

'교사 전문성에 대한 국제회의'의 결과는 교원노조들이 교원 정책 개발에 정부와 동반자로서 참여할 준비가 되어 있음을 확인하였다. 반면에 어떤 나라의 정부는 교원노조가 교육 개혁을 도와주기보다 방해한다는 관점을 가지고 있음을 확인하였다. 이 점에서, OECD 보고서는 교원노조가 교육 개혁 성공에 꼭 필요하다는 증거를 제시한다. 보고서는 사회적 대화를 지지하는데, 대화로 의사결정을 하려는 나라라고 해서 반드시 대화가 오래 지속되거나 좋은 결과를 내는 것만은 아니라는 경

고도 보내고 있다.^{OECD, 2011, p. 60}

교원노조는 그런 기회에 대해 냉정을 유지할 수 있지만, 국제적인 정책 환경은 교원노조를 교원 정책의 동반자 관계로 만드는 방향으로 이동하고 있음이 분명하다. 그런데 이런 논의에서 주목해야 할 점이 있는데, 바로 공공 서비스에 대한 정부의 재정 지출 감소가 미치는 영향이다. 영국이 그 사례인데, 어떤 정부는 체계적인 서비스로서 교육을 해체하는 경향을 보였던 방식을 주목해야 한다. 교원노조에게 이것은 꼭 대립할 필요 없이 새로운 전략을 추진할 길을 보여준다. 그 첫 번째 선택은 교육을 국가의 서비스로 보호하는 데 중점을 두는 것이다. 그 전략 안에서 가장 강력한 주장은 양질의 전문가 집단으로서 교사공동체를 유지 발전시키고 있는 나라들의 중요성을 부각하는 것이다. 이 주장을 뒷받침하는 정부들은 교원노조와 동반자 관계인데, OECD는 교원노조가 문제를 해결할 교사들의 역량을 개발하는 전략을 창조했다고 전한다.

요약하면, 그러한 전략에 포함된 교원 정책은 학교 안에서 그리고 교육제도 안에서 전문가로서의 교사 지도력을 개발하는 것이다. 이것은 교원노조에게 높은 책임을 부여한다. 우리 연구에서 발견한 바에 따르면, 교원노조는 전문가로서 교사의 자율성과 지도력을 높일 수 있는 조건을 마련하고 자신감을 더해줄 수 있다. 교원노조는 양질의 전문성 개발 프로그램을 제공할 수 있을 뿐만 아니라 전문성 개발을 위한 정책 분야에서 지도력을 발휘할 수 있다. 교원노조는 교과과정, 표준, 교수학습 방법, 평가와 같은 문제에 대해 실사구시의 정책을 제창할 수 있고, 조합원들이 이런 정책을 놓고 토론하고 아이디어를 제공할 중요한 기회를 만들 수 있다.

현재 세계 금융위기 상황을 보면 가장 불리한 환경인 것처럼 보이지만, 국제교원노조연맹EI은 교원노조에 새롭고도 중요한 기회가 다가오고 있다고 믿는다. 우리는 교사의 자기 효능감, 목소리, 지도력을 우리가 연구한 영역에서 높여야 하고 교육 개혁의 과정에 교사의 목소리가 반영되는지를 확인해야 한다.

참고 문헌

Anderson, R., Greene, M. and Loewen, P.(1988), Relationships among teachers···
and students··· thinking skills, sense of efficacy, and student achievement,
Alberta Journal of Educational Research, 34, 148-165.

Ashton, P. T. and Webb, R. B.(1986), Making a difference: teachers··· sense of
efficacy and student achievement, New York: Longman.

Bandura, A.(1989), Human agency in social cognitive theory, *American
Psychologist* 44 (9), pp 1175-1184.

Bangs, J.(2011), A Game Changing Summit. The International Summit on the
Teaching Profession. in Form 10, a bulletin from *Leadership for Learning*,
University of Cambridge Faculty of Education.

Bangs, J. and MacBeath, J.(2012), Collective leadership: the role of teacher
unions in encouraging teachers to take the lead in their own learning and in
teacher policy, *Professional Development in Education*. 38 (2) 331-343.

Bangs, J., MacBeath, J. and Galton, M.(2011), Reinventing schools, Reforming
teaching: From political visions to classroom reality, London: Routledge.

Barker, I.(2011), Clint and me: Mossbourne head says school leaders are lone
heroes, *Times Education Supplement*, 18th February.

Bascia, N.(2008), What teachers want from their unions: What we know from
research. Published in M. Compton, and L. Weiner(Eds.), *The Global Assault
on Teaching, Teachers and their Unions*, New York: Palgrave MacMillan.

Bascia, N. and Rottman, C.(2010), What···s so important about teachers···
working conditions? unpublished paper, OISE & University of Manitoba.

Bennett, N., Wise, C., Woods, P. and Harvey, J.(2003), Distributed Leadership: A
review of literature carried out for the National College for School Leadership,
Nottingham: NCSL.

Birch, S. H. and Ladd, G. W.(1998), Children's interpersonal behaviors and the
teacher-child relationship, *Developmental Psychology* 34(5), pp. 934-946.

Department for Education (2010). Secretary of State···s speech to the National
College Annual Conference. June 2010 accessed 10.2.2012 at http://www.
education.gov.uk/news/news/nationalcollege.

Dewberry, C. and Briner, R.(2007), Report for Worklife Support on the relation
between well-being and climate in schools and pupil performance. London:
Worklife Support.

Frost, D.(2011), Supporting teacher leadership in 15 countries: the International
Teacher Leadership project, Phase 1-A report, Cambridge: Leadership for

Learning University of Cambridge Faculty of Education.

Frost, D.(2012), From professional development to system change: teacher leadership and innovation, Professional Development in Education, 38(2) pp. 205-227.

Frost, D.(2006), The concept of ··agency··· in leadership for learning *Leading and Managing special issue on the Carpe Vitam Leadership for Learning project*, 12(2) pp. 19-28.

Fullan, M.(2011), Choosing the wrong drivers for whole system reform. Centre for Strategic Education Seminar Series 204. Accessed 10.2.12 from www.cse.edu.au

Gronn, P.(2000), Distributed Properties: A New Architecture for Leadership, *Educational Management and Administration*, 28(3) pp. 317-38.

Gronn, P.(2002), Distributed Leadership as a unit of analysis, *The Leadership Quarterly*, 13, 423-451.

Guskey, T. R. and Passaro, P. D.(1994), Teacher efficacy: A study of construct dimensions, *American Educational Research Journal*, 31, 627-643.

Hallinger, P. and Heck, R.(2010), Collaborative leadership and school improvement: understanding the impact on school capacity and student learning, *School Leadership and Management* 30(2), pp. 95-110.

Hannibal, P.(2011), Staff wellbeing: an account of a collaborative project to enhance the wellbeing of staff in and Infant and Nursery school. Unpublished MEd Thesis, Cambridge: University of Cambridge Faculty of Education.

Hargreaves, D. H.(1999), The knowledge-creating school, *British Journal of Educational Studies*, 47(2), 122-144.

Hartley, D.(2007), The emergence of distributed leadership in education: Why now? British Journal of Educational Studies 55 (2), pp. 202-214.

ILO/UNESCO(2006), Joint ILO/UNESCO Committee of Experts on the Application of the Recommendations concerning Teaching Personnel Report, Ninth Session Geneva, 30 October-3 November 2006.

Leiberman, M.(2000), The Teacher Unions: How They Sabotaged Educational Reform and Why, San Francisco, CA: Encounter Books.

Leithwood, K.(2006), Teacher working conditions that matter: Evidence for change, Toronto: Elementary Teachers' Federation of Ontario.

Levin, B.(2010), Education This Week - Canadian Edition. ··Let···s Stop Blaming Teacher.

MacBeath, J., Oduro, G. & Waterhouse, J.(2004), The Distributed Leadership Toolkit, Nottingham: National College for School Leadership.

MetLife(2010), The MetLife Survey of the American Teacher: Collaborating for Student Success. ED509650 accessed on 10.2.12 at www.metlife.com.

Midgley, C., Feldlaufer, H. and Eccles, J. S.(1989), Student/teacher relations and attitudes toward mathematics before and after the transition to junior high school, *Child Development*, 60, 981-992.

Moore, W. P. and Esselman, M. E.(1994), Exploring the Context of Teacher Efficacy: The Role of Achievement and Climate. Paper presented at the Annual Meeting of the American Educational Research Association, New Orleans.

Naylor, P., Gkolia, C. and Brundrett, M.(2006), Leading from the Middle: an initial study of impact. *Management in Education*, 20(1).

OECD(2005), Teachers Matter: Attracting, Developing and Retaining Effective Teachers, Paris: OECD.

OECD(2009a), Education at a glance. OECD Indicators, Paris: OECD.

OECD(2009b), Creating Effective Teaching and Learning Environments: First results from TALIS, Paris: OECD.

OECD(2011), Building a High Quality Teaching Profession-Lessons from Around the World. Background Report for the International Summit on the Teaching Profession, Paris: OECD.

Pont, B., Nusche, D. and Morman, H.(2008), Improving School Leadership, Volume 1: Policy and Practice, Paris: OECD.

Ross, J. A., Hogaboam-Gray, A. and Hannay, L.(2001), Effects of teacher efficacy on computer skills and computer cognitions of Canadian students in Grades K-3, *The Elementary School Journal*, 102, 141-156.

Sachs, J.(2003), The Activist Teaching Profession, Buckingham: Open University Press.

Scheerens, J.(2010), Teachers··· Professional Development: Europe in international comparison. An analysis of teachers··· professional development based on the OECD···s Teaching and Learning International Survey(TALIS), Luxembourg: Office for Official Publications of the European Union.

Spillane, J.(2006), Distributed Leadership, San Francisco: Jossey-Bass.

Spillane, J., Halverson, R., & Diamond, J.(2004), Towards a theory of leadership practice: a distributed practice, *Journal of Curriculum Studies*, 36(1), 3-34.

Tschannen-Moran, M. and Barr, M.(2004), Fostering student achievement: The relationship between collective teacher efficacy and student achievement, *Leadership and Policy in Schools*, 3, 187 - 207.

Tschannen-Moran, M. and Woolfolk Hoy, A.(2001), Teacher efficacy: capturing an elusive construct, Teaching and Teacher Education 17, pp. 783-805.

Vasagar, J. and Stratton, A.(2010), ··Geoffrey Canada Warns Michael Gove That Teaching Unions Kill Innovation···. The Guardian 5th October.

II

교사라는 전문 직업의 미래

Future of Teaching Profession

존 맥베스John MacBeath
케임브리지 대학교 석좌교수, 2012년 발표

머리말

교사라는 전문 직업은 어린이와 청소년들의 학습과 사회문화 경제적
발전에서 심장과 같은 위치에 있다. 그것은 사회적 가치(민주주의, 평등, 관
용과 문화에 대한 이해, 그리고 각 개인의 타고난 자유 존중)를 전달하고 인
식하게 하는 데 없어서는 안 되는 직업이다.

_「양질의 교육으로 미래를 건설함Building the Future Through Quality Education」,
제6차 국제 교원노조 연맹 총회 결의문, 2011년

세계에서 가장 큰 노동조합 연대 조직인 국제교원노조연맹(Education
International, EI)의 총회가 2011년 남아프리카공화국에서 열렸는데, 국
제교원노조연맹은 교사라는 전문 직업의 미래에 대한 획기적인 정책을
채택하였다. 삼천만 명의 교직원을 대표하는 국제교원노조연맹은, 높은
수준의 교육을 달성하는 방법과 전문 직업으로서 교사에 대한 일관된
정책이 있어야 한다는 두 가지 요구를 동시에 수용하는 종합적인 프로
그램 개발이 매우 중요하다는 결론에 이르렀다. 남아프리카공화국에서
있었던 토론에 참여한 모든 사람들은 국제교원노조연맹의 정책 제안서
가 올바른 사고의 틀을 제안했다는 데 동의했지만, 그것의 강점은 "계
속 진화 중"이라는 것을 인정하였다. 교원 정책에 대한 국제교원노조연
맹의 제안은 최근에 나타난 증거에 근거했음을 밝힐 필요가 있었다.

이런 과정의 일부로 국제교원노조연맹의 연구위원회는 케임브리지 대학교 존 맥베스John MacBeath 교수에게 위탁하여 교사라는 전문가 집단이 세계 각국의 사회 및 정부와 맺고 있는 관계에 대해 고찰하는 작업을 수행하였다. 그에게 요청한 것은 교사의 지위, 학습, 자기 효능감 efficacy을 향상하기 위해 정부, 지역공동체, 교사라는 전문가 집단이 취할 수 있는 다음 단계의 행동을 생각해보는 것이었다. 이 작업은 비상한 힘을 발휘해야 하는 어려운 일이었음을 알기에, 우리는 맥베스 교수에게 깊은 감사를 드리는 바이다.

이 연구는 교사 전문성teacher professionalism의 본질에 대한 깊은 통찰을 보여준다. 교사에게 '만족' 또는 '불만족'을 초래하는 교육정책에 대해 방대한 조사 작업을 수행했다. 과거 십 년 동안 교육정책 방향에 대한 논쟁은 점차로 학습의 성과learning outcomes와 효과성지표effectiveness indicators에 집중했는데, 그것을 통해 효과적인 학교를 만드는 "감춰진 진실" 또는 "잃어버린 성배holy grail"를 찾으려는 것이었다. 효과와 능률이 교육 분야뿐만 아니라 다른 공공 부문에서도 일상적인 구호가 되었지만, 학생의 성취 결과나 교사의 공헌도를 측정하려는 시도는 종종 매우 협소하고 한쪽 면만 강조하곤 했다. 그리하여 교사들의 자기 효능감과 사기를 떨어뜨리는 정책으로 이어지기도 했다.

21세기에 교사가 된다는 것의 의미에 대한 증거를 수집하면서 이 연구는 현재 세계 각국의 서로 다른 상황을 분석하는 것으로 시작한다. 교사의 할 일을 규정하는 정책을 검토하고 그 정책의 기초가 되는 가정을 의심해본다. 이 연구는 정책이 교사의 실천 행위를 어떻게 본질적인 면에서 규정하는지 묘사하고 있는데, 종종 그 정책은 교사가 전문가로서 내리는 판단을 제한하거나, 그 과정에서 학생의 성취도를 떨어뜨릴 수도 있음을 안다. 가장 중요한 것은 국제적인 조사연구를 통해 증거를 수집하면서 제도 개혁을 위한 대안이 되는 주장을 제시한다는 것이다. 이런 대안은 전 세계의 어려운 상황을 돌파하는 실천 행위를 예로 들거나 그런 행위를 특징짓는 핵심 원리를 묘사하는 과정에서 명확해진다. 세계화에도 불구하고 이 지구는 교육과 교사에 대한 관점에서 그리고 문제가 되는 이유와 그 우선순위에 있어 아직 너무도 다양하다. 접할 수 있는 실천 행위와 지식의 양이 방대하기 때문에, 그리고 끊임없이 변화하고 진화하기 때문에(국제교원노조연맹의 교육정책처럼), 이 연구는 계속 전진하는 작업일 수밖에 없다. 그 작업은 교육정책과 제도가 학교공동체에 미치는 영향을 반영한다.

무엇보다도 이 연구는 (이론이 아닌) 실제 일어날 일에 대한 것이므로, 21세기에 교사라는 전문 직업을 만들어가는 논의에서 교사와 교원단체를 지원하고 교사의 목소리를 그 중심에 두려고 한다. 국제교원노조연맹은 이 연구를 소중하게 여기며 경제협력개발기구OECD와 같은 세계적인 기구와의 대화에서 중요한 자료로 쓰고 있다. 2012년 2월 케임브리지 대학교, OECD, Open Society 재단과 함께 국제교원노조연맹EI이 공동 주최 세미나를 열고 이 연구 보고서를 토론의 틀로 제시하였다. 이런 문제에 대해 세계적 차원에서 논의의 장을 열어가려는 우리 정책을 표현하려고 했다. 이렇게 하는 이유는 아주 분명하다. 청소년과 그들이 살아가는 사회 전체의 미래 행복과 성공이 학교와 교직원들에게 달려 있기 때문이다.

국제교원노조연맹 사무총장 프레드 반 리우벤Fred Van Leeuwen

1장
교사가 된다는 것

가르치는 것은 전문 직업profession인가? 전문가가 된다는 것은 어떤 의미이고 교사 전문성의 범위를 확장하거나 축소하는 세계적인 세력 관계는 어떻게 작동하는가? 이번 장은 세계 곳곳에서 학교가 어린이, 학부모, 교사에게 점점 더 좋은 곳이 되어가고 있다는 주장으로 시작하고자 한다. 그러나 교사들이 이전에 없던 다양한 압력에 굴복하게 될 때 그들이 전문가로서 그리고 개인으로서 갖는 정체성은 어떤 영향을 받는가? 새로운 교사들이 갖게 되는 높은 기대치는 어떻게 되는가? 그리고 그것들은 어떤 과정을 거쳐서 시간이 지남에 따라 희석되며 다른 한편으로 사라지지 않고 남아 있게 되는가? '불만족 요인'과 '만족 요인' 사이에 존재하는 균형을 이해하고 유지하는 것이야말로, 갈수록 요구가 많아지고 중요성이 커지는 일에 종사하는 교사들로 하여금 쾌활함과 낙천성을 유지할 수 있게 한다. 교사라는 전문 직업의 미래에 대한 어떤 시나리오나 프로그램도, 변화의 지렛대가 어디에 있는지 지적하기 전에, 이런 요인들 사이의 세력 관계와 그것이 교사의 삶에 미치는 영향을 이해하는 것으로 시작해야 한다.

학교는 모든 사람에게 좀 더 좋은 곳이다

2011년 학교는 어린이들에게 좀 더 나은 곳이 되고 있다고 어느 정도 자신감을 가지고 주장할 수 있다. 좀 더 좋은 교육 환경이 제공되고 더 인간다운 곳이 되어가며, 다양성과 개인의 욕구를 존중하는 지성미가 있는 곳으로 변화하고 학부모와 지역사회에 더 가까이 다가서는 것처럼 보인다. 어린이 또한 권리를 갖고 있다는 주장이 점차 더 설득력 있게 받아들여진다. UN의 어린이 권리선언이 세계 각국 정부의 비준을 받아서 1990년에 실행되기 시작했다. 19조는 어린이는 상처를 받거나 부당한 대우를 받아서는 안 될 권리가 있다고 규정하고 있다. 37조는 '유해한harmful' 처벌을 금지하며, 12조는 어린이의 주장에 귀를 기울이고 존중해야 한다고 규정하고 있다. UNICEF에 따르면 이런 규정은, "보편적으로 인정받는 타협 불가능한 일련의 기준이고 의무이다. …… 그것의 전제는 인간 존엄성과 각 개인의 가치에 대한 존중이며, 이것은 인종, 피부색, 성, 언어, 종교, 견해, 출신, 재산, 태어난 신분 또는 장애 여부에 상관이 없으므로, 세계 어느 곳에 있든지 모든 사람에게 적용된다."

체벌 금지는 세계 각국에서 점차 확대되고 있다.-일본, 남아프리카공화국, 케냐, 뉴질랜드, 러시아, 필리핀, 코스타리카, 모든 유럽 국가(프랑스와 체코는 제외), 그리고 북아메리카(미국의 20개 주 제외)에서 그런 상황이다(이 문제에 대한 파렐Farrell의 조사 결과를 인터넷에서 구할 수 있다.http://www.corpun.com/coun.htm).

중동, 아프리카, 남미의 나라들에서 어린이의 권리는 자주 무시되지만, 이런 원칙을 위반하는 행위는 쉬운 해결책조차 눈감아버리는 환경에서 종종 일어난다. 체벌을 예로 들면, 기관의 관습이나 고정관념의 뿌리가 깊고 어린이와 어른의 생각이 고정되어 있는 곳에서는 없애기가 쉽지 않다. 회초리를 금지시키기로 결정한 아프리카 가나의 학교장에게 어느 학생이 이렇게 말했다.

"교장선생님, 당신이 우리를 벌하지 않는다면 우리는 (하라는 대로) 행동하지 않고 배우지도 않을 겁니다."Swaffield and MacBeath, 2010

이 말에는 배움을 강제적인 과정으로 보는 관점이 감춰져 있다. 자기 자신의 이해관계나 배우고자 하는 자연스러운 욕구에서 출발하는 것이 아니라 학교라고 불리는 장소에 있기 마련인 특별한 규칙에 따라 강제로 배우는 것이라고 생각하는 것이다. 일 년 동안 가나의 교사들이 어떻게 그들의 실천 행위에 변화를 가져오는지를 연구한 사례를 보자.

교사들에게 행동의 급격한 변화란, 독재자처럼 학생을 늘 처벌하던 관계를 벗어나서 좀 더 수용하는 자세를 취하고 좋은 행동에 대해 보상하고 격려하는 것이다. 인터뷰 과정에서 계속 지적받은 것처럼, 교사들은 매질, 위협, 욕설을 수단으로 학생들은 훈육하는 데 익숙해져 있다. 학습 지도력 프로그램Leadership for Learning program을 배운 뒤에 인식에 큰 변화가 있었고 그것은 학생들의 행동에 바로 영향을 끼쳤다. 학생의 활동과 노력을 인정해주기 시작하자 거의 동시에 성과가 나타났다. 벌은 칭찬과 보상으로 대체되었다.Malakulunthu, 2011, p. 20

학교가 어린이에게 좀 더 좋은 장소가 된 이유는 다음과 같은 사항을 이해하기 시작했기 때문이다.

- 금지와 보상, 동기 부여와 강제성 사이의 복잡한 관계
- 학습과 효율적인 교수 활동을 도와주거나 방해할 수 있는 학교/교실 환경
- 배우려는 기질이나 태도 그리고 가치관에 미치는 학부모, 가족, 동료의 영향
- 성, 인종, 계급, 장애에 근거한 차별이 가져오는 악영향과 그것이 입학과 진급의 기회에 미치는 결과
- 학습 장애와 특수교육 요구에 대해 진단과 치료 기회 부여

교사들이 전문성 개발의 기회를 갖고 조사연구에 참여할 수 있는 나라들에서 오늘날 학교는 학습 장애와 특수교육이 필요한 아이들에게 더욱 좋은 장소가 되고 있다. 학교에 가지도 못하고 성적도 떨어지던 여자아이들이 이제는 많은 나라에서 남자아이들의 성취도를 뛰어넘고 있거나 동등한 수준을 보이고 있다. 인종차별금지법과 학교평준화정책 school level policies으로 인해 폭력과 차별로 가득한 언어를 사용하지 못하게 하거나 약화시키는 성과가 있었고, 인종차별주의를 조장할 수 있는 보이지 않는 형식과 문화적 차이를 식별해내고 주의를 기울이게 되었다. 어린이 발달에 대한 이해가 깊어지고 뇌 과학의 발견 성과에 따라 심리적·정서적 불균형도 인식하게 되었다. 이제는 거의 모든 나라에서 어린이에게 '정신박약', '멍청이', '가르쳐봐야 소용없는'과 같은 용어를 쓴다면 지탄의 대상이 될 것이다. 우리는 천천히 움직이고 있지만 어린이를 금, 은, 그리고 쓸모없는 금속으로 구분하는 플라톤식 신화에 의문을 제기하면서 전진하고 있다. 우리는 꼬리표 붙이기, 차이를 부각하기, 차별하기라는 삼각체제가 선발 기제와 함께 오랫동안 학교 안에 자리 잡고서 나쁜 영향을 끼쳐왔음을 좀 더 완벽하게 이해하게 되었다.

오늘날 학교는 학부모에게 더 좋은 곳이 되었다. 그들의 권리가 더 널리 인정되고 있다. 최고의 학교는 학부모의 참여와 소통을 위해 계속 노력하고 그에 대한 상상력을 발휘하는 곳이다. 한때는 학교를 방문하려는 학부모가 금지 문구나 상징물이 있는 정문 앞에서 멈춰 서야 했다. "학부모는 이 지점을 넘지 마시오"라는 표시가 그들을 맞았던 것이다. 학부모는 자신의 아이들을 가르치지 말라는 말을 종종 들었는데, 교사의 영역을 침범하는 것이라는 이유 때문이었다. 학부모를 최초이자 중요한 교육자로 인정하기 시작하면서 학교 이외의 공간에서 교사와 동등한 협력관계에서 함께 가르치는 실험이 이루어졌다. 많은 나라에서 학부모는 이제 의사결정 단위, 교육위원회, 그리고 부모-교사 연합에 소속되어 있다. 캐나다에서는 피터 콜맨[Peter Coleman, 1998]이 "세 사람의 힘"이라고 부르는 중요한 진전이 있었는데, 어린이, 부모, 교사가 공동의 목표를 향해 함께 일할 때 생긴 일이었다.

오늘날 학교는 교사에게 더 좋은 곳이 되었다. 이런 인식의 확산에는 교사 자격과 전문성의 기준을 높인 것이 원인이자 결과로 작용했을 것이다. 보통의 경우에 교사는 더 좋은 자질을 갖게 되었고 더 다양한 도구와 기술을 사용하게 되었다. 가장 잘사는 나라의 교사들은 학교와 교실에 좀 더 좋은 장비를 가지고 있으며, 더 작은 학급 규모에다 어느 정도 전문성이 있는 보조 교사를 두고 있다. 교사들은 계속 배우고 전문성을 개발할 기회를 더 많이 누리고 있다. 평가 전략에 대한 재량권을 가지고 이를 더욱 정교하게 만들고 있고, '확장된 전문가'로서 이전 어느 세대보다 폭넓고 복잡한 면책 권한을 행사하고 있다.

"양질의 교육을 모두에게"(UN 헌장 18조)라는 권리를 확보하려는 흐름이 있는데, 여러 의미로 해석되곤 했지만 이제 와서는 폭넓게 수용되고 있다. 법 규정이 정책과 실행을 강제하는 데서 핵심적인 역할을 하지만, 부분적으로 그것은 현재의 생각을 반영하고 확인해주는 것에 불과하다. 그 생각은 교육자, 연구자, 교사, 교원단체, 학부모의 로비에 자극을 받고 확산된 것이고, 청소년을 대하는 태도에 나타난 사회적·문화적 변화의 영향을 받은(그 정도를 명확히 정하기 어렵지만) 결과이다.

정체성이라는 감각

세계 각 지역의 교사들은 교사가 된다는 것의 의미에 대해 서로 다른 영감과 개념을 가지고 있지만, 그 특성을 규정하는 핵심에 대해서는 공통 견해가 있다. 전문가로서의 정체성이란 하나로 모든 것을 포괄하여 변함없이 유지되는 개념이 아니라, 잠정적인 전문가 정체성을 되풀이하여 사용하는 경험을 통해 진화하는 역동적인 것이라고 한다.[Beijaard et al., 2004] 교사의 전문가 정체성을 관통하는 지속적인 흐름이 있는데, 그것은 이 직업에 대해 이야기하는 독특한 방식과 일상에서 개인의 행동을 통해 유지되며 또한 문화역사적 요인의 영향을 받는다. 하지만 그것은 교사가 특정한 시대에 어떤 기능을 맡고 있고 특정한 사건에 어떻게 반응하는지를 결정하는 맥락에 의해 다시 만들어지기도 한다.

교사들은 자신의 경력 기간 동안 '해석하는 틀'을 개발하는데, 그것은 그들의 일상적인 일에 영향을 미치는 사회, 문화, 구조, 정치의 조건과 상호작용하면서 형성되고 바뀌어간다.[Kelchtermans, 2009] 이 틀은 새롭게 나타난 정책의 의무사항을 만족시켜야 하는데, 래스키[Lasky]의 2005년 연구가 보고하듯이, 그 정책으로 인해 정체성 발달을 위협받고 동시에 정책의 실현 방식이 왜곡된다. 훌륭한 교수 활동과 훌륭한 전문가가 된다는 것에 대한 개혁 정책이 교사들이 전문가로서 갖는 관점과 어긋나는 경우에, 그 정책은 교사들의 자기 효능감과 자율성에 영향을 미친다. 드레이크Drake, 스필레인Spillane, 후퍼드-애클스Hufferd-Ackles[2001]가 발견한 바에 따르면, 전문가로서의 정체성에 대해 비슷한 얘기를 하는 교사들은 낙관주의, 주체로서의 활동 의지, 자기 효능감 등 정체성을 규정하는 요인과 교육 개혁 정책에 대한 답변도 비슷했다고 한다. 포켄스-브륀스마와 캔리너스Fokkens-Bruinsma & Canrinus[2011]는 그런 현상이 교사가 되려는 이유와 관련이 있다고 보았는데, 직업과 관련된 동기가 강할수록 전문가로서 정체성을 회복하는 힘이 더 강했다고 한다.

좀 더 많은 자율성을 경험한 교사들이 자신의 일에 대한 만족도가 높고 더욱 의욕이 있으며 자신감을 더 많이 느끼지만[Bloger & Somech, 2002; Weiss, 1999], 교사가 누리는 자율성의 수준이란 시대에 따라 변한다. 하그리브스[Hargreaves, 2000]가 주장하듯이, 시장의 관점과 그것이 가져오는 법규의 변화는 교사들이 교실 수업에서 결정을 내리는 데서 느끼는 자율성과 자신감을 떨어뜨린다.

21세기를 시작하는 10년 동안 세계의 많은 나라들이 '채용과 고용 유지'의 위기로 표현되는 상황에 직면했다. 이 두 가지 말이 엄청난 분량의 출판물에 뒤섞여 떠돌면서 둘 사이에 있는 복잡한 방정식을 감추고 있다. 채용이란 문제는 나라마다 다르고 나라 안에서도 차이가 있다. '인기 있는' 분야와 '인력난이 있는' 분야 사이에 다르다. 또한 인력 부족의 양상도 다르게 나타난다. 이것이 의미하는 바는, 어떤 지역에는 가르치기를 원하는 사람들에게 줄 빈자리가 거의 없는데, 다른 지역에서는 교사 자격증이 있는 사람들 다수가 그 지역 밖에서 직업을 찾고 있다는 것이다.

누가 교사가 되기를 원하는가?

2010년 에티오피아의 아디스아바바Addis Ababa에서 열린 "모든 사람을 위한 교육 고위 담당자 9차 회의the Ninth meeting of the High-Level Group on education for All"(2월 23~25일)에서는 전 세계에서 1,800만 명의 새로운 초등학교 교사가 앞으로 7년 내에 채용되어야 세계의 모든 어린이가 초등교육을 받을 수 있다고 하였다. 그 보고서의 결론은 다음과 같다.

> 모든 나라의 정부는 교실에 교사를 배치하는 단기적 요구와 고급 전문가로서 교사집단을 형성하는 장기적 목표 사이에 균형을 맞추어야 한다. 이 둘 사이의 간극을 메우기 위해 정부의 장기 전략과 이에 대한 확고한 실행이 요구된다. 정부의 정책은 전문성 개발 기회 제공, 적절한 고용 조건과 교수 활동 환경, 그리고 사회적 대화를 통한 교사들의 의사결정에의 참여 확대를 포괄하는 것이어야 한다.para17

다양한 조사연구가 보여주듯이, 국제적 수준에서 전례 없는 교사들의 이직 현상이 나타나고 있다. 2001년 OECD의 교육정책 분석 보고서는 교사들의 대탈출에 의한 '학교 붕괴'를 경고하였다. 일 년 뒤에 영국 웨일스의 일반교수활동위원회General Teaching Council는 교사 채용에서 10개의 빈자리에 한 자리만 채울 수 있을 것이라는 예측을 내놓았다. 위원회 집행위원장의 주장에 따르면, "명백하게도, 교장들은 그들이 임명하고자 하는 자리에 충분한 지원자가 있으리라는 확신이 없다. …… 어떤 경우에, 그들은 전혀 선택의 여지가 없다." 2009년 11월의 영국교육연구재단(National Foundation for Educational Research, NFER)의 조사 결과, 영국의 지방교육청 네 곳 중 세 곳이 교사 부족 사태를 겪고 있다고 한다. 설문조사에 응답한 사람의 18%가 문제가 심각한 위기 수준에 다다르고 있다고 하였다. 학교에 적절한 자격을 가진 교직원을 채용하려고 분투하고 있는 영국지방교육청의 73% 중에서 절반에 이르는 숫자는 교사 부족 사태가 보통 이상 또는 심각하다고 답하였다.

호주에서는 빌헬름Wilhelm 등이 연구한 결과, 교사의 대탈출은 직책을 맡아 근무한 지 얼마 되지 않아 발생하였다. 교사들은 가르치기 시작한 지 5년 이내에 떠난다는 사실이 밝혀졌다. 미국에서는 수잔 무어 존슨Susan Moore Johnson, 2004이 사회경제적 상황의 변동에 따라 바구니에 뚫린 구멍과 같은 곳으로 교직원이 드나드는 현상이 나타났다고 말한다. 잉거솔Ingersoll의 비유[2003]에 따르면 교수 활동상 문제를 창의적으로 해결하는 데 필요한 자율성과 유연성이 부족하다고 느낄 때 신규 교사들이 아주 빨리 이직하고 마는 직업에서의 회전문 현상이 나타난다. 공식통계가 없기에 호주에서 교사의 이직률에 대한 자료를 구하기는 어렵지만, 보수적인 예측으로도 2013년에 네 명의 교사 중 한 명은 오 년을 넘기지 못하고 그만두었다.Manuel, 2003

교직은 더 이상 평생직장이 아니고 신규 교사도 더 이상 전통적인 방법으로 교직을 준비하지 않는다. 무어 존슨의 연구에 따르면, 교사 중에서 24~40% 정도가 중간 정도 경력을 가지고 있었는데, 그중 많은 사람이 회사원 출신이며, 자기 교실에서 개인의 판단에 의거해 자율적으로 활동하는 데 어려움을 느꼈다. 그들은 팀을 만들어 일하고 더 많은 영향력을 발휘할 기회를 찾고 있었다.

교직원 채용에 장애를 만들거나 교직을 떠나게 하는 핵심 요인을 요약한 영국의 「PricewaterhouseCoopers(PwC) 보고서」를 다음 표를 통해 살펴보자. 10년 후엔 관련 요인들의 상호작용에 따라 이런 문제들은 약화되거나 더 심각해질 것이다. 그러나 이 문제들 중 많은 것-신뢰,

자원 확보, 지원, 업무 부하 등은 세계의 다른 나라 교사들의 경험과도 일치한다.

〈표 1〉 업무 수행 정도, 조절과 신뢰

▶ 직업의 핵심에는 '업무 수행'을 날마다 많은 시간 동안 해야 한다는 요구가 자리 잡고 있다. 그것은 때때로 신나기도 하지만 종종 지치게 하는 것이기도 하다.

▶ 다른 사람과 접촉할 기회가 상대적으로 거의 없기 때문에 교사들은 하루 종일 교사가 아닌 성인과 대화를 나눌 시간을 실제로도 가질 수 없는 경우가 있다.

▶ 일하는 환경 때문에 종종 스트레스를 받는데, 활용할 공간이 부족하거나 자원과 지원을 필요한 만큼 확보하기 어려울 때 그렇다.

▶ 정보통신기술ICT 지원을 구하기 어렵고 지원 인력이나 훈련이 부족해서 기술이 서툴고 일의 부담이 커진다.

▶ 일에 대한 통제권을 갖고 있지 못한 상황 때문에 스트레스를 받는 경우가 특히 많은데, 변화의 양상과 속도를 따라가지 못하거나 그에 필요한 지원이 불충분하여 더 큰 고통을 겪는다.

▶ 학습을 지원하는 것과 무관한 임무를 해결하는 데 시간을 보내야 하는 것으로 인해 분노가 쌓인다. 주말에도 해야 하는 임무 때문에 분노는 더 커진다. 그중 많은 임무는 교사가 아닌 교직원이 처리할 수 있는 일이고, ICT 기술을 활용하면 더 효율적으로 해낼 수 있다.

▶ 전문가로서 교사는 응당 받아야 할 신뢰를 받지 못하고 있다고 느낀다.

▶ 학교와 교사가 해낼 수 있는 일에 대해 엉뚱한 기대를 받게 될 때 압력이 커진다. 특히 학생들의 비행이 심해지고 부모들의 지원이 부족한 상황에서 그렇다. 교장은 교직원의 과부하 문제를 해결할 필요성을 제때에 알고 있지 못하고, 좀 더 높은 기준을 향해 나아갈 때 적절한 노동 강도에 관심을 갖고 균형을 맞추는 데 성공하지 못하는 경우가 있다.

▶ 교장 자신의 노동 강도는 다른 전문직과 비교할 때 연평균 300~400시간 정도 많다(방학, 휴가 기간을 고려하더라도 그렇다). 그들도 역시 설명 책임accountability에 대한 높은 기대치와 설명 책임 수준을 높이려는 심한 압력을 경험하고 있다.

출처: PricewaterhouseCoopers, PwC 2001, p. 32.

PwC의 연구에서 제기된 문제는 교원 양성 과정이나 '훈련'의 중요성을 전면에 내세우게 하고 지속적인 전문성 개발(Continuing Professional Development, CPD)의 필요성을 부각시킨다. 제공되는 지속적인 전문성 개발의 시간 부담과 내용은 교사의 노동 강도를 강화할 수 있는데, 출석일수를 채워야 한다는 부담에다 준비해야 할 과제와 평가를 받는 것까지 더해지는 경우에 생길 수 있다. 다른 한편으로, 해 질 녘에 열리는 훈련은 하루 종일 노동으로 피곤한 상황에서 교사에게 지워지는 추가 부담이 될 수 있고, 주간 표준 노동시간을 초과하지만 초과근무수당조차 지급되지 않는 업무로서 가사노동이나 가족생활에까지 영향을 끼친다.

네덜란드에서는 앙드레 코퍼만^{Andre Kofferman, 2011}이 '배움에 대한 절박함'을 상실해가는 경향을 교사의 경우 5년 이후라고 지적하였다. 신규 교사는 헌신적이고 개방적이어서 보다 뛰어난 기능을 갖추고 훌륭한 성과를 내려고 노력한다. 그러나 새로운 도전이나 전망을 다시 심어주거나 자극하지 않으면, 교직을 떠나서 일반 회사로 취직하는 일이 쉽게 일어나고 순종을 요구하는 압력에 어쩔 수 없이 굴복하는 길을 택하게 된다.

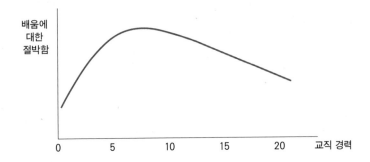

스코틀랜드에서 이루어진 교장 채용과 유지에 대한 연구에서는 _{MacBeath, Gronn, Cowie, Davidson, O'Brien and Opfer, 2009} 생존 전략으로 '임무에 충실한 순종dutiful compliance'을 선택하는 교사와 교장들이 있는 반면에, 다른 나머지 교사들은 '조심스러운 실용주의cautious pragmatism'라는 길을 따라간다는 것을 발견하였다. 하지만 여전히 도전하여 성공하고 아드레날린이 넘치는 질주를 즐기는 교사들이 있다. 연구자들은 이런 교사들을 '꼿꼿한 자존심'과 '황소고집'을 보여주는 사람으로 묘사한다. 어느 교장의 말을 들어보자.

"나는 냉장고의 냉각자석 같은 것을 가졌어요. 당신은 나를 놀라게 할 수 없어요. 내게는 아이들이 있거든요. 내 생각에 그들과 함께 있다는 것이 그런 작용을 합니다. 당신이 거기에 있어보세요. 그리고 해보세요. 그러면 다른 아무것도 무섭지 않고 그것만큼 중요하지 않아요."[p. 45]

'배움에 대한 절박함'과 전문가로서의 재탄생은 '불만족 요인'과 '만족 요인' 사이의 균형이 깨어져서 만족 요인이 커질 때 일어난다.

만족 요인과 불만족 요인

전문가로서 교직의 미래에 대한 어떤 의제 설정도 만족 요인과 불만족 요인 사이의 균형을 고려해야 한다. 이 두 요인으로 정책 담당자와 전문가들은 브레이크 페달에서 발을 떼고 액셀을 밟는 시기를 확인하는 것이다.

「공공정책 연구 보고서Public Policy Research Report」[Edwards, 2002]에서는 '마음속의 만족 요인'이라는 개념을 사용했는데, 그 이유는 교사들이 전문가로서 충족감을 느끼는 데 필수적인 요소를 추출해내기 위해서였다. 그 보고서에 따르면, 전문 직업에서 나타나는 소진 현상은 그 직업의 긍정적인 요소를 키움으로써 줄일 수 있다. 예를 들면 학생과 만나는 교실에서의 활동을 핵심으로 하고, 교실의 수업에 대한 결정 권한과 책임을 높이고, 교수학습 활동과 내용 모두에 진취적이고 창의적인 기술을 적용할 권한과 자유를 갖는 것 등이다.

미국 교사의 다음과 같은 증언은 많은 교사들이 높은 수준의 개인적인 희생을 대가로 마음속의 만족을 얻고 있는 사례를 보여준다. 그러나

<표 2> 만족 요인과 불만족 요인

만족 요인	불만족 요인
- 자율성 - 높이 평가받음 - 신뢰를 얻음 - 경청의 대상이 됨 - 교수학습과 계획에 필요한 시간 확보 - 동료 간 소통과 교류 - 진취성 - 창의성 - 학생과의 만남 - 혁신에 대한 전망과 실험	- 도전 - 통제 불가능한 느낌 - 시간 부족 - 동료들로부터의 고립 - 지시에 따라야 하거나 경직된 교과과정 - 관료주의 - 시험 - 남발되는 시범 사업 - 목표 달성에 대한 압력 - 학부모의 관심과 지원 부족 - 학생의 예의 없는 행동 - 스트레스

그 만족 요인이 아무리 작더라도, 아이들의 삶에 변화를 가져오는 것은 교사가 날마다 겪는 실망과 당황스러움에 대한 보상이 된다.

아니요. 내가 아이들의 이름을 외울 수 있기 전까지는 "나는 읽기를 안 해요"라고 인사하는 아이들과 함께 활동을 하는 데 큰 기쁨은 없었어요. 나를 영감에 찬 눈으로 바라보지 않고 귀찮은 표정으로 대하는 아이들을 가르치는 일은 가슴 따뜻한 일이 아니었어요. 나의 전 생애를 걸고 교사가 되고 싶었기에 마음이 끌릴 수밖에 없는 아이들인데 말이에요. 나는 첫해 동안 참 많이 울었어요. 나는 내 학급이 내가 간단한 문제 풀이라고 생각한 것을 못 푸는 것을 보고서 하루 종일 울었어요. 장학사가 교실을 방문했는데도 아이들이 자리에 앉지 않고 계속 떠들어서 그날 울었어요. 어느 학부모가 좀 더 나이든 선생님에게 아이를 맡겼더라면 더 잘했을 것이라고 말한 날 울었어요. 그리고 가장 말썽꾸러기인 학생의 집을 방문했는데 그 어머니가 오전부터 술에 취해 쓰러져 있는 모습을 발견하고는 울었어요.

아마도 깊이 들여다보면, 우리의 분노 또는 선의까지도 어떤 흔적을 남길 수 있고 우리의 보살핌과 헌신이 우리에게 아이들의 미래를 바꿀 수 있게 하고야 말 것입니다.

포드 재단의 연구Buckley, Schneider, and Shang, 2004에 따르면, 교사가 자신의 직업에 대해 갖고 있는 이상주의의 힘은 교실에서 날마다 벌어지는 일을 처리하는 능력을 발휘하게 하는 중요한 요소라고 한다. 교사의 이상주의가 고상할수록, 환멸과 소모의 위험성은 더 커진다. 높은 기대치는 직업상의 요구와 쉽게 충돌하지만 교사 교육 프로그램이 충분히 효과적이라면 그 이상주의를 계속 유지할 수 있다고 연구 보고서는 결론짓는다.

전문가가 되어가는 것

교사들은 나라마다 경제 환경마다 서로 다른 동기를 가지고 교사가 되며, 도전 과제와 보상에 대한 기대치도 다양하다. 그러나 모든 이에게 공통되는 욕구는 인정, 자율, 소속감에 대한 것이다. 즉, 전문가로서 결정권을 행사할 자유와 재량, 그런 주도권을 인정받고 위임받는 것, 아울러서 이해관계와 동기를 함께 공유하는 동질 집단에 대한 소속감을 말한다. 사회적 욕구의 위계질서 속에서 이런 교사들의 욕구가 차지하는 위치는 나라마다 다르며, 안전, 고용 안정성, 근로조건, 예산 지원, 충분한 보수와 같은 필수적인 요인을 얼마나 갖고 있느냐에 달려 있다.

교사들에게 만족 요인과 그 우선순위에 대해 질문을 하면 어디에서나, 특히 남미, 사하라이남 아프리카, 유럽 또는 북미에서, 그들이 날마다 직면하는 도전 과제를 인정하고 존중해주는 것이라는 대답이 나온다. 하지만 미래 세대를 길러내는 전문가라는 그들의 기대치는 무시되고 다음과 같은 특징을 갖는 일종의 직업이 되는 것에 그치고 만다. 최소한의 훈련만 받으면 되고, 들어가기 쉬우며, 임금과 연금은 적게 받고, 공무원 중에서 하위직에 속하는, 비아냥거리는 말로 '여자들의 일'인 것이다.Cooper, 1992, p. 15

교사는 다른 대부분의 전문직과 달리 사회 전체로부터 과도한 기대에 부담을 느끼는데, 높은 기대치와 전문가로서의 낮은 평판 사이의 격차 때문에 그렇다.Punch and Tuetteman, 1996

하나의 역설인데 교육 영역에서 우리는 청소년들의 재능, 기술, 능력을 개발하여 그들이 지식사회에서 성공하고 번영할 수 있게 해야 한다는 요구를 받고 있다. 그리고 동시에, 우리는 갈수록 세계화되어가는 경제로부터 파생되는 문제를 어느 정도 완화시키고 대결하라는 기대를 받고 있다.Taylor and Runte, 1995, p. 5

그러나 교사의 일이 얼마나 인정을 받고 보상받고 있는가? 마이클 데이비슨(Michael Davidson, OECD의 고위 정책분석 담당자)은 TALIS라는 교수학습에 관한 국제조사연구에 응한 인터뷰에서, 아주 충격적인 통계를 언급했는데, 75%의 교사들이 자신이 하고 있는 일의 질을 개선하더라도 어떤 방식으로도 보상받지 못할 것이라고 말했다고 한다. 이는 전체 평균이지만, 어느 나라에서는 90%를 상회한다.Bangs et al., 2010, p. 141

가르치는 일이 전문가라는 기준을 충족시키는지에 대한 논쟁은 계속 이어질 수 있다. 하지만 낮은 평판과 대비되는 높은 정도의 특화된 지식, 기술, 그리고 아이를 잘 다루는 능력이 혼합되어 있는 것을 부정할 수는 없다. 선진국에서는 이런 능력들에 대해 교수 활동 표준을 높게 정하고 있고 또한 지속적으로 높이고 있다. 다음은 전문가가 된다는 것의 의미에 대한 상식적 수준의 기준을 제시한 것이다.

전문가의 기준

1. 이론에 대한 지식과 그에 뒤따르는 기능: 전문가는 방대한 이론지식을 가지고 있으며, 그 지식에서 나오는 기능을 실제 상황에서 연마한다.

2. 높은 수준의 교육을 통해 학자와 전문가로 되는 준비과정: 전문가는 최소한 보통 3년의 학위 취득 과정과 전문가 입문 과정을 거쳐야 한다. 이 과정에서 실제 현장에서 전문가로서 역량을 갖추고 있음을 보여주어야 한다.

3. 법적 지위 보장과 폐쇄적인 협회 운영: 자격 조건을 갖추지 못하는 사람을 제외하는 경향이 있고 전문가 협회에 가입시키지 않는다.

4. 취임: 취임 연수 과정과 훈련생 역할을 거쳐야 비로소 전문가 협회의 정식 회원으로 인정받으며 지속적인 전문성 개발을 통해 기능을 계속 향상시켜야 한다.

5. 전문가 협회: 전문가로 구성된 협회를 만드는 것이 보통인데, 지위 향상과 신입회원 입회 요건에 대한 통제를 목적으로 한다.

6. 일의 자율성: 전문가들은 자신의 일에 대한 통제권을 보유하고 자신들의 이론 지식에 대해서도 통제한다.

7. 전문가로서 행동윤리와 수칙: 전문가 협회는 보통 행동윤리와 수칙을 회원들에게 적용하여 규칙을 위반하는 이들을 처벌하는 절차를 가지고 있다

8. 자치 법규: 전문가 협회는 자치 법규를 가지고 있으며 정부로부터 독립을 유지한다.

9. 공공 서비스와 이타주의: 공공의 이익을 위해 서비스를 제공하며 그것은 본질적으로 타인을 위한 것이다.

10. 권위와 법적 정당성: 전문가들은 어떤 행위에 대해 명확한 법적 권위를 가지며 이와 관련된 광범위한 행위에도 법적 정당성을 부여한다.

11. 지식에 대한 접근을 통제하고 결정권을 양도하지 않음: 전문가의 기능 일체에 대해 비회원에게 공개하지 않는 것을 원칙으로 한다.

12. 이동 적용 기능, 지식, 권위는 전문가 개인에게 속하며 그가 일하는 조직의 것이 아니다. 그들이 조직(직장)을 옮기면 자신의 재능도 가져간다. 전문가 훈련의 표준과 절차를 정하여 그렇게 이동하는 것을 지원한다.

교사가 되는 기준을 충족하는 것은 위에서 제시한 것과 같은 공식적인 범주를 뛰어넘는 일이다. 예를 들면, 유럽교사교육협회가 만든 교사의 자질에 대한 정책 제안서에는,[Smith, 2006] 가르치는 일이란 성찰하는 사고 능력, 지속적인 전문성 개발, 자율성, 책임감, 창의성, 연구, 개인의

판단력이라고 기술하고 있다. 교사의 자질을 규정하는 지표에는 이런 가치와 속성을 반영해야 한다고 언급하고 있다.[p. 7]

호주전문가협회(Australian Council of Profession, ACP)는 '교직teaching' 을 다음과 같이 정의하고 있다.

전문직이란 개인들의 규율 있는 집단인데, 그 구성원들은 윤리적 기준에 충실하면서도 스스로 특별한 지식과 기능으로 무장하여 공인을 받아야 한다. 그들은 높은 수준의 연구, 교육, 훈련을 거쳐서 지식과 기능을 폭넓게 획득하였고, 다른 사람들을 위해 기능을 발휘하고 지식을 적용할 준비가 되어 있는 사람들이다.[ACP. 2004, p. 1]

이기심이나 이윤 동기를 배제하는 것, 즉 "공공 서비스에 충실함"[Burblules and Densmore, 1991]이야말로 교사가 되는 것의 의미를 무엇보다도 우선하여 규정짓는다. 이것은 모든 교사가 그런 직업윤리를 보여주고 있다는 의미가 아니라, 가르치는 일을 다른 대부분의 보다 덜 이타적인 직업과 구분 짓는 기준이 된다는 뜻이다.

교사들 스스로가 전문가로서 충실하다는 의미를 어떻게 생각하는지에 대해 크로스웰과 엘리엇[Crosswell and Elliot, 2004]은 다음과 같이 열거한다.

1. '열정(긍정적인 감정으로 이루어진 애착심리)'-학생과의 만남에 추가로 시간을 투자함.
2. 학생 개개인의 욕구를 중시함.
3. 지식, 태도, 가치관을 전해주는 데 대한 책임감.
4. 전문가로서 식견을 유지하고 보충함.
5. 학교공동체에 참여함.

신규 교사들이 '높은 기대치, 최신 유행하는 교수학습 방법에 대한 지식, 그리고 동료 교사와 상급자의 욕구에 부합하려는 높은 의욕'을 가지고 있을 때, 첫 수업은 악몽이 될 수 있다. 바로 이때 지지와 격려가 매우 귀중하다. 그리고 파이브스Fives, 해먼Hamman, 올리바레스Olivarez[2007]가 말하는 것처럼, 동료들 사이의 지지와 격려가 없다면 열망과 포부를 심하게 손상하는 결과를 초래한다. 그것은 무능력 또는 미완성과 같은 느낌으로 표현되고 자신이 적격자가 아니라는 생각을 하게 만든다. 세상은 뭔가 해보려는 자신의 노력을 배반하는 것처럼 보이고 따라서 신규 교사는 "전문가로서 변화를 가져올 수 있는 능력이 있다는 자신감을 잃게 된다."[Friedman, 2000, p. 595]

교생실습 나온 학생을 가장 걱정하게 만드는 문제를 분석하면서, 스미스[Smith, 2000]는 그중 다섯 가지를 뽑았다. 1) 학급 운영에서 질서 잡기, 2) 개인으로서 그리고 조직의 일원으로서 분위기에 적응하기, 3) 개인의 성격, 4) 교수학습 방법과 전략, 5) 특별히 관심을 줘야 할 학생과 활동하기. 스웨덴에 대한 연구[Paulin, 2006]에 따르면, 교사들은 문제 학생을 이해하고 다루는 과정, 훈육 질서를 잡는 과정, 동료나 학부모와 관계를 맺고 협력하는 과정에 있을 어려움에 대처할 준비가 되어 있지 않았다. 파울린Paulin의 결론은, 이런 어려움은 예비 교사 훈련 프로그램 때문이기도 하고 학교에 처음 들어왔기 때문에 나타나는 것이기도 하다.

크리스마스까지 웃지 마라

이것은 신규 교사가 쓴 책[Ryan, 1972]의 제목인데, 교직 발령 첫해에 맞닥뜨린 위험한 순간에 대한 이야기를 담고 있다. 특이하게도 라이언Ryan

의 책은 재발행판에서도 터부시하는 주제인 교실에서의 성 문제를 다루고 있다. 그것은 예비 교사 교육에서 거의 다루지 않지만, 그럼에도 학생들보다 기껏해야 네댓 살 많은 젊은 교사들에게는 엄청난 갈등을 일으킬 수 있는 문제이다. 젊은 남자 교사에게 소녀들 특히 십대 소녀들을 훈육한다는 것은 그것 자체로 특이한 감정상의 긴장을 갖게 한다(학교 교복을 입은 성인 여성 모델이 나오는 웹사이트 이미지가 연상되는 문제이다).

이 연구 결과가 나온 지 30년이 지났지만 이런 문제를 다루는 데 도움이 될 만한 글도 거의 발표되지 않았고 훈련 프로그램도 없었다. 주목할 만한 예외적인 연구가 이루어졌는데, 케이트 마이어스Kate Myres는 수년 동안 젊은 교사들이 직면하는 딜레마에 대해 깊이 있게 탐구하였다. '처음으로 성적인 매력이 갖는 힘을 알게 된 10대 아이들이 그들의 주변에서 가장 권력 있는 성인에게 그것을 써먹어보려는' 게임을 벌이게 되는데, 이 상황에 가장 취약한 상태로 노출된 젊은 교사들을 연구한 것이다.Myers, 2005, p. 59 그 연구 결과에 따르면, 이런 민감한 문제를 무시하면, 교사들에게 심각한 해를 끼칠 뿐 아니라 발령 초기에 그만두는 교사들이 늘어나는 결과를 가져온다.

생물학적 성과 사회적 성sex and gender 문제이든 훈육, 동료관계, 상급자 또는 정책과의 관계이든지 간에, 오늘날 국제적으로 똑같이 발견되는 사실은 교사들이 교실에서 살아남고 잘 살아가기 위한 준비가 되어 있지 않다는 것이다. 2001년 태즈메이니아Tasmania옮긴이 주: 호주 남부의 큰 섬에서, 신규 교사를 위한 프로그램을 위탁하여 실시했는데 교사의 경험을 예비 교사 훈련, 교생실습, 그리고 정식 임용 과정에 걸쳐서 탐구하는 것이 목표였다.돌봄의 윤리학An Ethic of Care: 2002 이 프로그램에 대한 보고서에 따르면, 최소한 20%의 신규 교사가 가르칠 준비가 되어 있지 않다고 한다. 감독자(장학사)의 4분의 1이 느끼기에, 신규 교사는 가르치는 일이 요구하는 도전에 응답할 준비가 되어 있지 않았는데, 그 주된 원인은 이 직업의 본질이 계속 변하고 있으며 그 밖의 다른 것도 항상 변하기 때문이다.

예비 교사 교육이 해결해야 할 일은 신규 교사가 자신이 학생으로서 겪었던 보수적인 경험과 교사에게 요구되는 변신 사이의 불일치를 해결하도록 도와주어야 한다는 것이다. 또한 학생 때 가졌던 주체적 행동과 사고 능력이 부족한 현상과 교사로서 권위를 갖게 된 상황 사이의 부조화 문제도 해결하도록 해주어야 한다. 교직에 들어선다는 것은, 신규 교사 임용 연수를 시작하면서, 이제까지 학생으로서 살아온 경험 속에 무의식적으로 잠재된 사고와 행동의 유형을 드러나게 한다는 것을 의미한다.

해묵은 문제 중 하나는 예비 교사들이 '내부자insiders'[Hoy and Murphy, 2001]라는 점인데, 교수 활동에 대한 그들의 견해는 자신이 경험한 범위에 한정되어서 그들이 대학에서 배운 것의 영향을 받지 않은 채로 유지되고 있다는 점이다. 그들은 교실에서 더 발견할 것이 없다거나 그것을 새로운 시각으로 볼 이유가 없다고 느낄 수도 있다. 왜냐하면 그들은 이미 십이 년 동안이나 비슷한 장소에서 인생을 보내왔기 때문에 그 영역에 대해 아주 익숙하게 느끼는 것이다.[Pajares, 1993]

오코넬 러스트[O'Connell Rust, 1984]가 주장하듯이, 예비 교사 교육이 그런 잠재된 생각을 없애는 데는 결코 효과를 발휘하지 못한다. 그의 주장에 따르면, 신규 교사는 그들이 마음속 깊이 간직한 믿음을 그대로 가진 채 신규 교사 임용 연수를 마칠 가능성이 가장 크고, 수습 교사 시기의 관찰 작업을 통해서 배운 방식으로 가르칠 준비를 갖춘다.[p. 215]

맘[Malm, 2009]의 주장을 보면, 교사 교육은 전문가로서 교사가 되어가면서 개인들이 겪는 변화과정에 훨씬 많은 강조점을 둘 필요가 있다. 여기에서 가르치기 위해 배우는 인지 영역과 감성 영역에 사이에 균형을 잘 맞추어야 한다는 점도 중요하다. 한센[Hansen, 2007]의 견해로는, 두 영역을 모두 풍부하게 개발하는 작업을 능률적으로 하려면, 증거에 기초한 (과학적) 방법과 존재론적이고 도덕적인 방법 사이에 서로 도와주는 관계가 있어야 한다. 후자는 교사가 자신을 어떻게 이해하는지와 관련이 있는데, 그 작업은 친구들의 도움이 약간 필요하다. 멘토, 코치, 또는 비판적인 친구들은 교사가 조직의 요구에 적응하는 것을 도울 뿐만 아니라 현실에 안주하려는 보수적인 기대를 버리고 나아가도록 도와야 한다. 파이브스[Fives] 등[2007]이 수행한 신규 교사에 대한 연구의 결론은, 고등교육기관의 멘토로부터 높은 수준의 안내를 받은 신규 교사는 낮은 수준의 안내를 받은 동료에 비해 훨씬 덜한 의욕 소진 상태를 보였으며 교직을 떠날 가능성도 줄어들었다는 것이다.

만족 요인과 불만족 요인을 이해하는 것은, 에드워드[Edwards]와 다른 학자들이[예: Nias, 1989: Southworth, 1995] 보여준 것처럼, 그 요인들이 교사의 사생활과 직업세계에 미치는 영향을 줄이기 위한 조치를 취하기 전에 이루어져야 한다. 특히 이것은 신규 교사와 교사 경력 초기에 예민한 문제이다.

참고 문헌

Australian Council of Professions(2004), *About Professions Australia: Definition of a Profession http://www.professions.com.au/defineprofession.html*.

Bangs, J., MacBeath, J., and Galton, M.(2010), *Re-inventing schools, Reforming teaching: From political vision to classroom reality*, London: Routledge.

Beijaard, D., Meijer, P. C., Morine-Dershimer, G., & Tillema, H.(2005), *Teacher professional development in changing conditions*, Dordrecht: Springer.

Bogler, R., and Somech, A.(2004), Influence of teacher empowerment on teachers' organizational commitment, professional commitment and organizational citizenship behaviour in schools. *Teaching and Teacher Education*, 20, 277-289.

Buckley, J., Schneider, M., and Shang, Y.(2004), Teacher Retention Research Report, Retrieved January 2007 from www.edfacilities.org.

Burbules, N. and Densmore, K.(1991), The limits of making teaching a profession, *Educational Policy*, 5(1), pp. 44-63.

Coleman, P.(1998), *Teacher, Parents and Student Collaboration: the power of three*, London: Paul Chapman Publishing.

Commissie Leerkracht(Commission on Teaching) (2011) An Organizational and Task Perspective Model Aimed at Enhancing Teachers' Professional Development and Occupational Expertise, Heerlen, The Netherlands.

Crosswell, L. and Elliott, B. (2004). Committed teachers, passionate teachers: The dimension of passion associated with teacher commitment and engagement. Paper presented at the Annual Conference of the Australian Association for Research in Education, November, in Melbourne, Australia.

Dorman, J.(2003), Testing a Model for Teacher Burnout, Australian Journal of Educational & Developmental Psychology, Vol 3, 2003, pp 35-47.

Drake, C., Spillane, J. P., and Hufferd-Ackles, K.(2001), Storied identities: teacher learning and subject-matter context, *Journal of Curriculum Studies*, 33, 1-23.

Draper, J. and O'Brien, J.(2006), *Induction: Fostering Career Development at all stages*, Edinburgh: Dunedin Academic Press.

Edwards, L.(2002), http://www.ippr.org/publications, Last accessed October 10th 2011.

Fives, H., Hamman, D., and Olivarez, A.(2007), Does Burnout Begin with Student- Teaching? Analyzing Efficacy, Burnout, and Support during the Student-Teaching Semester. *Teaching and Teacher Education: An International Journal of Research and Studies*, 23(6), 916-934.

Fokkens-Bruinsma, M. & Canrinus, E. T.(accepted for publication), Validation of the FITChoice scale in the Dutch context, *Asia-Pacific Journal of Teacher Education*.

Friedman, I. A.(2000), Burnout in teachers: Shattered dreams of impeccable professional performance, *Journal of Clinical Psychology*, 56(5), 595-606.

GTCW(2002), Teacher Recruitment and Retention Survey, General Teaching Council for Wales, November.

Hargreaves, A.(1998), The emotional practice of teaching, Teaching and Teacher Education, *An International Journal of Research and Studies*, 14(8): 835-

Hargreaves, A. (2000), Four ages of professionalism and professional learning, Teachers and Teaching: History and Practice, 6, 151-182.

Hargreaves, A.(2001), The emotional geographies of teachers' relations with colleagues, *International Journal of Educational Research*, 35: 503-27.s.

Hoy, A. and Murphy, P.(2001), Teaching educational psychology to the implicit mind. In Torff, B. and Sternberg, R. in Understanding and teaching the intuitive mind: Student and teacher learning, 145-86. Mahwah, NJ: Lawrence Erlbaum Associates.

Huberman, M.(1989), The professional life cycle of teachers, Teacher College Record, 91, 31-57.

Ingersoll, R. M.(2003), *Is there really a teacher shortage?*, Center of the Study of Teaching and Policy, Seattle, University of Washington.

Johnson, S. M.(2004), Finders and keepers: Helping new teachers survive and thrive in our schools, San Francisco : Jossey-Bass.

Kelchtermans, G.(2009), Who I am in how I teach is the message: self understanding, vulnerability and reflection, *Teachers and Teaching*, 15, 257-272. Lasky's 2005 in Canrinus.

Lasky(2005), cited in E.T. Canrinus, *Teachers' sense of their professional identity*, University of Gronigen, p. 6.

Lewis, D. and Sheehan, M.(2008), http://teachersupport.info/news/announcements/Bullying-of-teachers-a-massive problem.pdp, University of Glamorgan.

MacBeath, J., Gronn, P., Forde, C., Howie, Lowden, K., and O'Brien, J.(2009), *Recruitment and Retention of Head teachers in Scotland*, Edinburgh: Scottish Government.McLeod, J.(2001), Teachers' working knowledge: The value of lived experience, In *ultiBase e-journal of Education, Language and Community Service*.

Malm, B.(2009), Towards a new professionalism: enhancing personal and professional development in teacher education, *Journal of Education for Teaching*, 35, 1, 2009.

Manuel, J.(2003), Have we mistaken the symptom of the problem? Early career retention and attrition, *Curriculum Leadership* 1 (24).

Myers, K. with Clayton, G., James, D. and O'Brien, J.(2005), *Teachers Behaving Badly: Dilemmas for School Leaders*, London: Routledge & Falmer.

Nias, J.(1996), 'Thinking about Feeling: the emotions in teaching', *Cambridge Journal of Education*, 26(3): 293-306.

O'Brien, J.(2011), School Leadership in the United Kingdom: a policy perspective, in T. Townsend and J. MacBeath, *International Handbook of Leadership for Learning*. Rotterdam: Springer.

O'Connell Rust, F.(1994), The first year of teaching: It's not what they expected, *Teaching and Teacher Education*, 10(2): 205-1.

OECD(2001), Teacher Exodus— the Meltdown Scenario, Paris: Education Policy Analysis.

Pajares, F.(1993), Pre-service teachers' beliefs: A focus for teacher education, *Action in Education*, 25(2): 45-54.

PricewaterhouseCoopers.(2001), *Teacher Workload Study*, A Report of a Review commissioned by the DfES. London: PricewaterhouseCoopers.

Paulin, A.(2006), Första tiden i yrket—från student till lärare. En studie av de svårigheter nyblivna lärare möter under sin första tid i yrket [The first terms in service – from Student to teacher. A Study of the Difficulties that the Newly Qualified Teachers Meet during their First terms of teaching]. Studies in Educational Sciences 96. Stockholm, Sweden: HLS Forlag.

Ryan, K.(1972), *Don't Smile until Christmas*, University of Chicago.

Southworth, G.(1995), *Looking into Primary Headship: A Research Based Interpretation*, London: Falmer Press.

Smith, I.(2006), *Partnership between Universities and the Profession*, Association for Teacher Education in Europe.

Swaffield, S. and MacBeath, J.(2010), Leading professional development to build the capacity of head teachers in Ghana, Paper delivered at the *Cam ERA conference*, 4 May.

Taris, T. W., Van Horn, J. E., Schaufeli, W., and Schreurs, P. J.(2004), Inequity, burnout, and psychological withdrawal among teachers: A dynamic exchange model, *Anxiety, Stress, and Coping*, 17, 103-122.

Taylor, G. and Runté, R.(eds.)(1995), *Thinking About Teaching: An Introduction*. Toronto: Harcourt Brace

Thomson, P. (2009). *School leadership: Heads on the block*. London: Routledge UNESCO (2010). The Ninth Meeting of the High-Level Group on Education for All, Addis Abba, 23-25 February.

UNESCO(2010), The Ninth Meeting of the High-Level Group on Education for

All, Addis Abba, 23-25 February.

Weiss, E. M.(1999), Perceived workplace conditions and first-year teachers' morale, career choice commitment, and planned retention: a secondary analysis *Teaching and Teacher Education* Volume 15, Issue 8, November 1999, Pages 861-879.

Wilhelm, K., Dewhurst-Savellis, J., & Parker, G.(2000), Teacher Stress? An analysis of why teachers leave and why they stay, *Teachers and Teaching*, 6(3), 291-304.

2장
불만족 요인을 이해하고 대처하기

1장에서 만족 요인과 불만족 요인 사이의 균형에 대해 서술하였다. 교사가 교직에 들어와서 머무르도록 끌어당기는 힘이 작용하는 현장에 대해, 그리고 원하지 않은 퇴직으로 마음이 기울어지도록 밀어내는 요인에 대해서도 설명하였다. 정책 수립과 정책 시행을 책임진 사람들에게 불만족 요인을 개념 규정하고 대처하는 것은 전문 직업으로서 교사의 미래를 변화시키는 사전 작업이고 핵심이 되는 일이다.

정책, 학교, 그리고 사회적 맥락

많은 나라의 연구에서 불만족 요인과 불이익이 되는 사항에 대한 목록을 제시하였지만, 그 요인들 사이의 상호 영향에 대해서는 많이 분석하지 않았다. 그 요인들의 삼각관계, 즉 정책, 학교, 그리고 사회적 맥락으로 구성된 관계를 그림으로 그려서 상호 영향의 본질을 이해할 수 있다.

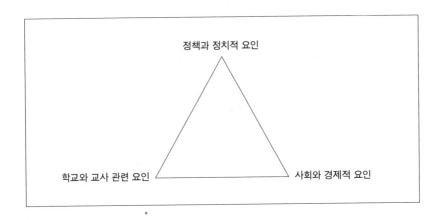

정부의 입장에서 볼 때, 교육문제에 대한 해답은 교육기관 안에서 발견되어야 한다. 어린이들이 성공하지 못하고 있다면 그것은 분명히 교사의 과오이며, 교사들의 낮은 기대 또는 무능, 노조가 교사들에게 미치는 악영향, 아이들과 교사의 성취도를 높여야 할 지도력의 실패 등이 그 요인이다. 사회와 경제적 요인을 인정하는 경우도 있지만 역대 정부들은 그런 것을 변명으로 간주했고, 그런 배경 요인은 훌륭한 교사와 영감이 가득한 지도자들이라면 충분히 극복할 수 있다고 주장하였다. 이런 주장은 영유아기 돌봄에 대한 새로운 연구 결과와 임신 이후 열 달 동안 일어나는 발달에 영향을 미치는 요인들에 대한 수많은 증거를 무시하고 있다. 성장 중인 태아는 발달 중인 사람으로서 그 단계에서 상상할 수 없는 가능성을 가지고 있는데, 흡연, 식습관, 약물, 알코올중독 중세 등의 영향을 받으면 가장 유능한 교사와 최고의 전문가도 어찌해볼 수 없다. 정책과 정치 요인은 위의 삼각 모델 꼭대기에 존재하는데, 사회와 학교 관련 요인의 상호관계를 풀어나가는 데 제한적인 영향을 미친다. 하지만 이 정치적인 힘은 종종 (학교-사회) 둘의 관계를 풀어나가려는 교사들이 더 많은 어려움을 겪게 만들기도 한다.

2007년에 출판된 케임브리지 대학교의 연구 보고서는 영국 초등교육의 환경과 미래에 대한 독립적인 조사 보고서이다. 이 조사연구는 학교 교육구마다 찾아다니면서 87회 이루어졌는데, 어린이를 (만나는 것을) 시작으로 교실 밖으로 나와서 학교와 그 주변 지역사회까지 포괄하였다. 그 보고서의 결론은 다음과 같다.

차이를 찾아내고 기록하려는 세심한 시도를 하였지만, 지역사회의 반응Community Soundings에서 공감대가 어느 정도 있었다는 것이 놀라웠다. 특히 교육 목적, 교과과정과 평가, 어린 시절과 사회의 환경, 그리고 오늘날 어린이들이 자라고 있는 세계에 대해 표현하는 데 공통점이 발견되었다. 위의 큰 문제에 대한 공감대는 학교교육구와 지역의 위치를 뛰어넘어 존재했다. …… 우리가 어디를 가든지 듣게 되는 말은 다음과 같았다.

- 어린이는 정책의 요구에 발맞추려는 학교와 상업적 이윤 동기에 지배되는 사회 양쪽 모두로부터 밀도 높은, 아마도 감당하기 어려운 압력을 받고 있다.
- 가족생활과 지역사회는 해체되고 있다.
- 세대 사이에 그리고 세대 내부 모두에서 존중과 공감이 누구랄 것 없이 사라지고 있다.
- 학교 교문 밖의 삶은 점차 불안정하고 위험한 것이 되고 있다.
- 세계는 급속히 변화하면서 때로는 이해하기 어려운 방식으로 변화한다. 그 변화 방식 때문에 우리는 균형에 대한 경고를 받고 있는데, 특히 기후변화와 지속가능성이라는 면에서 그렇다.
- 초등학교의 교과과정은 너무 협소하고 경직되어 있다.
- 교과과정과 어린이의 교육 이력 모두가 전국 단위 시험, 특히 Key

Stage2 SATs를 위한 것으로 왜곡되고 있다.

- 어떤 정부 정책은 "모든 아이가 소중하다"와 같은 취지로 찬사를 받지만, 다른 정책들은 이에 제약을 가하거나 실현 가능성을 방해할 수 있다.
- 교사와 교육 분야의 다른 전문가들이 당면한 임무는 위의 이유 및 다른 이유 때문에 한 세대 전보다 훨씬 더 어려운 도전이 되고 있다._{Alexander and Hargreaves, 2007, p. 3}

다섯 가지 핵심 요인

교사들 사이에 불만족이 커지는 이유를 설명하기 위한 출발점은 바로 다섯 가지 핵심 요인의 상호관계이다. 그렇게 하면서 1장에서 서술한 교사 채용과 고용 유지에 나타난 위기도 차차 설명할 것이다. 그 다섯 가지 요인은 다음과 같다.

1) 통제 강화
2) 역할에 대한 과부하
3) 탈전문화
4) 학생의 (일탈) 행동
5) 통합(교육)과 특수한 요구

비평가들은 이런 문제를 정치인과 정책 수립 담당자들에게 맡기자고 할지도 모른다. 그러나 그런 문제에 대해 말할 때, 학교에 변화를 강제하고 기대하는 사회경제적 요인이 사회적 관습의 변화를 가져오고 가족과 아이들의 삶의 방식의 새로운 양상으로 나타난다는 점을 이해할 필요가 있다. 그런 문제를 좀 더 넓은 세계적 차원의 경제적·사회적 운동과 관련지어 이해하면서, 학교와 교사들이 이런 요구에 어떻게 대응하고 있는가라는 관점에서 살펴보아야 한다. 이에 대한 해법은 나라와 나라 사이에 그리고 나라 안에서도 다르고, 포기하는 사람과 필연성을 찾는 사람, 활동 주체로서 나서려는 사람과 자연스럽게 회복되는 것을 기다리는 사람마다 다르게 폭넓은 차이를 보인다. 그러는 과정에서, 많은 사람들이 집단의 힘과 교원단체와 노조의 지원을 끌어내고 있다.

1) 통제 강화

이 큰 개념으로 전문가로서 교사의 자율성, 효능감, 자신감에 강력한 영향을 (일체가 되어) 끼치고 있는 다양한 얼굴을 가진 지역, 국가, 세계 수준의 압력을 이해한다. 일본의 시마하라Shimahara는 다음과 같이 묘사한다.

> 통제 강화는 자율성 상실을 일컫는 말인데, 그 수단은 미리 정해진 프로그램, 의무적인 교과과정, 단계별로 규정된 교수 방법 등이다. 이 교수 방법은 학생의 학습과 사회생활에 대한 요구의 다양화에 대응하라는 압력과 결합되어 있다.2003, p. 23

그는 일본의 학교에 대해 "교육과정의 주연 배우인 아이들과 교육제도 그 자체 사이의 갈등 관계"p. 23를 겪고 있다고 표현한다. 문제의 근원을 정부의 정책에 두고 있지만, 그가 강조하는 것은 교사들이 대응하는 방식이다. 교사들이 집단적으로 규정한 교수 활동의 가치 규약ethos

을 고수하려는 태도를 "내부로부터 오는 것"이라고 부르는데, 도전받지 않고 있는 상황인 자신의 입지를 수용하는 의미인 슈쿠메이shukumei라는 말을 사용한다. 다른 문화권에서는 이와 비슷한 결정론을 보기 어려울 수 있지만, 순종과 저항 사이에 긴장이 있다. 순종하는 반응은 교사 차원이라기보다는 학교 차원에 근원을 두고 있는데, 뉴욕 시의 학교에 대한 사례 연구에서 나오는 아래의 인용문에서 잘 묘사되고 있다. 학생들에게 모든 '자유 시간'을 활용하라는 압력이 연장되어 교사도 통제받는 생활을 위해 자신만이 누리는 자유 시간을 희생하라는 압력으로 나타난다.

9시간 반씩 진행되는 평일 수업, 여름방학, 토요일 수업, 그리고 매일 밤 두 시간의 숙제 시간은 변경할 수 없다. …… "버스에서 내려서는, 공부하고 있어야 한다……" 매일 아침, 학생들은 그날 쉬는 시간에 풀어야 하는 수학 문제지, 논리와 단어 문제지를 받는다. 교사들은 물어볼지도 모르는 질문에 답하기 위해 24시간 핸드폰을 켜고 무료 통화 번호를 통해 대기해야 한다. "하루 저녁에 열 통화를 하는 것이 멍에를 짊어지라는 소리처럼 들린다"고 파인버그Feinberg는 말한다. 그러나 모든 사람은 다음 날을 대비하기 위해 잠자리에 든다.^{Michael Feinberg, 카터 지역 교장, 2001, p. 95}

이 이야기에서 해답은 교실과 교사 개인 수준에 있다. 파인버그가 묘사한 것과 같은 성취에 대한 압력은 부분적으로는 탈중앙집권 정책의 산물이라고 이해해야 한다. 그 정책은 책임과 설명 책임 입증을 학교 차원으로 옮기는 국제적 흐름으로부터 나온 것이다. 이것은 경쟁원리에 기초한 시장경제와 밀접한 관련이 있는데, 경쟁 상대에게 뒤떨어지지 않아야 한다는 단순한 이유로, 교사는 더 열심히, 더 많은 시간 동안, 점점 더 높은 성과의 요구에 직면하면서 일해야 한다.

2005년 영국 노동조합총연맹Trade Union Congress의 조사 결과, 직업별로 수당이 없는 초과 노동시간의 순위표에서 교사는 최상위를 기록하였다. 일주일에 11.5시간을 초과하여 2위를 기록한 기업체 관리자와 고위 공무원보다 두 시간 더 많이 일했다. 15년 전에 벌써 일본에서 후지타Fujita가 연구한 보고서(1996년 발표됨)에는 교사들 대부분이 학교에서 최소 매일 10시간을 보냈고, 중등학교 교사들은 11~12시간을 보내고 그중 절반 정도는 밤 8시까지 일했다. 비슷한 근로시간이 홍콩의 학교에서도 조사되었는데,MacBeath and Clark, 2006 도덕적 규범을 강조하는 문화로 인해 교사들은 모범적 행동을 보여야 하기 때문에 제시간에 퇴근할 수 없는 것이다. 이런 경우들은 스스로 강제하는 의미의 통제 강화지만 직업적 의무감으로부터 나오는 집단적 반응이라고 이해해야 할 것이다.

동아시아의 금욕주의 문화는 교사들이 불만을 말하는 것을 자제하게 만들지만, 직업적 의무감은 동아시아에 한정된 것이 아니다. 교사들이 쉽게 불만을 토로하는 영국에서도, 정책, 압력, 탈전문화에 대한 불만을 말하는 한편으로, 동시에 어쩔 수 없는 상황에서는 의무에 충실하면서 순종한다.Galton and MacBeath, 2002; MacBeath and Galton, 2004

이와 같은 "문화적 무력화"를 어떻게 이해할 것인지에 대해 트로엔과 볼스Troen and Boles[2003]는 푸코의 근대감옥Panopticon 감시체계의 특징을 인용한다. 모든 방향에서 항상 감시당하면 저항이 줄어들고 무기력하게 만드는 효과를 지속시킬 수 있다. 이들이 내린 결론은, "교사들은 너무도 오랫동안 그런 무기력 상태에서 일해왔기 때문에 그들은 스스로를 자신이 내면화한 근시안적이고 관료적인 규칙으로 옭아맨다."p. 24

반대 의견 표출이 적어지면 조직의 생동감, 활동 범위, 다양성이 줄어들 가능성이 있다는 위험을 감수해야 한다. 순종이 창의성과 주체성을 억누르고 그런 식으로 만들어진 공감대 아래에서는 창의적인 대안이 나올 수 없다는 증거 자료가 꽤 많이 있다.[Surovlieki, 2004] 호주의 한 연구 결과[Wilhelm, Dewhurst-Savellis and Parker, 2000]에 따르면, 반대 의사를 개인이나 집단 차원에서 표현할 수 있는 체계가 거의 없고 국가, 학교, 또는 정책에 도전하는 사람들을 보호할 수단이 거의 없는 상황이라면, 그렇게 이의를 제기하는 교사들은 교직을 떠날 가능성이 더 커진다.

학교가 사회적 요인과 정책 지시에 대해 맺는 삼각관계에서 학교와 교사를 무기력한 희생자로 보게 되면, 그들의 주체성과 잠재력은 큰 손상을 입는다. 빌헬름과 그의 동료들의 연구가 보여주듯이, 학교에 학문의 자유를 보호해주는 장치가 있고 학교 정책에 반대하는 목소리를 낼 수 있는 체계가 있다면, 교사들이 자신들을 수동적인 희생자로 여길 가능성이 적어지고 학교를 그만두지 않을 것이다. 하나의 학교 단위에서 반대 의견을 표현하는 단결된 세력을 만들어낼 수도 있지만, 학교 사이에 강한 연합이 있고 외부의 지원이 있다면 부분의 종합보다 훨씬 큰 동반 상승효과를 낼 수 있다.

2) 역할에 대한 혼돈과 과부하

통제 강화가 일어나는 원인은 대부분 학교와 교사가 오늘날 수행하고 있는 역할이 복잡 다양하기 때문인데, 이는 옛날에는 부모, 조부모, 지역사회 공동체, 교회, 그리고 다른 사회기관에서 수행했던 책임을 학교가 떠맡아 수행해야 하는 상황으로부터 비롯되었다. 확실히 정책의 문제이기는 하지만, 사회적·도덕적 가르침을 교사라는 전문가를 이용하여 행하지 않고 있는 사회에서 나타나는 반응이다.

호주 정부의 보고서는 교사가 수행하는 역할을 13가지로 분류했는데, 그중 많은 수가 중첩된 영역에서 수행된다고 한다.[Skilbeck and Connell, 2004] 뉴질랜드에 대해 OECD가 낸 보고서에서는 적절한 자질을 갖춘 교사가 부족한 원인을, 감당할 수 없을 정도로 많아져버린 직업적 요구에서 찾고 있다. 역할의 혼돈이 심해짐에 따라 전문적인 역할과 관계없는 부수적인 기능을 줄여야 하지만 그렇지 못했다. 비교 대상이 되는 보수 문제와 함께, '할 수 있는 일과 하고 있는 일do-ability of the job'에 대한 논란이 있다.[OECD, 2008, p. 34]

영국에서는 역할에 대한 과부하와 그에 수반하는 (노동)시간 연장이라는 두 가지 이유 때문에 교직과정을 이수하고 있는 예비 교사들은 교직에 들어오지 않고, 근무 중인 교사들은 그만두려는 생각을 하고 있다.[Barmby, 2006]

> 조사 연구 결과 '명예, 용기 같은 본질적인 가치'를 추구하거나 '이타주의' 때문에 교사들이 교직에 들어오는 경우가 더 많지만, 노동 강도와 학생들의 (일탈)행동이라는 문제가 교사가 되기를 포기하거나 교직을 떠나게까지 만드는 가장 중요한 원인이 되고 있다.[Barmby, 2006, p. 1]

파커Parker[2009]가 지적하듯이, 노동 강도 그 자체는 문제가 아니다. 노동 강도는 본래의 일에 꼭 함께 따라오는 다른 일의 특성과 관련이 있고, 또한 그 일이 복잡한데다 역할 갈등 또는 역할 혼돈이 있을 때 문제가 된다. 감정 소모와 과부하에 따른 비용이야말로 스트레스가 심해진다는 점을 드러내고, 교직사회 내에 있는 불만족과 소진 현상을 설명해준다. 여러 가지 직업의 스트레스에 대해 언급하면서, 테넌트Tennant[2001]는 이렇게 말한다.

수용 가능 또한 수용 불가능한 스트레스를 구분하는 문제는 혼란스러워지고 있는데, 그 이유는 직장에서 책임질 일이 늘어나고 노동시간이 증가하는 현상이 흔해지면서 그것이 규범처럼 여겨지기 때문이다.Tennant, 2001, p. 702

스트레스와 탈숙련화

1975년 영국의 『타임』지 교육 분야 부록에서 교사의 스트레스를 새롭게 대두하는 문제로 다루었는데, 그것은 새로운 현상 또는 이제까지 거의 논의와 연구 대상이 되어본 적이 없는 문제라고 판단했다. 교직은 9시에 시작해 4교시까지 일하고 긴 방학이 있고 보수가 좋은 직업이 아니었나? 수십 년 만에 교직은 가장 스트레스가 많은 직업 중 하나로 꼽히게 되었다. 영국 카디프Cardiff의 보건복지부서에서 조사한 바를 보면, 교직은 조사 대상 직업 중 가장 스트레스가 많았다. 40%의 교사들이 스트레스 수준이 높다고 답했으며, 그것은 조사 대상이 된 모든 직업의 스트레스 평균의 두 배였다.Smith, Brice, Collins, Matthews, and McNamara, 2000 캐나다에서는 레이스우드Leithwood의 조사 결과, 스트레스 수준이 온타리오Ontario 주에서 지난 2년 동안 급속하게 상승했는데 그 원인은 새로 도입된 정책의 변화 속도에 있었다.

스트레스는 다양한 결과를 초래하는데, 불만족스러운 느낌과 부정적인 정서 상태를 가져온다.Bradley and Eachus, 1995 호주 교사의 20%에 이르는 교사들이 심리적 고통을 경험하고 있다는 보고가 있고, 거의 10%의 교사들은 심각한 심리적 고통을 겪고 있는데, 이것은 일반 국민보다 훨씬 높은 수준이다.Howard and Johnson, 2004 영국의 초등학교 교사에 대한 연구에서, 니아Nia는 대부분의 교사가 호소하는 스트레스에는 하나의 원인만 작용한 것이 아니라고 한다. 스트레스는 감정에 뿌리를 두는데, 교사들의 경우에는 "죄의식, 패배감, 좌절감, 분노, 그리고 개인적 성취를 이루지 못한 데 대한 후회"[p. 110]가 그것이다. 스트레스는 또한 육체적 상관관계가 있는데 육체의 피로와 함께 '기운이 다 빠져버린 느낌', '기진맥진', 그리고 '산산이 조각난 느낌'을 가져온다. 최근 스코틀랜드에서 이루어진 연구에서도 똑같은 단어들이 사용되었다.[Macbeath et al. 2009] 마틴Martin[1997]은 그의 책 『병들어가는 마음The Sickening Mind』에서 통제력을 상실한 느낌과 심장병, 암 같은 만성질환 사이의 상관관계를 추적하였다. 다른 연구자들[Cohen, Janiki-Deverts and Miller, 1995; Cohen, Kessler and Gordon, 2007] 역시 통제력 상실과 심리적 육체적 질병 사이의 관계를 규명하였고, "우울증과 심장병을 일으키거나 악화시킨다"고 말하였다.

돌라드, 와인필드와 와인필드Dollard, Winefield, and Winefield[2001]가 "감정적 부조화"라고 지적한 것이 스트레스의 뿌리에 있는데, 그것은 느껴지는 감정과 요구받는 감정 상태 사이의 불일치를 말한다. 교사가 다른 대부분의 서비스 업종보다 감정적 부조화로 고통을 받을 위험이 훨씬 큰 이유는 그들이 학생들에게 투여하는 감정의 무게가 크기 때문이라고 한다.[Dorman and Kaiser, 2002] "돌봄의 중요성을 더 많이 느낄수록, 거기에 실패한 경험에서 오는 감정상의 황폐함을 더 크게 느낀다."[Hargreaves and Tucker, 1991, p. 496] 이 연구자들은 이런 종류의 헌신성이 특히 초등학교 교사들 사이에서 크게 나타난다고 말한다. 많은 이들에게 그것은 교사가 되려는 동기였고 직업 만족도를 가져오는 주요 원인이다.

그런 부조화는 '가면을 쓴 교사'의 모습으로 나타나는데, 그 가면의 앞면은 학생, 학부모, 학교 관리자에게 보여주기 위한 것이다. 거기에는 심리적 대가가 뒤따라온다. 어떤 스코틀랜드의 교장은 아침마다 화장하는 것을 상징적인 행위로 묘사했는데, 그것은 "직업인으로서 얼굴 표정을 유지하려고 노력하는 것이고 가면이 벗겨지지 않게 해야 하는 것이다."MacBeath et al., 2009 이 스코틀랜드 연구에서 교장을 지원하지 않는 이유에 대해 81%의 교사들이 "그 자리가 스트레스가 너무 많을 것 같아서"라고 답하였다.

이 부조화는 교사와 만나는 많은 다른 사람들, 교사의 일에 관여하는 다양한 관계Steel, 2001를 통해 보완해주어야 한다. 그리고 그 속에서 사람들이 제기하는 요구를 잘 처리하기 위해 각자가 맡은 역할을 잘해 냄으로써 조정해야 한다. 그래서 당연히 사람 간의 관계라는 영역이 교사의 스트레스 양을 좌우하는 핵심임을 알게 될 것이다.Ritvanen et al., 2006

'소진Burnout'이란 매슬랙과 샤우펠리Maslach and Schaufeli가 1993년에 정의 내리고 매슬랙Maslach, 잭슨Jackson, 레이터Leiter 등이 1998년에 다시 연구한 개념인데, "어떤 직업에서 사람 관계에서 오는 스트레스에 만성적으로 시달리는 경우에, 오랜 동안 그에 대한 대처를 지연시킨 후 나타나는 현상"p. 37이다. 그리고 그것은 세 가지로 뚜렷이 구분되는 다소 중첩되는 영역으로 이루어져 있는데, 그것들은 바로 감정 고갈(일 때문에 감정적으로 없는 힘까지 다 써버려서 고갈된 느낌), 냉담과 무관심(다른 사람에 대한 부정적이고 무관심한 태도가 생김), 부정적인 성취감(자신감의 상실과 성취한 일에 대한 불만족)이다. 상당한 기간 동안 높은 수준의 스트레스를 느끼며 일한 교사들은 소진 현상을 보이는데, 학생에 대한 감정이입 감소, 관용의 감소, 수업 준비 부족, 교직에 대한 헌신성 부족Otto, 1986이 나타난다.

탈숙련화는 사람들이 자신의 일에 대한 통제력을 가지고 있지 못하다고 느낄 때 일어나는 현상을 일컫는 용어이다. 교사 개인과 그가 속한 조직 사이에 연결이 끊어지고 있다는 점 때문에 탈숙련화가 점점 더 많이 일어난다. 교사들이 학생의 요구를 수용하는 일과 가르치는 일에 충분히 집중할 수 없다는 것을 알아차린 때, 그리고 그들 자신이나 다른 교사들이 더 이상 소중하다거나 인정받는다고 느끼지 못할 때, 그 교사들은 탈숙련화를 경험하게 된다. 리틀러[Littler, 2009]는 탈숙련화가 일어나는 네 가지 과정을 이렇게 정식화하였다.

- 개인이 어떤 일이 전개될지에 대해 주장하고 계획을 짜는 데 참여할 권리를 상실한 곳. 즉, 계획과 실행의 분리.
- 일 자체가 조각조각 나뉘어 있다.
- 임무를 재분배하면서 그 일에서 가장 만족도가 높은 부분을 없애버린다.
- 작업장 재구조화 결과 개개인별로 하는 '장인' 같은 작업이 테일러 시스템 같은 단순 조작으로 변화한다.

모든 것을 함께 고려해보면 이런 과정은 불만족 요인을 뒤섞어놓은 하나의 조합이다. 초기의 스트레스와 탈숙련화에 대한 연구가 개인 수준에서 그리고 심리적 원인과 성격상 특징에 중점을 두었다면, 나중에는 학교, 지역사회, 정책 수준과 같은 환경의 요인을 더 강조하였다. 스페인에서 이루어진 연구[Con-Garci, Padilla-Munox and Carrasco-Oritz]의 결론은, 원인을 찾아 분석하고 가능한 대안을 찾으려면 활동적인 요인들 사이의 상호작용을 보다 중시하는 관점[inter-actionist perspective]이 필요하다고 한다. 교사들 사이에서, 학생들, 가족들과 함께, 그리고 교사의 일을 규정짓고 운영하는 정책을 통해 작동하는 복잡한 역동성을 이해해야 한다는 것이다.

탈숙련화가 정책, 사회적 요인, 학교 요인 사이의 삼각관계의 산물이기 때문에, 전략적인 해결책은 그와 똑같은 관계 속에서 나온다. 위의 스페인 사례와 같은 국제적 연구를 생각해보면, 가르치는 일에 따르는 무수한 도전의 과정에서 교사들이 회복하는 힘의 대부분은 그런 도전에 응전하기 위해 요청할 수 있는 지원을 얼마나 얻어내는지에 좌우된다. 매슬랙과 그의 동료들이 1996년 연구에서 내린 결론은, "사회적 환경은 교사의 소진 현상을 이해하고 그에 대한 해결책을 고안하는 데서 가장 중요한 요인이다."[p. 22]

스트레스와 그에 대한 대응은 직업 만족도를 좌우하는 가장 큰 원천이 된다는 결론을 내릴 수도 있다. 단 그 조건은 앞에서 말한 삼각형 구도의 세 꼭짓점 사이의 세력 균형점이 정책을 만드는 데로, 교사들이 그것에 단순히 반응을 보이는 것이 아니라, 초기에 개입할 여지를 주는 방향으로 이동할 때이다. 스트레스는 다른 형태를 취하는데, '좋은 스트레스'와 '나쁜 스트레스'라고 알려져 있다.[Kottler and Chen, 2008] 오랜 시간 동안 강제성을 가지고 원하지 않는 방식으로 에너지와 동기를 빼앗아 가는 스트레스가 있다. 그와 반대로 도전 과제를 제시하고, 중요하면서도 자발적으로 참여하는 행사를 하도록 하면서 보상을 받게 해주고 전문가로서 성장하게 하는 스트레스가 있는데, 그 둘 사이에는 본질적인 차이가 있다. 칙센트미하일리[Czikzentmihalyi's 2001]의 '흐름flow'이라는 개념은 높은 도전의식과 고도의 기술 숙련도 또는 높은 회복력이 서로 만나서 이루는 경지를 묘사한 것이다. 핵심 가치를 고수하고 정치적·사회직 불평등에 맞서 싸우는 '흐름flow' 속에 학생들이 있는 것을 보려면, 흐름이 교사들에게도 일어나야 하는데, 그것도 학생과 교사가 함께 성장하는 높은 경지에 있어야 한다.

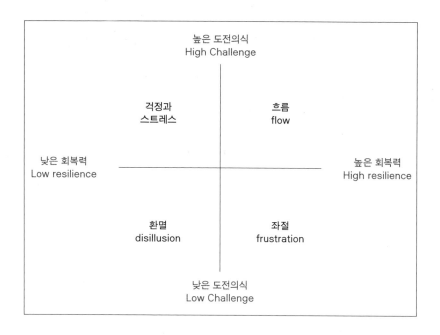

스트레스의 본질을 인식하고 관리하는 것은 개인의 힘에 달린 것일지 모른다. 하지만 대부분의 교사에게는 그들의 친구-동료, 노동조합원, 그리고 선견지명이 있는 정책 수립 담당자와 자문관으로부터 약간의 도움이 필요하다.

3) 탈전문화

교사에 대한 드러나지 않는 압력이 가해지고 신규 교사의 욕구가 채워지지 않을 때, 교사의 성취감은 점차 사라져간다. 전문 직업을 규정하는 특질이 더 이상 분명하지 않을 때, 탈전문화 과정은 진행될 것이다. 그런 과정을 관찰할 수 있는 곳은 전문 직업인 단체들이 영향력을 상실하고, 교사의 권위와 자율성이 축소되고, 이론적이고 특화된 전문

지식을 빼버린 채 신규 교사를 임용하는 곳이다. 펄롱Furlong이 영국 상황에 대해 2003년에 쓴 내용은 다음과 같다.

하나의 파도가 지나가면 또 다른 파도가 덮치듯이, 십 년 동안 거의 쉬지 않고 진행되었던 개혁 과정에서, 교사 교육의 거의 모든 형식과 목적에 근본적인 변화가 있었다. 그러나 이 과정에서, 고등교육기관에 있는 사람들(전통적으로 그런 논쟁을 이끄는 역할을 맡는 것으로 여겨졌던 이들)은 구석으로 밀려나고 침묵을 해야 했다.2003, p. 23

신규 교사들에게 예비 교사 교육에서 배운 것과 학교 교실의 일상생활에서 해결해야 할 일 사이에 존재하는 간극은 '여기서 우리가 일하던 방식'을 고수하는 타성(센게Senge2001가 조직의 학습에 대한 무능력이라고 부른 것) 때문에 더 커졌다. 교사가 전문가로서 생활에 대해 행사하던 통제권을 잃었다고 느낀 순간, 그런 타성이 학교 문화에 깊숙이 자리를 잡았다. 전문성을 몽땅 잃어버린 상태O'Brien, 2011에서, 교사들은 설명 책임이라는 엄격한 한계선을 넘어서 모험을 하거나 위험부담을 감수하려 들지 않는다.

많은 교사들과 교원단체들이 정책 수립에 부분적으로 역할을 해왔거나 하고 있지만, 교육 분야의 변화를 가져온 세계적인 공세는 교사의 목소리가 들리는 정도를 약화시키고 특히 정책 시행에 앞서 있어야 할 토론을 거의 배제하였다. 교사의 노동에서 최근에 매우 실질적인 변화가 일어나고 가르치는 방법에 대한 세부지침이 마련된 배경에는, 교사가 자신의 일에 대해 제안을 하지 않는다고 가정하고 그들이 전문가로서 내리는 판단이 중요하지 않다는 가정(달리 말하면 전문가에 대한 신뢰 축소와 일치

함)이 자리 잡고 있다.^{Draper and O'Brien, 2006. p. 25}

점차 전문가의 권위와 자율성이 감소되는 곳에서, 어떤 해설가는 이런 추세를 "지역 수준의 의사결정에 느슨함-깐깐함loose-tight paradox이라는 역설이 공중의 확인과 외부 기관에 의한 설명 책임 확보 노력과 함께 나타났다"고 말한다.^{Day, 2001} 이십 년 전에 마치와 올슨March and Olsen¹⁹⁸⁴은 교육정책에서 나타나는 한 쌍의 유행trend에 대해 책을 썼는데, 1980년대 이래로 국가, 주정부, 자치단체 또는 지역공동체 수준에서 좀 더 많은 책임과 권한을 지역 단위, 자치정부, 또는 학교에 위임하면서 나타난 조직적 연계 약화 현상을 주목했다. 동시에 나타난 현상은 감사, 시험, 교육과정의 측면에서 조직적 연계를 강화하는 것이었다.

이런 자유주의 흐름으로 인한 결과는 양면을 가지고 있는데, 자율성을 보장하면서 교과과정 이수와 평가를 의무화하고 어떤 나라에서는 지시 위주의 방법을 채택하였다. 그러나 조직적 연계의 특성은 나라마다 굉장히 달라서, 경제적 위기에 대한 대응과 교육 서비스의 시장화와 학교 선택권 도입 정책에서 차이가 있었다. OECD의 자료를 비교해서 개선 사례를 모방하는 교육부 장관도 있었고 또 다른 나라에서는 선택적으로 모방하거나 처벌의 수단으로 사용하기도 했다.

스코틀랜드의 한 연구에서 교사들에게 한 설문조사 결과 81%의 교사들이 교장에 응모하지 않는 이유로 "직책이 주는 스트레스가 많은 것 같다"는 답변을 했다고 한다. 이런 이유에 강하게 공감할 수 있는 나라들이 동티모르, 중국, 탄자니아 등 세계 각국에 있다. 코비와 크로퍼드Cowie and Crawford²⁰¹¹의 12개국에 대한 연구에서는 학급 지도자로부터 학교 지도자로 자리를 옮길 때 누구나 직면하는 도전 중 몇 가지를 언급하고 있다.

- 나와 학교 교직원들에게 깊은 감정적 상처를 남긴 시기. _스코틀랜드
- 학교를 하루하루 어떻게든 관리할 수 있다고 느꼈는데 3년이 지난 후에도 여전히 지도자로서 배워야 했다. _호주 교장
- 하루 종일 팽이 돌리기를 배우는 것. 여러분이 춤추는 홀의 마루에 올라가면 춤을 춰야 한다. _멕시코
- 관리자가 되는 것은 투명유리 안에서 사는 것과 같다. 모든 것이 드러나고 때때로 공격받기 쉬운 위치에 놓일 수 있다. 지역공동체, 대중매체, 관련 있는 누구나 당신에게 상처를 줄 수 있다. _루마니아
- 기관들 사이에 일하면서 예측하지 못한 도전에 직면한다. _캐나다 브리티시 콜롬비아 주
- 열 명의 학부모만 회의에 출석해도 큰 성공으로 간주된다. _남아공화국
- 농촌지역에서는 약물중독, 가족 해체, 알코올중독, 폭력, 어린이 성매매 같은 문제에 접근할 자원을 가지고 있지 못하다. _미국 텍사스

4) 학생의 일탈 행동과 무질서

일탈 행동과 무질서 문제는 삼각형 구도에서 학교와 교사 측면에 해당할 것이다. 그것은 학교와 교실에서 벌어지는 문제이고 교사와 학교 관리자들의 숙련도와 기대 수준에 달린 문제이다. 그러나 이런 문제에 대해 사회경제적 요인이 미치는 영향과 정책적 개입 혹은 무관심 탓은 어느 정도일까?

이 문제가 표출되는 다양한 형태와 씨름하면서 교사들은 이것이 자신을 지치게 만드는 요인 중 하나임을 분명히 알게 된다. 그것도 느리게

가차 없이 소모에 이르게 만드는 과정임이 분명해진다. 훈육이라는 문제는 새로운 것이 아니다. 윌러드 윌러Willard Waller가 1981년에 발표한 논문은 17세기 미국 식민지 시대 학교의 무질서와 폭력에 대해 깜짝 놀랄 만한 설명을 제공하고 있고, 소크라테스도 다루기 어려운 청년들에 대해 불평을 늘어놓은 바 있다.

그러나 새로운 것은 날마다 교실에서 표출되는 사회적 불안과 소외의 수준이다. 교직원에 대한 극단적 형태의 폭력이 드라마처럼 다양해지고 증가 추세인 반면, 교사들이 표현하는 불만이 처음 발생하는 곳은 다양하다. 이 문제는 낮은 수준에서 진행되는 교실 붕괴, 일상적으로 은밀하게 이루어지는 규칙 위반, 그리고 항상 통제해야 할 필요성과 더 많이 관련되어 있다.

영국에서 교사 지원 전화 서비스의 첫째가는 중요한 내용은 학생의 일탈 행동과 무질서 그리고 특히 낮은 수준의 교실 붕괴에 대한 것인데, 이런 문제가 교사를 지치게 하고 우울증이나 불안 증세를 가져온다. 이는 패트릭 내시Patrick Nash 영국 교사지원 네트워크 집행위원장이 보고한 내용이다. 그는 교사지원 네트워크의 설문조사를 통해 응답자의 63%가 학생들의 공격성과 무질서 때문에 교직을 떠날 생각을 한다는 사실을 밝혔다.

무질서를 야기한 원인을 찾아서 대처하는 일은 시간이 필요하다. 문제는 종종 뿌리가 깊고 신속한 조치로 해결할 수 없다. 그러나 시간이야말로 가장 필요한 품목이다. 시간을 내기에는 교사들 스스로가 매우 큰 압력을 받고 있기 때문에, 문제는 해결되지 않은 채 방치되고 다른 장소에서 다시 표출된다.Galton and MacBeath, 2009

2002년부터 2008년 사이에 영국에서 이루어진 연구 결과를 골턴과 맥베스Galton & MacBeath의 연구에서 재인용하는데, 교실에서 나타나는 골치 아프고 널리 퍼져 있는 반항 행위야말로 75%의 교사 응답자들이 최고 순위의 불만족 요인으로 꼽는 것이었다.

영국, 호주, 미국에서 많은 논문들이 발표되고 있지만, 아시아 국가들에서도 이 문제가 점점 중요한 관심 사항이 되고 있다. 예를 들면, 수업 시간 통제에 잘 따른다고 (일종의 편견처럼) 알려진 일본의 학교와 교실 이야기도, 풍토병처럼 무질서가 유행하는 데 대한 수많은 해석이 나오면서 도전을 받고 있다. 2000년(2월 14일) 『뉴욕타임스』에 "일본은 교실에서 질서의 붕괴와 씨름하고 있다"는 기사가 나오는데, 그 전해에 비해 교사에 대한 폭력 사건이 19.2% 증가했다는 사실을 인용하고 있다. 정부 관료의 말도 인용했는데, 학생들이 자신들의 좌절감과 스트레스를 폭력을 통해 표현하고 있으며 현재의 사회적 환경에서는 자기 통제력을 발휘하기가 더 어려워지고 있다고 한다. 어느 교육 상담가는 어린이들이 너무 많은 시간을 컴퓨터 게임을 하며 보내면서 훌륭한 행동의 가장 기초적인 규칙조차 알지 못한 채 학교에 오게 된다고 지적했다고 『뉴욕타임스』 기사는 전한다. 일본의 학교 교실에서 시간을 보내고 있는 사람들에게는 그리 놀라운 지적이 아니다. 2003년 일곱 개 나라 사이의 비교 연구에서 4주 동안 교실을 관찰했더니 수업을 시작하는 데 오랜 시간이 걸렸고, "어수선한 분위기"가 수업 시간 내내 계속되었으며, 학생들이 작은 집단을 이루어 계속 수업을 방해하였다.Barnett and Greenhagh: MacBeath and Hidenori, 2003, p. 174에서 재인용 수업 시간 내내 방해받지 않고 내내 잠자는 학생이 네댓 명인 것은 흔한 일이었고 다른 연구에서도 보고된 바 있다.

2004년 세계은행 보고서Moreno, 2004에 따르면, 우크라이나와 불가리아의 학교에서는 학교 관리자들이 근무 시간의 70%를 예산을 끌어오는 데 쓰고 나머지 30% 시간을 갈등 해결에 투여한다. 갈등을 해결하는 일은 종종 학생들 사이의 훈육 문제로 여겨지지만, 서로 다른 문화적 배경을 가진 어린이들 사이의 긴장, 말다툼, 그리고 종종 폭력이라는 형태를 동반한다. 말레이시아, 스리랑카, 뉴기니에서는 교실이 인종, 계급, 문화 정체성과 같은 정치적 문제가 펼쳐지는 사회의 축소판이다. 유럽, 미국, 호주 같은 나라에서는 교사와 학교 관리자들에게 소수민족과의 갈등 문제를 해결하기 위해 분투하라는 의무를 지우고 있다. 호주의 원주민, 뉴질랜드의 마오리족, 캐나다의 인디언과 이누이트족, 미국의 히스패닉, 독일의 터키인, 프랑스의 북아프리카인이 그들이다. 학교 관리자와 교사들은 서로 다른 종교와 인종/종족 정체성 사이에 긴장이 커지는 상황을 해결하는 정책을 창조해야 한다.

사회적·경제적 정책의 영역에서 출발한 문제를 학교와 교실 수준에서 해결해야 한다. 좀 더 엄격한 무관용 정책이 관심을 확 끌어당기지만 억제와 순종은 단기간에 지속될 뿐이다. 교사, 학교, 지역기관, 교원단체가 학습의 영역, 맥락, 동기를 확장하려고 주도권을 행사할 때, 통제와 훈육이라는 문제는 좀 더 참을성 있게 적용될 수 있을 것이다(5장에서 더 깊이 다룸).

5) 특수한 요구와 통합 교육

교실 붕괴를 일으키는 행위는 종종 복잡하고도 알 수 없는 학습 곤란을 겪는 아이들과 관련이 있지만, 오늘날 교사들은 이런 문제를 나쁜 행동이라기보다는 그들의 이해 수준 또는 통제 능력을 벗어난 문제로 여기는 경향이 크다. 지난 이십 년 동안 아이들도 스트레스를 경험한다는 인식이 전면에 등장하였다. 그 결과 자신의 개인적 통제 범위를 넘어서는 요인에 대해서도 책임을 져야 하는 교사들 어깨에 강력하고 복합적인 책임 요소가 가중되고 있다.

세계 보건기구는 유럽에서 이백만 명의 청소년들이 우울증에서부터 정신분열에 이르는 정신질환으로 고통받고 있다고 평가하는데, 초등 고학년과 중등 저학년에서 점차 뚜렷하게 나타난다고 한다. 이런 청소년들 중 많은 수가 돌봄 또는 치료를 받지 못하고 있으며, 교사, 학부모, 사회복지사조차 그들의 상황을 극히 일부만 이해하고 있는 경우도 종종 있다. 우울증은 청소년들의 자살과 관련되고 청소년이 죽음에 이르는 세 번째로 큰 원인이다. 유럽이 가장 자살률이 높은데, 특히 동유럽 국가들에서 그렇다.

소외된 지역에서 나타나는 결과는 더 비참한데, 일자리를 가져보지 못한 부모를 가진 아이들 사이에서 정신질환자 비율이 가장 높게 나타나는 것도 그렇다. 자료를 보면 정신질환자들이 흡연, 술, 마약에 빠지는 경우가 가장 가난한 지역에서 흔하게 나타난다. 보통 사람보다 가난한 사람들이 정신분열증으로 병원 신세를 지게 될 확률은 여섯 배 높고, 알코올중독 문제 때문에 그럴 확률은 열 배 더 높다.

유럽 지역에서 공통적으로 나타나는 현상은, 세계보건기구 보고서에 나온 바와 같이, 불평등이 커지는 것인데, 특히 청소년이 있는 가정에서 보건, 서비스, 정보, 교육, 좋은 주택, 그리고 충분한 영양 섭취에 접근하기 어려운 현상이 계속되고 있다. 건강과 의료 서비스 접근의 불평등이 사회 집단에서 뚜렷하게 나타나면서 사회의 불안정을 증가시키는 결과를 가져오고 있다. 전체 인구 중 극빈층이 높은 사망률과 영양 부족으로 고통받고 있으며, 미국 영국과 같은 부자 나라의 소외 계층과 가난한 나라에서 문제가 되고 있다. 유럽 전체에서 어린이 빈곤 비율은 스칸디나비아 북유럽의 5% 이하를 시작으로 아일랜드, 이탈리아, 영국에서는 15% 이상까지 나타나고 있다.

2008년 발견된 영국의 보고서 「통합의 비용Costs of Inclusion」"MacBeath, Galton, Steward, MacBeath and Page, 2008은 전 세계로부터 편지와 메일을 받았는데, 그 내용은 그런 문제가 자신들의 나라에서 비슷한 결과를 보여주고 있다는 것이었다. '통합'은 그 본질에 있어 어린이의 모든 욕구와 능력을 반영할 수 있는 교육제도를 수립하는 것을 의미한다. 이상을 말하자면, 모두 어린이는 주류 형태의 학교 안에서 돌봄과 교육을 받아야 한다. 하지만 바로 이 점 때문에 문제가 생긴다.

그 보고서의 전제는, 평등이란 목표가 이루어져야 하는 것이라면, 통합이 바람직할 뿐 아니라 필수적이라는 것이다. 그러나 이 평등이란 목표는 단순히 어린이를 주류 학교 교실에 같은 나이의 동료들 곁에 데려다 두고는 적절한 자원(예산) 준비, 지원(예: 교직원), 전문성 개발 등이 없는 상태로 방치하는 것을 의미하지 않는다. 이 보고서는 공리공론에 그치고 자원(예산) 준비 없는 통합으로 불평등이 더욱 커질 것이라고 결론을 내린다. 그 이유는 통합 교육이 어린이에게 주어져야 할 것으로 알려진 지원을 하지 않고 넘어가는 수단이 되기 때문이다. 그것은 교사의 사기에도 크게 도움을 줄 수 없는데, 어린이가 요구하는 종류의 전문적인 도움을 줄 능력이 없다고 인식하는 교사는 종종 죄책감을 느끼고 자신이 부적격자라는 감정을 표출한다.

내 생각에 그것은 말하기도 우스운 일이다. 그들 특수교육 어린이들은 내가 맡은 일에 죄책감을 더해주었다. 나는 때때로 집에 가면서 일을 잘

해내지 못했다는 느낌을 받는데, 그 이유는 내가 그들에게 충분한 시간을 투여하지 않았기 때문이다. _특수 학급 Reception class 교사

우리는 지난주에 수학 수업을 하고 있었는데, 그 아이들은 여전히 이해를 하지 못했다. 그래서 나는 낭패감에 빠졌다. 나는 감정이 복받쳐서 눈물이 쏟아질 지경이어서 보조 교사에게 말했는데, "나는 교실을 뛰쳐나가야겠어"라고 외쳤다. 내가 뭔가에 실패한 느낌이었고, 나는 그 일에 더 이상 대처할 수 없었다. _초등학교 교사, 12년 경력

「통합의 비용」의 마지막 구절은, 문제의 사회적 근원을 먼저 지적하고 그것이 교실에 미치는 영향을 서술하면서 전자에서 해결책을 찾으라고 요구한다.

좀 더 영리하게 집중하여 자원(예산)을 투입해야 한다는 것을 보여주는 확실한 경우가 있다. 그러나 자원(예산) 자체로는 변화를 가져올 수 없을 것이다. 문제는 더 깊은 차원에 있고 현재 실시 중인 정책의 본질 자체에 도전한다. 통합이란 자원과 전문적 기술과 지식을 공유하는 협력의 문화에서만 작동할 수 있다. 경쟁을 강조하는 시장 주도 정책은 어린이들 중 가장 취약한 부분에 영향을 미치고, 교사들 중에서도 가장 헌신적인 사람들에게 불이익을 준다. 이 연구에서 가장 충격을 받은 부분은 통합(원칙)에 대해 신념을 갖고 그것을 작동하게 하려고 노력하는 교사들이 보여준 선의good will이다. 하지만 그들의 선의가 필요한 수준만큼의 지원을 받지 못했다는 점 또한 놀랍다. 이제는 정책과 그 실행 과정을 철저히 검토해야 할 때이다.p. 68

상호 의존성과 투자의 성과

중요한 것은 교사들이 자신의 일에 투자한 것과 그것을 알아주고 고마워하는 사람이 있다는 것으로 보상받는 것 사이에 존재하는 상호 의존성이라는 특성이다. 그 상호 의존성을 이해하면 교사들에게 주어지는 요구와 기대를 충족할 수 없는 데서 오는 무기력뿐만 아니라 그런 도전을 뛰어넘는 회복력을 설명할 수 있다.Taris, Van Horn, Schaufei, and Scheurs, 2004

교사들 사이에 일하면서 맺는 상호 교류가 부족하여 스트레스를 받고 불협화음이 생기는 현상,Bakker and Heuven, 2006 그 해법은 사회적 지원을 제공하는 학교 문화에 있다. 그리고 자기 효능감, 자기이해, 대처 기술, 낙관주의, 확고부동함 또는 회복력 등이 있는 동료 문화에서 찾을 수 있다.Abraham, 1998, 1999; Cooper et al., 2001 이런 완충작용을 하는 것을 찾아내는 작업이야말로 감정적인 소모를 줄이고 교사들이 참여하여 그 효과를 거두도록 돕는 핵심이라고 본다. 자기 효능감은 보통 개인의 심리 안에 뿌리를 둔 개인의 특질로 보지만, 데이비드 프로스트David Frost, 2011가 묘사한 바와 같이 집단 활동의 산물로 볼 수도 있다. 그는 15개 동유럽 국가의 교사 지도력에 대한 보고서에서, '집단 자기 효능감'이 교사들에게 현재의 정책의 한계선을 넘어서 가도록 하고 교사가 생산하는 지식과 지식의 합리화에 관여하고 있는 외부 검증(기관)의 제약을 극복할 수 있게 한다고 지적했다.

회복력이란, 문제를 뛰어넘어서 자신에 대한 신념과 사명감을 유지시키는 능력으로서 개인적 특성의 일부라고 한다. 하지만 그것은 훨씬 많은 부분에서 사회적 관계가 발휘하는 기능이다. 모든 교사가 수없이 좌절하면서 목표의식을 유지하고 오랜 시간 동안 높은 수준의 에너지를 유지할 능력을 지니고 있지는 않다. 교사들마다 정책에 따른 의무사항에 다르게 반응하며, 사회구조와 문화를 통해 그 의무사항을 조절하는 방법도 다르다. 1장에서 언급한 스코틀랜드 연구 사례를 보면, 자신감과 '황소 같은 고집'은 오랜 경험과 깊은 학식에 근거한 회복력에서 오지만, 학교 문화, (학교 근처) 지역사회, 지방정부, 국가정책, 그리고 국제적 압력의 범위 안에서 개성으로 표현된 것임을 이해해야 한다.

유네스코의 "모든 이를 위한 교육회의(Education for All, 2010년, 에티오피아 아디스아바바)"는 교사가 집단이 되어 활동에 적극 나서는 것이 중요하다고 지적했는데, 특히 학교의 의사결정, 소외된 가족의 문제 해결, 학습 부진 학생 문제 해결에서 그렇다고 주장하였다. 문제가 지역공동체에 깊이 뿌리박혀 있음을, 그리고 그러한 지역공동체에 대처하는 어떤 정책이 있는지를 알고 나면, 교사들은 그러한 문제에 혼자 책임이 있다는 죄책감에서 벗어나 사회정책을 만드는 데 적극 나설 수 있다. 중국에서는 소외 문제에 대한 해결책으로 농어촌 지역에 대한 투자 확대, 장애인 지원, 소수민족과 이주 노동자의 자녀 원조, 학교 급식 영양 공급 프로그램, 학교 건물 증축, 교사에 대한 보상과 유인책 확대 등이 시도되고 있다.

지도력, 조정, 중재, 지원, 격려와 보상의 질을 높이는 것이 (사태를) 개선하고 설명 책임(투명성)을 다 같이 확보하는 핵심이다. 이에 대해 2009년 영국정부특별위원회UK Government Select Committee는 다음과 같이 주장하였다.

설명책임확보제도에서 정부가 어떻게 평가하는가 하는 문제는, 학교가 스스로 나서서 개선작업에 대한 주도권을 가지지만 실제로는 그렇게 할 수 없게 만드는 완벽한 사례이다. 설명책임확보제도의 '유연성'은, 중앙정부에게 정책의 우선순위를 수시로 바꿀 수 있게 하는 개념인데, 학교에게 설명책임확보제도와 수많은 학교 개선 절차와 씨름하도록 만드는 결과만 가져오고 있다. 정부는 설명책임확보제도가 가지는 유연성이 마치 그것 자체의 고유한 성질 때문에 이익을 준다고 말한다. 하지만 그 반대가 진실이다.영국정부특별위원회 보고서 44문단paragraph44, Government Select Committee, Session 2009년 10월, UK

"그러므로 설명 책임과 신뢰 사이에 정확한 균형이 이루어지는 지점을 찾는 작업을 한다면, 문서 자료에 대한 요구 사항을 줄이고 지역사회가 혁신과 모험에 나설 능력을 더 키우는 일을 포함해야 한다."PwC, 2001, p. 32

앤디 하그리브스Andy Hargreaves, 2005는 "찻잎을 읽기Reading the tea leaves"란 개념을 통해 교사와 학교 관리자들에게 급박하고 중요한 것과 불필요한 것을 구분하라고 요구한다. 그 일에는 "희생을 강요하는 것에 저항하는"Frost, 2005 용기와 전문 직업인들 사이의 연대가 필요하며, 교원단체의 지원을 받아서 교육에 대한 안목vision을 갖고 주류가 믿는 지식을 전복하며 도덕적으로 정직하고 강직함을 유지해야 한다.

Abraham, R.(1998), Emotional dissonance in organizations: Antecedents, consequences, and moderators. *Genetic, Social, and General Psychology Monographs*, 124(2), 229-246.

Abraham, R.(1999), Negative affectivity: Moderator or confound in emotional dissonance-outcome relationships?, *Journal of Psychology*, 133(1), 61-72.

Alexander, R. J. and Hargreaves, L.(2007), *Community Soundings: the Primary Review regional witness sessions*, Cambridge: University of Cambridge Faculty of Education.

Bakker, A. B., and Heuven, E.(2006), Emotional dissonance, burnout, and in-role performance among nurses and police officers, *International Journal of Stress Management*, 13, 423-440.

Barnett, J. and Greenhalgh, M. J. MacBeath and H. Sugimine(2003), *Self-evaluation in the Global Classroom*, London: Routledge 175-183.

Bradley, J., & Eachus, P.(1995), Occupational stress within a UK higher education institution, *International Journal of Stress Management*, 2(3), 145-158.

Bramby, P.(2006), Improving teacher recruitment and retention: the importance of workload and pupil behaviour, *Educational Research*, 48, 247-265.

Carter, S. C.(2001), *No Excuses: Lessons from 21 High Performing High Poverty Schools*, New York: Heritage Foundation

Cooper, C. L., Dewe, P., & O'Driscoll, M.(2001), *Organizational Stress: A Review and Critique of Theory, Research, and Applications*. Thousand Oaks: Sage Publications.

Cohen, S., Kessler, R. C. & Gordon, L. U.(1995), Strategies for measuring stress in studies of psychiatric and physical disorders. In Cohen, S.; Kessler, R. C.; & Gorden, L. U.(Eds.), *Measuring Stress. A Guide for Health and Social Scientists*. Oxford: Oxford University Press.

Cohen, S., Janiki-Deverts, D. and Miller, G. E.(2007), Psychological stress and disease, *Journal of the American Medical Association*, October, 298(14).

Con-Garci, J., Padilla-Munox, Carrasco-Ortiz, M. A.(2004), Personality and Contextual Variables in Teacher burnout, *Personality and Individual Differences*, 38 929-940.

Csikszentmihalyi, M.(1990), Flow: *The Psychology of Optimal Experience*, New York: -Harper and Row.

Day, C.(2001), Innovative Teachers: promoting lifelong learning for all, in Aspin, A., Chapman, C., Hatton, M., and Sumano, Y. *International Handbook of*

Lifelong Learning. Vol. 6, Section 3, 473-499.

Dollard, M. F., Winefield, A. H. and Winefield, H. R.(2001), *Occupational strain and efficacy in human service workers: when the rescuer becomes the victim*, Rotterdam: Springer.

Dorman, J. and Kaiser, D. M.(2002), Job conditions and customer satisfaction, European Journal of Work and Organizational Psychology, 11, 257-283.

Frost, D.(2005), Resisting the juggernaut: building capacity through teacher leadership in spite of it all, *Leading and Managing*, 10 (2), 70-87.

Frost, D.(2011), *Supporting Teacher Leadership in 15 Countries*, Leadership for Learning: the Cambridge Network with the Open Society Institute.

Galton, M. and MacBeath, J.(2008), *Teachers under Pressure*, London: Sage.

Hargreaves, A.(2005), in J. MacBeath, *Dimensions of Learning*, DVD produced for the National College of School Leadership, Nottingham.

Hargreaves, A. and Tucker, E.(1991), Teaching and Guilt: exploring the feelings of teaching, *Teaching and Teacher Education*, 75 (5/6) 491-505.

Howard S. and Johnson B.(2004). Resilient teachers: resisting stress and burnout, *Social Psychology of Education*, 7, 399-420.

Kottler, J and Chen, D.(2008), Stress Management and Prevention,: Applications to Daily Life, Thomson Wadworth.

MacBeath, J. and Hidenori, S.(2004), *Self evaluation in the Global Classroom*, London: Routledge.

MacBeath, J., Galton, M., Steward, S., MacBeath, A. and Page, C.(2008), *The Costs of Inclusion*, London: National Union of Teachers.

Malakalunthu, S.(Forthcoming), Changing practice through the 'Leadership for Learning' programme in Ghana's basic schools.

Martin, R.(1997), *The Sickening Mind*, London: Flamingo.

Maslach, C., & Leiter, D.(1998), *The truth about burnout: How organizations cause personal stress and what to do about it*, San Francisco: Jossey-Bass.

Maslach, C., and Schaufeli, W. B.(1993), Historical and conceptual development of burnout. In W. B. Schaufeli, C. Maslach, & T. Marek(Eds.), *Professional Burnout: Recent developments in theory and research*(pp. 1-16). Washington, DC: Taylor and Francis.

Moreno, J.(2004), Unpublished speech to the Lynch School of Education Leadership Summit, Boston, November.

Nias, J.(1996), Thinking about Feeling: the emotions in teaching', *Cambridge Journal of Education*, 26(3): 293-306.

O'Brien, J.(2011), School Leadership in the United Kingdom: a policy perspective, in T. Townsend and J. MacBeath, *International Handbook of Leadership for Learning*, Rotterdam: Springer.

Parker, P. D.(2009), *Strategies for Resilient Teachers*, Sydney: Commincorp.

PricewaterhouseCoopers(2001), Teacher Workload Study, A Report of a Review commissioned by the DfES, London: PricewaterhouseCoopers.

Ritvanen, T., Louhevaara, V., Helin, P., Vaisanen, S., and Hanninen, O.(2006), Responses of the autonomic nervous system during periods of perceived high and low work stress in younger and older female teachers. *Applied Ergonomics*, 37(3), 311-318.

Shimahara, M.(2003), *Teaching in Japan; cultural perspective*, New York: Routledge.

Skilbeck, M., & Connell, H. (2004). *Teachers for the Future: The Changing Nature of Society and Related Issues for the Teaching Workforce*. Canberra: Teacher Educational Leadership Taskforce of the MCEETYA.

Smith, A., Brice, C., Collins, A., Matthews, V., and McNamara, R.(2000), *The Scale of Occupational Stress: A Further Analysis of the Impact of Demographic Factors and Type of Job*. Cardiff: Health and Safety Executive.

Surowiecki, J.(2004), *The Wisdom of Crowds*, New York: Random House.

Taris, T. W., Van Horn, J. E., Schaufeli, W. B., & Schreurs, P. J.(2004), Inequity, burnout and psychological withdrawal among teachers: A dynamic exchange model. Anxiety, *Stress and Coping*, 17, 103-122.

Tasmanian Educational Leaders Institute(2002), *An Ethic of Care: Effective Programs or Beginning Teachers*, Hobart, Tasmania.

Tennant, C.(2001), Work-related stress and depressive disorders, *Journal of Psychosomatic* Research, 51: 697-704.

Troen, B. and Boles, K. C. (2003), *Who's Teaching Your Children? Why the teacher crisis is worse than you think and what you can do about it*. New Haven: Yale University Press.

UNESCO(2010), *Ninth Meeting of the High-Level Group on Education for All, Addis Ababa*, Ethiopia, 23-25 February.

Waller, W.(1931), *The Sociology of Teaching*, New York: John Wiley.

Wilhelm, K., Dewhurst-Savellis, J., Parker, G.(2000), *Teacher Stress? An Analysis of Why Teachers Leave and Why They Stay*, School of Psychiatry, University of New South Wales, Sydney, NSW, Australia.

3장
화려한 신화로부터 학교 효과성 논리의 탄생

오랫동안 근무했거나 퇴직한 교사들은 황금시절을 회상하는데, 그때는 교수 활동의 자유는 훨씬 더 많았으며, 규제와 규칙 위반을 조사하는 일은 더 적었다고들 한다. 그러나 실제로 그런 시절이 어느 정도 좋았나? 성취 기준을 높이는 데 '효과성 운동(유효한 정도를 측정하려는 운동)'은 어떤 기여를 했고, 학교와 교실에 대해 어느 정도 강제력 있는 영향을 미쳤는가? 그것은 누구의 이익에 봉사했는가? 그것은 누구를 위한 것이었나? 그것은 인간이 배우는 데 있어야 할 본질적인 측면의 어느 부분을 놓쳐버렸는가?

이번 장의 끝에서는 배움이란 무엇인가, 그리고 그것의 이론적 기초와 꼭 필요한 원리에 대한 질문으로 돌아간다.

언제였는지 기억하라

사오십 년 전에 교직에 들어온 교사들은 1960년대와 1970년대 교수 활동이 어떠했는지에 대한 향수에 젖는 경우가 종종 있다. 언제였는지 기억하라.

- 교실은 교사의 영역이었고 그 누구도 교사의 자율성과 전문가로서 내리는 판단에 대해 간섭하지 않았다.
- 즉흥성과 어린이의 요구에 따를 기회가 있었다.
- 오후 중반이나 후반에 하루 일과를 마쳤고 집으로 할 일을 가져가는 일은 드물었다.
- 가르치는 일은 여유가 있었고 교실은 창조적인 작업이 이루어지는 곳이었다.
- 교사들은 전문가로서 존경을 받았다.
- 학부모는 교사의 판단과 처벌을 지지했다.
- 교육은 경제적 이익 또는 개인의 영달을 위한 것이라기보다는 하나의 권리로서 가치를 인정받았다.

플라톤의 용어로 이것은 '화려한 신화magnificient myth'이다. 그 이유는 그것이 필연적으로 거짓이기 때문이 아니라, 실제로 있었던 그 이야기의 고유한 결점을 감추어주는 화려한 해설과 함께 등장하기 때문이다. 많은 나라에서 사회경제적 조건 때문에 그런 괴상한 행동을 허용할 여유가 없었다. 이에 대해 영국의 왕립 조사관이 묘사한 상황은 다음과 같다.

영국교육표준원Office for Standards in Educaton 원장이 교육자로서 1960년대와 1970년대에 목격한 것을 이야기한 바에 따르면, "너무도 많은 경우에 일관성이 없거나 제대로 체계를 갖추지 않은 교과과정을 채택하고, 괴상하고 증명되지도 않은 교수 방법이 사용되고, 내버려 두어도 어린이들은 배우게 된다는 물러터진 신념이 횡행하였다."Guradian, 6 Octor, 2004 신문기사 영국은 '진보적인' 초등학교에 대한 핵심 사례가 되었는데, 1970년대 초에 외국의 방문객들로 넘쳤으며, 비슷한 실천 행위가 다른 곳에서 유행했고 특히 북유럽 나라들과 미국에서 그러하였다. 뉴욕 주 고위 관료인 이월드 뉴이스트Ewald Nyuist는 1972년까지 뉴욕 주의 모든 초등학교가 영국식 초등학교처럼 될 것이라고 선언하였다. 고난에 찬 경직된 교육의 시대가 그 뒤에 따라온 것은 부분적으로 역사의 변증법에 의해 흔들리는 시계추가 반대편으로 이동한 것으로 이해해야 한다. 미래는 많은 측면에서 과거와 이미 행해진 일의 반영이듯이, 1960대와 1970년대에 발표된 원고와 실천 사례가 정치적 반대 행동을 강력하게 불러일으키는 무대를 만들었던 것이다.

서부 유럽 여러 나라에서 1960년대와 1970년대에는 낙관주의와 미래에 대한 확신과 희망이 넘쳤다. 학교가 사회 변화의 촉매제가 될 것이고 좀 더 평등하고 정의로운 사회의 예언자가 되리라는 신념이 있었다. 미국에서 이상주의가 지배하던 시절을 회고하면서, 일레인 쇼월터Elaine Showalter, 2005는 1960년대와 1970년대에 교수 활동이 노골적인 정파 활동으로 되었다고 주장한다. 여성주의자와 인종차별 반대론자들이 교과과정에 대한 비판을 전개했는데, 특히 문학을 가르치면서 흑인과 시민권이 없는 소수자의 삶을 반영해야 한다고 주장했다.

1960년대와 1970년에 유행하던 정신은 이타주의에 입각한 사회적 사명감(사회를 위해 좋은 일을 함)과 관련된 의미를 추구하는 장소로서 학교를 설정하였다. 학교교육의 최우선 목표는 모든 사람을 위해 좋은 사회를 창조하는 것이라고 보았다. 그때까지 학교가 상당히 많은 어린이들, 특히 소수인종과 여학생들에게, 그리고 교사와 일반 사회인들에게까지 성공을 가져다주지 못했다는 증거는 무시당했다. 학교에 대한 이상주의와 사회적 목적을 묘사한 사례로, 하르트무트 폰 헨티히Harmut

Von Hentig의 소설에서 토비아스Tobias에게 보낸 편지글이 있다.

> 학교에서 너는 나와 다른 생활환경을 가진 사람들을 만난다. 네가 관
> 찰하고 말을 걸고 질문을 할 수 있는 아이들은, 예를 들면, 터키나 베트
> 남에서 왔거나 독실한 천주교도 또는 철저한 무신론자, 재주꾼 아이, 휠
> 체어에 앉은 아이 등등 …… 내가 진심으로 믿는 신념에 의하면, 열린
> 학교는 무엇보다도 청소년을 함께 모아서 우리의 정치적 사회가 절실하
> 게 요구하는 방식으로 사는 것을 배울 수 있게 도와야 한다는 것이다.Von
> Hentig, 1995, p. 47

1990년대에 쓰였지만, 헨티히의 편지글은 그가 일찍이 쓴 독일식 학
교제도에 대한 무자비한 비판Lister, 1974을 계승한 것이다. 그가 비판한 것
은 과거에 수많은 어린이들이 엘리트주의와 협소한 교육 목적 때문에
실패했다는 점이다. 다음에 제시된 문학작품의 제목을 보면 그런 종류
의 비판이 커져갔음을 알 수 있다. 예를 들면, 『어린 나이에 죽음』Kozol,
1985, 『학교는 죽었다』Reimer, 1971, 『의무적인 그러나 잘못된 교육』Goodman,
1966, 『아이들을 석방하라(다른 정치범과 함께)』Graubard, 1972 등이다. 이탈리
아에서는 『야만인이 어느 교사에게 쓴 편지』1970에 나오는 학생의 말을
통해 학교를 '건강한 사람을 돌보느라 병자를 소홀히 하는 곳'으로 묘
사하고 있다. 남미에서는 파울로 프레이리Paulo Freire가 『페다고지』1968를
썼고, 오스트리아의 이반 일리치Ivan Illich는 『탈학교사회』1971를 제안하
였다.

베트남 전쟁 이후 세대로서 이상주의자인 미국 젊은이들의 구술사
를 서술한 책에서, 베다니 로저스Bethany Rogers, 2008는 그들의 에너지가
인종과 계급에 뒤따르는 가난과 차별에 반대하는 투쟁으로 이어졌음

을 밝히고 있다. 교사협동조합에 가입하여 '좋은 일을 하려는' 욕구를 실현하려 했다고 한다.

> 구술사는 기억을 되살리는 데 도움이 되는데, 한편에는 큰 이상과 사건, (사회)운동이 있고, 다른 한편에는 매우 개인적이고 특수한 경우로서 계획도 없이 흘러갔던 삶이 있어서, 서로 간에 복잡하게 얽힌 미적분 문제 같은 역사를 해석하게 한다.[p. 41]

이것을 참고해서 생각하면, 조지 카운츠George Counts의 교사들에 대한 도전 "새로운 사회 질서를 건설하는 데 과감히 나서라"는 1960년대의 고전적 정서이다. 그것은 "특권의식을 가진 이상주의이며 전문적 훈련의 역할을 뛰어넘는 선한 의지"였다. 오늘날과 달리, 사회적으로 의식 있는 가치와 '의미'를 추구하는 것은 '직업'에 대한 실질적인 고려 또는 전문가로 인정받는 것보다 훨씬 중요한 것이었다.[p. 50]

'자유'라는 수식어를 가진 자유학교 운동free school movement, 그리고 실패한, 자기 본위의 체제로 판단되는 것에 대한 급진적인 대안을 좇는 흐름은 신자유주의 시대의 전조가 되었다. 그리고 학교에서의 권위주의 약화, 진보적이고 학생 중심의 대안들에 대한 열정이 있었는데, 이것을 활용하여 신지유주의 의제로 쉽게 바꿔서 내세울 수 있었음을 알 수 있다.

급진적인 개혁가들은 실패한 체제를 반대하는 성전을 벌였지만, 그들의 거침없는 이상주의는 정치적으로 문제점이 되는 것을 한꺼번에 모아 놓은 뗏목을 만드는 것처럼 보였다. 1970년대 후반 이래로 추동력을 얻은 '기본으로 돌아가기' 운동의 속도가 빨라진 원인의 일부는 나라 사이, 국내의 학교들 사이, 그리고 같은 학교의 어린이들 사이에 나타나는 학업 성적의 차이를 강조하는 세계적인 담론이 등장한 것과 같은 정치 문화의 변화에 있었다. 통계자료 분석이 가능해지고 국가 단위를 뛰어넘는 단체의 영향력이 커지면서, 많은 수의 어린이들이 평균 이하의 학업성취도를 보이고 있고 학교 단위로도 그러함이 밝혀졌다. 서구 선진국에서 교육에 많은 돈을 쓰고 자원을 제공하던 황금시대가 경제위기로 인해 끝나가기 시작했고, 학교의 효율이 더 철저한 감시의 주제로 등장하였다.

효율과 효과성

정부는 새로운 사고의 등장이라는 선물로부터 이익을 취하게 되어있다. 1970년대 후반과 1980년대에 세력을 얻었던 '반대 명제anti-thesis'는 1960년대 중반과 1970년대 초에 이미 꿈틀거렸다. 두 개의 초기 연구(Coleman et al., 1996과 Jencks et al., 1972)는 신낭만주의자들의 정반대쪽 끝에 자리를 잡고 이후 엄청난 영향력을 발휘한 학교 '효과effects' 연구에 필요한 의제를 설정했다. 콜맨과 젠크스Coleman & Jencks의 연구는 학교가 사회적 평등에 미미한 차이밖에 가져오지 않음을 발견했고, 가장 좋은 학교와 가장 나쁜 학교 사이에도 작은 차이밖에 없음을 증명했지만, 이 발견은 그것 자체로 강력한 반대 명제를 불러일으켰다. 이 두 개의 보고서를 잇는 연구가 봇물 터지듯이 나왔는데, 학교가 정말로 차이를 가져온다는 것을 보여주려는 연구들이었다.Brookover et al., 1979; Mortimore et al., 1988 그 후 사오십 년간 연구자들은 '결과'를 예측하고 설명하기에 충분한 '과학'을 찾으려는 왕성한 노력을 보여주었는데, 이 결과들을 학교의 영향과 '효과'에 연결 짓고 좀 더 나아가 교사 개인에게 초점을 맞추어갔다.

학교가 불평등을 줄이는 데 실질적인 도구가 될 수 있는지를 검증하려던 욕구에서 '효과'에 대한 통계자료에 기초한 양적 연구가 출발하였다. 그러나 그 연구 결과물은 좀 더 근본주의에 가까운 사고틀을 가진 사람들에게 학교를 방어하는 (정치와 구별되는 교육의 본질을 고수하려는) 논리가 되었을 뿐 아니라, 측정 도구를 제공하는 저수지 같은 것이 됨으로써, 성취도 순위표와 그에 따른 처벌 정책을 찾던 정부 당국자들에 의해 채택되었다. 슬리와 와이너Slee & Weiner[2001]가 지적하듯이, 그 이전까지의 정부는 (영국의 대처 수상이 가장 저주하는 표현을 씀) 학자들의 조심성과 복잡한 조건 설정에 견제를 받으면서, 직접적인 정치적인 조치와 간단한 해법에서 한참 벗어나 오랫동안 헤매고 다니며 계획을 실행하지 못하고 좌절하였다.

> 측정 가능하고 일반화할 수 있는 연구 결과를 요구하는 것을 참고하여, 정치인과 관료들은 뒤죽박죽 상태인 정책 영역에 명확성을 부여하여 그들의 임무를 단순하게 만들 수 있었다. …… 복잡한 교육과 사회 분야 문제를 조심스럽게 연구 분석하는 방식에 신물이 난 정치의 과정을 단순하게 만들려는 것이다.[p. 86]

학교 효과성school effectiveness에 대한 연구는 일곱 가지 혹은 열하나 또는 열두 가지 지표를 활용했는데, 이런 지표를 도구로 활용하여 학교들을 비교하는 전례 없는 기회를 제공하였다. 특히 미국, 영국, 네덜란드, 호주, 뉴질랜드에서 대량으로 활용되었다. 학교 개선(담론)은, 효과성에서 파생한 개념인데 '잉여의 부가가치' 또는 기대치 이상의 성취도를 결정하기 위하여 효과성 측정 수단을 적용함으로써, 개선 개념을 덜 상식적인 방식으로 재구성한 것이다. "낮은 실행 성과를 보이는 학교를 개선하는 작업을 하면서, 효과적인 학교에서 찾아낸 특성을 채택하여 수행하도록 격려하는 것은 문제가 있다"는 주장이 제기되었다.[Sandoval-Hernandez, 2008] 그 이유는 다음과 같다.

……학교들은 개선과 관련성 있는 측면에서 매우 많이 다르다. 예를 들면, 특정한 실행 성과의 원인, 변화를 위한 역량, 사회문화적 특징 등에서 그렇다. 이런 차이는 학교 효과성 모델을 어느 나라의 다른 곳에 도입하려고 할 때 강조되어야 한다. 말하자면 하나의 해법을 모든 문제 상황에 적응하는 것은 학교의 실행 성과를 개선하는 데 있을 수 없다. 대신에 학교 개선을 위한 노력은 위치site 또는 장소place의 권력관계power를 주의 깊게 고려해야 한다.p. 32

위리글레이[Wrigley, 2003]의 학교 효과성 연구에 대한 비판의 기초는, "효과성 연구는, 학교 효과의 크기에 초점을 맞추기 위해 더 넓은 범위의 사회학 연구들과 거리를 둠으로써 동시에 콜맨이 제기했던 문제를 외면했다"는 것이다.p. 21 그것은 정치가들이 판단의 기준을 정책에 있어서 좀 더 깔끔하고 관리 가능한 중점으로 이동시키는 것을 도와주었다. 그는 주류 정치세력에게 인정을 받으려고 하는 그런 패러다임의 문지기를 계속하여 비난하였고, 그 운동(학교개선운동)의 두 명의 주창자로부터 인용하여 다음의 일차 자료를 제공하였다.

학교 효과성 연구를 지지하는 실용주의 연구자들의 신념에 따르면, 사회의 계급과 학생의 성취도 사이에 존재하는 현재의 관계를 사회에 대한 변화를 통해 바꾸려는 노력은 순진한 것이고 아마도 공상일 것이다. 우리는 현재의 사회질서가 그어놓은 한계선 안에서 일하기를 좋아한다.[Teddlie and Reynolds, 2001. pp. 70~71]

볼머[Vollmer, 2010]는 그의 책 『학교 혼자서는 할 수 없다Schools Cannot Do It Alone』에서, "우리는 제도에 문제를 가지고 있지, 사람에 문제를 가지고 있지 않다"고 주장하였다. 그 이유로 "학교를 둘러싼 마을의 문화를 손대지" 않고서 학교의 제도를 바꾸는 것은 무익한 일임을 지적하였다. 학교 안에서 이루어지는 모든 일은 지역의 태도, 가치, 전통, 그리고 믿음과 하나로 묶여 있다. 스타래트[Starrat, 2005]는 비슷한 관점에서 학교가 담장 밖의 세계와 격리되어 연구 대상이 될 수 있다는 생각을 문제 삼고 있으며, 몇 가지의 "고기와 감자 교과과정meat and potatoes curriculum"에 대해 언급한다. 그 교과과정은 학교가 어린이 개인이 시민으로 살아가는 삶의 울타리 밖에서 그리고 그와 유리된 학습을 진행하고 있다는 메시지를 전달한다고 한다.

인간으로서 그들(어린이들)은 탐색하고 있는 중이고 마땅히 그들이 누구인지에 대한 진실을 찾아 나서야 하기 때문이다. 교육자들은 이런 연관을 놓쳐버리는데 그 이유는, 그들이 학교의 학습 주제를 인간으로서 학습자의 도덕적이고 지적인 욕구를 채워주는 수단이라기보다는 그것 자체로 가치 있다고 보는 데 익숙하기 때문이다. 대체로 학습자들이 받는 메시지는 다음과 같다. 당신의 시민 개인으로서의 삶은 학교 교문 밖에-확실하게 교실 문 밖에 두고 오라.[Starrat, 2005, p. 3]

블랙박스 안에 있는 것

블랙박스 모델은, 이것으로 효과성 이야기가 시작되었는데, 투입 이전의 도달 정도와 산출 이후의 도달 정도를 숫자로 표시하고 두 지점 사이에 일어난 일에 초점을 맞춤으로써 학교와 교실이 얼마나 효과가 있는지를 설명한다. 이런 계산법은 수치화된 수단에 의존하는데, 실험에 준하는 과정에 불변의 변수를 설정하고서 연구를 진행하는 것이다. 오랜 시간이 지나면서 이런 방식은 점차 복잡해졌는데, 특히 다층 모델 multi-level modeling과 성장곡선 모델growth-curve modelling로 차이를 가져오는 요인을 정밀하게 수치화하려다 보니 그렇게 되었다. 차이를 가져오는 요인을 예로 들자면, 학교의 유형, 학교의 가치 규약과 문화, 교장, 부서, 교사, 학급의 규모와 구성, 공부의 주제 등이다.

잃어버린 성배를 찾는 작업은 모범적으로 효과적인 학교가 어떤 모습인지 찾아내는 것뿐만 아니라 그에 영향을 미치는 요인 중 어떤 층위 layers가 가장 많이 또는 적게 효과를 가져오는지 증명하기 위한 출발점이 된다. 그래서 교장이 가치 규약보다 중요하다는 것을 증명할 수도 있고, 교사에 의한 효과가 부서에 의한 효과보다 또는 학교가 가정 배경보다 더 크게 작용한다는 것을 증명할 수 있다. 코와 피츠-기번Coe and Fitz-Gibbon[1998]은 그런 접근법을 학교 효과성과 학교의 특성에 결합된 특이한 요인 사이에 있는 상호관계를 "콕 집어내는 것"이라고 부른다. 그때 이런 특별한 성질이 학교 효과성과 왜 또는 어떻게 관련되는지 설명하지는 않는다.[p. 422] 이들이 주장하는 논리에 따르면, 이것의 더 많은 부분이 저것의 더 많은 부분과 관련되어 있다고 보여주는 것이 그 변수들 사이에 존재하는 복잡한 관계를 이해하는 데 도움이 될 수 없고, 이런 관계의 밑바닥에 숨어서 깊숙하게 작용하는 요인을 설명할 수도 없다.

고라드^{Gorard, 2011}는 "숫자는 사람과 같다. 그들을 충분히 고문하라. 그러면 당신에게 모든 것을 말해줄 것이다"라고 주장하면서 숫자를 기반으로 한 연구 방법이 사용되고 해석되는 방식을 비판하였다. 또한 "유사과학_{pseudo-science}에 속아 넘어간 사람들은 그 과정에 대해 진정으로 생각하지 않고, 학교의 실행 성과를 판단하는 과정에서 과학적이고 기술적인 해결책처럼 보이는 것을 쉽게 돈을 주고 가져와 적용한다"고 주장한다. 그의 주장을 더 들어보자.

나는 여기서 "돈을 주고 가져와 적용함"이라는 단어를 심사숙고 끝에 사용했는데, 그 이유를 일부 설명하자면 그것이 돈을 버는 일이라는 데 있다. 영국에서 학교 효과성은 하나의 산업이 되었고, 공무원들을 DCSF(정부기관)와 그 밖의 기관에 고용하며, 학교 안에서 CVA(contexted value added, 학교가 처한 맥락에서 나오는 부가가치) 전문가로 간주되는 교사들에게 특혜를 주고, 자료 분석 서비스를 제공할 회사와 컨설턴트를 양산하며, 관련 컴퓨터 프로그램 설계자에게 사용료를 지불하고, 학자들에게 세금으로 연구 자금을 대준다. 냉소적인 시각에서 보면 대부분의 영국 사람들은 CVA가 무엇인지 이해하지 못하지만 어떤 방식으로든 그걸 활용하여 이득을 취하기 위하여 지지하는 사람들의 비율이 높다는 것이다.^{p. 3}

고라드가 계속하여 제기하는 의문은, 학교별 성과의 차이를 설명하면서 학생의 성장 배경에는 관심조차 두지 않고 복잡한 자료 더미를 분석하는 과정에 전적으로 의존하는 것 아닌가 하는 점이다. 아니면 그 분석할 자료란 것이 수시로 변하면서도 다양하지 못한 것이어서 학교 효과를 설명할 수 없는 것 아닌가라는 의문이다. 연구 결과를 활용하는 사람 대부분은 이 두 번째 질문에 대한 답으로, 거의 자동적으로 설명할 수 있다는 대답, 즉 예yes를 내놓을 것이다. 학교 효과성에 대한 이런 주류의 기술적 모델에 대한 반대가 미약했는데, 그 이유는 아마도 전문 용어를 이해할 수 없기 때문일 것이다.[p. 3]

복합적 부가가치와 환경 요인 측정, 상관관계, 효과의 크기 등에 대한 난해한 논쟁이 "작은 종결자와 큰 종결자little enders and the big enders"간에 더 많아질수록, 점점 더 많은 교사들이 그런 전문가들에게 의존하게 될 것이다. 교사들의 전문적 역량을 넘어서는 수준에서 통계수치를 다루는 마술이 행해지고 있음을 인정하면 그렇다.

> 실행 성과옮긴이 주: 성적와 단순히 부가되는 가치옮긴이 주: 성적의 향상 정도의 측정으로는 학습의 복잡성을 다룰 수 없는데 그 이유는 배움을 가장 낮은 단위의 공통 지표로 축소하려고 하기 때문이다. 학교가 그들의 가장 초기 단계의 주체들에게(학생과 교사) 살아 있는 곳이 아닐 경우, 교직원 사이에 존재하는 일상의 담론은 저절로 정책의 압력에 의해 만들어지고 조직의 편의에 따라 제한되며, 천천히 그리고 아무도 모르게 지성과 감성의 흐름에 스며든다. 그에 따라 배움이란 교수 활동의 결과로서 교실에서 일어나는 일로 취급되고 지도력은 미래에 대한 큰 결정을 하는 사람들의 손 안에 있는 것으로 인정된다. 모든 사람은 너무도 쉽게, 공유되는 활발한 활동이어야 할 배움을 더 이상 주된 고려 사항으로 취급하지 않는다. 모든 사람은 너무도 쉽게, 배움을 이끌어갈 가능성을 다른 사람들 손에 맡겨버린다.MacBeath and Cheng, 2008, p. 8

다양한 질적 연구와 복잡한 측정 방법이 개발되고 연구자 자신들 스스로가 수많은 조건을 추가하는 데 조심하면서, 효과의 크기는 상대적인 측정 방법의 하나일 뿐이고 오류의 가능성이 큰 것임을 지적하였다. 하지만 그런 노력이 정부의 맹목적인 추종자들로 하여금 '건강 위험 신호'에 관심을 돌리도록 하지는 못하였고, 점차 숫자에 눈을 고정하는 데 시간과 에너지를 집중하고 있는 교사들을 바꾸지도 못하였다. 연구자는 자신들의 영역에 대해, 효과라는 용어를 가지고 질적인 수준을 언급하는 데 조심스러운 태도를 보인다. 좀 더 효과적인 또는 덜 효과적인 학교라고 말할 때 통계상의 차이는 종종 다른 해석의 여지가 있으며 숫자로 드러나지 않는 면을 감추는 경향이 있다고 지적한다. 그러나 이것으로 효과적인effective과 훌륭한good이라는 두 단어 사이의 오용과 혼동을 막을 수는 없다. 우리가 사용할 때 하나는 과학적 발언, 다른 하나는 가치판단이라는 의미를 내포한다. 하나는 부가가치(경제학에서 가져온 통계 용어)이고 다른 하나는 도덕적인, 인간에 관한, 전문적인 그리고 (어떤 경우에는) 종교적인 의미를 가진 가치 규범과 관련된 것이다.

이렇게 이론과 방법론에 내재한 긴장에 대처하지 못한다면, 잘못된 근거에 바탕을 둔 결론과 명령을 너무도 쉽게 내리게 된다. 효과성 연구의 지속적인 관심사인 질quality과 평등equity을 측정하는 작업은, 다음 인용문이 보여주는 바와 같이, 필연적으로 학생의 점수를 학교 내부와 학교 사이의 차이를 설명하는 핵심 변수로 여기고 집착하게 된다.

> 학교 효과성의 두 가지 일반적인 분야인 질과 평등은 아직도 연구 작업의 핵심 영역에 자리 잡고 있다. 국제비교연구에서는 이 두 가지 분야에 대해 교육제도의 효과성을 보고하는 경향이 있다. 학교의 질은 어느 학교의 점수가 다른 학교보다 나은 정도로 판단되고 재학 중인 학생의 특징을 고려하여 수정된다. 평등 분야는 학교들이 가지고 있는 보충하는

힘을 언급하는 것으로써 어떤 학교가 다른 곳보다 투입 요소의 특질(예: 성, 인종)에 있어서 나타나는 약점을 보충하는 데 더 잘하고 있는가를 가리킨다. 그러므로 질quality 분야는 학교 사이의 차이를 언급하는 반면, 평등equity 분야는 학교 내에서 보이는 차이를 참고한다.^{Reynolds at al., 2010, p. 36}

그러나 볼^{Ball, 1997}의 주장을 보면, "학교는 복잡하고, 모순에 가득 차며, 다른 곳처럼 때때로 일관성이 없는 조직이다. 학교는 오랜 세월 동안 기억, 공약, 일상 사무, 좋은 생각, 정책 효과 등이 뭉쳐서 만들어진 것이다. 학교는 규칙적으로 그리고 점차 더 많이 변화하고 영향을 받으며 간섭의 대상이 되었다. 학교는 표류하고, 부패하였다가, 다시 살아나는 과정을 거친다."^{p. 317}

학교 효과와 개선에 대해 오랜 기간 이해하려는 시도가 있었지만, 블랙박스 연구에 고유하게 존재하는 결함은 불일치incoherence, 흐름flow, 표류drift를 잡아내기 어렵다는 점에 있다. 반면에 블랙박스 바깥에서 일어나는 일의 영향을 평가절하하기 위해 학교나 교실에만 긴밀하게 초점을 맞추는 것이 가능하다. 1966년 콜맨 보고서 이래로 연구에 일관되게 지속되고 있는 것은 학교 효과를 8~15%로 규정한다는 점이다. 이 점은 매우 조심스럽게 질적 차이를 고려하면서 보아야 하는 통계이지만, 학교와 가정, 지역사회, 이웃의 공동체와 갖는 상호작용을 생각하면서 교수 활동의 질과 효과에 대해 판단을 내려야 한다. 많은 나라에서 사회의 계급과 성별은 학교와 교사의 효과성에 차이를 가져오는 가장 영향력이 큰 요인 중 두 가지인데, 그것들이 생활과 교수 활동의 효능에 미치는 영향은 나라마다-예를 들면, 동유럽, 일본, 호주, 중동 국가들에서 다르다.

누구를 위한, 무엇을 위한 효과인가?

이 질문은 보고취, 미론, 그리고 비에스타Bogotch, Miron and Biesta[2007]가 효과성 운동에 대해 비판하면서 제기한 것인데, "탓으로 돌림에 의한 정당성 확보legitimacy by attribution"로는 어린이가 학교에서 경험하는 것의 심층에 자리 잡은 구조에 대한 통찰력을 제공할 수 없다는 비판이었다.

효과성 연구에서 가장 일관성 있게 나오는 발견은 교장 또는 수석교사의 핵심 역할이다. 그런 역할은 도전받지 않을 것처럼 보인다는 인식이 함께 뿌리박혀 있다. 어떤 나라에서는 성공적인 교장에게 급여 인상, 보너스 제공, 또는 "축하 인사"를 수여한다. 하지만 그 성공이라는 것이 종종 교사들의 권한 축소를 통해 성취된 것이어서 그런 교장을 '영웅적인', '카리스마 있는', '자아 도취', 또는 '억압적인'이라고 묘사한다. 영국의 교육과학연구원ESRC이 3년간 지원하는 연구[James et al., 2008]에서, 나중에 학교의 효과성과 학생들의 성취도 향상으로 기사 작위까지 받아 큰 성공을 거둔 교장은 그 요인을 자신의 강력한 영향력 탓으로 돌렸다.

"이 정책은 그 속에 나의 것을 아주 많이 채택했다. 그것은 거의 나다."
"그것은 교직원들에게서 온 것이 아니다. 그것은 나 자신으로부터 왔다."
"그것은 매우 잔인했다. 그것은 거칠었다. 그것이 나였다."

'거친'과 '잔인한' 같은 단어를 사용하는 것은 강한 지도력, 높은 위험부담 감수하기, 자발적 추종자 집단 만들기를 포괄하는 것으로 표현되기도 한다. 교육과학연구원ESRC의 연구에 참여한 다른 교장은 그의 동료들에게 생각을 강요해야만 한다든지, 학교를 위한 자신의 계획을 수용하도록 사람들과 전투를 벌이는 것을 묘사하였다. 공동 결정 또는 지도력의 공유라는 망상에 대해 다음과 같이 표현한다.

나는 교사들이 결정을 내리고 있다는 느낌을 갖게 해야 한다고 생각한다. 하지만 내가 그들에게 하도록 강요하는 것이 그런 결정을 만들고 있는 것이다.[p.66]

이런 생각을 드러나게 만드는 것은 고도로 훈련된 탐문식 인터뷰를 통해서만 가능한데, 어떤 경우에는 녹취록이 27,000단어에 이른다. 높은 성취도를 기록한 학교의 고상한 거짓말을 드러내는 작업에서는, 그 학교에 다니던 학생(지금은 대학생)이 혼자 힘으로 생각하라는 불공평한 과제를 부여한 것에 불만을 제기한 것, 즉 압력밥솥처럼 억압으로 일관한 학교가 그들로 하여금 생각하게끔 준비시키는 데 실패했다는 것에 주목하였다.[MacBeath, 2006]

진정으로 권한을 위임하는 지도력에 대해 호주교원노조를 인용하여 멀허론Mulheron[2011]은 이렇게 묘사한다.

학교장이 개인주의 방식으로가 아니라 동료성을 발휘하고 지원하며 협력하는 방법으로 행동할 때, 그리고 교직원들과 관계를 구축하고 그들을 동료 교육자로 대우하면서 함께 일할 때, 학교는 가장 훌륭하게 작동한다.[p. 33]

지도력이 수행해야 할 가장 뛰어난 임무는 학습이 일상생활의 규범이 되어 학교생활의 일부로 자리 잡고 있는 문화를 키워주는 것이다.

다양한 의미를 지닌 단어인 문화는, 가장 잘 이해한 것일 수 있는 피터슨과 딜Peterson and Deal의 1998년 정의에 따르면, "사람들이 오랜 기간 동안 함께 일하고, 문제를 해결하고, 도전에 직면하면서 쌓아온 규범, 가치, 전통 의식의 밑바닥에 있는 흐름"p. 28이라고 한다. 그것은 사람들이 학교에서 생각하고 느끼고 행동하는 방식의 틀을 지어주는 무정형의 기대치와 가치의 묶음이다. 그것은 기대치를 제한하고 경험에 의미를 부여하는 인식의 틀을 포함한다. 그리고 그 속에는 이야기, 신화, 전설, 상징기호, 상징적 물체objects와 의식ritual이 있으며, 이런 것이 표현되는 구조와 분리할 수 없이 결합되어 있다.Geertz, 1973, p. 50

이러한 교육과학연구원ESRC 연구 사례가 보여주는 것처럼, 구조와 문화를 결합하여 교사를 억압하거나 권한을 축소하는 것은 쉽게 할 수 있지만, 권한 위임은 좀 더 우회적인 길을 통해 이루어진다.

당신이 어떤 사람의 권한을 축소할 수는 있으나 권한을 위임하고 자발성을 불러일으킬 수는 없다. 그들이 명확한 틀을 제공받고 그렇게 할 수 있다는 자신감을 충분히 느낄 때 그들은 진정으로 변하기 시작하고, 주도권을 행사하며, 모험을 감행하고, 진짜 자신의 생각대로 반응feedback을 보이고, 실수로부터 배우며, 자신이 하고 있는 일에 대해 책임을 지려 할 것이다. 이런 유형의 관계에 도달하는 것은 쉽지 않다. 거기에는 많은 노력과 개방성 그리고 배우려는 의지, 그리고 약간의 겸손이 필요하다. 이런 방식이 규범으로 자리 잡지 못하는 조직에서는 이런 일이 불편한데, 특히 지도자가 그렇게 느낀다. 여기에는 고도의 자기 확신과 시도해보려는 자발성이 필요하다.Binney and Williams, 1997, p. 69

빈과 애플Beane and Apple, 1999은 혁신적인 교수 방법이 잘 운영되기 위한

문화를 만들려고 할 때, 학교 지도력이 갖춰야 할 세 가지 핵심 요건을
제시하였다.

- 지지도에 상관없이 생각을 자유롭게 표현하고 사람들이 거기에 관련
  된 최대한의 정보를 제공받는다.
- 문제를 해결하기 위해 가능한 방법을 창출해내는 사람들의 능력에 대
  해 개인이나 집단 차원에서 신뢰한다.
- 비판적 성찰을 활용하고 생각, 문제, 정책 등을 평가하기 위해 분석
  한다.

동료 효과

학교 문화를 변화시키는 교장 효과는 효과성 연구가 정의한 "합성
효과compositional effect"Mortimore et al., 1998에 의해 조정된다. 이를 확인해주
는 사례는 이미 대부분의 학부모가 알고 있는 대로, 당신의 아이가 누
구와 함께 학교에 다닐 것인지가 입학할 학교를 선택하는 가장 눈에 띄
는 기준이라는 것이다. 합성 효과 또는 동료 효과의 위력은 또한 성취
도와 태도를 결정하는 가장 강력한 요인 중 하나라는 것이다. 하지만
이것은 가족 안에 존재하는 문화자본의 크기에 따라 조정되기도 한다.
가족 내에 사회적으로 그리고 지식에 관련된 자본이 취약할수록 동료
의 영향력이 더 강력한데, 그 이유는 이 경우에 가장 낮은 수준의 공통
분모를 동료에게서 찾으려는 경향이 있기 때문이다.
다층 수준 모델을 만드는 것은 동료 효과의 중요 요인을 찾으려는 시
도이지만, 동료관계가 학교에서의 드러나지 않는 생활 영역까지 이어지

는 미묘한 방식을 측정하는 일은 쉽지 않다. 마틴 드럽[Martin Thrupp, 1999]은 그의 연구물 『변화를 가져오는 학교[Schools Making a Difference]』에서 "사회적 혼합물[social mix]"은 쉽게 숫자로 표현되거나 말썽 많은 변수 정도로 취급하기에는 너무 믿을 수 없다고 주장한다. 합성된 측정 수단은 동료 집단 내의 관계, 동기 부여 또는 동기 상실이라는 중요한 덩어리, 참여와 불참, 불안정한 균형 등에 대해 거의 말해주지 않는다. 이런 것들이 질서 또는 무정부 상태에 빠지는 변곡점을 구성하거나, 어떤 교사에 의해서는 성공적으로 통제되는데 다른 교사에게는 그렇지 않은 경우를 가르는 요소들이 될 수 있는 것이다.

이런 문제들이 주디스 해리스[Judith Harris, 1998]의 훌륭한 책 『양육이라는 가정[Nurture Assumption]』의 가장 중요한 내용이다. 그 책의 부제 "왜 어린이는 그들만의 방식을 만들어내는가[Why children turn out the way they do]"는 어린 시절과 청소년기의 주요한 영향력이 부모와 교사보다 "중요한 타자"에게서 온다고 주장한다. 이들이 가치관과 성격에 종종 더 강력하고 눈에 띄지 않는 방식으로 영향을 끼친다고 한다. 해리스는 상대적인 효과에 대한 기존의 가정을 비판하는데, 그 이유는 그것이 특히 청소년기의 동료 효과의 특성을 무시하기 때문이다.

해리스의 발견은 합성 효과에 대해 인식을 깊고 넓게 하였는데, 그는 양적 연구에서 미처 측정하지 못하고 멈춘 지점을 드러냈다. 아이들이 학교와 교실의 일상생활에서 동료 집단에 가입하고 기대대로 행동을 하는 방식과, 그리고 그들이 길거리와 지역사회 문화에서 그것을 활용하는 방식 사이의 연결이 얼마나 위력을 발휘하는지를 측정하지 못했던 것이다.

프랑스 사회학자 루이 바캉[Louis Wacquant]의 1996년 파리 방리유[banlieus] 청소년 문화에 대한 연구는 가치 규범을 수립한 다음 학교에 그것을 강력한 형태로 가져오는 "이웃 마을 효과"를 살펴보았다. 그 연구는 좀 더 촘촘한 민속지를 쓸 수 있는 단초를 마련했는데, 그 내용은 길거리 문화, 어린이들이 자라는 곳에 고유한 가치규범, 그들이 만나서 놀거나 싸우는 다른 아이들, 아이들이 경험하는 동료 간 압력, 그리고 어린이들이 행동을 모방하는 어른들 등이다. 이런 가치규범과 행동은 바캉의 용어인 "선진국 주변부advanced marginality"에 더 깊은 뿌리를 두고 있다. 선진국 주변부의 특징은 양극화된 경제 성장, 노동시장의 분절화, 노동의 비정규화, 거리 경제의 자치화, 그리고 정치적 소외 등이다.

앞으로의 연구를 위한 시사점은, 효과성 또는 개선에 있어서 학교를 비교하는 연구는 어린이와 청소년들이 학교 밖에서 갖게 되는 학습 경험의 다양함에 이전보다 훨씬 더 많이 주의를 기울여야 할 것이라는 점이다. 우리는 학습자에게 주어진 맥락, 기회, 강제 요인에 더 많이 주목해야 할 것이다. 보다 근본적으로, 만약 학교가 학습자의 잠재적인 학습 기회 중 한 가지 요소에 불과한 것이라면, 학교보다는 학습자에 대한 세밀한 종단연구 사례로부터 더 많은 도움을 받을 것이다. 즉, 어떤 종류의 경험이 결합될 때 다른 사람들의 배움을 가장 잘 도와줄 수 있는지를 이해하는 데 유용할 것이다.Stoll, Macbeath and Mortimore, 2001, p. 195

감금되어 학습하기

학교 개선에 대한 문헌들은 가치, 사명, 전망에 대한 모든 이야기를 하면서도, 교과과정에 대해 이상하게도 침묵하고 있다고 위리글레이Wrigley, 2000, p. 91는 주장한다. 그는 학교 효과성 연구에 참여하는 사람들이 모든 효과 측정 수치를 지식을 받아들이고 전달하는 실행 성과로부터 가져오면서도 부지불식간에 이 안에 숨겨진 합리화 논리를 받아들이고 있다고 비판한다. 질적 연구 자료, 교실 관찰 결과, 더 좋은 연구 수단을 연구자들이 추가로 사용하고 있지만, 결국엔 연구자들과 정책 수립 담당자들은 교과과정과 관련된 성취도 평가에 계속하여 의존하며, 그것이 배움을 대표하는 것으로 보고 있다. 이렇게 나온 측정수치는 학교 또는 교실이라는 맥락 내부에서 나온 것이고, 무자비하게 지식만 쌓는 것을 본질로 하는 교과과정의 논리 안에서 계산된 것이다.[Pinker, 2002] '잠재적인'과 '성취도' 같은 강력한 개념에 대한 우리의 판단 또한 이런 매개 변수들 안에서 이해되고 정의되기에 이른다. 데이비드 퍼킨스David Perkins[2002]는 이것을 "감금되어 학습하기"라고 묘사하였다. 다음의 우화는 벼룩의 잠재력과 성취에 대한 이야기이다.

> 벼룩이 벼룩 서커스를 위해 붙잡혀서 병 속에 갇혀 있을 때 뚜껑이 잠겨 있었다. 벼룩이 병 속에서 뛸 때 머리가 뚜껑에 부딪힌다. 벼룩은 점프를 계속하고 싶기 때문에 머리를 부딪치지 않을 만큼의 높이까지 뛰는 법을 배우게 된다. 서커스단에서 조련사는 벼룩들을 병에서 꺼내서 사람들 앞에 놓는다. 이 벼룩들은 위에 하늘이 끝없이 펼쳐져 있음에도, 여전히 스스로 정한 한계선을 넘어서는 범위까지 뛰어오르지 않는다. 벼룩들은 자유이지만 그들은 그 한계선을 넘어서는 것을 거부함으로써 그것을 진정으로 자신의 것으로 만든다.

어린이들이 자신의 열망에 한계를 설정하게 하는 (교육)기관의 강제와 그 수단을 잘 살펴보라는 말은 교사들에게 새로운 것이 아니며 수많은 문학작품의 주제가 되어왔다.로젠탈과 야콥슨Rosenthal and Jacobsen의 자아실현 예언 self-fulfilling prophesy, 1968; 셀리그먼Seligman의 '학습된 무기력learned helplessness, 1975; 드웩Dweck의 사고방식mind-set, 2006 글래드웰Gladwell이 "재능 사고방식talent mind-set"이라고 부르는 것은 본래 억압적인데, 그 이유는 훌륭한 자질을 다른 사람 덕분으로 돌리고 우리를 둘러싼 환경과 맥락을 무시하거나 최소화하는 경향을 보이는 방식이기 때문이다. 교실과는 다른 맥락에서 능력이라는 전제에 얽매이지 않고서 어린이, 청소년과 함께 활동하다 보면, 교사들은 자신이 새로운 개념과 경험의 영역에 와 있음을 발견할 수 있고 자신들이 가져온 지성, 동기, 잠재력에 대한 생각의 틀을 수정하게 된다.

1965년 스코틀랜드의 교사는 『교실로부터의 탈출Escape from the Classroom』이라는 책을 썼는데, 사방을 가로막은 벽을 넘어서면 배워야할 것이 얼마나 많은지를 묘사하였다. 이 책 저자인 로버트 맥킨지Robert Mackenzie가 살아 있다면, 그는 아마도 학교와 교사들이 갇혀 있는 언어로부터 탈출하는 것에 대해 썼을 것이다. 유연함, 원예와 관련된, 성장에 관한 언어, 양육nurturing, 꽃이 핌blossoming과 같은 언어는 강고함, 목표라는 상업적 용어, 표준, 측정치, 부가가치 그리고 설명 책임으로 대체되었다. 코필드Coffield, 2011는 최근 발표한 학습논문에서, 맥킨지 보고서를 비판 없이 수용하는 사례Mourshed, Chijioke, Barver, 2010를 분석하면서, '배달delivery'이라는 용어를 문제 삼고 있다. 이 말은 이 용감한 신세계에서 교사와 교수 활동에 대해 어떻게 볼 것인가라는 문제의 핵심에 위치하고 있다.

그들은 학교에 대해 높은 성취도 모델high-performance model을 지지하는데, 그 학교교육의 특징은 쉴 새 없는 압력, 경쟁, 계선 조직으로 연결된 관리자, 고객 서비스, 성취도 관리를 위한 자료, 설명 책임, 그리고 돈을 위한 가치, 그리고 중앙에 의해 승인되는 경우에만 발휘되는 교사의 전문가로서 자율성 등이다. …… 학교제도의 모델은 규정에 정해진 대로 꼭 따르는, 지시명령만 기다리는, 기계가 움직이는 것 같은 것이다. 교사들을 기능인의 지위로 격하시키고 타인의 생각을 '배달'하는 일에 머무는 국가 기관으로 여긴다.ᵖ·¹⁵

핀란드가 그런 패러다임을 거부한 데 대한 강력한 반향이 있다. 파시 살베리Pasi Sahlberg의 최근 발행된 책, 『핀란드의 교훈Finnish Lessons』의 부제가 "세계는 핀란드 교육의 변화로부터 무엇을 배울 수 있는가?"이다. 이 책의 중심 주장은 핀란드의 교육제도가 보여준 높은 성취도는 대부분의 서구 교육제도와 반대되는 정책을 채택한 때문이라는 것이다. 서구 교육제도의 사례를 들면, 측정과 자료 수집을 위해 정해진 공통의 기준에 따라 이루어지는 표준화된 교수학습 활동, 핵심 과목, 특히 읽기와 산수에 대한 점점 더 많은 강조, 기업 세계로부터 온 모델을 행정에 이식함, 높은 위험을 감수하는 설명 책임 정책-통제, 감사, 학교 간 분할(서열화), 그리고 (교육자에 대한) 처벌 위주 규칙 등이다. 그의 말을 들어보자.

핀란드 교사들이 그들에게 적합하도록 학교교육과정을 다시 짜고 지식과 학습의 이론적 기초를 탐색하고 있을 때, 영국, 독일, 프랑스, 미국의 동료 교사들은 늘어난 학교 감사, 논쟁을 일으키는 주제인 외부로부터 강제된 학습 표준, 그리고 어떤 교사들에게 학교를 떠날 생각을 하게 만들 정도로 불편한 심기를 갖게 만드는 경쟁을 붙들고 씨름하고 있었다.ᵖ·⁵

살베리의 주장에 따르면, 세계교육개혁운동GERM-Global Education Reform Movement은 급속도로 번져나갔는데, 우리가 배움의 끈을 잃어버렸다거나 배움을 단순히 그 자체로서 사랑하는 것이라고 생각하는 지역에 전파되었다.

가장 좋은 성취도를 보인 교육제도는 모두 변화 전략을 수립했는데, 그 접근 방식에 포함된 요소를 보면, 집단적인 전문성 개발과 교육기관(또는 사회적 자본) 차원의 개발, 모든 사람을 위한 교수학습 활동의 조건 개선, 교육제도 안에서 보다 평등한 교육 기회를 제공하는 것 등이다.^{http://www.}

우리가 소중하게 여기는 것 측정하기: 행복과 자아의식

"우리는 우리가 소중하게 여기는 것을 측정하기 위하여 배워야 한다"는 1991년에 나온 미국의회 하원의 보고서, 「교육이 중요하다Education Counts」의 첫 구절이다. 어린이의 삶과 배움에 대한 보다 완벽한 그림은 2007년 유니세프 보고서에 나와 있는데, 국가가 다음 세대를 어떻게 보살피는지를 나타내는 '진정한 측정치'가 무엇으로 구성되는가에 대한 전제 조건을 보여준다.

> 나라의 입장을 표현하는 진정한 측정치는 그 나라가 어린이들에게 얼마나 잘 주의를 기울이는가에 있다. 즉 그들의 건강과 안전, 물질적 안전 보장, 교육과 사회화, 사랑받고 존중받음을 느끼는 것, 그리고 그들이 태어난 가족과 사회에 소속감을 갖는 것 등이다.UNICEF, 2007, p. 3

이 보고서 카드는 선진 공업국 12개국의 어린이와 청소년의 삶과 행복을 종합적으로 평가할 기준을 제공한다. 그 목적은 어린이의 삶을 개선하기 위하여 감시를 장려하고, 비교를 할 수 있게 하여, 토론과 정책 개발에 자극을 주려는 것이었다. 위의 여섯 가지 지표를 결합하여 평가한 결과, 학교와 어린이들의 성취도에 대해 논란을 일으키며 가장 많은 압력을 가한 두 나라, 영국과 미국이 꼴찌에서 1, 2위를 기록했다는 것은 중요하지 않을까?

필딩Fielding, 1997은 학교 효과성 연구자들의 초기 연구 작업이 학교의 효능에 대한 정치적·사회적 요인의 영향력을 과도하게 강조하고 일방적이라고 생각했던 오류를 수정했다는 점을 인정한다. 하지만 필딩은 그런 연구 작업이 가난과 불평등 같은 구조적 장애물로부터 관심을 멀어지게 했다고 보고 동시대에 존재하고 가까이 있는 것을 보지 못하게 하는 오류가 일부 있다고 주장한다.[p. 141] 여기서 제기되는 의문점은 하나의 학교가 가장 좋은 분석 단위인가, 그리고 우리가 이제까지 성취한 것을 단순히 버리는 것이 아니라 새롭고 좀 더 과감한 모험을 시도할 수 있도록 그것을 통합해낼 패러다임이 필요한가라는 문제이다.

학교 효과성 분야에서 학문적 연구가 시험 점수를 넘어서는 학생의 행복과 보다 넓은 범위의 결과와 같은 영역에서는 잘 이루어지고 있지 않다.정부특별위원회자료Government Select Committee 37번째 문단, 2009년10월, 영국

효과성 연구는 사실 행복과 같은 측정치에 더 큰 관심을 쏟아왔지만, 그 분야의 많은 연구자들이 인정하듯이, 방정식에 들어갈 변수들을 고안해낼 만큼 충분히 잘 작동하거나 또는 유효성을 인정받는 경험적 연구과정을 보여주는 데 도달하지 못하였다. 그런 경험적 연구과정에서, 훌륭한 교수 활동이란 그 활동이 이루어지는 다양한 문화적·역사적 맥락에 따라 어떻게 다른지 설명해주고, 그곳에서 작동하는 요인들 사이의 역동적인 관계를 일목요연하게 이해할 수 있게 해주어야 하는데 그렇게 못하고 있다는 것이다. 복합성과 역동성을 지닌 채 살아 있고 성장하는 실체로서 학교와 교실을 이해하고, 그것의 너머에 있는 복잡하고 변화하는 세계와의 관계를 해명하는 것이 과제이다.

헤들리 베어Hedley Beare, 2007는 사십 년 동안 학교 효과성과 개선에 대해 연구해왔는데, 현재의 접근방법으로부터 "거인의 한걸음"만큼 떨어지라고 제안한다. "효과성 증대를 위한 개발은 지난 사십 년 동안 포화 상태에 도달했음이 분명하다."[p. 27]

"유니콘을 찾아 나선 사냥"Hampden-Turner and Trompenaars, 1993에서 보여준

국제적인 노력이 그러한데, 만약 효과성이 자체로서 존립하는 구조를 유지하려면, 그것은 아래에 제시한 것들 사이에 존재하는 상호관계를 설명할 만큼 충분히 민감하고 복합적이며 복잡한 분석틀을 새롭게 만들어내야 한다.

- 다양한 활동과 경험을 통해 나타나는 학생의 성취도
- 상당한 기간에 걸쳐 나타나는 학생의 학업 수행의 유형과 변화
- 시간과 장소에 따라 나타나는 학생의 동기와 참여도 변화
- 학교와 학습에 임하는 학생의 사전 경험, 기대치, 태도 등
- 성, 인종, 계급, 사용 언어 사이에 존재하는 상호관계
- 교사의 경험, 자격, 그리고 기대치
- 지도력과 경영관리의 위치, 특성, 영향 등
- 국제적, 전국적, 지역적 정책의 영향
- 재정과 자원 조달, 그리고 그것의 분배와 사용
- 교직원에 대한 지원과 전문성 개발

이러한 요인들을 모두 다양한 조합으로 수용하면, 복잡하고 변덕스러운 혼합물이 되는데, 그것에다가 아래와 같은 더욱 측정하기 어려운 교사와 학생들의 경험을 보완해야 한다.

- 학부모, 형제자매, 가족 그리고 친족의 영향
- 학교 내 동료 집단과 이웃 동료 집단의 영향
- 사교육, 학습 센터, 보충학습의 기여도(예: "jukus[일본의 학원]," "구몬 센터Kumon Center")
- 교사의 동기와 효과에 대한 학교 단위 평가와 감사

- 자문 서비스의 기여와 다른 종류의 지원과 도전을 주는 기관
- 교직원 내부의 구성, 경쟁력 또는 동료성
- (학부모와 학생에 의한) 교권 침해와 위협, 폭력

학교효과성연구SER와 교육효과성연구EER가 성숙해가면서, 효과성 연구는 그 범위를 확대해 사회학, 인지신경과학, 인본주의 심리학까지 빌려다 설명을 하고 있다. 이런 일은 흥미롭게 진전되고 있고 지금은 교육효과성연구라고 불리지만, 그것의 초점을 정당하게 평가하면 여전히 학교와 교실에서 측정할 수 있는 것에 머물러 있다.

학습 이론

어떤 미래의 본보기를 제시하던지 우리는 학습이 무엇인지, 그리고 그것이 오랫동안 사회문화적 맥락, 관계, 회복력 등에 대해 보이는 민감성을 알고 있고 계속하여 알아내고 있는 것으로부터 출발해야 한다. "우리는 무엇이 효과적인 학습을 구성하고 있는지에 대한 이론을 필요로 한다."CERI 보고서, 효과적인 학습을 위한 혁신적 교수 활동Innovative Teaching for Effective Learning, p. 3 "우리는 아직도 학습에 대한 이해 수준에 있어서는 높은 산 아래 언덕에 도달한 정도이다"라는 데이비드 퍼킨스David Perkins의 주장에 공감하면서도, 그 많은 분량의 조사연구, 과학적 발견, 현존하는 문학작품, 엄청난 분량의 이론을 접할 수 있음을 고려하면 그것은 놀라운 주장일 따름이다. 2011년에 우리는 아동의 발달, 인지의 본성, 지성과 행동에서 정서적 요인의 역할, 환경(출생 전 포함)의 중요성 등에 대해 더욱더 많은 것을 알게 되었다. 제임스와 폴라드James and Pollard[2011]는 "영국

과 해외 모두에서 교수학습 활동pedagogy에 대해 많은 것이 실제로 알려졌다"고 주장하면서도, 이런 단서를 달았다. "그런 지식의 종합, 소통, 시행은 당연히 도달해야 하는 수준에 한참 못 미치고 있다."p. 276 풀어야 할 퍼즐은 '자유롭게' 배우는 것보다 '감금되어' 배우는 것에 더 많이 관련되어 있다.

1997년 싱가포르에서 열린 생각하는 기술에 대한 학술회의에서 예일 대학 심리학 교수인 로버트 스턴버그Robert Sternberg는 효과적인 학습자를 '정글 탐험가'라고 묘사하였다. 그는 그의 대학에 들어온 "명석하고, 좋은 학교교육을 받고, 시험문제 풀이에 능숙하지만 정글 탐험가로서는 재능이 부족한" 학생들을 보면서 절망감을 표현하였다. 그들은 생활에서 정말로 중요한 실제적이고 창조적이며 성공적인 지성을 보여주지 못하는 경우가 종종 있다고 한다. 학교에서는 '(교과과정상에) 강요된 기능과 지식의 범주 체계'를 강조하기보다는 학생들에게 문제에 대한 개성 있는 해결책을 찾도록 격려해야 한다. 그가 보기에, 교실에서 소위 문제 해결 과제라는 것의 대부분은 교사가 문제를 제기하고 해결책도 종종 교사가 제공하는 것에 불과하다. 그러나 정말 중요한 단계인, 문제를 인식하고 개념을 정의하는 작업은 빠져 있다. 그의 주장에 따르면, 교실의 학습 환경은 여러 교과 영역을 가로지르며 도전하고 발견하도록 초대하는 것이어야 한다. 교과목별로 쪼개지고 경계가 구획된 "얼음 덩어리"를 녹여버리면, 학습이 유동적이고, 실제적이며, 탐구하는 작업으로 되는 것이 가능할 것이다. MacBeath, 1997, http://www.tes.couk/teaching-resource/Inside-the-thinking-brain-55932/

위니프레드 갤러거Winifred Gallagher의 책 제목 『장소의 힘Power of Place』은 개인의 태도, 사회적 조건화, 그리고 환경 요인들 사이의 관계 탐구라는 주제를 포괄한다. 그녀의 책은 와이스와 파인Weiss and Fine의

『건축 현장Construction Sites』에 새로운 시각을 제공하였다. 이 책은 그들에게 주어진 현장이 제공하는 바에 따라서, 어린이들이 그들의 지성, 정체성, 사회적 도덕적 자아를 어떻게 건축하는지를 탐구한다. 건축 현장이 될 수 있는 곳은 가정, 이웃, 동료 집단, 건달 집단, 학교, 교실, 사원, 교회, 절, 그 밖의 다양한 현장이다. 그러나 청소년들의 지성, 동기, 행복을 좌우하는 것은 위의 다양한 장소들 사이의 상호작용과 청소년들이 그 현장들을 여행하는 편의성이다. 스턴버그Sternberg의 정글 탐험가라는 비유에 공감하는 와일리Wylie, 2004는 성공하는 학생과 실패하는 학생을 대략 구분하게 하는 것은 그들이 서로 다른 장소의 사회적 관습이라는 기대치와 도덕규범을 탐험하는 능력을 얼마나 갖고 있는가라고 주장한다. 이 능력은 "다리 놓기"와 "사회적 자본 연결하기"라는 용어로 설명할 수 있을지도 모른다. 그런 능력을 가지고서 학교생활을 효과적으로 하는 청소년과 학부모는 학교의 관습을 통해 위계질서와 권위를 인정하면서 성공적으로 협상을 진행할 수 있다.MacBeath et al., p. 45

아마도 이제는 청소년들의 학교 밖 지식과 문화를 학교의 주요 업무를 방해하는 것으로 간주하기보다는, 학습에 대한 풍성하고 복합적이고 다양하며 강력한 원천으로 보아야 한다. 또한 21세기를 위한 교육을 설계할 중요한 시발점으로 삼아야 할 것이다.Sutherland, Robertson, and John, 2009, p. 176

세계화와 초국가적 기구들이 학교의 효과성을 비교하기 위해서 학교를 공통의 틀 내에 집어넣고 있는 상황에서 우리는 학교에 대해 끊임없이 상기시켜야 할 것이 있다. 즉, 학교는 서로 다른 역사적 뿌리를 갖고 있으며, 약하거나 강하거나 간에 지역공동체와 연계되어 있고, 학교란 무엇인지와 그것이 지향해야 할 본질적 목적에 대한 사회문화적 구성 요소가 서로 다르다는 점이다. 나라들 사이에서 그리고 한 국가 안에서도, 학교의 본질적 목표에 대한 정책 수준의 스펙트럼을 비교해보면 극단적인 추세가 나타난다. 예를 들면, 개인적-사회적 목표, 학문적-전인적 개발, 훈육, 횡으로 나열한 역량의 종류, 과목 통합과 직업 교육의 목표 등이다. 세계적인 압력, 정책 베끼기, 유니콘(달성 불가능한 목표)에 대한 끊임없는 추구는 다음과 같은 것들을 간과한다. 깊이 뿌리박힌 역사, 종종 순종과 긴장을 일으키면서 자체의 형태를 가지고 전개되는 저항과 체제 전복, 그리고 실행 성과, 설명 책임, 관리자의 논리를 반영하는 언어를 내면화하는 것 등이다. 학습의 본질, 맥락, 표현에 관한 조사 연구 결과는 네 가지 제목으로 요약할 수 있을 것이다.

1. 학습은 넓은 사회적 역사적 맥락 속에서 수행되며 지역의 문화적 실천과 관점이 매개물 역할을 한다.
2. 학습은 학교에서뿐만 아니라 평생에 걸쳐 복합적인 맥락 속에서 그리고 일상생활에서 일어나는 가치 있는 실천 행동 속에서 이루어진다.
3. 모든 학습자는 그들의 인격과 지성의 개발을 촉진하기 위하여 다양한 기관으로부터 다양한 지원을 받을 필요가 있다.
4. 학습이 촉진되는 조건은 학습자가 자신의 모국어와 사투리를 사용하도록 격려를 받을 때이며, 감성과 지성 차원의 새로운 도전에 대응하는 과정에서 그들의 폭넓은 인생 경험을 끌어오도록 장려될 때이다.

이해한다는 것은 문자 그대로 "아래에 서기"를 의미하고 "깊은 수준의 분석으로 내려보내는 것"이라고 말할 수 있다. 2010년 CERI 보고서

간행물은 일곱 가지의 원칙을 요약하면서 "학습에 대한 강력한 실천 행동 지향 이론"을 제안한다.

- 학습자를 핵심 참가자로 인식하고, 학습자로서 그들 자신의 활동을 이해하는 데 적극적으로 참가하여 개발하도록 격려한다.
- 학습의 사회적 본성에 기초를 두고, 잘 조직된 협력 학습을 적극 장려하라.
- '학습 전문가들'이 학습자의 동기에 매우 잘 부응하게 하고 학습 성취에 있어서 감성이 핵심적 역할을 한다는 것을 확실하게 인식시켜라.
- 학습자들 사이에 개인별로 가지고 있는 차이(사전 지식을 포함)를 매우 예민하게 느끼고 배려하라.
- 과도한 부담을 주지 않는 범위 내에서 다소 벅찬 임무 수행을 요구하고 모든 측면으로부터 도전하게 하는 프로그램을 고안하라.
- 기대치를 명확하게 제시하여 (프로그램을) 운영하고, 이 기대치와 부합하는 평가 전략을 사용하며, 긍정적인 피드백에 강조점을 두어라.
- 공동체와 보다 넓은 세계 사이뿐만 아니라 지식과 주제의 영역을 넘나드는 "수평적 연결"을 강력하게 추진하라.

위에 제시한 원칙들을 '하나의 이론'보다 더 중요하게 채택하면 그것은 헤들리 베어가 예언했던 "거대한 진격"의 전조가 될 작은 발걸음이 될 수 있다. 그것은 정책에 나타난 수식어 아래 깔려 있는 개념적 전제와 언어를 다시 고쳐 쓰는 일을 암시한다.

앤디 하그리브스가 교사를 '산파'[2008, p. 138]라고 특징지은 것은, 현재

정책 수립 담당자들이 교사가 하는 일을 '배달'이라는 용어로 묘사하기를 좋아하는 것과 똑같은 비유법으로 볼 수 있다. 그러나 이 두 가지 생각은 더 이상 멀리 떨어져 있을 수 없다. "교과과정을 배달함"이라는 것은 교사를 미리 정해진 정부 정책과 교실 사이에 있는 중개인으로 만든다. 산파라는 것은 어린이와 그 또는 그녀가 자라서 활약할 환경 사이에 중개인 역할을 하는 것으로 규정한다.MacBeath and Townsend, 2001, p. 1244

교사는 교수 활동이 무엇을 위한 것인가에 대한 공공의 정치적인 관념에 도전하고 다시 구성하는 데서 핵심 주체로서 지위를 유지하고 있다. 학교는 공동체 감각을 다시 수립하기 위한 희망의 최후 요새로 존재하는데, 그렇게 되려면 연구자, 정치인, 정책 수립 담당자의 협력 속에 교사가 영감을 가지고 새롭게 그 틀을 짜지 않으면 안 되는 상황이다.

참고 문헌

Ball, S. J.(1997), Good School/Bad School: Paradox and Fabrication, *British Journal of Sociology of Education*, 18 (3), 317-336.

Bangs, J., MacBeath, J. and Galton, M.(2010), *Reinventing Schools, Reforming Teaching: From Political Visions to Classroom Reality*, London: Routledge.

Barbiana, School of(1970), *Letter to a Teacher*, London: Random House.

Beane, J. A. and Apple, M.(1999), The Case for Democratic Schools in M. Apple and J. A. Beane(eds.), *Democratic Schools: Lessons from the Chalk Face*, Buckingham: Open University Press

Beare, H.(2007), Four Decades of Body-surfing the breaker of School Reform, in T. Townsend, *International Handbook of School Effectiveness and Improvement*. Dordrecht, The Netherlands: Springer pp. 27-41.

Berliner, D.(2005), Our impoverished view of Educational Reform, *Presidential Invited Speech given at the meeting of the American Educational Research Association*, Montreal, Canada, May 2005.

Binney, B. and Williams, C.(1997), *Leaning into the Future: Changing the way people change organisations*. New York: Nicholas Breeley.

Bogotch, I., Miron and Biesta, G.(2007), Effective for who? Effective for what? Two questions SESI should not ignore in T. Townsend, *International Handbook of School Effectiveness and Improvement*. Dordrecht, The Netherlands, Springer pp. 93-111.

Brookover, W., Beady, C., Flood, P., Schweitzer, J. and Wisenbacker, J.(1979), *School social systems and Students Achievement: Schools can make a difference*, New York: Praeger.

Coe, R. and Fitz-Gibbon, C. T.(1998), School Effectiveness Research: Criticisms and Recommendations, *Oxford Review of Education*, 24, 4, 421-438.

Coffield, F.(2011), Why the McKinsey reports will not improve school systems, *Journal of Education Policy*, iFrist Article, 1-19.

Coleman, J. S., Campbell, E., Hobson, C., McPartland, J., Mood, A., Weinfeld, F. and York, R.(1966), *Equality of Educational Opportunity*, Washington: DC: US Government Printing Office.

Deal, T. E., and Peterson, K. D.(1998), *Shaping School Culture: the heart of leadership*, San Francisco: Jossey-Bass

Dweck, C.(2006), *MindSet: The new psychology of success*, New York: Random House.

Fielding, M.(1997), Beyond school effectiveness and school improvement:

lighting the slow fuse of possibility, *Curriculum Journal*, 8 (1), 7-27.

Freire, P.(1968), *Pedagogy of the Oppressed*, Harmondsworth: Penguin.

Gallagher, W.(1994), *The Power of Place*, New York: Harper Perennial.

Geertz, C.(1973), *The Interpretation of Cultures*, New York: Basic Books.

Goodman, P.(1966), *Compulsory miseducation, and the community of Scholars*, New York: Random House.

Gorard, S.(2010), *A case against school effectiveness*, The School of Education, University of Birmingham.

Graubard, A.(1972), *Free the children: Radical reform and the free school movement*, Pantheon Books.

Hampden Turner, C. and Trompenaars F.(1993), *The Seven Cultures of Capitalism*, New York: Doubleday.

Harris, J. R.(1998), *The Nurture Assumption: Why children turn out the way they do*, New York: Free Press

Illich, I.(1971), *Deschooling Society*, Harmondsworth, London: Penguin.

James, M., and Brown, S.(2005), Grasping the TLRP nettle: Preliminary analysis and some enduring issues surrounding the improvement of learning outcomes, *The Curriculum Journal* 16, (1) pp. 7-30.

James, M. and Pollard, A.(2001), TLRP's ten principles for effective pedagogy: rationale, development, evidence, argument and impact, *Research Papers in Education*, 26(3) 275-328.

Jencks, C. S., Smith, M., Ackland, H., Bane, M. J., Cohen, D., Gintis, H., Heyns, B. and Michelson, S.(1972), Inequality: A Reassessment of the *Effect of the Family and Schooling in America*, New York: Basic Books.

Kozol, J.(1985), *Death at an Early Age*, New York: Plume.

Lister, I. (1974), Deschooling, Cambridge, Cambridge University Press.

MacBeath, J.(2006), The Talent Enigma, *International Journal of Leadership in Education*, 9 (3) 183-204.

MacBeath, J.(2008), Stories of compliance and subversion in a prescriptive policy environment, *Educational Management, Administration and Leadership*, 35(1), pp. 123-148.

MacBeath, J. and Cheng, Y. C.(2008), Leadership for Learning: International Perspectives, Rotterdam, Sense Publishers.

MacBeath, J. and Mortimore, P.(2001), *Improving School Effectiveness*, Buckingham: Open University Press.

MacBeath, J. and Townsend, T.(2011), in T. Townsend and J. MacBeath, *International Handbook of Leadership for Learning*, Rotterdam: Springer.

Mackenzie, R. F.(1965), Escape from the Classroom, London: Collins.

Mortimore, P., Sammons, P., Stoll, L., Lewis, D and Ecob, R.(1988), School

Matters: The Junior Years, Somerset: Open Books.

Murshed, M., Chijioke, C. and Barber, M.(2010), How the world's most improved school systems keep getting better, New York: McKinsey and Company.

Mulheron, M.(2011), My new role teaching politicians, Keynote speech to the Australian New South Wales Teachers Federation, http://www.nswtf.org.au/editorial/mynew-role-teaching-politicians.html Last accessed January 29th 2012.

National Centre for Education Statistics(ED)(1991), *Education Counts: an indicator system to monitor the nation's educational health*, Report of the Special Study Panel on Education Indicators to the Acting Commissioner of Education Statistics, US Dept of Education, Office of Educational Research and Improvement, Washington, D. C.

Peterson, K. D. and Deal, D. E.(1998), How Leaders Influence the Culture of Schools: Realizing a Positive School Climate, *Educational Leadership*, September, 56 (1) pp. 28-30.

Perkins, D.(2002), Learning in Captivity, Invited Lecture, University of Cambridge Faculty of Education, May 22nd.

Pinker, S.(2002), *The Blank Slate: The modern denial of human nature*, New York: Penguin.

Rogers, B.(2008), Teaching and Social Reform in the 1960s: Lessons from National Teacher Corps: Oral Histories, *Oral History Review*, Volume 35, No 1, Winter/Spring 2008, pp. 39-67 (article), Oxford University Press.

Reimer, E.(1971), *School is Dead: Alternatives in Education, Harmondsworth:* Penguin.

Reynolds, D. Sammons, P., De Fraine, B., Townsend, T., Van Damme, J., Teddlie, C., Stringfield, S.(2011), Educational Effectiveness Research (EER), A State of the Art Review, International Congress for School effectiveness and Improvement, January.

Rosenthal, R. & Jacobson, L.(1968), *Pygmalion in the classroom*. New York: Irvington Sahlberg, P.(2011), *Finnish Lessons, What can the world learn from educational change in Finland?*, New York: Teachers College Press.

Sandoval Hernandez, A.(2008), School effectiveness research: a review of criticisms and some proposals to address them, Educate, *Special Issue*, March 2008, pp. 31-44.

Seligman, M.(1975), *Helplessness: On Depression, Development, and Death*. Freeman/ Times Books/Henry Holt and Co.

Showalter, E.(2005), *Faculty Towers: The Academic Novel and Its Discontents*, Pennsylvania: University of Pennsylvania.

Slee, R., Weiner, G.(2001), Education Reform and Reconstruction as a Challenge to Research Genres: Reconsidering School Effectiveness research and Inclusive Schooling, *School Effectiveness and School Improvement*, Vol. 12 (1) pp. 83-89.

Slee, R., Weiner, G. and Tomlinson, S.(1998), *School effectiveness for whom? Challenges to the school effectiveness and school improvement*, Falmer Press.

Stoll, L., MacBeath, J. and Mortimore, P.(2001), Beyond 2000: Where next for school improvement? in J. MacBeath, and P. Mortimore, *Improving School Effectiveness*, Buckingham: Open University Press.

Starratt, R. J.(2005), The Ethics of Learning: An absent focus in the discourse on educational leadership, Paper presented to the ILERN group, Boston College, October;

Sternberg, R.(1997), Keynote speech to the Thinking Skills Conference, Singapore, June Sutherland, R., Robertson S., and John, P.(2009), Improving classroom learning with ICT, London: Routledge.

Thrupp, M.(1999), Schools Making a Difference: Let's Be Realistic. Buckingham, Open University Press.

UNICEF(2007), *An overview of child wellbeing in rich countries-A comprehensive assessment of the lives and wellbeing of children and adolescents*, Geneva: Innocenti Research Centre.

Vollmer, J. B.(2010), Schools Cannot Do It Alone, Fairfield, Illinois, Enlightenment Press.

Von Hentig, H.(1995), *Warum muss ich in die Schule gehen?*, Berlin, Deutsche Taschenbuch Verlag.

Wacquant, L.(2001), *The Rise of Advanced Marginality: Notes on its Nature and Implications*. Berkeley, California: Acta Sociologica.

Weis, L. and Fine, M.(2001), *Construction Sites: Excavating Race, Class and Gender among Urban Youth*, New York: Teachers' College Press.

Wrigley, T.(2003). *Schools of Hope*. Stoke-on-Trent: Trentham Books.

Wylie, T. (2004). Address to the Cambridge Leadership for Learning Network, April.

4장

교수 활동을 측정할 수단 찾기

수십 년간의 학교 효과성 연구에서 교사가 중요하다는 발견을 한 이후에는 연구의 초점이 교사 효과로 이동하였다. 평가와 실행 성과 performances 측정을 세계 각국에서 도입하였다. 그러나 무엇이 훌륭한 교사와 나쁜 교사를 구분하며 뛰어난 교사와 단순히 좋은 교사를 나누는 기준인가? 어떤 기준을 적용하며 누가 판단하는가? 정책 수립 담당자? 학생? 또는 교사들 자신? 그렇게 얻어진 지식을 어떤 목적에 이바지하게 할 수 있나? 교사라는 전문 직업의 미래에 도움을 줄 수 있다고 하는 감사와 자체 평가를 해본 경험으로부터, 이것에서 얻을 수 있는 교훈은 무엇인가?

평가: 효과적이고 공정하며 신뢰할 수 있나?

종합적인 교원평가제도를 시행하는 것에 많은 나라들이 갈수록 더 관심을 보이고 있는데, 이는 교육의 질을 높이려는 욕구에 대한 정책 대응이었다. …… 그 개발 과정 전체에 교사가 참여하는 데 대한 공감대 역시 넓게 형성되어 있다. 효과적이고 공정하고 신뢰할 수 있는 교원평가제도는 교사 전체가 그것을 수용하고 개인적으로 활용할 때 작동한다. 포괄적인 접근법을 발전시키는 것은 비용이 많이 들겠지만 교육의 질을 높이고, 전문성 개발을 통해 교수 활동을 개선하고, 교사의 지식, 기능, 역량을 인정받고자 하는 욕구를 충족시키는 데 꼭 필요하다.Isore, 2009, p. 32

교수 활동을 측정할 수단을 찾으려는 힘은 다양한 원천, 동기, 이념으로부터 생겨났다. 정부의 관점에서는 어떤 형태로든 규율을 정하고 구별하는 일이 필요했는데, 그 이유는 그 나라의 학교들이 다른 나라의 학교와 경쟁하고 성취 기준을 높여야 했기 때문이다. 연구자들에게는 무엇이 효과적인 교수 활동에 도움이 되는지를 탐구하는 연구 과제가 풍부하게 존재했기 때문이다. 대중매체와 일반 대중의 관점에서 볼 때 오랫동안 내려오는 불공평한 점이 있었는데, 그것은 게으르거나 무능한 교사들이 부지런하고 헌신적인 교사들과 똑같은 급여와 근무조건을 누린다는 점이었다.

역동적이고 효과를 입증할 수 있으며 신뢰할 만한 측정 도구를 찾으려는 노력이 지난 사오십 년 간 꾸준히 계속되었다. 그러한 노력이 학교 효과성 운동의 중요한 일부가 되었기 때문에도 그렇다. 하지만 교사 효과를 측정하려는 시도는 그보다 더 오랜 전통을 갖고 있다. 영국에서는 결과에 따라 급여를 주는 방식이 1863년에 도입되었는데, 학생들의 시험 성적에 따라 각 학교별 국가 재정 지원에 차이를 두었다. 수행원들의 관료주의와 문서 작업 부담이 부분적인 이유가 되어 1890년 폐지되었지만, 그러한 생각은 형태를 조금씩 달리하여 여러 차례 나타났고, 현재는 금융위기 상황에서 인기를 누리고 있다. 요즘 미국에서는 학교 관리자와 교사들을 빈틈없이 관리하자는 생각이 큰 공감을 얻고 있다.

학교 관리자들이 그것(나쁜 시험 성적)이 그들에게 대가를 치르게 한다고(추가 재정 지원을 받지 못하게 됨) 생각한다면, 그것을 통해 학교 관리자들을 빈틈없이 통제할 수 있을 테고 교사들을 해고할 수 있을 것이다. Mitch, 2010, 빅토리아 시대 영국에서 고위험부담 시험 정책은 학교의 수행성과를 개선했는가?

성과급은 19세기 말 미국에서 도입되었는데, 공평한 제도가 불가능하다는 점이 입증되고 나서 1920년대에 폐지되었다. 레이건 대통령이 다시 그 개념을 채택했고 14개 주에서 계획을 도입하고 여섯 개 주는 필요한 입법조치까지 취했지만 결실을 거두지는 못했다. 비슷한 계획을 채택했던 다른 나라들도 그 정도를 약화시켰는데, 결국 추가 급여 지급은 교사의 업무 수행이나 학생의 성과에 대해서라기보다는 추가적인 임무와 자격증에 주어지게 되었다. 2011년 7월 18일, 『뉴욕타임스』는 뉴욕 시가 마침내 성과급을 폐지했음을 보도했다. 뉴욕 시가 교사와 다른 교직원들에게 지난 삼 년 동안 성과급 상여금으로 5,600만 달러를 지출했는데, 교육부 장관은 그 비용과 효과를 따져본 연구 결과에 따라 그 제도를 폐지했다고 발표하였다. 그 연구를 살펴보면, "상여금은 교사들이 업무를 수행하는 방식이나 학생들의 시험 점수에 대해 뚜렷하게 드러나는 효과를 보이지 못했다"고 한다.

효과적인 '과학'을 찾아서

앞 장에서 토론한 바와 같이, 지난 사오십 년간 학교 효과성 연구자들은 '결과'를 예측하고 설명하면서 이것을 학교뿐 아니라 교사 개인의 영향과 '효과'에 연결 지을 수 있을 만큼 충분히 설득력이 있는 과학을 찾아다녔다. 표면에 보이는 교육 실천 행위의 뒤에 숨어 있는 "감춰진 진실"을 찾아 나선 우리에게, 캐틀랙스[Catlaks, 2010]가 지적하듯이, 시장원리와 통계수치들은 자꾸 숨어 다니는 만병통치약을 찾아줄 것처럼 믿음직스러워 보였다. 관심이 학교 효과로부터 교사 효과로 옮겨 가면서, 교실 요인에 대한 분석이 갈수록 세밀한 특정 분야에 집중되었다. 가장 많이 인용되고 폭넓게 인정받는 연구의 하나가 존 해티[John Hattie, 2009]의 교실/교사 효과성에 대한 메타분석이다. 소수점(아래)까지 정확히 상관관계를 측정하는 것으로 얼마나 많은 영역에 통계수치를 적용하여 효과의 크기를 설명할 수 있는지 보여주었다. 예를 들면, '교사의 유형', '질문하기' 또는 '학업 우수자를 조직가'로 활용하는 것 등이다.

영향	효과 크기	원천	영향	효과 크기	원천
학급 환경	56	교사	동료 효과	38	동료
목표에 도전	52	교사	학업 우수자 조직 advanced organisers	37	교사
동료 간 교수 활동	50	교사	모의 장치와 게임 simulations	34	교사
완전 학습	50	교사	컴퓨터 활용 수업	32	교사
학부모 참여	46	가정	시험	30	교사
숙제	43	교사	교수 활동 도구 media	30	교사
교사 유형	42	교사	학생의 정서적 특징	30	학생
질문하기	41	교사	가정에 있는 TV	-12	가정

출처: Hattie, J. 2009. 학습 들여다보기Visual Learning: 성취도에 관련된 800가지 메타분석을 종합한 결과

이와 같은 자료 묶음으로부터 우리가 얻을 수 있는 것은 무엇인가? 학습 환경이 매우 중요하다는 것과 목표를 갖는 것이 도움이 많이 된다는 점일까? 그렇다면 학습 환경은 어떻게 측정하며, 그것을 교사가 얼마나 통제할 수 있을까? 목표는 누구의 것을 중시하고 어떤 목적에

봉사해야 하는가?

학교와 교실의 동료들이 학습 동기에 미치는 영향이 교사 유형이나 질문하기 같은 특성보다 더 적다는 발견을 얼마나 신뢰할 수 있는가? 또는 학생들이 자기 자신과 자기의 학습 동기에 대해 어떻게 느끼는지는(학생의 정서적 특징) 상대적으로 일관성이 없는 것 아닌가?

우리가 '숙제'와 '학부모의 참여'를 활용하여 무엇을 하려는지, 그리고 이런 요인은 무엇을 알 수 있게 하는가? 이렇게 논쟁거리가 많은 영역에 깊이 발을 들여놓을수록 관련된 질문이 계속 더 많이 제기된다. 예를 들면 숙제에 대한 연구는 매우 다른 결론에 도달하는데, 그것의 부정적 영향, 중립적인 효과 그리고 긍정적인 효과 등이다. 이 모든 것은 숙제의 특징, 장소, 교실에서 활용하는 정도와 관계가 있다. 그리고 가장 중요하게 지원, 격려, 부모와 동료의 도움이 작용하는데 이는 숙제가 가정생활의 질과 깊숙이 연관되어 있기 때문이다. 하나로 종합된 효과의 크기는, 사실상 학교 안과 밖 사이의 관계에 대해 쓸모 있는 것을 하나도 말해주지 않는다.

텔레비전에 대해서도 똑같이 말할 수 있다. 그것은 부정적 효과를 보일 수도 있고 그렇지 않을 수도 있다. 그에 관련된 요인은 시청한 TV 프로그램의 특성, 어떤 프로그램이 가족 내에서 대화를 하는 데 주는 자극, 또는 탐구 활동을 위한 흥미를 좀 더 불러일으키는 자극 등이 있다. 이것은 좀 더 교육적인 활동을 하지 않고 TV만 볼 때 치르게 되는 기회비용(손해)에 대한 반대 증거이다.

TALIS로부터 나온 교사들의 자기 평가 보고서에 따르면, 연구에 참여한 나라에서 평균적으로 사용되는 가장 공통점이 많은 기준은 다음과 같다. 학생-교사 관계(85%의 교사가 이것을 매우 또는 중간 정도 중요한 기준으로 보고함), 교사의 교과목에 대한 지식과 이해 정도(80%의 교사),

학급 운영(80%의 교사), 교수학습 활동에 대한 이해와 지식(78%의 교사), 학생의 규율/행동(78%의 교사), 동료와의 관계(78%의 교사). 그런데 훌륭한 교수 활동의 서로 다른 영역을 적절하게 평가하도록 교원 평가를 구상하는 작업은 계속 변화하고 국내외에 걸쳐서 계속 진화하고 있다.Weatherby, 2012

최근 미국에서 이루어진 연구, '효과적인 교수 활동 측정 프로젝트 Measure of Effective Teaching Project'에서 발견한 점은, 학생들이야말로 어떤 교사가 최고와 최저의 효과를 보이는지에 대한 전문가 수준의 해설자라는 것이다. 이 연구에서 발견한 중요한 점 한 가지는, 교장이 교실에 들어가서 관찰한 것은 대부분 충분하지 않았다는 것이다. 어느 학교교육구에서 96 또는 99퍼센트의 교사가 똑같이 '만족' 등급을 받는 그러한 교실 방문은 형식적인 것이라는 점이 명확하다. 대조적으로 교사 자신의 수업을 찍은 비디오 화면과 함께 학생의 피드백을 참고했을 때, 그리고 학생의 성취도와 관련된 피드백을 제공했을 때 개선을 위한 훨씬 큰 자극이 되었음을 증명하였다. 교실 수업 관찰을 위한 규칙을 사용하여 비디오 화면을 보고 점수를 매길 수 있도록 도움을 주었더니 전문성 개발과 수업 개선에 대한 보다 진지한 접근이 나타났다.

학교 밖 효과를 설명하기

얼마나 복잡하게 방법론을 적용하든지 간에, 예를 들어서 다차원 모델에서, 방과 후에 어린이들이 서너 시간을 보내는 일본의 jukus(학원)가 나타내는 효과를 방정식에 통계수치로 대입하여 알아낼 수 있을까? 한국의 방과 후 학원Hagwon, 말레이시아의 sermeban, 파키스탄의 Madrasah, 태국의 일요학교Sunday school, 영국에 있는 600개의 구몬 센터Kumon center, 그리고 실제로 모든 유럽 국가에 있는 개인교습 센터 tutorial center는 사회경제적 자본을 가장 많이 소유한 최고 상류층 거주 지역에 위치하는 것이 보통이다. 이런 형태의 보충 학습이 학업 성적을 올리는 데 근본적인 역할을 한다.

게다가 수치로 나타내기 어려운 것은 가정문화의 미묘하고 복잡다단한 영향인데, 책을 사랑하고 대화와 논쟁을 즐기고, 외국으로까지 이어지는 문화 탐방을 포함하는 가정문화가 그렇다. 2011년 8월 어느 라디오 방송에서 작가인 알랭 드 보통Alain de buton은 풍요로운 교육문화를 향유하는 가정생활 때문에 배우는 것을 좋아하게 되고 인격적 자질이 조화롭게 형성되는 광경을 이렇게 묘사하였다.

가족의 표면적인 활동, 숨바꼭질 놀이, 오븐에 비스킷 굽기, 동물원 여행, 거대 육식 공룡 티라노사우루스 비늘 껍질에 색칠하기를 하는 밑바탕으로부터, 강인함과 창조성이 피어날 수 있는 인격적 자질들이 형성된다.

미셸 오바마Mchelle Obama는 가족들이 식탁에 둘러앉아 긴긴밤을 보내던 어린 시절을 회상한다. 그때 그녀의 아버지는 흥미로운 가족 간 논쟁의 사회를 보면서 매일 밤 입증되어야 할 새로운 논제를 소개했다고 한다. 이와 대비되는, 프랭크 필드Frank Field 하원의원이(MP)이 묘사한 영국 버컨헤드Birkenhead 지역의 자신의 선거구 내 집안 대대로 내려오는 가난이 있다. "좌절을 경험한 어린 시절"에 대한 그의 그림 같은 묘사를 보면, 폭력과 무관심으로 가득한 가정에서 자라면서 애정도 없었을 뿐 아니라 언어와 경험이라고는 사방 십리도 안 되는 동네를 넘어서지 못하는 것이었다. 루이 바캉Louis Wacquant의 파리 변두리 생활에 대한 묘사는 박탈과 상실이 무엇을 의미하는지를 강렬하게 일깨워준다. 반면에 마누엘 카스텔Manuel Castells의 "모순된 통합"이라는 주제에 대한 논문은 청소년들이 불충분한 가족생활과 차가운 사회기관으로부터 탈출하여 경제 불황과 알려지지 않은 세계를 헤쳐 나가는 대안이 되는 길을 기록하고 있다.

알랭 드 보통이 주장하는 것은, 그렇게 풍요로운 사회적 자본 안에서 또는 그것이 없는 경우에도 좌절에 대응할 심리적 적응 기제가 만들어지거나, 키워지거나, 또는 파괴된다는 점이다. 좌절에 직면하여 불굴의 노력과 인내력을 발휘하는 것이 높은 성취를 하는 사람과 낮은 성취도에 머무는 사람을 구분한다. 실패를 계속 경험하고 결핍을 계속 느끼게 되면 불공정한 경기장에서 계속 경쟁하지 않으려 하고 그 좌절에 대항하는 뚜렷한 행동을 포기하거나 도피하며 모든 것을 자신의 탓으로 돌린다. 자아 개념, 자신감, 자아 효능감은 해티Hattie가 말하는 "가장하는 속성"에 포함될지도 모른다. 그러나 그것은 포기하는 사람과 불평등에 맞서서 성공하기 위해 개인적인 회복력을 유지하면서 사회적 지원을 받는 사람을 구별하는 가장 강력한 차이점 중 하나로 남는다.

글래스고우 시내 중심가의 한 학교는 신문에 "스코틀랜드에서 가장 나쁜 학교"라는 제목으로 소개된 바 있는데, 체육관 벽에 이런 권고 문구가 있다. "여러분이 처음 실패하면 다시 시도하라. 더 나은 방식으로 실패하라fail better." 실패를 다루는 방식은 학교에서의 성공과 나중에 인생에서의 성공을 예견하게 해주는 엄청난 지표이며 일찌감치 심어놓는 씨앗이다. 모든 실패가 학습 기회라는 말은 진부한 표현일지 모르지만, 높은 위험부담을 동반하는 처벌을 감수해야 할 경우가 아니라면 교실에서 실제 효과가 있다.

켄 로빈슨Ken Robinson 경은 영국 정부 창의성대책본부British Government Task Force on Creativity 의장에 임명되었는데, 교실 학습과 학교에 기초한 학습이 조직적으로 실패하는 이유를 높은 위험부담을 강제하는 환경에서 찾는다. 정답이라고 하는 폭군과 틀린 답을 말할지 모른다는 공포가 지배하는 문화에서, 실수는 성과를 축적하는 데 필수적인 요소로 취급되지 않고 처벌의 대상이 된다.

우리가 알고 있는 것은, 여러분이 틀릴 수도 있는 답을 내놓을 준비가 되어 있지 않다면, 여러분은 결코 최초의 해답을 찾아내지 못할 것이라는 점이다. 어른이 될 때까지 대부분의 아이들은 그런 능력을 잃어버린다. 그들은 틀린 답을 내는 것에 겁을 먹게 되어간다. 우리는 실수를 멸시한다. 그리고 우리는 실수가 여러분이 만들어낼 수 있는 가장 최악의 것이라고 말하는 교육제도를 운영하고 있다.켄 로빈슨Ken Robinson 경, 영국 정부 창의성대책본부 의장, 1997-2001

설명 책임이라는 역설

우리는 역설에 직면해 있다. 학습의 본질이 학교 바깥의 영향력에 따라 더 많이 결정된다는 것을 보았는데, 교사들은 학생들의 실행 성과에 대해 더 많은 설명 책임을 지게 되는 상황에 처해 있다. 나라 사이의 비교가 시작되면서 국제적인 비교 전시장에서 자신들의 위치를 걱정하고 있는 정책 수립 담당자들에게 대본이 제공된다. 비교 연구 자료가 국제기구에서 나와서 정치인과 자문기관들 사이에 광범위하게 긴급 상황을 연출했다(어떤 사람은 도덕적 패닉 상태라고 말하기도 한다). 이때 밀사들을 타이완으로, 최근에는 핀란드와 상하이로 파견했는데, 학교와 교실의 실천 행위에 대한 마법의 실탄을 가져오라는 명을 받은 것이었다. 더 많은 연구를 수행하고 정보를 분석하여 나올 결론은, 그 해답은 교실에 있지 않고 학교 밖에, 그 나라의 사회적 구성에, 역사와 문화에, 학생들이 속해 있는 가정과 공동체에, 그리고 방과 후 보충 학습에 있다는 것이다.

학교는 단지 어린이들이 가지고 온 것 위에 축적하거나 도전한다. 그리고 그러길 희망하지만, 그들이 가져온 것을 풍성하게 할 뿐이다. 바로니스 그린필드Baroness Greenfield가 11~12세의 어린이들의 생활에 대해 조사한 자료(1장에 서술함)에 따르면, 어린이가 학교에서 보내는 900시간은 가정과 인터넷 세계에서 보내는 시간에 가려 보이지 않는다. 그녀가 제기한 질문이 있다. 서로 다른 장소와 그들 간의 관계가 가지는 힘과 영향력에 대해 우리는 얼마만큼 알고 있고 알 수 있을까?Keynote speech in Dubai, 2010년 9월

결론적으로 이러한 모든 의문점의 중요성은 교실 수업 활동에 영향을 주는 요인을 좀 더 큰 틀에서 찾으려 할 때 작아진다. 더 큰 틀에 포함되는 것은 학교, 가정, 이웃, 그리고 성적 향상의 원천이 되는 과외 활동, 동아리 활동, 사교육, 그리고 쉽게 수치로 표시할 수 없는 모든 것이다. 어떤 활동에서 아무리 능력 있는 교사라도 수업 밖에서 얻을 수 있는 혜택을 발생하게 할 수 없고, 가족, 한 부모, 또는 아동 위탁 가정에 대한 지원을 끌어낼 수 없다.

어린이의 경험의 보금자리에 대한 이런 관점이 없다면, 교사 효과를 측정하고 그것을 정책 수립에 활용하려는 시도를 계속하는 것은 이상한 일이 아니다. 미국의 교육 평가와 지역 지원을 위한 전국 센터National Center for Education Evaluation and Regional Assistance가 발표한 연구 보고서 「학생의 시험 점수에 기초한 교사와 학교의 수행 능력 측정」은 "학생이 받은 점수 변동 요인의 90% 이상이 학생 수준이라는 요인에 있고 그것

은 교사의 통제 밖의 일이다"라고 한다. 다른 말로 바꾸면, 학생들이 교실에 가져오는 것과 그들의 사전 경험이 자신을 이해하고 학습하며 관계를 맺는 데 도움을 주거나 방해한다는 것이다.

비슷한 맥락에서 『워싱턴포스트』 7월 2일자 기사는 『LA타임스』의 6,000명 교사에 대한 성적 향상 사례에 대한 분석에 "심각한 오류가 있다"고 보도하였다. 브리그스와 도미니크(Briggs and Dominique, 콜로라도 대학, Boulder 캠퍼스)가 그 자료를 학생 시험 점수의 긴 역사, 동료의 영향, 학교 수준 요인 등을 사용한 대안적인 성적 향상 모델에 집어넣었더니 놀랍게도 그 결과가 다르게 나왔다. 절반 이하의 교사들이 양쪽 모형 모두에서 똑같은 효과성 지수를 보였는데, 대안 모형에서 '효과적인'으로 판명되었던 교사의 8.1%가 『LA타임스』 모델에서 '비효과적인'이라는 판정을 받았다. 반면에 대안 모형에서 '비효과적인'으로 판정받은 교사 중 12.6%가 『LA타임스』 모델에서는 '효과적인'이라고 규정되었다.

좀 더 최근의 재검토 보고서[Hout and Elliott, 2011]는 보상의 영향에 대해 의문을 제기한다. 이제까지 연구 결과에 따르면, 지난 이십 년간 시도되었던 시험에 기초하여 보상을 주는 프로그램의 이점은 아주 작았다. 이런 종류의 증거 자료가 시사하는 점은 학생의 성적 향상에 의미 있는 변화를 가져오는 데 있어서, 보상을 주는 프로그램의 효능을 믿지 말라는 것이다. 호주교육연구회의[Australian Council for Educational Research]의 보고서는 더욱 신뢰성 있는 내용을 담고 있다.

"결과에 따라 받을 수 있는 보상이 내부의 동기를 대체할 경우 실행성과는 줄어들 수 있다. 다른 말로 바꾸어, 사람들에게 어떤 방식으로든 그들이 보여주는 행동에 대해 보상하는 것은 다음과 같은 결론에 도달한다."

결과 지향의 보상 기제가 작동하는 곳에서, 학교장들은 가장 훌륭한 교사에게 높은 위험을 감수하는 시험을 보게 될 학년을 맡긴다는 증거가 있다. 교사들은 교과과정 중에서 시험에 나오지 않는 영역에서는 최소한의 시간만 보내고, 많은 시간을 학생들이 시험 보는 전략을 연마하면서 보낸다. 성적이 낮은 학생들을 시험에서 제외시키고, 학교는 교실 수업에서 더 깊이 있고 시간이 걸리는 개선을 이루어내기보다는 짧은 기간에 성과를 거둘 수 있는 눈에 보이는 성과를 만들려고 애쓴다.Masters, 2011, p. 3

다섯 가지 주의사항

리사 귀스본드Lisa Guisbond는 미국 보스턴에 있는 '공평하고 열린 시험을 위한 전국 센터National Centre for Fair and Open Testing'의 정책 분석 담당자로서, 교사를 평가하기 위해 시험 점수를 활용할 경우에 취할 다

〈표 5〉 교원 평가에 시험 점수를 활용할 경우 다섯 가지 주의사항

1. 성적 향상은 영어, 수학 점수가 학생의 진보에 대해 우리가 알 필요가 있는 것을 말해 준다는 취약한 가정에 근거하고 있다. 시험이 얼마나 훌륭한 것인가에 상관없이, 학부모가 자신의 아이들에 대해 알고자 하는 모든 것을 측정할 수 없으며 교사들에게 시험에 대비하여 가르치라는 압력을 강화한다.
2. 먼저 가르쳤던 교사의 영향으로부터 지금의 교사가 가르치는 것을 분리하는 것이 불가능하며, 무질서한 가정환경, 영양 부족, 수면 부족, 또는 다른 요인들과 교사의 영향력을 분리할 수 없다.
3. 이 접근법을 합리화하는 가정이 잘못되었는데, 학생과 교사가 무작위로 학급에 배치된다고 가정하는 것이다. 실제로 경력 있는 교사는 좀 더 좋은 학교와 학급을 선택할 수 있고 그렇게 하고 있다. 반면에, 부자 동네의 학부모들은 자기 자녀들을 좋은 평판을 얻고 있는 교사가 있는 교실에 보내려고 싸운다.
4. 성적 향상은 어떤 실천 행위가 좋은 교사와 나쁜 교사를 구분하는지에 대한 어떤 정보도 제공하지 않는다. 우리가 아는 것이라고는 좋은 교사가 더 나은 시험 점수를 얻는다는 것이지, 이 점수를 얻기 위해 무엇을 하는지는 알 수 없다.
5. 수학 시험 점수를 살펴본 연구자는 두 교사 사이의 차이보다 한 교사의 효과성 안에서 서로 다르게 작용하는 변수가 더 많다는 것을 알았다. 다른 말로 바꾸면, 훌륭한 교사가 항상 훌륭한 것은 아니며 나쁜 교사라고 꾸준히 나쁜 상태는 아니라는 것이다.

섯 가지 주의사항을 제안하였다(2010년 2월 25일).

극단적으로 말해서 어느 정도 일관되게 무능력한 교사가 있고 항상 좋은 착상을 많이 하는 교사가 있다는 것을 부정하는 것은 도움이 안 되겠지만, 우리는 또한 (사회문화적) 맥락이 중요하다는 것을 알고 있다. 하지만 학교를 좀 더 효과적이고, 더 책임을 질 수 있고, 투명한 곳으로 만들려는 정치적 필요가 커지면서 교사의 어깨에 더 많은 부담이 제곱으로 늘어나고 있으며, 변화를 가져오는 것이 환경, 가족, 사회, 경제, 문화, 역사 등이 아니라 훌륭한 교수 활동임을 보여줄 것을 요구받고 있다.

OECD의 국제 연구인 PISA 책임자인 안드레아스 슐라이허Andreas Schleicher가 한탄한 바와 같이, 정책이 직면한 어려움은 학습의 질, 정책의 방향, 그리고 학교 안팎에서 어린이들의 경험 사이의 관계를 지도로 나타낼 만큼 충분히 복잡한 도구를 우리가 가지고 있지 않다는 것이다.

내가 보기에, 우리는 진정으로 많이 나아가지 못했다. 우리는 교육에서 그렇게 현대적이지 못하다. 우리는 조사연구에 필요한 도구조차 갖지 못했다. 예를 들면 교육과정을 더 깊이 이해할 종단연구 같은 것을 말한다. 미시적 수준에서도 똑같다. 무엇이 교육제도의 성공 요인일까? 내가 살고 있는 맥락에서 어떻게 그런 요인의 윤곽을 그려야 할까? 애초에 의도했던 정책, 실행 중인 정책, 결과로 나타나는 정책 사이의 관계를 어떻게 관찰할까? 내가 이런 연계망을 통해 그 관계를 보지 못한다면, 여러분은 아직 완료되지 않고 일관성이 없는 개혁이 여러 층으로 겹쳐져 있는 상황 아래 있는 것이다. 그것이 오늘날 교육제도의 실제 모습이다.Bangs, MacBeath, and Galton, 2010

훌륭하고 효과적인 교수 활동을 만들어내는 것에 대해 평가하려는 시도를 포기해야 한다고 주장할 사람은 거의 없지만, 우리는 이 문제를 어떻게 좀 더 깨어 있는 시각을 가지고 다룰 수 있는지 고민할 필요가 있다.

깨어 있는 시각

교실에서의 행동 유형을 식별할 수 있는 능력을 가진 뛰어난 사람이라면, 교실에 들어와서 섣불리 판단을 내리려 하거나 단순한 평가 척도를 적용하려고 하지는 않는다. 엘리어트 아이즈너Elliot Eisner의 책 제목『깨어 있는 시각Enlightened Eye』은 수년간의 실천 경험과 교실의 역동성에 대한 깊은 이해를 겸비한 사람이 관찰을 하는 방법을 이해하려고 시도하고 있다. 아이즈너는 뛰어난 평가자를 초보와 구분하는 기준은 어디에 초점을 맞출 것인지를 아는 것이라고 주장한다. 경험이 적은 관찰자도, 모든 것을 보지만 아무것도 보지 못하던 곳에서, 판단을 유보하고 통찰력 있는 관찰을 한다면 두드러진 것과 주목할 가치가 있는 것을 구분하는 데 도움을 받을 수 있다. '통찰력', 즉 숨겨진 의미를 알아내는 능력은 오랜 시간에 걸쳐 전문적인 배경지식을 갖고 실천하면서 발달하는 기능이며, 실천과 이론, 즉 우리가 하는 것과 하고 있는 이유를 밀접하게 연결 지을 수 있어야 한다.

교사의 장인과 같은 솜씨를 가까이에서 관찰한 쿠닌Kounin, 1970은 교사가 교실에서 일상적으로 사용하는 여러 기능을 규정하였다. 교사는 직관적으로 이런 기능을 구사하지만, 쿠닌의 생각에, 이런 전문적인 특성은 좀 더 체계적이고 이론적인 기초를 갖출 가치가 있으며, 전문가로서 교사가 일터에 가져오는 감춰진 전문지식과 기술을 좀 더 세련된 방식으로 이해할 필요가 있다. 그는 교사의 역량을 세분화하고 측정 가능한 형태로 구분하려는 흐름 속에서도 이해받지 못하고 있는 지식과 기술에 대해 몇 가지 용어를 만들어냈다.

'동시 이해력'은 교실에서 일어나는 일의 동시성을 이해하는 능력인데, 교실이라는 체스 장기판에 위에 놓인 32명 사이에 벌어지는 행동의 유형을 알아서 예견하고 졸병과 장군을 구분하는 능력이다. 높은 수준의 기능도 있는데, 그것은 개인, 집단, 그리고 전체 학급이 결합된 상태를 장악하고 있으면서도, 반면에 해야 할 일은 꾸준히 하고 사태를 진단하는 동시에 새로운 상황을 형성해나가는 능력이 탁월한 수준을 말한다.

'중첩'은 쿠닌이 여러 가지 일을 차례대로 해결하기보다 동시에 다루는 능력이 학습된 상태를 가리킬 때 쓴 말이다. 노련한 교사는 학급 전체에 시를 읽어주면서, 교실을 쭉 훑어보고는 뒷줄에 앉아 있는 말썽꾸러기들과 의미를 거의 모르는 듯하지만 의미 있는 눈 맞춤을 하고, 그리고 왼손으로는 어느 소녀가 시집 안에 숨겨놓고 읽고 있는 만화책을 빼앗는다. 이와 같은 "낮은 수준의 일시 중지"는 수업의 흐름을 방해하지 않고서 딴짓을 하는 학생에게 주의를 주거나 권위를 내세워서 문제를 해결하게 한다.

'활기Momentum'란 흐름을 유지하면서 예기치 않은 사건에 대비하면서 "변화를 관리하는 것"과 관련이 있다. 평형 상태로부터 불균형 상태로, 시끄러운 사건으로부터 질서를 회복하는 곳으로, 실망에 찬 작은 순간들로부터 즐거움에 가득한 순간으로 드러나지 않게 옮겨 가는 것을 의미한다.

학급 운영의 본질이 되는 이런 특별한 상태는 높은 수준의 교수학습을 진행하는 기초가 된다. 알렉산더Alexander, 2004는 교수학습의 특징을 집단적·호혜적이고, 서로 돕고, 누적되며, 그리고 목적 지향적이라고 규정하면서, 그런 복합적인 표현을 측정하는 일은 단조로운 점검표보다 많은 작업을 요구한다고 말한다. 다음의 표에 그가 제안한 아홉 가지 측면은 함께 조화를 이루어야 하지만, 교사가 된다는 의미를 충족시키는 고도로 숙련된 특징을 묘사할 때 주목할 필요가 있는 것들이다.

1. 어린이: 그들의 특성, 발전, 양육.
2. 학습: 어떻게 동기 유발을 하고, 목표를 성취하며, 평가하고, 경험과 성과를 쌓아나가는가.
3. 교수 활동: 계획, 실행, 평가.
4. 교과과정: 어린이가 배우기에 바람직한 방식에 대해 다양하게 알고, 이해하고, 시도하고, 창조하고, 조사하고, 그리고 의미를 아는 것. 그런데 어떻게 해야 교수 활동에 가장 적합한 방식으로 변형시키고 구조화할 수 있는가.
5. 학교: 미시적 문화를 가진 공식 기관으로, 교실의 범위를 넘어서 교육적 메시지를 전하는 곳.
6. 정책: 무엇을 어떻게 가르칠 것인지에 대해 지시 또는 배척, 권장 또는 금지를 하는 것으로 전국 단위와 지방 단위에 있다.
7. 문화: 교육과 교수학습에 대한 사회의 관점을 알려주고 형성하며 설명해주는 가치관, 생각, 기관들, 절차의 그물망이다. 그리고 이것들을 실제의 교수학습에 반영해야 하는 일을 하는 사람들은 선택과 딜레마라는 복잡한 부담을 갖는다.
8. 자아: 사람이 되게 하는 것이며, 타인과 사회에 연결된 개인이다. 그런데 교육과 다른 어린 시절 경험을 통해 자아상은 어떻게 만들어지는가.
9. 역사: 교육의 현재 상태와 미래의 가능성, 잠재력 모두를 이해하기 위해 꼭 필요한 도구.

앤디 하그리브스Andy Hargreaves[2007, p. 1057]가 "교수 활동의 감성 지리"라고 묘사한 내용을 이해하려면 아이즈너가 말한 복잡한 통찰력이 필요하다. 알렉산더의 아홉 가지 측면이 언급한 내용들 사이의 상호작용에도 주목하면서 말이다. 그는 교육정책과 행정의 언어를 지배하는 교수 활동에 대한 과학기술 지향의 관념들에 반대하기 위해서 '저항 담론'을 제공했다. 그는 또한 교사의 감성적 반응에 대한 설명을 중시하고 사회문화적 맥락보다는 인격적, 심리적, 개인적 기질 차원에서 접근했다. 이때 사회문화적 맥락이란 정체성을 형성하면서 동료, 학생, 학부모와의 관계를 뚜렷하게 만들어주는 것을 말한다.

센게[Senge, 1990]의 용어로 말하자면, 교사가 일상에서 사용하는 기능의 복잡성을 구분하거나 측정하기는 쉽지 않은데, 그 이유는 그 기능들이 학교와 학급에서의 활동 속에 '심층구조'로 자리 잡고 있기 때문이다. 심층구조는 일상의 경험을 뒷받침하지만 말로는 표현되지 않고 있는 신념, 가치, 가정들인데 표면의 구조에 항상 드러나는 것이 아니다. 표면의 구조란 눈으로 볼 수 있는 규칙, 정책, 절차, 감사와 평가의 대상이 되는 단정적인 행동을 말한다.

생태주의 시각

카프라Capra의 작품에 나오는, "세계는 상호 의존과 호혜 관계의 유형을 통해 알 수 있는 것이 되었다"는 구절을 인용하면서, 미첼과 새크니Mitchell and Sackney, 2011는 그런 관점에서 교실의 생태학을 이렇게 묘사한다.

> 교수학습 활동은 사건, 경험, 활동, 구조, 네트워크, 지식, 사람들, 역사, 이해관계, 자원, 인공물, 이해 수준, 그리고 약속들로 구성된 맥락 속에서 이루어진다. 이 모든 것은 교수학습 과정을 매개하면서 영향력을 행사한다.p. 976

켄 로빈슨Ken Robinson은 이렇게 제안했다.

"나는 미래에 대한 유일한 희망이 인간 생태학human ecology이라는 새로운 관념을 적용하는 데 있다고 믿는다. 그 개념 안에서 우리는 인간의 능력이 가진 풍요로움에 대한 우리의 관념을 재구성하기 시작한다. 그렇다면 우리는 실천 행위의 단순한 정지 화면이 아닌 교실생활의 동영상을 이해할 수 있도록 해주는 교수학습 측정 도구를 어떤 방법으로 마련할 수 있을까?"

미국에서 1987년에 '전문적인 교수 활동 표준을 만들기 위한 전국위원회National Board for Professional Teaching Standards'가 설립되었을 때, 기초 작업을 한 교사집단-교사, 교원노조 지도자, 학자들은 표준과 자격 부여 과정을 마련하는 데 6년을 소비했다. 가장 중요한 문서의 내용은, 숙달된 교사가 알아야 하고 할 수 있어야 하는 것들이다. 지난 25년간 거의 변화가 없는 내용이지만, 이 문서에 제시된 다섯 가지 핵심 제안은 아직도 그 위원회 활동의 지침이 되는 등대 역할을 하고 있다. 교사 교육과정에 어느 정도 진전이 있었고 저명한 개혁가들(특히, 샬롯 다니엘슨과 로버트 마르자노Charlotte Danielson & Robert Marzano)은 이 문서를 이용하여 활동했다. 그러나 초중고등학교 과정에서 많은 할 일이 있지만 교수 활동 표준 분야 전체에 걸쳐서 좀 더 의식 있는 조정 작업을 할 필요가 있다.^{그런 작업의 예를 들면, Marzano, 2007}

다섯 가지 핵심 제안

1. 교사는 학생과 그들의 학습에 책임을 진다.
2. 교사는 자신이 가르치는 과목에 대해 그리고 그 과목을 학생들에게 가르칠 방법을 안다.
3. 교사는 학생의 학습을 관리하고 점검할 책임이 있다.
4. 교사는 자신의 실천 행위에 대해 체계적으로 생각하고 경험으로부터 배운다.
5. 교사는 학습공동체의 일원이다.

교원 평가에 대한 OECD의 2009년 보고서에 언급된 내용인데, "훌륭한 교수 활동이 무엇인지 규정하는 일의 복잡성을 더 잘 반영하기 위해 다양한 종류의 평가자와 평가 기준을 포함하는 것이 중요하다."^{p. 32}

이 문서가 언급하는 핵심 평가자는 정부, 지방 당국자, 학교 지도자, 교육 연구자, 경험 많은 교사, 교원노조, 학부모 등이다. 이들은 서로 다른 시각에서 학교교육의 질과 효과성을 바라보는 다양한 관점을 가지고 오는데, 그럼에도 평가의 틀과 절차는 대부분 지역에서 공통의 것을 사용한다.

교원 평가에 대한 OECD 문서의 뒷부분에, 학생을 평가자로 보는 문제를 거론했는데, 멕시코, 스페인, 스웨덴에서는 극히 드문 일이긴 하지만 예외적인 경우라고 언급하였다. 사실 최근 몇 년 사이에 여러 나라에서 학생의 목소리에 더 많은 관심을 기울이는 사례가 있었다. 영국에서는 이것이 상식적인 행위가 되어서, 초등과 중등 학생을 새로운 교직원 임명의 어느 단계에 참여하게 한다.

이제 교실에서 하루에 대여섯 시간, 일주일에 닷새, 일 년에 삼십 주를 보내고 있는 학생보다 더 뛰어난 통찰력을 제공할 사람은 없다는 인식이 폭넓게 수용되고 있다. 학생들은 보통의 방문자, 감사관, 또는 학교장이 결코 볼 수 없는 것을 보고 있다. 그들에게 무엇이 훌륭한 교사를 만드는가 하고 질문했을 때, 어린이들이 사용한 단어는 상투적인 문구와 역량에 대한 식상한 목록을 뛰어넘는 신선함과 통찰력이 엿보였다. 다음에 목록처럼 제시되어 있지만, 그들의 말은 요컨대 태도, 개인적 기질, 그리고 전문가로서의 지향을 모두 모은 집합체이다.

좀 더 기술적인 언어로 말하자면, 훌륭한 교사의 특징 또는 판단 기준은 진단과 처방을 제공하는 피드백, 근접발달proximal development, 무조건적으로 긍정적인 점, 그리고 자아실현에 대한 예언 등이라고 말할 수 있다. 하지만 어린이가 그것을 지각하는 대로 말하면, 그것은 가르치는 일과 자기 평가의 핵심을 바로 짚어내고 가장 풍부한 의미를 전달하는 그 무엇이 된다.

어느 훌륭한 교사는,

- 관대하다	- 어떤 것을 설명할 시간을 (충분히) 갖는다.
- 너의 말을 경청한다.	- 어려움에 처해 있을 때 도와준다.
- 너를 격려한다.	- 네가 얼마나 잘하고 있는지 말해준다.
- 너를 신뢰한다.	- 너의 목소리로 말할 수 있도록 허용한다.
- 자신감을 갖게 한다.	- 네가 이해했는지 확인해준다.
- 느린 사람들을 도와준다.	- 아이들을 가르치는 것을 좋아한다.
- 네가 영리하다고 느끼게 해준다.	- 너에 대한 기대를 포기하지 않는다.

출처: Macbeath, 1997, 『학교는 혼자 힘으로 말해야 한다Schools Must Speak for Themselves』.

학교 자체 평가

우리는 학교가 의미 있고 계속적인 자체 평가과정을 지향하도록 장려하고 지원하는 설명 책임 모형에 매혹당했는데, 그 모형에서 학교는 감사를 통해 가장 적절하고도 검증된 형태에 있음을 증명한다. 진정한 자체 평가야말로 훌륭한 학교가 하는 일의 핵심이라는 말에 우리는 동의한다. 높은 수준의 학업 수행을 유지하는 학교에서라면, 계속적인 자체 개선을 장려하는 과정을 확고하게 정착시키는 것이 이삼 년마다 한 번씩 감사를 받는 것보다 훨씬 더 실질적인 이득을 가져다줄 것이다.정부 특별위원회 보고서 Government Select Committee, 8문단, 영국, 2009년 10월

학교 자체 평가는 세계 각국에서 새롭게 공통적으로 실시되는 정책이지만, 그것은 종종 틀에 박힌 공식이나 의례적인 과정이 된다. 즉, 점검표에 표시하는 것과 보고 양식의 칸을 채우는 것처럼 교사와 학교 관리자에게 귀찮고 힘든 과정을 거치게 만든다. 이런 것이 종종 자체-감사self-inspection 형태를 띠면서 지속적인 과정이라기보다는 하나의 행

사가 되고 밖에서 오는 감사의 전주곡이 되는 경우가 종종 있다.

그러나 자체 평가는 좀 더 역동적인 형태를 띨 수 있다. 그런 경우 교실생활과 학교생활 사이에 그리고 학교 안의 학습과 학교 밖 학습 사이에 되풀이하며 반복되는 관계가 있음을 이해할 수 있다. 또한 학생의 학습과 교사의 학습이 서로 불가결하게 연결되어 있으며 교사의 학습과 조직적인 학습 또는 공동체의 학습을 서로가 지지하고 키워준다는 사실을 인정한다. 자체 평가의 과정은 학교가 지성과 도덕성을 키우는 여정에 나설 수 있게 한다. 학교가 여행해온 거리를 재는 방식은 점수를 모아서 단순한 일직선 운동량을 표시하는 것이 아니며, 깊이 있는 학습에 대해 거의 말해주지 않는 수치의 총합계를 내는 도구를 쓰지도 않는다. 이와 반대로 전문가의 식견으로 추진되고 있는, 진정성 있는 자체 평가의 도구는 사회적 맥락에서 마련된다. 그것들은 대화를 장려하고 무엇보다도 목표에 대한 공감대를 이루는 데 이바지한다. 그런 평가 도구는 새로운 상황과 새로운 도전 과제에 적합하고 유연하며 적용 가능한 것이다. 그것으로 교사가 얼마나 자신의 생각과 실천에 있어서 진보하고 있는가와 학교가 얼마나 학습자 공동체로서 발전하고 있는가를 측정한다. 그것들은 즐겁게 설명 책임을 보장한다. 왜냐하면 그것은 가장 심오한 종류의 증거에 기초를 둔 이야기를 해줄 발판이기 때문이다. 이런 복합성과 역동성이야말로 의례적이고 형식적인 자체 평가에서는 볼 수 없는 요소이다.

교사는 하루에 얼마나 많은 평가와 관련된 결정을 할까? 영국의 연구자 테드 위래그Ted Wragg가 실제로 세어보았는데, 전형적인 교사는 하루에 1,000가지 이상의 즉석에서 하는 평가와 관련된 결정을 내린다. 이런 일 분 단위로 이루어지는 평가에서 동료가 교실 수업의 의사소통을 살펴본다면, "교사는 무엇을 하고 있나?", "그 또는 그녀는 무엇을 배우고 있나?"라는 질문을 할 수도 있다. "내가 무엇을 이전과 다르게 할 필요가 있을까?"와 "다음에는 무엇을 할까?"와 같은 질문은 말로 표현하지 않고 직관적으로 떠오르는 경향이 있지만, 거의 항상 직관적인 자체 평가의 형태를 띤다. 이것이 교사들이 하는 것이다. 이것은 문자로 쓰여 있거나 분류가 되어 있지는 않아서 교사들은 종종 자신이 무엇을 하는지 또는 왜 하는지를 설명할 수 없다. 하지만 그들은 스스로 인정한 바에 따라 행위를 개선하고 전문가로서 더 잘해내려고 노력한다. 그들이 하는 것에 대해 토론하고, 의식을 향상하고, 동료들끼리 공유할 때, 자체 평가와 개선 작업이 체계적으로 뿌리내리는 기초가 마련된다.

살아서 성장하는 존재로서 학교가 가지는 복잡성과 역동성에 대해, 아놀드 톰킨스Arnold Tomkins라는 뉴욕의 행정가가 100년 전에 이렇게 말했다.

> 학교는 그것의 내부 생활 리듬에 맞추어 변할 수 있게 유지되어야 한다. 기계를 끝까지 쓰고는 수리할 기간 동안에만 맡기는 습관이 있는 사람에게는 이렇게 계속해서 모양을 바꾸어가는 일은 골칫덩어리처럼 느껴질 것이다. 그리고 그것이 골칫덩어리인 이유는 고정 불변의 계획은 있을 수 없기 때문이다. 어떤 두 개의 학교도 비슷하지 않으며 똑같은 학교라도 변화하면서 지속적인 관심과 신속한 판단을 학교장에게 요구하기 때문이다.1895년, p. 4

학교를 내부의 생활 리듬에 맞추어 변할 수 있게 유지한다는 것은, 사람들(교사, 학생, 행정가)이 자신의 일에 대해 생각하고 말하는 방식 속에 숨어 있는 것을 계속해서 성찰하는 과정이며, 그들의 실천 행위를 드러내서 토론할 수 있는 것으로 만드는 것을 의미한다. 자체 평가는 완벽한 의미에서 볼 때 끊임없이 성찰하는 과정이며, 교실과 교무실, 회의 장소에서 일어나는 대화 속에서 그리고 교사-학부모 사이의 "본질적인 대화" 속에서 드러난다.Lawrence-Lightfoot, 2003

수업 연구의 예를 들면, 교사들 사이에 이루어지는 지속적인 상호 의견 교환은 수업 계획을 함께 짜는 것과 동료 간 수업 관찰을 통해 이루어지는데, 이것이 지속적인 개선의 전제 조건이 된다. 교사들이 교실 문을 닫고 동료들이 들어오는 것을 반대할 때 그들은 스스로 배움의 문을 닫고 자신이 전문가로서 풍요로워질 기회를 차단하는 것이다. 그들은 이미 일본, 뉴질랜드, 영국, 싱가포르와 같은 다양한 맥락에서 효과적임이 입증된 배움의 기회와 실천을 스스로 부정하는 것이다. 교사들이 교실 문을 열고 변화와 도전에 대해 마음의 문을 열 때, 수많은 평가와 전문성 개발 전략은 그들의 통제 아래 놓이게 된다.

동료 간 수업 관찰

호혜적 배움의 한 형식으로 뚜렷한 목적의식, 행동 규약, 초점의 명확화, 행사 전후 동료 간 토론을 통해 좋은 성과를 얻는다. 그 전제 조건은 관찰한 결과를 놓고 비평할 수 있을 뿐 아니라 느낀 점에 관한 질문을 허용한다는 점을 인식하고서 진행한다는 점이다. 이 주제의 변종은 수업 연구이다. 일본에서 처음 시작했지만 점차 다른 나라에서도 채택하였다. 수업 연구로 접근하는 방법kenkyu jugyo의 핵심은 작은 집단으로 활동하고 교사들이 서로 협력하며 만나서 학습 목표를 토론하고, 실제 교실에서 이루어질 수업을 계획하고(연구수업research lesson이라고 부름), 그것이 실제로 어떻게 작동하는지 관찰하고, 그러고 나서 다시 생각해 보고, 그 결과에 대한 보고서를 작성하는 것이다. 이 과정을 통해 다른 교사들도 도움을 얻을 수 있다. 수업 연구는 때때로 '학교 개방'이라는 하루 동안의 행사가 되기도 하는데, 주최하는 학교에서는 학교 밖 사람들, 학부모, 정치인까지 초청하여 연구수업을 관찰하고 토론하는 데 참여하도록 한다.

협력을 통한 수업 계획

수업 연구와 아주 가까운 친척쯤 되는데, 홍콩 교육부에서 쓰는 표현이다. 이는 하나의 과정으로서 교사들이 교수학습 활동에 대해 협동하고, 공유하며, 성찰하는 것이다. 회의 시간 동안 교사들은 학생의 실행 성과와 피드백을 점검하며, 학생들이 학습하면서 겪는 어려움에 대해 토론하고, 서로 다른 핵심 학습 영역에서 학습 목표를 규정하고, 그들의 성찰에 기초하여 학습 경험을 이야기하고, 수업과 활동을 함께 계획하고 구상한다.

이것은 공동 수업의 전 단계일 수도 있고, 아닐 수도 있다. 그러나 수업을 공유한 교사들의 강점은 그들이 한 걸음 물러서서 관찰하면서 수업을 진행하는 교사 개인에게는 허용되지 않는 사치를 종종 누려볼 수 있다는 점이다. 수업을 진행하는 교사는 그런 사치를 누릴 수 없는데, 시간을 지키고 보조를 맞추기 위해 갖은 수단을 다 써야 하고, 임무Task, 개인Individual, 집단Group(TIG 원칙) 사이에서 균형을 맞추려고 항상 분투해야 하기 때문이다.

조언, 지도, 비판적인 우정

많은 나라에서 교사들이 조언자mentor의 도움을 받아서 그들의 실천 행위에 대해 성찰하는 기회를 갖는 것이 점차 보편화되고 있다. 이 조언자들은 학교 안에 있는 사람이거나 다른 학교, 지방정부기관, 또는 대학에서 온 컨설턴트이다. 지도coaching는 좀 더 지시하는 역할을 하는 경향이 있는데, 특히 긴급한erstwhile 동료들에 대해 책임을 지는 자리에 배치된 신임 고위 직원에게 유용하다. 비판적인 우정이란 둘의 관계에서 '지지'와 '도전' 사이에서 세심하게 균형을 잡기 시작함을 의미하는데, 지지support란 단순히 안락한 분위기에서 안심시키는 말을 하는 것이 아니며, 도전이란 건설적이고 현실적이면서 판단을 유보하는 것이다.

학생의 작품을 공유하고 토론하는 것

이것은 많은 목표에 도움이 된다. 작품의 질과 그 질을 판단하는 기준에 초점을 맞추고서 무엇이 좋은 작품을 만드는지, 어떻게 좀 더 발전적인 방향으로 평가할 수 있는지에 대한 암묵적인 가정을 드러나게 한다. 그리고 10등급이나 퍼센트, ABC 등급, 코멘트만 남기는 방식 등으로 평가하는 근거를 합리화하는 데 대한 깊이 있는 질문을 제기한다. 동기를 약화시키거나 강화시키는 코멘트의 특성에 대해서도 심도 있는 질문을 제기한다.

구조화된 실천 중심 워크숍

일곱 나라가 참여한 국제적 프로젝트에서 사용된 행동 규약인데 MacBeath and Dempster, 2009, 자원한 교사가 의장 자리를 차지하고 동료들이 원형으로 둘러앉는 절차를 따른다. 의장인 교사는 자신이 현재 씨름하고 있는 문제를 묘사한다. 그녀의 동료들은 이해하려는 마음으로 경청한다. 조언을 하는 것은 금지되어 있으나 그녀가 사용하는 해석의 틀 안에서 문제를 풀어갈 방법을 보게 되고 그녀 자신이 그 문제를 다룰 방법을 찾아내기 시작한다.

학습하는 벽

이것은 교사들이 그들의 문제 해결책 그리고 획기적인 성과를 공유하는 장치이다. 교무실의 한쪽 벽면을 교사들의 의견 교환을 위해 할애하면, 교사들은 자신이 직면한 문제를 묘사하는 쪽지를 붙이거나 다른 사람과 공유하고 싶은 자신의 성과 사례를 게시한다. 동료들은 좋은 아이디어를 채택하거나 그것을 적용해보고 결과를 보고한다. 또는 학습하는 벽에서 다른 사람으로부터 얻은 충고나 지원을 받은 후에 실제 어떤 문제를 다루어본 그 방법에 대한 피드백을 게시하기도 한다.

위에서 제시한 모든 방법은 서로 다른 맥락에서도 교사의 생각과 대응 전략의 폭을 넓혀주었음을 보여주었다. 모두 어떤 행태로든 학습하는 대화를 포함하고 있는데, 그 대화는 어떤 경우엔 학생들의 학습에, 다른 경우에는 전문가로서 교사의 자질을 키우는 것에 초점을 맞추고 있다. 이 모든 전략의 핵심에 있는 것은 실천 행위를 사유화하지 않는 것, 동료와 함께 배우는 것, 실제 근무 시간에 교실에서 이루어지는 실천 행위를 관찰하고 생각하는 것, 그 실천 행위가 실제의 전개과정에서 어떻게 보이는지에 대해 함께 고민하고 문제를 풀어보는 것 등이다. 지속적으로 발견되어온 것처럼[예: Joyce and Showers, 2002], 교사가 자신들이 해야 할 일을 아는 것은 쉽지만, 그것을 실행하도록 하는 것은 어렵고, 그것을 일상생활의 실천에 스며들게 하는 것은 더욱 어렵다. 효과적인 실천 행위를 일상 속에 스며들게 하는 것은 모든 전문성 개발에서 겨냥하는 결과이다. 그렇지만 항상 지속적으로 성공하는 것은 아니다.

그것들을 전략적으로 사용하는 것을 넘어서는 더 깊은 목적이 있는데, 그것은 바로 교사들이 무엇이 가치 있는 교수학습 활동인지 생각해보도록 하는 것이며, 목표에 다가가는 발판을 마련하고 목표에 대해 다시 생각해보고 그 틀을 다시 구성해보도록 하는 과정을 제공한다. 그리고 그 과정에서 목표들로 접근해가는 정도를 점검하는 것을 통해 다른 행동 경로를 지시할 수 있으며 갑작스럽고 예기치 못한 결과가 나올 경우에 대비할 수 있다. 갑작스러운 학습 없이도, 가르치는 일은 예측 가능하고 잘 닦인 길이 될 수 있다.

"성공처럼 보이는 것은 반드시 실패한다Nothing fails like success"는 피터 센게가 제창한 『조직적 학습 불능』[1990]의 하나이다. 학교, 부서, 교사들이 더 많은 성공을 경험할수록 그들이 그것에 대해 의문을 제기할 가능성은 낮아진다. 그 책에는 "부서지지 않았다면 수리하지 말라"는 아주 오래된 속담이 나온다. 성공만큼 자기만족 또는 오만을 낳는 원인이 되는 것은 없다. 왜냐하면 최고가 된다는 것은 불일치나 근본적인 변화를 가로막고 있는 뿌리 깊은 가정을 찾아내려 하지 않는다는 것을 의미하기 때문이다.[Hammond and Mayfield, 2004]

수많은 나라에서 발견되는 증거는 똑같은 결론으로 이어진다. "토론 불가능한 것"을 붙들고 싸우는 학교는 그렇지 않은 곳보다 변화에 더 개방되어 있고, 변화에 끌려가기보다 변화를 주도하는 데 더 훌륭한 능력을 발휘할 수 있다. 그리고 더욱 효과적이고 근본적으로 개선할 수 있다.[Rosenholtz, 1989; Stoll and Myers, 1997; Gray et al., 1999]

감사와 외부의 평가

현재 국제적으로 인정되고 있는 감사와 외부 평가의 본질적 목표는 학교가 자체 평가라는 내부 과정을 훌륭하고 엄격하게 꾸준히 진행하고 있는지를 측정하는 것이다. 가장 선도적인 모범은 뉴질랜드인데, 교육평가원Education Review Office은 평가 방문을 위한 행동규약을 합의하기 위해 학교와 함께 일한다. "균형 잡힌 평가proportional review"를 채택하는데, 외부의 검증은 전문성 개발과 개선을 위해 증거를 수집하고 활용하는 과정에 대해 학교 스스로가 갖고 있는 자신감과 엄격함의 정도에 맞추어 진행된다. 최근 발행된 OECD 보고서의 결론은 다음과 같다.

> 학교 자체 평가는 (교육의) 질을 보장하고 개선을 지속하는 과정의 핵심이다. 그것은 학교가 자신의 실천 행위에 대해 체계적으로 평가하는 엄격한 과정인데, 질문을 제기하는 틀로 평가지표를 사용하고, 분석과 성장을 위한 도구의 목록을 활용한다. 최근 몇 년간 교육평가원은 증거 자료에서 뽑아낸 질문을 옹호하는 데 집중하고 있으며, 학교가 그런 과정에 참여하도록 지원하고, 평가로부터 얻은 정보를 개선과 설명 책임 확보를 위해 어떻게 사용하는지에 대해 조언을 제공하고 있다.[Nusche, Laveault, MacBeath and Santiago, 2011; Para, 280]

하지만 뉴질랜드뿐만 아니라 내부와 외부 평가 사이 그리고 개선 작업과 설명 책임 사이에 균형점을 찾으려고 노력하는 모든 나라에 적용되는 조건이 하나 있다.

자체 개선과 외부에 보여주는 설명 책임은 자연스럽게 단짝 친구가 되는 것이 아니고 그런 경우도 거의 없다. 혹시 그런 경우가 있다면, 그것은 학교 개선에 협력하기 위해 자료를 사용하는 작업과 학교 간 경쟁을 위해 자료를 사용하는 것 사이에 완벽한 균형점을 찾을 수 있도록 전국적인 체계를 갖춘 경우이다. 이것이 정책에 주는 시사점은 개선 작업에 대한 강조점을 유지하고 강화하라는 것이다. 그것은 교육평가원과 다른 통로(예를 들면, 교원단체)를 통해 학교가 자체적으로 내부의 설명 책임을 확보하려는 강한 의지를 갖도록 돕는 것이며, 그렇게 함으로써 학교가 외부 기관에게 해줄 수 있는 믿을 만한 이야기를 갖게 된다.[Para. 318]

학교가 어떻게 자신의 이야기를 외부 기관과 학부모에게 하는지, 그것도 혼자 힘으로 하는지가 교사들을 위한 핵심적인 작업이다. 존 세던John Seddon의 제안에 따르면, 외부 감사관 또는 평가자에게 이런 질문을 꼭 해야 한다.

"(교사들이 하는-옮긴이) 그 작업을 이해하는 데 도움을 얻고 개선해주기 위해 당신은 어떤 측정 수단을 사용하고 있는가?"[http://www.emeraldinsight.com/learning/management_thinking/interviews/pdf/seddon.pdf.]

목소리에 대한 질문

학교에 대한 내부와 외부 평가 모두에서 핵심 문제는 누구의 목소리를 들을 수 있게 되는가와 누구에 의해서 그렇게 되는가이다. 누구의 목소리에 가장 무게가 실리는가? 목소리를 들리게 만드는 방법은 누가 말하는가의 문제뿐만 아니라 표현되는 양식과 언어에도 좌우된다. 많은 목소리가 들리지 않거나 침묵을 강요당한다. 교수학습 활동에 대해 뭔가 말하고 싶은 학생들이 말할 수 없다고 느끼는 경우가 있는데, 교사가 그들의 말을 환영하고 보복하지 않을 것이라는 확신이 없고, 그들의 말의 정당성을 인정해주는 틀이 없을 때 그렇다. 필딩과 러덕Fielding and Rudduck의 주장을 살펴보자.

연구하는 이들에게 우리가 얼마나 친절한지에 상관없이, '그들의' 해방에, '그들의' 개선, '그들의' 희생양 만들기 방지에 얼마나 많은 관심을 갖든지 간에, …… (명확한) 사실은 '우리'는 '그들'의 용어로 '그들'의 생활을 이해할 수 없다는 것이다. '우리는' 그들과 함께 오는 '그들의' 삶조차 이해할 수 없다. 진정으로, 우리가 교사이든 외부 연구자이든, 학생들의 언어를 재구성하면서 성인의 언어를 사용할 것이다. Fielding and Rudduck, 2001, p. 3

학생의 목소리에 특권을 부여하는 것은 위험을 수반한다. 교사들은 정당성을 갖고 질문을 제기할 것이다. "우리 목소리는 어디에 있는가?" 미국의 교사전문성표준을 위한 전국위원회National Board for Professional Teaching는 이런 사례를 보여준다. 그 표준과 자격 인증 과정은 교실 수업을 담당하는 활동적인 교사들(그들 대부분은 자격증 이상의 자질을 가지고 있음)에 의해 관리, 유지되고 있다. 그리고 후보자의 신청서에 점수를 주는 사람은 교사들이다. 다시 말해 이 과정을 만들고, 실시하고, 유지하는 것은 매우 높은 수준의 교수 활동을 완수한 사람들의 목소리라는 것이다. 전해지는 바에 따르면, 신청자의 40%만이 첫 번째 시도에서 자격 인증을 받고, 삼 년 동안 시도한 후에 최초 합격자의 70%만이 자격증 이상의 자질을 인정받는다고 한다.

외부 기관, 연구자, 정책 담당자, 학교 관리자, 그리고 교사 자신들은 어떻게 그들의 삶을 이해하고, 이 변화무쌍한 세계에서 교사가 된다는 것의 의미를 깊이 있게 이해하려는 열린 마음을 가질까? 학교의 '목소리'와 '음향'을 더 깊이 이해하려고 시도하면서, 필딩과 러덕이 다시 정의를 내리는 설명 책임이라는 개념은 덜 공포스럽고 교사들 자신이 좀 더 많은 주도권을 행사하는 것이 된다. 엘모어Elmore[2004, p. 17]가 묘사한 특징을 보면, 설명 책임이란 다음 세 가지의 서로 밀접하게 연관된 요소를 가지고 있으며, 이들 사이에 수렴하는 정도를 측정해야 한다. 그들이 책임지고 있다고 각자가 얘기하는 것(책임성), 조직이 책임지고 있다고 사람들이 얘기하는 것(기대치), 그리고 사람들이 문자 그대로 자신이 하는 일을 설명하는 내부의 규범과 과정(설명 책임 구조).

내부의 설명 책임에 대한 강한 자각이 없다면, 학교와 교사들은 늘 외부의 압력에 종속당하고 외부에서 요구하는 변화에 대응하는 태도를 유지할 것이다. 그들이 할 수 있는 것과 없는 것 사이의 차이를 이해하고 공감하면서, 그러나 그와 동시에 의무적으로 해야 하는 일의 경계와 교사 자신이 갖고 있는 한계와 직업상의 범위를 넘어 끊임없이 나아가려는 의지를 가진다면, 학교와 교사들은 지역, 나라, 세계 수준에서 오는 강제력에 더 강하게 대응할 수 있다. 가장 훌륭한 실천의 경우를 보면, 변화의 동력은 내부로부터 생기고 중요한 일과 오랫동안 가치를 갖는 일에 깊이 헌신할 때 비로소 생긴다.

인도에서 판데이Pandey가 묘사한 전문성 개발 모형은 "어깨 걸고 배우기shoulder-to-shoulder learning"라고 알려져 있는데, 열한 개의 구성 요소로 되어 있고 교수 활동을 측정할 틀을 제공한다.

1. 지도력

교사가 교수학습 활동에 참여하는 것을 방해할 수 있는 문제에 주의를 기울인다. 이 요소는 지도자로서 교사의 역할에 초점을 맞추는데, 교직원이 앞으로 나아가기 위해 서로 도와 함께 일하는 데 적극적으로 나서고 권한을 위임받는 것을 말한다. 또한 교사는 학교를 보다 좋은 곳으로 만드는 방향으로 전환하기 위해 함께 일하는 공동체의 핵심 구성원으로서 역할을 할 것을 강조한다.

2. 실천을 통해 배움

항상 질문을 제기하려는 마음가짐으로, 교사는 일정 기간 동안 계속하여 어떤 생각이 적용 가능한지를 엄격하게 검증하는 과정에 참여한다. 그 과정에서 그 생각을 자신의 학교와 특정한 학생들에게 적합하도록 만들고, 자신의 교실 수업에 뿌리내리게 하기 전에 실험과 실수를 반복하면서 탐구하고 혁신을 거듭하여 세련되게 만든다.

3. 효과적인 실천 모델

이 요소는 상황에 적합한 전문성 개발에 대한 것인데, 다른 사회문화적 맥락에서 그리고 서로 다른 고유한 목적을 가진 경우에 나타날 수 있는 실천 행위의 다양한 모델을 접하면서 계속 배울 수 있도록 자원을 공급하는 것을 말한다.

4. 전문가들의 학습공동체

협력하는 문화의 중요성은 협력하여 문제를 해결하고, 공식적이든 비공식적이든 교수학습 방법을 공유하는 기회를 갖는 과정에서 생겨난 전문가들의 담론이 있다는 특징을 가진다. 이것은 교직원들이 학교의 모든 학생의 학습에 대한 공동 책임감을 가질 때 성취 가능하다.

5. 전문가들이 배우는 행사

전문적인 기술과 지식의 범위 밖에서 더 배울 기회는 항상 존재한다. 학술회의, 워크숍, 학교 방문, 전문 서적 읽기, 복합 매체multimedia 같은 것이 그 예이다.

6. 증거 자료

일련의 분석과 고민의 과정을 거친 증거를 통해 확인한 바에 따르면, 모든 개입은 긍정적이다. 이 증거 자료들은 새로운 실천을 도입하거나 가장 큰 변화를 가져오고 있는 실천 행위를 집중 조명하자는 결정을 내리기 위한 설명 책임 확보 수단으로 쓰일 수 있다.

7. 강조점

학교의 강조점은 위의 요소들을 실질적인 방식으로 활용하게 하고 학습 기회의 우선순위를 정리해준다. 이 강조점이 확인해주는 바에 따라, 교사는 불연속적으로 학습 기회를 갖거나 강조점을 분산시키기보다 일정 기간 동안 계속하여 학습에 몰입할 수 있게 된다.

8. 제도의 정리 정돈

대다수의 학습이 학교에서 이루어지지만, 제도적인 수준에서 잘 정리 정돈된 지원을 각 학교와 전문적 학습 행사를 통해 제공하는 것이 중요하다.

9. 학교 지원 조언자

학교 지원 조언자는 학교 내부와 학교 사이에서 교직원들의 협력 학습을 지원하는 절차와 구조를 정착시키도록 돕는다. 조언자consultants들 각자는 제한된 숫자의 학교와 함께 일하며, 각 학교의 사회문화적 맥락에서 나오는 요구를 깊이 이해하는 작업을 지속하고, 각 학교가 학습에서 자기 주도적이 되도록 지원한다. 물론 그들은 다른 학교 그리고 전문가들의 학습과 제도적인 연결을 유지하고 있다.

10. 특수 분야 조언자

특수 분야 조언자는 효과적인 실천을 위한, 맥락에 맞으면서도 풍부한 모델 개발을 돕는다. 특별히 선정한 교사들과 함께 일하면서 전문적인 학습 결과를 실천으로 연결하는데, 그 핵심 분야는 교과과정의 내용, 교수 활동 전략, 학습의 진전, 그리고 학생의 학습을 지도하는 데 쓰이는 자료와 증거 자료 분석 등이다.

11. 학생 지원 프로그램

조언자 팀이 학교에서 활동하면서, 교사들과 함께 교수학습 활동에 대한 조언을 하고, 학생 개개인의 요구를 해결하는 데 도움을 주며, 학생을 위한 개입과 학습에 대한 지원이 학교 전체의 관점에서 확실하게 이루어지도록 노력한다. 여기서 학교 전체의 관점이란 모든 교사가 각각의 아이들이 배우고 발전할 수 있도록 책임지는 것을 말한다.

12. 이 모든 요소를 함께 가지고 감

성공적인 성과를 거두려면 이 모든 요소가 한곳에 있어야 하고 서로간에 상호 의존 관계가 돈독해져야 한다. 요소들 사이의 동반 상승효과가 나타나려면 증거와 강조점이라는 두 가지 개념이 더 추가되어야 한다. 이것은 역량 축적의 과정으로 볼 수 있다. 보통 그렇듯이 그것은 수많은 핵심 특징을 가지고 있다.

이렇게 교사의 활동 영역에 평가를 도입하는 틀을 갖추는 것은, 지루 Giroux가 "거대 서사"와 "전지전능한 이야기꾼"이라고 부르는 것을 지루하게 기계적으로 추구하는 것에 음악 반주를 넣어주는 격이다. 여기서 전지전능한 이야기꾼이란 교사의 편에 서서 배움에 대한 이야기를 해주는 활동 주체 또는 권위자를 말한다. 지루[1992, p. 11]에 따르면 "우리 모두를 대변하는 거대 서사는 없다." 거대 서사를 내면화하기보다는, 학교 교직원들에게, 그리고 어떻게 아이디어와 만병통치 처방이 만들어지는지를 시험해보는 데로 그들을 이끌고 가는 사람들에게 다음에 대한 책임이 있다. 즉, 그런 아이디어가 의미하는 것은 무엇인지, 그것들이 우리의 사회적·도덕적 경험을 어떻게 규제하는지, 그리고 그것들이 특정한 정치적 관점을 어떻게 전달하는지를 검증해봐야 한다. 배울 만한 가치가 있는 것과 계산할 만한 가치가 있는 것을 탐구하는 작업이 선행되어야 자체 평가(성찰과 비판 속에서 계속되는 대화의 과정)를 만들기 위한 기초가 마련된다.

참고 문헌

Alexander, R.(2004), 'Still no pedagogy? Principle, pragmatism and compliance in primary education,' *Cambridge Journal of Education*, 34 (1): 7-33.

Ball, S. J.(2001), Labour, Learning and the Economy in M. Fielding(ed.), *Taking Education Really Seriously: Four Years Hard Labour*, London: Routledge Falmer.

Briggs, D. and Dominique, D.(2011), Due Diligence and the Evaluation of Teachers, University of Colorado: National Education Policy Center.

Elmore, R.(2005), *Agency, Reciprocity, and Accountability in Democratic Education*, Boston, Mass.: Consortium for Policy Research in Education.

Fielding, M.(ed.)(2001), *Taking education really seriously: four years hard labour*, London: Routledge Falmer.

Fielding, M. and Rudduck, J.(2002), The transformative potential of student voice: confronting the power issues, *Paper presented at the Annual Conference of the British Educational Research Association*, University of Exeter, England, 12-14 September 2002.

Giroux, H. A.(1992), *Border Crossings*, London: Routledge.

Guisbond, L.(2010), National Centre for Fair and Open Testing, http://www.fairtest.org/search/node/guisbond. Last Accessed November 10th, 2011.

Gray, J., Reynolds, D., Fitz-Gibbon, C. and Jesson, D.(eds.)(1996), *Merging Traditions: the future of research on school effectiveness and school improvement*, London: Cassell.

Hargreaves, A.(2001), The emotional geographies of teaching, (2007) *Teachers College Record*, 108 (6), pp1056-1080.

Hammond, S. A. and Mayfield A. B.(YEAR), *The Thin Book of Naming Elephants: How To Surface Undiscussables For Greater Organizational Success*, CITY: Thin Book Publishing Company.

Hattie J.(2009), *Visible Learning: a synthesis of over 800 meta-analyses relating to achievement*, London: Routledge.

Hout, M. & Elliott, S. W.(Eds.)(2011), *Incentives and Test-Based Accountability in Education*, Washington, DC: The National Academies Press.

Isore, M.(2009), *Teacher Evaluation: Current Practices in OECD Countries and a Literature Review*, OECD Working paper 23, Paris, OECD.

Kounin, J. S.(1970), *Discipline and Group Management in Classrooms*, New York: Holt, Reinhardt and Winston.

Lawrence-Lightfoot, S.(2004), The Essential Conversation, What Parents and

Teachers Can Learn from Each Other, New York: Random House.

MacBeath, J.(1999), *Schools Must Speak for Themselves*, London: Routledge.

MacBeath, J. and Dempster, N.(Eds.)(2008), *Connecting Leadership and Learning: principles for practice*, London: Routledge.

MacBeath, J. and Cheng, Y. C.(2008), *Leadership from Learning: international perspectives*, Rotterdam: Sense Publishers.

MacBeath, J.(2006), *School inspection and self-evaluation: working with the new relationship*, London: Routledge.

Marzano, R. J.(2007), The art and science of teaching, Alexandria, VA: ASCD.

Masters, G. N.(2010), *The Hard Work of Improvement, ACER Occasional Essays –* November, Australian Council for Educational Research.

Nicholls, S. L. and Berliner(2007), *Collateral Damages: How high takes testing corrupts American Schools*, Boston, Mass.: Harvard Education Press.

Nusche, D., Laveault, D., MacBeath, J. and Santiago(2011), OECD Reviews of Evaluation and Assessment in Education, Paris: OECD.

OECD(2001), *Teacher Exodus – the Meltdown Scenario*, Paris: Education Policy Analysis.

Pandey, S.(undated), Professionalisation of teacher education in India: A critique of Teacher Education Curriculum reforms and its effectiveness, New Delhi: National Council for Research in Education and Teaching.

Rosenholtz, S. J.(1989), Teachers Workplace: the social organization of schools, New York: Teachers College Press.

Senge, P. M.(1990), *The Fifth Discipline*, New York: Doubleday/Currency.

Soo Hoo, S.(1993), Students as Partners in Research and Restructuring Schools, *The Educational Forum*, 57, 386-392.

Starratt, R. J.(2005), The Ethics of Learning: An absent focus in the discourse on educational leadership, Paper presented to the ILERN group, Boston College, October.

Stoll, L. and Myers, K.(1998), *No Quick Fixes*, London: Falmer Press.

Teddlie, C., and Reynolds, D.(2001), Countering the critics: Responses to recent critics of school effectiveness research, *School Effectiveness and School Improvement*, 12, 41-82.

Tomkins, A.(1895), *School Administrator*, New York 1895 (4) quoted in K. Riley, (1998), *School Leadership and School Culture*, Washington: World Bank.

Weatherby, K.(2012), Getting the Measure of Teaching: What Works in Teacher Policy, Paper presented to the Future of the Teaching Profession Conference, Cambridge, April 16-17.

5장
변화에 대한 이야기

　서로 다른 정책의 전제에서 나오는 미래에 대한 예측 가능한 시나리오는 무엇일까? 어떤 조건과 지원의 형태, 그리고 정책의 틀이 교사와 학생들의 자존감과 자기 효능감을 가장 높여줄 수 있을까? 기존 체제의 기득권을 변화시켜서 다르거나 좀 더 바람직한 미래를 만들어내는 과정은 어떤 것일까?

　변화에 대한 세 가지의 유명한 모형을 인용하여, 이번 장에서는 이 세 가지 이론적 시나리오의 줄거리를 소개하는 것으로 시작한다. 이 시나리오 중 어느 것도 불확실한 미래를 예측하려고 시도하지 않는다. 다만 변화의 장애물, 인식의 틀에 변화가 일어나는 과정, 그리고 이런 변화가 가져오는 시사점에 대해 알고 있다는 것은 세 시나리오의 공통점이다.

　이번 장의 후반부에서는 현재 이미 존재하고 있는 미래상의 측면을 검토하는데, (예를 들면) 교과과정의 범위와 학교라고 하는 전통적인 틀을 넘어서 일어나는 학습을 탐구하기 위한 시도가 시작되었다. 이런 작업은 교수 활동의 미래에 대한 암시를 끌어내는데, 주요하게는 '무엇을' 뿐만 아니라 '어디서', '어떻게'의 문제이다.

변화에 대한 기대, 도전, 그리고 그 과정

"변화가 일어나고 있다Shift happens"라는 제목을 가진 파워포인트 발표문을 1억 5,000만 명의 사람들이 보았고, 학술회의 발표자들이 현재 통용되는 가정에 도전하기 위해 그것을 자주 사용한다고 한다. 흥미를 불러일으키는 몇 가지 주장을 살펴보자.

- 오늘날 청소년들은 그들이 35세가 될 때까지 10~15개의 직업을 가질 것이다.
- 현재 영국에서 상위 10개의 인기 있는 직업은 2004년에 존재하지 않을 것이다.
- 셰익스피어는 2만 4,000단어로 작업을 했지만 에미넴Eminem 같은 대중예술가는 100만 개의 노래를 부를 수 있다. 그것도 달마다 1,000개씩 더해진다.
- 영국에서 10대 아이 열 명 중 아홉은 자신의 집에 컴퓨터가 있고, 핸드폰과 게임기를 가지고 있다.
- 300만 권 이상의 책이 매일 출판된다.
- 우리는 현재 존재하지도 않는 직업을 위해 학생을 준비시키고 있으며, 우리가 아직 알지 못하는 문제를 풀기 위해 아직 발명되지도 않은 기술을 활용할 학생들을 가르치고 있다.http://www.slideshare.net/ jbrenman/shift-happens-33834

말레이시아 쿠알라룸푸르에서 열린 아시아세계회의Asian World Summit 에서 발표한 이 내용에 공감하는 분들이 있다. 다국적기업과 중소기업의 고용주가 걱정하는 바는, 우리가 닷컴 시대에 번영을 누리기 위해 필요한 기술을 갖지 못한 아이들을 키워내고 있다는 것이다.

그 기술이란 예를 들면, 비판적인 안목, 통제된 자율성, 협력하려는 노력, 공동 작업team work과 자기 주도성self-direction 등이다. 그들은 이제는 모두가 수용하는 주제들을 반복해 말한다. 그들이 인용하는 고용주가 원하는 일곱 가지 핵심 기질은 주도성, 소통 기술, 팀 안에서 일하는 능력, 좌절에 대처하는 능력, 배움에 대한 열린 마음, 문제 해결, 그리고 약속에 대해 책임지기 등이다.

이런 주제는 이제 자주 듣는 것이지만, 전통적인 교실에 존재하는 수동성, 순응, 개인 소유의 지식, 그리고 시험을 한편으로 하고, 다른 한편으로는 어린 시절의 '진짜real' 그리고 '실제로 있는virtual' 세계라는 두 세계 사이의 간극을 메우지는 못하고 있다. 하지만 무엇이 '진짜' 세계를 구성한다고 말할 수 있는지는 점점 더 어려워지고 있다. 왜냐하면 우리는 세계를 오늘날 너무도 많은 종류의 혼란스럽고 복잡한 방법으로 매개하여 인식하고 있고, 이는 부모나 교사처럼 권위를 의심받지 않던 사람들이 지식을 전달해주던 지난 세계와는 다르기 때문이다. 과거에는 책과 만화가 사회생활에 대한 다른 방식의 설명을 제공하였고, 동료들이 대안적인 현실을 만들어내도록 도와주었지만, 그때는 사실의 세계와 환상의 세계 중간에 있는 영역은 거의 없었다. 라디오, TV, 녹음된 음악이 지식의 범주를 확장했지만, 중요한 인식 틀의 변화는 어린이들이 단순히 지식의 소비자가 아니라 세계적인 규모로 지식을 생산할 수 있게 해주는 기술의 등장과 함께 시작되었다.

교사들이 어린이들의 세계가 변하고 있음을 수용하려면, 경제적·사회적 세계, 가족, 거리, 동료집단 사이에서 일어나고 있는 현상과 교실에서 벌어지고 있는 현상 사이에서 결합되는 지점을 짚어내는 일을 해야 한다. 전달 모델(아는 사람이 모르는 사람에게 이야기해주는 것)은 효과가 갈수록 제한적이고, 쌍방향 통신 기술이 제공하는 것과 결합하거나 그것을 초월하여 상상력 넘치고 상상을 자극하는 교수학습 방법으로 보충할 것을 요구받고 있다. 동시에 교사들은 "가장 훌륭했다고 생각되고 언급되어온 것"Matthew Arnold, 1867을 고집하는 것이 가진 딜레마에 빠져 있다. 즉각적인 만족을 추구하는 문화에 굴복하지 않으려 하고 풍부한 지성과 도덕성이라는 자본을 포기하지 않으려 하는데, 이것은 이성을 규율에 맞추어 훈육하고 분별하는 태도를 요구한다.

21세기의 삶을 위해 아이들을 준비시키자고 주장하고 고민하는 사람들은, 그리고 이제까지와 다르고 심지어 상상이 불가능한 미래의 가능성을 생각하는 사람들은, 앞을 내다보는 것은 또한 뒤를 돌아보는 것을 의미한다는 것을 예민하게 인식해야 한다. OECD/CERI 프로그램에서 제기하는 질문을 살펴보면, 거기에 내포된 핵심은 "전환transformation과 대화conversation는 어디에서 만나는가?"이다.

오늘날의 학교가 어떻게 전환되어야 각 개인들의 21세기를 대비하게 만드는 교수학습이 이루어질 환경으로 될 수 있을까?

교사와 교사라는 전문 직업의 미래는 학교의 미래와 밀접하게 연결되어 있다. 학교가 예측할 수 있는 미래 시기에까지 어떤 형태로든 유지될 것은 확실하지만, 교수학습 활동이 학교와 다른 장소에서도 확대되어 이루어질 것이라는 사실 또한 명확하다. 우리가 아는 대로 회고해보면, 성취도의 차이를 학교 혼자서 줄이지는 못했고, 미래를 보면 이런 일이 일어날 가능성은 더 적어 보인다. 그린필드의 학습 장소에 대한 연구 결과3장에 서술됨가 암시하는 바를 더 멀리 밀고 나가면 무엇을, 어디에서, 언제, 누가 그리고 어떻게 학습하는가에 대한 답을 추측할 수 있고, 점점 더 중요하게 '왜' 배우는가에 대한 시사점을 얻을 수 있다.

학교에 미래가 있는가?

이 이야기는 학교의 미래로 시작된다. 2001년 OECD는 미래의 학교에 대한 여섯 가지 시나리오를 제안하였다. 그러나 미래의 무한한 가능성을 줄이고 줄여서 몇 개의 극단적인 유형으로 만드는 작업은 변화에 대처하는 전략적 선택에 대해 고민하도록 자극을 준다. 이 시나리오는 다음의 질문을 불러일으킨다. a) 그 각각은 얼마나 가능성이 있는가, b) 그 각각은 얼마나 바람직할까.^{OECD, 2001, p. 77} 이 시나리오에 대해 십 년 후 다시 점검하고 따져보았지만 비슷한 가정과 설계에 의존하고 있다.

시나리오 1과 2 : 기득권을 유지하기

첫 번째 시나리오('엄격한 관료제 체제')는 현재 존재하는 것을 서술하지만 점차 학교의 본질적 특징을 더 노골적으로 드러내면서, 각각 구별된 기관들을 복잡한 행정 계획으로 단단히 엮어내고, 설명 책임과 경쟁력 확보를 위해 장소별 교과과정과 평가를 고집한다. 학교는 보호와 사회화 역할을 하지만 학교와 교사들의 사회적 책임이 계속 늘어나면서 새로운 도전과 더 많은 자원이 요구된다. 이 시나리오에서, 근본적인 변화에 대한 저항은 학력 기준 저하에 대한 두려움과 막연하게 추정되는 기회의 평등(통일되고 표준화된 감독 또는 감사에 의해 제공되는)으로부터 온다.

두 번째 시나리오는 기득권 유지라는 큰 제목 아래 있는데, '교사 대 탈출 학교 붕괴 시나리오'이다. 이것은 교사 부족이라는 주요 위기를 예언하는데, 그것은 부분적으로 교사들의 급격한 평균연령 상승, 교사의 사기 저하, 너무 많은 정책의 압력에 대한 저항 그리고 석사 학위자에게 제공되는 다른 직업에서 매력적인 기회 증가 등으로 인해 촉발된다. 위기 경영이 규범으로 되면서 군사 요새와 같은 심리가 지배하고, 그것은 "경비 절약과 갈등의 악순환"으로 이어지거나 또는 근본적인 혁신과 집단적인 변화로 질주할 수 있다. 교사 부족과 같은 상황에서는, 보상과 근무조건에 개선이 있을 수 있다.

시나리오 3과 4: 재학교화

세 번째와 네 번째 시나리오는, 재학교화rescholing라는 제목 아래에서 학교에 중심 역할을 부여하고, '핵심적인 사회 중심'으로 그리고 '중요한 학습 조직'으로 각각 확장된다.

세 번째 시나리오는 학교와 다른 공동체, 전문가들, 평생 교육기관들 사이에서 책임을 광범위하게 공유하기를 요구한다. 이것은 교사의 전문성 수준을 낮추기보다는 높이는 데 기여할 것이고, 더불어서 좋은 학습 환경을 모든 지역공동체에서 요구하는 대로 충족시키고, 교사와 학교에 대한 평가를 높이는 데 충분한 수준의 재정 지원을 제공한다. 학교가 다양한 지역공동체의 이해관계 및 공식 비공식 프로그램과 상호작용하는 경우에는, 그곳에 넓은 범위에까지 미치는 종종 집단적인 지도력이 존재하며 지역 수준에서 강력한 의사결정이 이루어지고 있음을 암시한다. 교사들은 다양한 협약에 의해 합의를 할 권리를 누릴 것이고, 다른 전문가들, 공동체 활동가들, 학부모들과 협력하여 역할이 중첩되거나 경계가 불분명해지는 조건을 맞게 될 것이다.

중요한 학습 조직focused learning organisation으로서 학교(네 번째 시나리오)는 높은 질, 실험, 다양성, 혁신의 문화를 당연하게 생각한다. 위계질서와 규칙을 중시하고 처벌을 위주로 하는 설명 책임 확보 방법을 통해서는 학교가 더 이상 '수평 상태'를 얻을 수 없다. 수평 상태란 넓게 퍼져 있는 전문 지식과 기술, 팀을 활용하는 것, 네트워크(형성), 전문지식과 기술의 다양한 원천 확보를 특징으로 하는데, 질을 확보해야 한다는 규범과 자체 평가가 뿌리 깊게 자리 잡고 있다. 교수학습 방법, 평가, 역량의 새로운 형태에 대한 조사연구가 활발하게 이루어진다. 교사들은 동료들과의 협력이 잘되는 환경에서 일에 대한 도전을 서로 자극하기 때문에 자기 자신과 동료들이 하는 일에 대해 높은 주인의식을 갖게 될 것이다. 학교 건물과 교육 자원을 지역공동체에 개방하여 운영하고 그 질을 개선하기 위해 과감한 투자를 함으로써, 재산과 사회적 자본의 차이로 인한 차별이 더 이상 커지지 않도록 하려는 노력이 이루어진다.

시나리오 5와 6: 탈학교화

두 가지 시나리오가 더 있는데, '학습자 네트워크와 네트워크 사회' 그리고 '시장 모형의 확장'이 그것이다. 전자는 협력하는 네트워크의 새로운 형식을 선보이는 데 반해, 후자의 시장 모형 경쟁 체제와 대비된다.

학습자 사회에서 학습자 네트워크가 생기는 주요한 이유는 제도화된 (지식)공급 형태에 대한 불만족이 커지고, 갈수록 복잡해지고 강력하지만 비싸지 않은 정보통신 기술에 의해 제공되는 지식의 새로운 형식 때문이다. 그래서 학교는 점차 해체되고 수많은 학습 네트워크가 그 자리를 대신할 것이라는 가정이 나타났다. 이 시나리오에 '교사'라고 불리는 특별한 전문가가 들어설 여지는 없다. 왜냐하면 교사-학생, 학부모-교사, 교육-공동체 사이의 구분이 흐려지고 때때로 파괴되어버리기 때문이다. 권위가 넓게 분산되기 때문에, 통치와 설명 책임의 양상은 새로운 동료성을 표현한 것으로 된다. 새로운 학습 전문가가 나타나는데, 지역에서 가르치는 일에 고용되거나 조언가consultants로 일하게 된다. 물론 이들은 자질이 입증된 훌륭한 교사들이겠지만 그들의 재능을 교실이 아닌 곳에서 펼치게 될 것이다.

시장 모형의 확산은 시장이 주도하는 변화가 더 넓게 확산되는 분위기에서 이를 다양화하려는 정부의 시도를 통해 나타날 것이다. 사교육 시장이 더 많이 개방되면서, 새로운 공급자가 자신들의 서비스를 제공할 기회를 잡으려 할 것이고, 유인 정책과 재정 구조와 규정에 대한 근본적인 개혁을 통해 힘을 받을 것이다. 그때 가장 가치 있는 학습은 서로 경쟁하는 다양한 공급자들로부터 교육 서비스를 구입하는 상황에서 소비자, 선택, 수요에 의해 결정되게 된다. 혁신이 많이 이루어지면서, 고통스러운 변화와 불평등 또한 많아진다. 교사들은 새로운 학습 전문가들로 대체되거나 그 속에 흡수되는데, 그들은 공무원과 사기업 직원 또는 정규직과 비정규직으로서 학습시장에서 활동한다. 이 새로운 환경에서 새로운 형태의 훈련과 학력 인정 기회(기관)들이 출현할 것이다. 그러나 시장의 힘 때문에 이런 학습 전문가들은 거주하기 바람직한 지역 그리고/또는 학습시장이 형성되는 곳에서 다른 어느 곳보다 훨씬 더 빨리 나타날 것이다.

이상의 여섯 가지 시나리오에서, 학교는 무대 중심에서 역할을 하거나 아니면 조연에 머무는 극단적인 모습을 보인다. 지식과 기술을 학교가 아닌 다른 곳에서 구할 수 있는지와 상관없이, 학교교육이 갖고 있는 사회적·도덕적 역할이라는 변수를 방정식에서 생략해서는 안 된다. 또한 시장의 이해와 우선권이 학교에게 우리가 깊숙이 간직해온 교육적 가치를 지키도록 허용해줄 리 만무하다.

가능성과 당위성

OECD의 시나리오는 가능성과 당위성 사이의 긴장에 주목하는 것으로 시작한다. OECD 나라 전체를 포괄하여 살펴보면 '가능성'은 역사적·문화적 요인에 의해 제약을 받는데, 동시에 세계적인 압력과 경쟁력이라는 행동 규범에 자극을 받는다. 이것은 불행한 타협으로, 기득권 세력의 강력한 현상 유지 노력 또는 새로운 국제적 흐름에 맞추어 학교의 관습을 바꾸려는 국가 정책에 의해 결정된다. 교원단체는 힘과 목소리, 그리고 담론 설정에 대한 참여 정도가 나라마다 다르겠지만 결정적인 역할을 하기도 한다.

이 세 가지 범주 중 첫 번째 것, 즉 엄격한 관료체제가 우리가 아는 학교의 순수한 모형에 가장 가깝다는 것을 부정하기는 어려울 것이다. 그러나 이런 전통적인 유형이 얼마나 뿌리 깊게 자리 잡고 있고 변화에 저항하는지는 넓은 범위에서 다르게 나타날 것이고, 역사, 문화, 정치와 같은 요인의 상호관계의 복잡성에 따라 좌우될 것이다. 학교는 제 살을 뜯어먹는 기능을 가지고 있는 것으로 묘사되어왔는데, 자신의 생산물을 소비하고, 성공한 졸업생이 교사로 돌아와 자기가 배운 것을 영속화하고, 부모들은 자신이 경험한 것을 아이들이 경험하는 데 만족하고, 정치인들은 선거구 지역 주민의 기대에 어긋나지 않도록 안전하게 행동한다.

하지만 이렇게 결정된 시나리오 속에서도, 다른 가능성의 요소를 어느 정도 발견할 수 있다. 창조적인 불만족 상태에 있으며, 유행을 따르지 않고, 자기 교실과 학교 안 주변부에서 혁신을 일으키고, 현재에서 미래를 창조하는 교사와 학교장은 항상 있기 마련이다. "잠재적인 혁신"은 항상 거기에 있지만 인지하기 어려운데, 그 이유는 그것이 기득권

세력을 의식하여 부드러운 겉모습을 띠기 때문이다. 그리고 그것은 "최소한 부분적으로라도 방해를 받는데 그 이유는 그들(변화 주체들)이 혁신을 제약하는 보이지 않는 하부구조의 힘을 청산하지 못했기 때문이다."Leicester, p. 38 "그것들(교육제도)이 목적에 부합하지 않는다는 증거를 면전에 들이대더라도 그러했다."p. 18 예를 들면 학습 조직으로서 학교라는 개념은 큰 아이디어이고 갈수록 저변을 확대하고 있지만, 바쁜 일에 쫓기는 학교의 일상보다 문학작품에서 더 많이 찾아볼 수 있다. 학습 네트워크로서 학교는 어느 곳에서는 태동 단계이고 부분적으로 규모의 경제에 의해 추구되지만, 또한 경쟁적인 목표와 기관별 이기주의 때문에 제약을 받고 있다.

이런 '가능성' 시나리오는 '바람직한 것(당위성)'을 반영하거나 하지 않을 수 있는데, 당위성이란 이성과 도덕에 근거한 선택이 아니라 경제, 이해관계, 또는 정치적 유·불리에 따라 결정되는 학교의 미래를 말한다. '바람직한 것'이란 정치적이고 실용적인 의미를 가지고 있고, 어른으로서 교육하는 보호자로서, 우리가 다음 세대에게 당연히 전해주어야 할 일련의 원칙에 기초하고 있는 이상을 참고로 하는 것이다. 그런 의미에서 우리는 지식의 세계로부터 어린이의 왕국에 파견된 외교사절이다.

학교가 네트워크 사회에서 그 본질적 가치와 교육에 대한 사명을 타협하지 않고 수행하면서도 얼마나 잘 적응할지는 거대한 도전 과제이다. 교사 대탈출은, 이미 학교 붕괴 시나리오에서 예견된 바대로, 체제systems가 학교의 핵심 가치로부터 더 멀어질 때 일어날 수 있다. 그것은 부분적으로는 경쟁을 강조하는 국제적 압력에 대한 반응이며, 또 다른 이유의 일부는 익숙한 틀 안에 있는 학교가 낯설게 변한 사회의 모습에 맞지 않음을 알게 되었기 때문이다. 이것은 앨빈 토플러Alvin Toffler가 사십 년 전에 예고한 "미래의 충격Future Shock"인데, 과거, 현재, 미래의 충돌, 그리고 도덕적 기질과 정보 과부하 사이의 갈등이 교사의 스트레스와 혼란으로 표현된 것이다.

세 가지 지평

가능성과 당위성 사이의 이런 긴장이야말로 미래에 관한 회의Future Forum에서 상세하게 논의된 두 번째 모델의 핵심 주제이다.Leicester, Bloomer and Stewart, 2009 세 가지 지평이 가능하다고 제안되어, "장기간에 걸쳐 사회가 변화하는 심층의 과정을 이해함과 동시에 좀 더 효과적인 개입을 위한 정책을 설계하도록 해주는 유용한 틀"로 묘사된다.p. 3 OECD의 시나리오와 매우 흡사하지만, 이 과정 모형은 어떻게 어느 한 가지 지평으로부터 다음 단계로 진화하는지를 살펴보는 것을 중시한다.

첫 번째 지평(H1)은 "늘 하던 대로 하는 일business as usual"로서 OECD 시나리오 1과 유사하다. 이것을 대표하는 것은 "표준에 근거한 제도 개혁standards-based systemic reform"인데, 굉장히 영향력이 큰 모형이며 어떻게 현재의 제도로부터 가장 많은 것을 얻어내는가에 관한 것이지만, 옳은 것에 뒷길로 접근하며 비슷한 모양으로 보이는 잘못된 것을 측정하는 일을 계속하려 한다는 비난을 받고 있다.p. 18

자원을 가지고 있음 Have resources	가장 훌륭한 실천으로부터 배우도록 돕는다.	본보기 -말을 퍼트린다.
자원이 없음 Don't have resources	실패하는 학교 -그것을 인수한다.	개선을 준비함 -재정 지원을 한다.
	무엇을 해야 할지 모른다.	무엇을 해야 할지 안다.

이 모형의 특징은 "똑같은 것을 더 많이 그러나 더 좋게"이지만, 변화가 생기면서 그것은 점점 더 장소에 어울리지 않는 것이 되고 목적에 부합하지 않게 된다. 필연적으로 "늘 하던 대로 하는 일" 모형은 새롭게 일하는 방식으로 대체되기 마련이다. 그래서 첫 번째 지평의 단점이 점점 더 뚜렷하게 드러나면서 두 번째 지평이 형성된다. 그것은 "과거와 미래 사이의 경계선을 옮기기"이다.

두 번째 지평은 '신데렐라 영역'인데, 첫 번째 지평 H1이 주는 편안하고 친숙함으로부터 멀어지면서 필연적으로 보수적인 기준에 의해 비판을 받게 된다. 잘 작동하는 첫 번째 지평의 요소를 간직하면서도, 좀 더 많은 열망과 모험 같은 종류의 요소를 갖고 있는 것이다.

> 점이지대인 두 번째 지평에 도전 과제가 있는 것은 분명하다. 이곳은 위험부담이 있는 공간이다. 수많은 생각들이 주목을 받으려고 경쟁하기 때문에 무질서하고 혼란스럽다.[p. 26]

하지만 기득권이 위협받을 때, 그것은 최소한 잠시 동안이라도 "붙잡고 늘어지면서 확장하는" 시나리오에 길을 내줄 수도 있다. 그 속에서 "변화하는 세계의 흐름에 맞지 않는 기존 체제의 생명을 연장하기 위해 두 번째 지평에서의 혁신들은 주류로 편입된다."[p. 4]

세 번째 시나리오(H3)는 우리가 소망하는 이상적인 체제이고 거기에서 우리는 현재 상황에서 우리에게 격려와 영감을 주는 요소들을 식별할 수 있다.[p. 5] 기득권을 유지하는 데 복무하고 본질적으로 기술에 대한 것만 다루는 것과 혁신과 변화를 가져오면서 세 번째 지평을 실현할 수 있게 돕는 것 사이에 뚜렷한 구분선이 있다. "성숙한 관점"은 첫 번째 지평의 도전 과제에 대한 의견을 말할 뿐 아니라 세 번째 지평의 씨앗을 키울 필요성을 수용한다는 주장이 있다. "오늘날 조명을 계속 비추면서 지금으로부터 한 세대에 걸쳐서 매우 다른 환경에서도 그것을 유지하는 방법을 찾을 필요가 있다."[p. 5]

이것은 "실용적인 몽상가들," 교사 지도자, 교원단체가 할 일인데, 그들은 현재와 미래 사이 그리고 가능성과 당위성 사이에 놓인 다리의 특성을 이해하는 사람들이다. 이것이 암시하는 것은 변화의 지렛대가 어디에 있는지, 현재의 강점과 한계 모두를 어떻게 수용할 것인지, 그리고 미래의 모습을 만드는 데 어떤 역할을 할 것인지에 대해 알아야 한다는 것이다.

다음의 표에서 첫 번째와 세 번째 지평의 본질적인 특성이 묘사되어 있고, 화살표는 두 번째 지평에서 일어나는 밀고 당기는 작용을 표현한다. 한편에선 안전성에 대한 요구로 돌아가려는 반면에 불확실성을 이용하려고 앞으로 밀고 나가려는 쪽이 있다. 그리고 편안하고 익숙한 측정 수단을 유지하려는 경향과 반대로 좀 더 도전적이고 새로운 측정 수단을 수용하는 경향이 모두 존재한다.

첫 번째 지평 H1의 매력	⟨⟶⟩	세 번째 지평 H3의 매력
안정성/예측 가능성	⟨⟶⟩	불확실성, 역동성과 흥분 상태
고정된 하부구조 infrastructure	⟨⟶⟩	유연하고 창조적인 공간
성공에 대한 명확한 측정 수단	⟨⟶⟩	성공에 대한 새롭게 나타난측정 수단
단기간에 얻는 증거(곡물)	⟨⟶⟩	장기간에 얻는 증거(나무)

첫 번째 지평으로부터 세 번째 지평으로의 운동이 일어나지 않는 상황은 이분법, 패러다임 전쟁, 요구와 반대 요구가 "작은 종결자little ender"와 "큰 종결자big ender" 사이에 대립되어 나타날 경우이다. 너무

과도하게 사용되는 단어인 "동반 상승효과"는 타협하는 것을 말하는 것이 아니라 두 세계에서 가장 좋은 것을 끌어내는 것을 말한다.

우리에게 남겨진 의문은 세 번째 지평을 뒷받침하는 가정, 즉 가능성과 당위성이라는 두 가지 문제 모두에 있다. 미래를 어느 정도 수준에서 불확실하고 유연하며 창조적인 공간으로 규정할 수 있을까? 그리고 그런 시나리오가 근거로 삼는 증거는 무엇인가? 그런 미래는 바람직한가, 그렇다면 누구에게 어떤 맥락에서 그러한가? 그리트 홉스테드Geert Hofsted가 이십 년간 연구한 결과 "애매모호함에 대한 관용"과 같은 지표에 대해 나라들 사이에 큰 차이가 있다고 한다. 문화적·종교적 전통에 깊이 뿌리를 내리고 있는 나라에서는 권위에 대한 의심과 불신이 규범으로 자리 잡은 나라보다 불확실한 변화를 훨씬 덜 환영할 것이다. 변화에 대한 거부감이라는 문제는 안전과 예측 가능성에 대한 욕망이 매우 존중받는 교육적 맥락에서, 그리고 학교 혼자서 일관성과 안정성을 제공할 수도 있는 사회적 세계에서 특별하게 두드러져 보인다.

사분원으로 표현하기

또 다른 가능성 있는 시나리오를 제공한 장 폴 소수아Jean-Paul Saussois, 2009는 미래에 대해 추측하면서 일련의 대안과 조건을 가정한다. 그의 사분원 모형은 수직과 수평 방향의 이동을 통해 학교제도가 변화하는 역동성을 이해하도록 돕는다.p. 13 그것은 어떻게 제도가 하나의 안정된 상태에서 다른 상태로 이동하는지, 그 이동을 일어나게 한 주역은 누구인지, 그리고 어떤 사회적·환경적 변화의 동력이 작용하고 있는지 등을 분석할 기초를 제공한다. 그것은 사분원의 한쪽 면에서 다른 쪽으로 변화가 누구의 이해관계 안에 있는지 묻는다. 어떤 내부와 외부의 세력이 정치인과 정책 수립 담당자들을 보호로부터 생존으로 밀어붙였나? (기초로 돌아가자 운동? 국제적인 정책 베끼기? 자원의 부족? 압력집단과 사회의 이익집단?) 어떤 세력이 사회 변혁 모델로부터 좀 더 시장 주도 체제로 변화하도록 주도하고 있는가? (정치적 이념? 학부모들의 로비? 서비스 공급자들? 고용주 집단? 대중매체?)

이 사분원(모형)은 개인-사회로 이어지는 남북축과 개방-폐쇄로 이어지는 동서축으로 정의된다. 남북축은 학교교육에 대한 기대치와 규범적 내용을 다룬다. 그래서 "가치선value line"이라고 이름을 붙인다. 동서축은 학교교육의 사회-기술적 측면이고 "공급선supply line"이라고 부르는데, 관습에 의해 닫히고 고정된 제도가 되거나 또는 대안으로 좀 더 많은 개방을 요구하는 사회경제적 힘의 도전을 받는다.

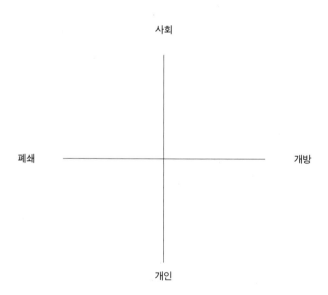

북에서 남으로

학교는 사회에 뿌리를 내리고 있는데, 사회에서는 개인 우선과 사회 우선에 대한 가치평가가 다르고, 학교의 목적은 두 극단의 중간쯤 어디에 위치한다. 북쪽에서는 교육이 사회를 우선시하고, 학교가 단결, 평등, 재생산을 목표로 한다(OECD 시나리오 1에 가까움). 남쪽에서는 개인을 우선시하고, 학교교육이 갈수록 개인 소비자로서 고객에게 봉사하는 것으로 된다(OECD 시나리오 6). 이 두 극단은 사람들이 사회적 질서(학교도 그 일부인데)에 함께 어떻게 묶여 있어야 하는지에 대한 일련의 가치관을 표현한 것이다. 학교가 사회조직의 핵심적 표현이기 때문에 교사들은 적극적으로(보이지 않게) 가치의 전달을 위한 역할을 한다.

교사 개인은 서비스 제공자가 되고, 학부모는 학교에게 학생의 요구를 충족시켜주는 서비스를 배달해줄 것이라고 기대한다. 반면에, 동시에 교과과정과 평가에 대한 요구를 충족시키는 것은 갈수록 교실 수준을 벗어나서 국제적으로 규정된다. 영국에서 '배달'이라는 단어를 점점 더 많이 사용하는 것은 교사의 권위라는 개념에 변화가 나타나는 징조이다. 즉, 교사의 권위가 전통적으로 위치했던 교과목의 전문지식이나, 도덕적으로, 사회적으로 규정되기보다는 중개인으로서 지식과 기술을 '배달하는 서비스'로 개념 규정된다는 것이다.

하지만 남쪽 축(개인 우선)으로 이동하는 세계적인 흐름이 시작되면서, 학교가 가진 기관으로서의 권위는 감소하고 교사의 지식에 대한 권위도 떨어졌다. 그 이유는 개인들이 다른 네트워크, 신문, TV, 또는 인터넷을 통해 지식을 얻고 의사결정을 내리기 때문이다. 의견이 형성되는 것은 외부의 과학적 권위에 의존하기보다는 부모, 친구들과 나누는 비공식적 토론을 통해서이며, "나의 의견은 교사의 것만큼 똑같은 가치가 있다"[p. 9]고 말한다.

서에서 동으로

동서축을 따라 이동하는 것은 중앙의 행정 절차의 변화, 예를 들면 탈중앙집권, 의사결정 과정의 변화, 새롭고 다양한 조정 양식에 맞춘 재설계, 노동력 모델 재구성, 다양한 경력을 가진 교사 채용 등의 결과로 볼 수 있다. 소수아Saussios에 따르면, 좀 더 개방적이고 시장 지향적인 제도를 촉진하는 변화가 가능한 곳은, 교원노조가 약하고 제 목소리를 내지 못하며 대중의 지지가 없거나 내부의 단결력이 떨어져서, 변화에 저항하거나 존립 가능한 대안을 제시하지 못하는 경우이다.

학교가 폐쇄된 체제처럼 운영된다는 의미는, 학교가 제공하는 것의 근거를 정하는 데 충분히 독립되어 있고, 특별한 규정과 내부의 위원회를 통해 내부 구조, 시간표, 과목, 운영하는 절차의 표준, 그리고 상벌의 배분을 결정한다는 것이다. 교사들은 특정 분야의 지식(왜, 무엇을, 어떻게에 대한 지식)으로 인해 자격을 부여받는데, '어떻게'에 관한 지식은 가장 얻기 어렵고 '훌륭한 교사'라는 명칭을 받는 근거가 된다. 학교가 긴밀한 통합, 조정, 통제를 하는 것은 안정성을 확고히 하려는 것인데, 조직 내부가 잘 작동하도록 하는 원칙에 집중함으로써 "목적에 대한 수단이 되기보다는 그것들 자체에 목적이 있게" 한다.p. 11

학교가 보다 개방된 체제로 되어감에 따라, "결과만 같으면 된다"는 원칙이 작동하게 되는데, 즉 주어진 산출 방법은 한 가지 이상이 있다. 다양한 수요가 증가함에 따라, 이를 충족하려는 다양한 시도가 내부에서 나타나면서 동시에 중앙 당국의 통제에서 벗어나버린다. 선택의 여지는 가면 갈수록 공급자(즉, 교사가 자신에게 익숙한 통제된 분위기에서 가르칠 것을 결정함) 쪽에는 적어지고, 시장 주도 체제에서 이해 당사자들이 결정하게 된다. 교사들은 '배달'하던 역할에서 새롭게 나타난 네트워크와 기관 사이에서 협력하는 것으로 역할을 바꾸거나 넓히도록 강제를 받는다.

문제의 해결은 문제를 만들어낸 틀 내에서 생각하는 것으로는 이루어질 수 없다는 아인슈타인의 격언을 인용하면, 학교와 교육과 학교교육의 미래는 본질적으로 두 가지 방향으로 펼쳐질 수 있다. 하나는 범위를 확장하는 것(재학교화 형태a form of reschooling)이고, 다른 하나는 작고 사람들에게 친숙하며 지역공동체에 기초한 네트워크의 중심이 되어 조정하는 좀 더 수수한 역할(탈학교 형태deschooling)의 방향이다.

이 두 가지 시나리오 중 첫 번째는 학교의 변하지 않으려는 타성과 기관으로서 갖는 특징, 건물에 대한 투자, 물자 공급과 통제, 건강과 안전 문제에 더 중점을 두는 것 같다. 이 시나리오는 교육 (쇼핑)몰에 가까운 모형인데, 모든 사람을 위해 24시간 365일 문을 여는 곳 말이다. 이것은 '완전 서비스' 학교라고 알려진 것의 확장이다. 어린이뿐만 아니라 어른에게도 학습할 준비가 되어 있는 곳, 결코 잠들지 않는 정보의 네트워크로 그리고 24시간 움직이는 세계경제에 맞추며 살아 있는 곳, 휴일이나 잠자는 시간 동안에 일하는 사람들의 요구도 수용하는 곳이다. 전체 공동체를 위해, 학교는 도서관, 실험실, 인터넷, 체육관, 오락시설을 개방하고 기관보다는 사람을 중시한다. 1930년대 케임브리지라는 대학도시의 교육청장이던 헨리 모리스Henry Morris가 현대 세계를 다시 방문한다면 이러한 관점을 전할 것이다.

그것은 마을생활에서 고립된 행동이 아니라 다양하고 살아 있는 모든 것을 수행한다.-학교, 마을회관과 도서실, 야간 학급, 농업교육과정, 여성 센터Women's Institute, 영국재향군인회, 보이스카우트, 오락장, 군도서관 지회, 체육관과 놀이방 등(그리고 그들을 서로 연결하고, 영국의 시골생활을 위한 새로운 기구를 만든다. 그것은 살아 움직이는 전체에서 구분되는 하나의 요소를 만든다. [그 안에서] 전체는 부분의 단순한 총합보다 크다. 그것은 진정한 사회적 통합이다) 그것은 존재하고 있고 살아 움직이는 요소들을 가져와서 새롭고 독특한 관계 안에 모으는 일이다.^{Henry Morris, 「마을대학The}

Village College: 시골을 위한 교육과 사회적 시설 마련에 대한 비망록」, Cambrigeshire 특별 참고 문헌, 1925년, Section XIV

여기서 학교에 대한 대조적인 비유는 마을과 공장이다. 후자가 우리가 알고 있는 학교의 실제 모습에 훨씬 더 가깝다. 왜냐하면 그것의 역사적 기원이 20세기 공장 모형이고 학교 건물의 구조, 동선, 그리고 감독, 품질관리, 효율성, 효과적인 투입과 산출과 같은 산업 용어의 대부분이 그 사례이다. 마을이라는 비유는 반대되는 형식을 제안하는데, 사람들에게 더 가까이 다가가서 제공하고 더 작고 더 친밀한 규모로 움직인다.

하나의 대안이 되는 시나리오

하나의 대안이 되는 시나리오는 도서관, 인터넷 카페, 체력 단련실, 축구장, 야구장, 건강관리 센터를 새로운 거대 공동체인 '학교'로 이동시키는 것이 아니라, 그런 자원을 사람들이 살고 노는 곳으로 더 가까이 보내는 것이다. 예를 들어 인터넷 카페는 이제 중심가와 쇼핑센터에 가면 흔히 볼 수 있게 되었다. 비슷한 예로, 학원과 교습소는 이제 많은 나라에서 이웃과 슈퍼마켓 또는 쇼핑센터에서 볼 수 있다. 교사, 강사, 교육 상담가는 이미 상점거리, 슈퍼마켓, 고층 아파트, 지역공동체(사회복지) 센터, 교회, 또는 사람이 모이는 곳 어디에서나 볼 수 있다. 아침

식사 클럽, 학습지원 센터, 축구 클럽과 주민 센터, 주말학교(말레이시아 도시에서 흔히 볼 수 있음)가 오전 9시에서 오후 3시까지의 (학교)경험을 보충하고 있다. 미래에 그러한 지역공동체를 기반으로 한 서비스는, 학교에서 제공되는 것을 단순히 보충하는 것이라기보다는 학습이 이루어지는 주요 영역으로서 더 큰 역할을 할 것이다. 다른 말로 하면, 미래는 벌써 시작 단계에 있다.

화석화된 교과과정에 대한 도전

닭이 먼저냐 달걀이 먼저냐 하는 오래된 이야기처럼, "교과과정과 학교 중에서 어느 것이 먼저 나타났느냐?"라는 질문이 있다. 학교의 등장 이전에, 교과과정은 가족과 지역공동체의 책임이었다. 아프리카의 나라들에서는 제국주의 식민지 개척자들이 학교의 모형을 가져왔는데, 이는 전통적인 지역공동체에서 사회생활을 하면서 전체적인 방법을 포괄하여 가르치던 교육의 집단적 본질을 훼손하였다. 공통의 책임으로 교육이 의미하는 것은, 모든 어린이의 학습은 그들이 속한 지역공동체의 책임이라는 것이다. 어린이의 교육과 개인적인 성공으로부터 오는 혜택을 전체 공동체가 누리기 때문에 그것은 모두를 위한 성공이었고, 불명예와 부끄러움은 공동체 구성원들이 똑같이 분담하였다.[Antwi, 1992] 그 첫 번째 학교는 가정이었다. 교사는 부모님이거나 가족의 어른이었다. 그 교과과정은 생활life이었고 학습은 지켜보고 해보는 것이었다. 교육의 본질적 목적은 훌륭한 인성, 책임 있는 행동, 그리고 양호한 건강이었다. 전통적인 교수 활동의 기초는 사람들의 역사, 신념, 문화에 대한 지식을 전달하는 데 있었고, 그렇게 함으로써 어린이와 청소년들이 사회생활에 온전히 참여할 수 있게 하였다.^{McWillian and Kwamena- Poh, 1975}

교회가 종교를 독점하게 되면서, 학교는 "세속의 교회"라는 장소가 되고, 점차 세계적으로 확장되면서 마침내는 법에 의해 보장받는 지위를 갖게 되었다.^{Illich, 1971} 학교교육은 다른 곳에서는 접할 수 없는 특별한 지식으로 구성된 특별한 교과과정을 가르치는 것으로 규정되었고, 부모들이 자신의 자녀들을 가르치는 일을 억제하는 역할을 학교마다 하게 되었다. 평가의 첫째가는 역할은 신분 이동 기제였는데, 학업을 계속할 사람을 결정하거나 직업의 위계에 맞는 사람을 가려내는 것이었다. 플라톤의 금, 은, 동에 대한 신화가 어린이들에게 구체적인 표현으로 주어졌다. 교과과정과 평가의 표준화가 점차 이루어지면서 학교의 교육 효과를 결정하기 위한 기초 작업이 이루어졌다. 비교를 위한 측정 수단이 개발되었고, 그것은 학생이 교과과정을 끝내는 과정에서 보인 성공의 정도를 차별화하고 교사가 학생들에게 장애물을 넘게 하는 데서 얼마나 성공했는지를 서로 다른 수준으로 나누는 작업에 기초하여 이루어졌다.

실행 성과를 상대화하는 관행이 정책에 대한 생각에 너무 깊이 뿌리박혀 있어서, 현재의 가정을 뛰어넘는 어떤 급진적 변화도 중대한 도전 과제를 제기하는 것이 된다. 왜냐하면 이것은 실행 성과표, 성적 향상도, 그리고 설명 책임과 같은 신성한 것에 대해 의문을 제기하기 때문이다. 세 번째 지평이 얼마나 바람직하든 간에, 또는 탈학교와 학교 붕괴 시나리오가 가능성이 있든지 간에 상관없이, 교과과정과 그에 꼭 따라다니는 평가에 대해 다시 근본적으로 생각하지 않고서는 변화의 여지가 거의 없다.

아마도 성취도 평가에 대한 가장 큰 걱정거리는 교과목의 화석화된 엄격함과 관련이 있다. 그 교과목을 가지고 시험을 본다는 것은, 아이들의 요구가 갖는 역동성과 21세기 지식의 급속한 진화에 비교해볼 때 걱정이 된다. 성취도 평가의 가정은 1892년에 정해진 어떤 교과목이 21세기 교육의 중심이 되어야 한다는 것인데, 이는 마치 이 교과목들만이 미래를 대비하는 마음을 갖추는 데 필요한 유일한 지성이라는 '광석'인 양 여기는 것이다.[Martin, 2011, p.7]

그의 책 『생각하기를 배움-학교 아닌 곳에서*Learning to think-but not in school*』에서, 패트릭 루이스[Partick Lewis, 2007]는 "히드라 교과과정"에 대해 묘사했는데, 마치 여러 개의 머리 중 하나가 잘려나가면 다른 머리가 그 역할을 대신하는 것처럼 보인다. 그러나 전통적인 교과목의 핵심이 단단히 그 자리를 지키고 있기 때문에 새로운 교과목을 수용하고 꼼지락거릴 공간이 없다. 그래서 교사들은 교과 내용을 보호하라는 압력을 받고 있지만, 그들이 평가하고 설명하도록 요구받고 있는 것은, 21세기에 자라나는 청소년들에게 중요한 것을 점점 더 적게 반영하고 그들의 삶에는 연관성이 점점 더 줄어드는 것들이다.

닻으로서의 학교

교과과정에 대한 도전과 그것을 받아들인 학교의 일상은 수년 동안 다른 모습으로 나타났다 사라지곤 했다. 팀 브릭하우스[Tim Brighouse]는 2009년까지 영국 노동당 정부의 "런던 도전[London Challenge]"의 지도자였고 "학교 되살리기 운동[re-invented school]" 주창자인데, 학교의 미래 모습을 다음과 같이 그려보았다. 즉 학교가 중심[hub] 또는 닻[anchor]으로 행동을 하고 학교 담장을 넘어 다양한 학습 경험을 지휘하며, 교과과정과 평가 그리고 교수학습의 본질에 대한 아주 앞서나가는 시사점을 보여준다는 것이다. 브릭하우스는 1980년대 초 교육부 감독관으로서 자신이 학교 일상생활과 교과과정의 본질에 대한 논쟁을 벌이려고 어떻게 노력했는지 묘사한다. 그 토론은 옥스퍼드 주 전체에서 초청된 사람들만 참여하는 일련의 회의를 통해 열렸고 신문기사로 크게 다루어졌다. 하지만 급진적인 재설계에 대한 전망이 흥미롭기는 했어도, 교과과정과 학교 일상생활은 너무나 신성불가침의 영역이고 정책과 대중의 의식에 너무 깊이 뿌리박힌 것이어서 근본적으로 바꾸려는 시도를 허용하지 않았다. Bangs, MacBeath and Galton, 2010

이는 학생이 수업을 받지 않으면 배움이 일어나지 않는 것처럼 여기는 것이다. 교육제도는 청소년들 스스로 하게 내버려두기보다는, 그들 스스로 뭔가 할 수 있는 능력이 있음을 무시하는 방향으로 움직이는 것처럼 보인다. 눈에 보이는 방식이든 그렇지 않은 방식으로든 서구 사회는 학교에서 청소년들의 온갖 수준의 행동을 하찮은 것으로 만들어 왔다. 그들 스스로의 힘으로 뭔가를 해내기를 기대하기보다는 그들에게 무엇인가를 하라고 말하고 있는 세계와 종종 갈등관계에 빠지는 상황에서, 청소년들이 지루하고 참여할 기회를 못 갖고 있는 것처럼 느낀다고 이야기하는 것이 아직도 이상하게 들리는가? Abbott and Ryan, 2000, p. 218

브릭하우스가 버밍햄Birmingham에서 했던 광범한 토론에서 나온 전망은 너무도 멀고먼 다리(Leicester et al.의 H1과 H3 사이에)를 놓자고 제안하는 것이다. 하지만 거기에는 교과과정 축소가 갖고 있는 고유한 한계점이 있다는 것과 전통적인 방식의 학교 일정(하루, 주간, 연간)으로 어린이를 위해 성취할 수 있는 것에 대해 비현실적인 기대를 하고 있다는 점이 드러나 버렸다. 물리적 한계에 더 적게 구속될수록 공간상의 거리를 뛰어넘어서 학습 기회를 확장하고, 범위를 제한하고 있는 물리적인 구조를 깨려는 시도가 커지게 된다. 낡은 건물이라는 유산과 낡은 사고방식이 학습의 새로운 방식에 대해 은밀하게 저항하기 때문에 그 결과 경계를 짓고 있던 벽이 허물어진다. 처음에는 비유적인 측면에서, 그 다음에는 물리적인 구조를 무너뜨려보려는 시도를 하도록 자극하면서 벽이 허물어진다. 미래의 학교를 설계하면서 영국의 건축과 환경위원회(Commission for Architecture and the Built Environment, CABE)는 물리적인 건축물 안에 있는 열린 공간과 생각의 열린 공간 사이에 직접적인 관계가 있다는 전제 아래 작업을 진행한다. 전통적인 학교교육에 비유하자면, 말과 마차에 제트엔진과 같은 신기술이라는 채찍을 휘두르는 상황에 대해, 파페르트Papert, 2002는 "모든 말들에게 채찍질을 하고 그들을 깜짝 놀라게 해서 마차를 뒤흔들어놓는 것으로 끝날 뿐"이라고 말한다.

열린 공간: 교과과정을 넘어서

학교를 중심hub, 즉 서로 다른 학습 경험을 모아서 일관성을 부여하는 중심으로 여기는 흐름이 1970년대의 흥분된 분위기에서 미국과 영국의 수많은 곳에 생겨났다. 보스턴 가정학교Home Base School는 작은 건물만 가지고도 학생들이 지역사회 공동체에서 모험을 벌일 수 있는 기지가 되었다. 스코틀랜드에서 배로우필드 마을학교Barrowfield Community School가 글래스고우 택시회사 건물 2층에 있는 세 개의 작은 방을 사용했는데, 교과과정은 사회단체, 지역사회 기업, 박물관 그리고 다른 도시나 마을로 가는 소풍에서 제공되는 것이었다. 학교가 중심 역할을 더 크게 확장한다는 논리의 귀결점은 모든 배움이 학교 밖에서 일어나는 것이었다. 학교 담장 안으로 일련의 행동들을 가져오는 대신 필라델피아의 파크웨이Parkway 같은 경우는 파크웨이 마을 안과 주변에서 학습을 수행하면서 책상에 앉아서만 하는 공부의 대안을 시도하였다. 파크웨이 시내의 중심을 관통하는 거리는 교과과정 전체와 그 이상을 소화하는 학습 공간이었다. 이렇게 함으로써 학교 건물, 교과서, 행정사무, 그리고 여러 가지 용품과 같은 교육 예산의 책임 영역에 소요되는 수백만 달러를 절약할 뿐만 아니라, 청소년들이 이제까지의 고정관념을 뛰어넘는 수준의 주도력과 주체성을 가지고 있음을 보여주었다.

이런 시도는 교사를 군더더기로 만들기보다, 그들에게 새롭게 전문가로서 도전할 기회를 준다. 즉 개인과 소모임 활동을 위한 새로운 공간을 찾아다니고 도시가 제공하는 마음 맞는 공간에서 청소년과 세미나를 열고 개개인에게 상담을 제공하는 것이다. 청소년들이 자신의 경험을 이해할 수 있게 도와주면, 서로 다른 지식과 주제를 수평적으로 연결 짓는 능력이 향상된다. 시간표와 추상적인 교실 수업 분위기 그리고 출석 통제라는 제약에서 벗어나는 순간, 지식은 새로운 의미를 얻게 된다.

파크웨이의 시도는 미국의 다른 도시로 전파되었고 스코틀랜드에서는 11주 동안의 프로그램이 되었다. 열다섯 살 먹은 불만 가득한 청소년들과 함께 실험한 프로그램에서는 각자가 일주일 동안 전화번호부와 광고에서 찾아낸 학습 장소와 행사를 찾아간다. 그동안 아이들은 학교에 얼굴도 비치지 않았다. 그들의 낮 시간표를 채우는 학습장은 병원, 박물관, 동물원, 기상대, 호텔, 슈퍼마켓, 기차역과 버스터미널, 구치소, 경찰서, 응급실, 자동차 연합, 해군기지, 스코틀랜드 국립관현악단, 천문대, 공장 등이다. 필라델피아, 로체스터, 보스턴에서처럼 교사들은 카페,

공원, 일터에서 학생들을 만나서 그들이 학습한 것을 토론하고 더 심화시키며 평가한다.

이런 프로젝트가 교사, 학생, 그리고 교육청의 기대를 훨씬 넘어서는 성공을 거두었지만 교육청은 이에 수반되는 위험성을 연구하느라 밤잠을 자지 못하였고 계속 진행해야 하는지를 고민하였다. 하지만 청소년들의 주도성, 회복력 그리고 잠재능력에 대한 엄청난 각성을 가져왔다. 또한 청소년들의 잠재력이 부족한 것이 문제가 아니라 교과과정과 평가라는 한계 때문에 실패하고 있음을 살펴볼 필요를 제기하였다.

콜린 워드Colin Ward는 1978년에 이런 문제에 대해 다시 연구했다. 그의 연구는 도시지역에서 지적인 모험을 벌이는 것, 어린이들이 거리문화에서 경험을 통해 학습하는 것, 그리고 어린이들이 제 힘으로 고안하고 조직하며 운영하는 게임과 창의적인 놀이 등의 본질에 대해 귀중한 통찰력을 제공한다. 워드Ward의 주장에 따르면 이렇게 돌아다니고 탐구하며 발명하는 능력과 그렇게 해본 경험이 어린이들의 교육에서 중요한 부분을 차지한다. "이 도시는 그것 자체로서 환경적 교육이며 다음 중 하나의 학습 기회를 제공한다. 즉 도시를 통한 학습, 도시에 대한 학습, 도시를 활용하기 위한 학습, 도시를 통제하기 위한 학습, 또는 도시를 변화시키기 위한 학습 말이다." 이것은 2장에서 언급한 바캉Wacquant의 파리 청소년 문화와 비슷하다.

물론 대도시에서 할 수 있는 모험과 같은 것을 시골 지역에서 해볼 수는 없겠지만 다른 형태의 도전을 할 수는 있다. 스코틀랜드의 고원지대와 섬 지방처럼 학교들이 수백 마일이나 서로 떨어져 있고 바다로 가로막혀 있는 곳에서, 학생들은 학교의 모든 과목에 대한 비디오 강의를 들을 수 있고 집에서 노트북 컴퓨터로 볼 수 있다. 두 시간 동안 버스나 연락선으로 이동하면서 학생들은 활동을 평가 복습하거나 듣지 못한 강의를 들을 수도 있다. 인터넷으로 연결된 학습공동체의 발달로 인해 교사들은 서로의 실천 경험을 교환하고 동료로서 지원할 수 있으며 다른 학교에 있는 동료에게 조언을 제공할 수 있다. 점차 정교하게 만들어져서 쌍방향 통신을 가능하게 하는 기술 장비가 등장하여, 비디오 화면과 팟 캐스트를 통해 서로 만나지 않고도 접촉할 수 있게 됨으로써, '교과과정과 평가를 위해 꼭 여행이 필요한가'라는 도전적인 질문이 교사와 학생 모두에게 제기되고 있다.

캘리포니아에서 등장한 강력한 혁신 기술이 이런 질문에 답을 제공한다. 살라몬 칸Salamon Khan은 칸 아카데미의 창립자로서, 초등과 중등 교과과정의 많은 부분을 포함하는 2,500개의 짧은 쌍방향 비디오 화면을 만들었다. 학생들은 이 비디오 화면을 가지고 집에서 또는 교실에서 복습, 정지, 반복을 진행할 수 있는데, 이때 교사는 시간을 낭비한다는 죄책감이나 (교사의 무관심에 대한) 비난 그리고 당황스러움을 느낄 필요가 없다. 교사들은 강의와 채점할 부담에서 벗어나서 도움을 요청하는 학생 개인이나 집단에 가까이 다가갈 수 있고 정교한 피드백 제공 체제로부터 생생한 정보를 얻는 혜택을 받는다. 그 정보란 어린이들이 어떻게 배우고 있는가, 어디에서 막혀 있는가, 문제를 어떻게 해결하려고 공략하고 시도하는지에 대한 것이다. 동료 학생들끼리 서로 가르쳐 주는 것은 교실뿐만 아니라 집에서도 가능하며, 같은 지역에서 그리고 세계 어느 곳에서나 가능한데, 그 이유는 청소년들이 국경을 넘어서 동료들과 접속하고 배운 것을 공유할 수 있기 때문이다. 칸이 발견한 바에 따르면, 갑자기 학습 속도가 높아진 느린 학습자의 성공 사례, 그리고 위협과 실패 때문에 배움으로부터 멀어졌던 학생들의 성과 때문에 능력과 성적표에 대한 가정이 무너지려 한다.

교실을 넘어선 모험으로부터 얻은 통찰력에 기대어 영국은 방과 후

학습 센터Education Extra를 설립하였다. 이것은 모든 청소년들이 즐겁게 도움을 받으며 배움에 참여하려는 욕구를 가지고 있음에 주목하고 이를 책임진다는 의미이다. "방과 후Extra"의 의미는, 어떤 정책 수립 담당자들이 해결책으로 보았던 것처럼, 학교 일정을 연장한다는 것을 의미하지 않는다. 반대로 그것의 목적은 어린이들이 그들 스스로 배울 기회를 만드는 것이었으며, 그것도 학교가 아닌 다른 맥락에서, 미리 정해진 교과과정에 구속받지 않고, 의무적으로 달성해야 하는 목표를 향해 한 계단씩 다가가는 방식을 떠나서 말이다. 그것의 기획 의도는 교사들에게 새로운 방식으로 가르치도록 자유를 주는 것과 비슷하며 그들이 학생들과 함께 배우도록 하려는 것이었다.

이것이 기초가 되어서 다른 종류의 시도에 정부 재정을 투자하기 시작한 것이 "성공을 위해 놀기"인데, 영국 프리미어리그 축구팀 안에 방과 후 학습 공간을 만드는 것이었다. 예를 들면 축구와 관련된 수학, 역사, 사회학을 주제한 프로젝트 작업을 창의적으로 벌이도록 하는 것이었다. 그리고 점차 다른 스포츠 종류, 예를 들면 럭비, 하키, 테니스, 배드민턴 팀 안에 숙제, 공부, 개인 또는 소모임 활동을 위한 공간을 만들었다. 교과과정의 범위를 넘는 학습에 대한 가장 생생한 표현은 "어린이 대학"인데, 2011년까지 2,700개 이상의 학교를 포괄하여 150곳 이상의 학습 장소(learning destinations, 플로렌스에 있는 스트로치Strozzi 박물관 포함)를 방과 후에 열었다. 그 박물관의 담당자가 한 "아무도 박물관에서는 실패한 적이 없다"라는 말은, 그와 같은 장소가 세심하게 지원을 받도록 고안된 학습 경험을 제공하여 어린이들에게 정서적으로나 지적으로 도전하도록 정보를 준다는 점을 강조한다.

플리머드Plymouth 시의 시장이 9월에 열 살짜리 소년에게 10만 번째 학습 여권을 수여하였다. 그 문서를 가진 어린이는 학습 장소를 방문하여 졸업으로 연결되는 학점을 쌓는데, 부모가 함께 다니면서 실패와 부적응이라는 기억으로 가득한 학교라는 이미지로부터 벗어났다. 더 많은 어린이와 청소년들이 자신의 학습에 대한 통제권을 행사하고 교실 밖에서 학습 장소를 탐색한 기회를 가질수록 교사에게 요구되는 교수학습 기술과 안목은 더 높아진다. 어린이와 청소년들이 독립적이면서 서로 의존하는 학습자가 될수록 어린이를 그러한 학습으로 이끌고 도와줄 사람들이라는 전략적 자원이 많이 필요하다. 학습자들이 진정한 주인의식을 갖게 될수록 그런 경우에 요구되는 교사의 격려, 안내, 개입 또는 지켜보는 역량이 커져야 한다. 이것은 관례적인 교수 전략(질문과 답으로 이루어진 수업, 시범 보이기, 그리고 직접 강의 같은 사례들)의 전체 단계가 아니라, 교사의 기량을 보완하는 좀 더 작은 규모가 된다. 그리고 거기에는 언제, 어디서, 어떻게 학습과정에 개입할 것인지와 어떤 목적으로 할 것인지에 대한 좋은 판단력을 가지는 것이 중요하다.

어린이 대학과 같은 시도가 "하던 대로 해business as usual"모델에 직접 도전하는 것은 아니지만, 그런 시도는 "과거와 미래 사이를 더 넓게 오가는 것"을 경쾌하게 보여주는 것이다. 학교 교과과정을 다소나마 손대지 않는 형태로 벗어나되, 그 범위와 기능은 더 넓은 고객(청소년)에게 확장되는 모델이라면, 그것은 H1과 OECD의 재학교화 모델이 만나는 현재의 패러다임 안에 수용할 수 있다. 하지만 H1-H3 모델이 제안하듯이, 물과 얼음이 만나는데 얼음의 변화가 진행되고 있음을 감지할 수 없는 지점이 있다.

Abbott, J. and Ryan, T.(2000), *The Unfinished Revolution*, Stafford: Network Educational Press.

Antwi, M.(1992), *Education*, Society and Development in Ghana. Accra, Unimax Publishers Limited.

Bangs, J., MacBeath, J. and Galton, M.(2010), *Reinventing Schools, Reforming Teaching, From Political Visions to Classroom Reality*. Oxon: Routledge.

Hofstede, G.(1991), *Culture and Organizations*, London, McGraw Hill.

Illich, I.(1971), *Deschooling Society*, Harmondsworth, London: Penguin.

Leicester, G., Bloomer, K., and Stewart, D.(2009), *Transformative Innovation In Education: a playbook for pragmatic visionaries*, International Futures Forum, Triarchic Press Ltd http://triarchypress.co.uk/pages/book21.html.

Martin, M. T.(2011), *Misconceptions of Achievement Testing*. Arizona School Boards Association http://www.azsba.org/docs/Misconceptions%20of%20 achievement%20testing.pdf.

McWilliam, H. O. A. and Kwamena-Poh, M. A.(1975), The Development of Education in Ghana, London: Longman.

Organisation for Economic Co-operation and Development, Centre for Educational Research and Innovation (CERI) *The OECD Schooling Scenarios* http://www.oecd.org/document/10/0,3746,en_2649_39263231_2078922_1_1_1_ 1,00.html.

Papert, S.(2002), *The Children's Machine: Rethinking School in the Age of the Computer*, New York, Basic Books.

Primary Review(2007), *Community Soundings: the Primary Review regional witness sessions*. Cambridge: University of Cambridge Faculty of Education.

Saussois, J.(2009), Scenarios, international comparisons, and key variables for educational scenario analysis, in B. Hoffman, E. S. Mardis and A. Marcia *A Decade of Promises: Discourses on Twenty-first-Century Schools Policy and Research*. Baltimore, Md.: Johns Hopkins University Press.

Wacquant, L.(2001), The Rise of Advanced Marginality: Notes on its Nature and Implications. Berkeley, California: Acta Sociologica.

Ward, C.(1978), *The Child in the City*. London: Architectural Press.

6장
생각 바꾸기: 전문 직업의 미래를 향하여

미래는 과거에 어느 정도로 사로잡히는가? 교수 활동과 교사 양성 교육이 어느 정도로 완고한 정책이라는 틀에 갇혀 있는가? 교사 전문성 개발이 어느 정도로 보수적인 세력이 되며, 어느 정도의 범위 안에서 혁신과 근본적 변화 또는 관행화된 실천에 대한 비판을 허용하는가?

다음 세대의 교사들에게 전문가 정체성의 특성과 그 우선순위는 무엇이 될까? 전문 직업, 전문가 단체, 핵심적인 전문성 가치체계에 의해 변화가 추동된다는 것은 어떤 의미인가? 좀 더 많은 자신감과 자율성을 가져다주는 방향으로 발달할 가능성이 있는 원칙이란 무엇이고, 이 원칙에서 나오는 정책과 실천 행위의 특성은 무엇인가?

전문가 되기와 되어가기

교사 전문성teacher professionalism에 대한 현재의 정의는 교사들에게 세대를 이어가며 전수되어왔지만, 오늘날의 기대치, 변화로부터 오는 도전, 그리고 변화의 과정에 비추어 볼 때 잘 맞지 않는 면이 있다. 또한 학습에 관한 과학의 발전, 학교와 교실에서 나타난 도전, 그리고 교수

학습 활동 분야에서 다가올 미래의 혁신 등에 부합하기 위해서는 지식과 교사 전문성의 핵심 역량 개념을 다시 정의해야 할 필요가 있다는 주장도 꽤 설득력 있다(교육 연구와 혁신을 통한 효과적인 학습을 위한 혁신적인 교수 활동 센터Innovative Teaching for Effective Learning Centre for Educational Research and Innovation, OECD).

1장에서 전문성을 일반적인 용어로 정의했는데, 그것은 우리가 "전문직업profession"이라는 개념을 이해하는 것이고, 일련의 기준을 제시해서 이 기준을 엄격하게 충족하지 못하는 사람을 제외하고 스스로를 전문가라고 묘사하는 사람들을 포함시키는 것을 의미한다. 세계 많은 나라에서 교사를 채용하려고 노력하면서 학교제도에 맞는 의욕적인 자격 기준을 제시하는데, 초임 교사에게는 모든 것을 적용하지 못할 수도 있지만 이후 교직에 근무하면서 전문성 개발을 해나갈 기준으로 작용한다. 자격 기준을 높게 정하고 경쟁 원칙에 입각하여 표준을 설정하는 부자 나라에서, 전문가주의는 종종 그러한 기초 수준의 자격 기준을 넘어서기도 한다. 사오십 년 전에 교사 자격을 주던 기준은 채용부터 퇴직까지 계속 유효했는데, 이제는 다시 검토하고 개선할 것을 요구받고 있다. 왜냐하면 빠르게 변화하는 세계의 사회와 경제 때문에 교사가 된다는 의미가 변화하고 있고, 그 변화가 다가오는 이삼십 년 동안 계속될 것이기에 그렇다.

30년 전에 자격증을 받은 의사와 변호사가 지식과 기능의 중대한 개선 없이 현재의 병원과 법률회사에서 일할 수 없듯이, 어린이와 Y세대(또는 새천년 세대 또는 다음 세대Millennial Generation or Generation Next)를 가르치는 일은 교과지식의 개선뿐 아니라 교실에서의 교수학습에 대한 보다 깊은 이해와 그것이 다른 종류의 학습 세계에 어떻게 연결되는지 더 많이 알 것을 요구한다. 라틴어, 프랑스어, 또는 역사 과목의 본질적인 내용은 변하지 않지만 변화가 이미 일어났다. 그리고 지금도 진행 중인 것은 교수학습의 특성, 교수학습 기술, 학습의 새로운 환경과 맥락, 아이들의 세계, 직업과 경제구조, 그리고 직업상 핵심의 진화 등이다. 전문가로서 교사는 자신이 맡고 있는 아이들의 건강과 복지에 관심을 가져야 할 뿐만 아니라 동료와 협력하여 일하고, 팀이 되어 일하며, 학교에 기반을 둔 연대 조직에 참여하고, 교사들 사이에 네트워크를 만들고, 전문가 단체에 가입하며, 학교를 중심으로 한 것이든 학교와 상관없는 것이든 계속하여 전문성 개발 프로그램에 참여해야 한다.

안드레아스 슐라이허[Andreas Schleicher, 2011]는 전통적인 학교 모델을 가장 효과적인 제도와 비교하면서, 교사의 전문가로서의 삶과 학습 그리고 직업의 구조에 서로 다르게 영향을 미칠 근본적인 변화의 몇 가지를 정식화하였다. 그것들이 실제 행동에 어떻게 영향을 미치는지는 교사 자신들이 변화의 방향을 조종하는 운전석에 앉아 있는 정도에 따라 좌우될 것이다.

과거의 학교	주제	가장 효과적인 제도
몇몇 학생이 높은 수준의 학습을 한다.	학생 포섭	모든 학생이 높은 수준의 학습을 한다.
평생 직업을 위한 보통의 인지 수준과 기능	교과과정 지도와 평가	학습 방법, 생각하는 복잡한 방법, 일하는 방법 배우기
이미 확정된 내용에 도달하도록 가르침	교사의 자질	높은 수준의 전문성을 갖춘 지식 노동자
테일러리즘이며 위계구조가 분명함	노동조직	수평적이고, 동료성을 강조하고, 다양하고, 차이를 가진 직종들로 구성됨
상부 기관에 전적으로 맡겨짐	교원 평가와 설명 책임	동료와 이해 당사자들도 참여함

출처: Schleicher(2011), 「교사의 전문성을 높은 수준으로 확보함: 세계 각국으로부터 얻은 교훈, 교사에 관한 회의, 뉴욕Building a High Quality Teaching Profession; Lessons from around the world, Teachers Summit, New York」.

영국의 연방정부가 폐지하기 전에, 훈련개발원Training and Development

Agency[2007]은 다섯 가지의 경력 단계를 정의했는데, 단순히 가르칠 자격이 있는 교사, 문지방을 넘은 단계post-threshold의 교사, 훌륭한 교사, 그리고 수준 높은 기술을 가진 교사로 나누었다. 한 단계 올라갈 때마다 충족해야 할 기준을 정해서 전문성 개발에 참여해야 할 수준에 대한 요구 사항을 제시하였다. 그것이 각 경력 단계의 차이를 분명하게 하는 것이기 때문이다. 교사의 전문성이 높아짐에 따라 교수학습 활동의 기준이 더 엄격해질 뿐만 아니라 그/그녀의 역할이 팀으로 일하기, 동료와 같이 기획하기, 평가하기, 그리고 가장 최상의 수준에서는 학교 안과 밖에서 동료들을 이끄는 단계까지 확장된다. 분류표의 41개 기준 중 몇 가지를 제시해보자.

- 평등, 통합, 다양성이 있는 교수 활동에서 나타나는 문제에 대한 폭넓은 지식을 갖는다.
- 동료들의 전문성 개발에 기여하는데, 그 통로는 코칭, 멘토링, 효과적인 실천 행위 시범, 그리고 조언과 피드백 제공하기 등이다.
- 지도부와 긴밀한 관계를 가지고 일하면서, 학교 개선에 도움이 되는 정책과 실천 행위를 개발, 시행, 평가하는 데 지도자의 역할을 수행한다.
- 분석, 대인관계, 조직화 기술을 가지고 있어서 자신의 학교를 넘어서는 직원이나 지도부와 효과적으로 일할 수 있다.

로렌 레스닉Lauren Resnick은 전문성의 정의를 좀 더 심화시켜서 그것을 사회와 관련된 행동으로 묘사한다. 즉 전문성이 표현되는 제도와 기구의 맥락을 형성하면서 동시에 기구에 의해 형성되는 사회적 행동 말이다.

성공적으로 제도화된 학습 프로그램의 한 가지 핵심 특징은 그것들이 사회에서 여럿이 공유하는 지적인 일과 꾸준히 관계를 맺는다는 것이다. 또한 그 학습 프로그램은 …… 임무를 완수하는 과정으로써 조직화된다. …… 일, 개인 생활, 여가 활동은 사회의 제도 안에서 수행된다. 그리고 각 개인이 성공적으로 맡은 일을 해내는 능력이란 것은 다른 사람이 하는 일의 성과와 몇 사람이 정신과 육체를 결합하여 일하는 정도에 따라 좌우된다.Resnick, 1987, p. 18

이와 같이 높은 수준의 전문성에 대한 기준을 추구하고 충족하는 데는 구조와 문화 둘 다 중요하고 그 둘 사이의 관계 또한 중요한 역할을 한다. 성찰이란 혼자서 하는 단순한 행동이 아니라서 교사가 집에 가는 길이나 중요한 사건을 다루는 방법을 새벽 4시에 떠올리면서 이루어지지 않는다. 전문성 개발은 여럿이 함께하는 행위이다. 데이비드 퍼킨스David Perkins, 2003는 전문적인 지성의 본질을 그림으로 보여주면서 다음과 같은 비유를 하였다.

"신경세포Neuron는 우리 두뇌의 각 부분을 이어주지만 사람과 사람 사이를 이어주는 신경다발은 없다. 우리는 생각에 대해 이야기를 나눈다. 우리는 거기서 발견한 것을 공유한다. 우리는 기억나는 것을 모아둔다."p. 22

우리가 또한 배운 것은, 개인의 효과적인 전문성 개발은 집단적 학습(교사들이 교실 수업 실천을 개선하기 위해 생각을 나누고 협력하는)과 병행하여 이루어진다는 것이다. 일본의 사례인 '열린 교실' 원칙은 교실 수업을 동료들이 관찰하고 그것을 표준이 되는 실천으로 환영하는 것이다.Angel Gurria, OECD 사무총장, New York, 교사에 관한 회의Teacher Summit, 2011년 3월 17일

집단적 학습에서 교사가 자신들의 실천 행위에 대해 함께 성찰할 시

간을 갖는다는 것은 개인이 매일 자발적으로 성찰하고 반성하며 반박하는 활동을 하는 것보다 학습의 깊이가 있고 체계적인 학습과정이 된다. '협력 학습'은 체계적인 학습과정으로서, 하나의 집단이 그들에게 중요한 문제에 대해 실험해보고 배우기 위해 성찰과 행동을 반복하며 함께 일하는 것이라고 팀펄리와 얼[Timperley and Earle, 2010]은 말한다.

협력 학습에 참여하는 교사는 지식(드러난 것이든 의식하지 못하는 것이든)을 함께 찾아다니며 지식의 다양한 근원에 대해 생각하는 활동을 함께할 수 있다. 그러한 활동의 목적은 여러 시각을 통해 생각과 실천 행위를 조사하고, 가정을 제시하며, 고정관념에 도전하고, 좀 더 많은 질문을 제기하는 것이다. 그것이 개념을 변화시키는 기초가 되는데, 그 변화는 개인이 새로운 생각을 만나면서 또는 엄밀한 조사를 해보니 진실이라고 믿던 생각이 그렇지 않다는 것을 발견하면서 일어난다.[Timperley and Earle, p. 23]

최근의 연구 결과는, 전문성 개발이 학습으로 되면서, 교사에게 일어나는 새로운 배움이 학생의 성과에 구체적인 차이를 만들 수 있다고 하는데, 그것이 쉽지는 않다고 한다. 실천 행위에서 중대한 변화를 가져오려면 전문성에 대한 집중적이고 도전적인 학습 경험이 필요하다. 이때 교사의 전략과 접근법 목록이 확장될 뿐만 아니라 자신의 신념을 재검토할 기회를 주는 활동과 대화에 참여하게 된다. 그 활동과 대화를 통해 그들이 갖고 있는 신념과 새로운 생각의 기초가 되는 신념 사이에 있는 차이를 규명하고 자신의 신념을 재검토할 수 있는 것이다.[Timperley and Earle, p. 23]

생각 바꾸기

최근 네덜란드에서 교사들의 신념 변화 방식에 대해 연구한 결과^{Jacobiene et al., 2010}, '공유'와 사고방식 바꾸기가 중요한 주제로 떠올랐다. 이는 증거를 찾으려는 관찰과 토론을 좀 더 많이 하는 것과 차원이 다르다. 조사연구팀은 다음의 네 가지 서로 다른 접근법을 실험하였다.

- 대안이 되는 교수 방법을 찾아 아이디어를 교환한다.
- 대안이 되는 교수 방법을 실험한 경험을 나누고 토론하다.
- 교수 활동에서 공통으로 나타나는 문제를 규명하고 해결한다.
- 개인의 문제를 규명하고 해결한다.

조사연구 결과, 교사들이 대안이 되는 교수 방법을 교환하고 그것으로 실험을 했던 팀에서, 교사들이 공통의 관심사로부터 출발했을 때, 교수 활동에 대한 신념이 눈에 띄게 변화했다. 이런 결과는 교사들이 서로의 목표를 연계하는 방향으로 움직이면서 상호 의존도의 수준이 높아진 때문이라고 보았다. 재미있는 발견 중 하나는, 비교적 많은 수의 교사들이 "교육 개혁의 목표와 부합하는 방법으로 교수학습에 대한 자신의 신념을 변화시켰다"는 점이었다.^{Jacobiene et al. 2010, p. 178} 개혁의 사례는 새로운 교과과정이나 고등학교에서 달성해야 할 성취 기준을 도입하는 것이다. 하지만 어떤 교사들은 교육 개혁의 목표와 어긋나는 방법으로 자신의 신념을 변화시키기도 하였다. 이 교사들은 학생 중심의 신념을 평균에서 최고 점수까지 보여준 분들이었는데 감시망 레이더를 저공비행으로 통과할 만한 자신감과 회복력을 지니고 있었다.

교사들이 자신의 실천 행위를 개선하는 데 가장 큰 도움을 준 것에 대해 연구한 OECD 보고서에서, 안드레아스 슐라이허[2011]는 교사들이 높은 점수를 준 여섯 가지 전략을 정의하였다.

- 개인이 하거나 협력한 조사연구
- 자격 연수 프로그램
- 전문 서적 읽기
- 강의와 워크숍
- 전문성 개발 네트워크
- 멘토링과 동료(수업) 관찰

조사연구가 목록의 맨 앞에 나온 것이 놀라울 수 있겠지만, 쿠퍼르더와 스라비스타[Cooperrder and Sravista, 1987]의 용어인 "이해하려는 마음을 보여주는 질문"으로 이해하면 쉬울 것이다. 협소한 의미에서 정의한 문제점에 주목하기보다 변화와 개발의 가능성이 있는 지점을 이해하려고 노력하고 그것을 활발하게 만들 수 있는 방법을 찾는 것이다. 그러한 조사연구에서는 교수학습의 육하원칙(1H5W)을 보다 깊이 있게 설명하고 좀 더 세밀하게 이해하려고 노력한다.

물이 얼음과 만나는 곳

데이비드 퍼킨스의 "감금되어 학습하기"[2장에서 논의함]는 그에 따르는 결과로서 감금되어 가르치기를 가져온다. 많은 선진국에서 교사들이 학생들과 함께 제도라는 얼음에 갇혀 있다. 이 얼음은 지구 온난화의 영향을 받고 있지만 정책 결정자들은 그것의 존재를 부정한다. 레스터 등

Leicester et al.의 모델[4장에 제시됨]에서 물은 H1과 H2 사이를 흐르는 유동성이 있어서, 일상처럼 존재하는 기업들의 완고함과 교사들 스스로 적극 참여하여 만들어내는 전문직의 미래에 대한 열망 사이를 흐른다.

현상 유지와 근본적으로 변화될 미래 사이의 긴장은 특히 신규 교사에게 절실한 문제이다. 그들이 대학에서 지루한 이론, 학과별 지식, 그리고 학문 분야의 자만심을 배우며 수박 겉핥기식 교직과정을 이수하면, 그들은 너무도 쉽게 현재의 물리적, 이념적, 교과과정의 틀 안에 갇히게 된다. 하지만 급변하는 세계에서 전문가로서 교사가 된다는 것의 의미에 대한 대안이 되는 시각을 접하지 못한다면, 현재 존재하는 미래의 가능성이 실현될 기회는 점점 더 적어질 것이다.

정부들은 평가, 시험, 감사, 순위표 등을 결합하여 학교에 대한 통제를 강하게 유지하고 있으며, 이제 교육제도에 대한 전 분야에 걸친 통제 체제를 수립하려는 의도로 교사 교육에 눈을 돌리고 있다. 그러므로 교사 교육의 미래에 대한 질문을 어떻게 제시하는가에 따라 많은 것이 좌우될 상황이다.[Biesta, 2011, p. 3]

예비 교사 교육이 정치에 의해 결정되는 것을 우려하는 흐름이 있지만, 그와 병행하여 교사 교육이 평생 동안 지속되어야 한다는 인식이 있다. 도제 수업 방식 모델과 함께, 교수학습 활동은 풍부한 이론으로 무장되어야 한다는 인식도 폭넓은 지지를 얻고 있다. 이 중에서 중요한 것은 사회심리학자들의 용어인 "행동의 틀[behaviour settings]"(또는 "생태적 환경[ecological niches]")을 이해하는 것이다. 이론에 대한 지식을 가지고 거리를 두면서 깨어 있는 눈으로 모두에게 아주 익숙한 교실을 살펴볼 때, 교사와 학생의 행동의 틀을 규정하고 강화하는 한편 관례대로 그들을 가두고 있는 속박에 새롭게 도전하는 관점을 가질 수 있다.

우리의 시각은 이미 알고 있는 것으로 가려져 있어서 우리가 보고 있는 것을 아는 데 실패한다. 우리는 지금 보고 있는 것을 알기 위해 배워야 한다. 그것은 우리가 이미 알고 있는 것을 보는 것이 아니어야 한다.Heschel, 1969, p. 3

우리가 새로운 시각으로 서로 다른 종류의 행동의 틀이 갖고 있는 한계와 가능성을 탐색할 때, 우리가 일하고 놀고 다른 사람과 부대끼는 장소에 의해 우리의 태도, 열망, 능력이 형성되는 정도를 더 잘 이해할 수 있다. 그것이 어떤 순간에 대한 것이든 좀 더 긴 기간에 대한 것이든 상관없이 말이다. 그러면서 떠오르는 의문을 나열하자면; 친숙한 사회적 틀 하나하나가 어느 정도로 인간의 행동과 그에 수반하는 사회적 관습의 구체적 형태를 지시하는가? 이런 사회적 틀이 어느 정도로 우리의 태도와 기대를 형성하는가? 사람들이 물리적 환경 또는 자신의 처지를 자각하고 있는 장소container의 특성에 따라 어떻게 행동하고 상호작용을 할지에 대해 어느 정도로 예측할 수 있는가? 그러한 물리적 환경 또는 '장소'의 예를 들자면 축구 경기장, 교회 또는 사원, 장터, 치과 대기실, 술집, 비행기, 대형 강의실과 교실 등이 있다. 이 모든 틀이 우리의 태도와 감정을 형성하는데, 잠깐 동안 혹은 은연중에 오랜 기간 동안 작용한다. 그리고 행동의 틀이 해방과 분발을 추구하는 효과를 발휘하기도 하지만, 스트레스, 혐오감, 정신질환을 불러오는 원인이 될 수도 있다.

성장할 여지

어린이들이 자신의 감정을 탐색하고 자기 것을 발견하게 만드는 서로 다른 생태적 환경을 이해하게 되면, 우리는 이런 환경이 어린이의 정서적이고 지적인 성장의 여지를 얼마나 제공하는지 그 범위를 알게 된다. 그리고 환경이 교사에게 통찰력과 주체적 활동력을 성장시킬 여지를 얼마나 제공하는지도 알게 된다. 그 환경을 좀 더 엄격하게 규정하고 그것의 매개변수를 좀 더 많이 지정해놓을수록 전면적인 변화가 일어날 가능성은 줄어든다. 시험을 치르고 성적 순위표를 작성하며 교사에게 경쟁을 위한 다른 형태의 압력을 가한다면 "감정 또는 사회적 약속과 관련을 갖는 교수 활동을 할 여지는 거의 없어지고 감성과 지성을 가르치는 일은 암담해진다."^{Lyard, 2009, pp. 103-4} 어린이와 청소년의 경우, 단합할 자유와 주도권을 심각하게 억압받는 곳에서는 관습에 의해 금지된 창조적 행위를 종종 벌이고 체제를 전복하는 에너지를 발산할 출구를 찾을 것이다. 학교가 발명된 이래로, 이것은 교실로부터의 탈출을 유발하였다. 하지만 상상력이 풍부한 교사들은 늘 억눌린 에너지에서 오는 좌절감을 이해하고 관습의 경계선을 뒤로 밀어내는 방법을 발견했는데, 그 형태는 소풍, 학교와 가족 또는 지역 사이의 교환 방문, 기숙사 생활 경험, 그리고 교과과정 외 활동이었다.

교실의 범위를 확장하는 것을 보충하는 활동은 배움을 위한 대안이 되는 장소를 발견하거나 교실을 다른 종류의 학습 환경으로 창조하고 재창조하는 활동이다. 교사들이 교실을 물리적 공간으로 그리고 교수학습의 일상적 행위의 공간으로 개조하는 과정에 학생들을 어떻게 참여시키는가, 그 사례를 다시 상기할 수 있다. 로테르담^{Rotterdam} 학교에서, 어느 교사는 학생들을 새 학기 첫날 초청해서 교실이 학습 공간이라는 점을 탐구하고 다시 설계하는 일을 시작한다.

이 교실은 다시 설계하도록 일 년 내내 개방되었는데, 그 이유는 다시 설계하면서 청소년들이 점차 배움을 가로막는 요인이 무엇인지 알아가게 만들기 때문이다.

영국의 케임브리지 학교의 어느 교사는, 초등학교의 같은 학급 아이들이 이학년에서 삼학년에 걸쳐서 변화하는 여섯 단계의 과정에 대해 이렇게 묘사하였다.

교과 과정을 전달함.

↓

학습의 목적과 목표에 대해 **토론함.**

↓

학생들이 자신들만의 성취의 지표와 기준을 **고안함.**

↓

학생들이 자신과 다른 사람들의 활동을 **평가함.**

↓

학생들이 학습을 **결정함.**

↓

학생들이 학습의 **동반자가 됨.**

이것은 교사와 학생 모두에게 숙련도를 점차 높여가는 과정이었고, 배움을 위해 서로 협력하는 과정으로 그리고 학습에 대해 배우는 방향으로 전진하도록 이끌어주었다. 같은 학급을 이 년 동안 맡은 교사는, 그러한 교실 환경을 확립하고 현재에 숨어 있는 미래의 씨앗을 인식하려면 전문가로서 높은 수준의 자기 확신, 시간, 그리고 인내심이 필요하다는 것을 느꼈다. 그것은 H1과 H3, 자기 스스로 결정한 제삼의 지평 사이를 여행하는 것이다.

연구자들이 일관되게 발견하는 것은 학생과 교사의 유대감이 중요하다는 것이고 이것은 가장 취약한 입장에 있는 학생들에게 가장 중요한데, 수많은 다른 요인 때문에 그 효과가 약해진다. 즉, 큰 학급 규모, 규율과 훈육에 대한 요구, 특수교육이 필요한 학생에게 맞추는 것, 교과과정을 완벽하게 마치라는 압력, 상호 신뢰하는 관계를 발전시키는 데 필요한 시간 등이 그것이다. 따라서 교사-학생 관계를 내부 압력이 적은 상황에서 발전시키는 것이 중요한데, 교사와 청소년들이 정해진 역할에서 벗어나서 배움을 공유하고 좀 더 즐겁게 상호작용을 하는 상황을 만들어가야 한다.

그러한 맥락에서는 맥닐리와 팔시[McNeely and Falci, 2004]가 보고한 바와 같이, 학생들의 사회심리적 조절에 있어서 신뢰할 만하고 예측 가능한 개선이 이루어진다. 또한 학생들이 교사를 지원해주는 존재라고 인식할수록 자존감이 높아지고 그에 상응하는 정도로 스트레스와 우울감이 줄어든다.

성공을 위해 놀기, 어린이대학, 숲 학교, 칸 아카데미[Khan Academy], 학교 밖 센터[outdoor centres][5장에서 묘사함] 등의 시도는, 대안이 될 수 있는 "생각의 지형"에 대한 안목을 갖게 해주고, 모험을 좋아하는 교사들이 개척할 학습 영역을 보여준다는 점에서 중요하다. 잘 관리 운영되는 비공식 (학습)환경 중에서 그 중요성을 제대로 평가받지 못한 영역이 있는데, 그것은 동료 관계와 우정을 키우는 분야이다. 이에 대한 설득력 있는 증거가 있는데[예: Parry Langdon, 2008], 어린이가 즐겨 참여하는 친구 집단이 클수록 행동이나 학습에서 어려움을 경험할 가능성이 낮아진다고 한다.

2006년 스코틀랜드 정부의 보고서를 보자.

우리는 지역사회 공동체의 학습과 개발을 "사회적 자본"의 핵심이라고 본다. 즉, 그것은 지역사회 공동체와 함께 일하는 방법으로 문제를 다루고 기회를 찾아보는 데 필요한 네트워크, 자원, 기능, 자신감을 증가시키기 위한 것이다. 우리는 지역공동체 교육과 지역공동체 개발이라는 제목 아래 개인과 지역공동체가 자신들의 생활에서 진실로 중요한 문제를 지역공동체의 실천과 학습을 통해 해결하도록 돕기를 원하는 것이다.

교사 말고 누가 지역사회 공동체의 학습과 교실의 배움 사이에 지성과 감성 그리고, 사회가 개입되는 다리를 놓을 수 있겠는가? 어린이의 삶에 영향을 끼치는 학교가 지역사회와 밀착되어 있을수록 다른 사람들과 연대관계를 구축하는 데서 오는 혜택은 더 커질 것이다. 교수 활동을 하려면 청소년들이 자신의 경험에서 어떻게 의미를 구축하는지 더 깊이 이해해야 한다. 그들은 서로 다른 상황과 다양한 공간의 상호작용을 통해 의미와 일관성을 발견하려고 분투하기 때문이다. 웨이스와 파인Weis and Fine이 "건축 현장"이라는 주제로 쓴 글^{2장에 있음}을 통해 그 상황을 강렬하게 그려냈다.

우리가 이 영역에서 더 많은 모험을 할수록 우리의 어린이 학습에 대한 지식은 더 복잡하고 더 많은 논쟁거리로 가득 차게 된다. 그리고 학교가 그들에게 무엇을 약속하고 있는지를 이해하려면, 청소년들이 따라 걸어야 할 불확실한 경로와 그들이 배우는 것의 사회적·정서적 특성에 대해 복잡한 논쟁을 거쳐야 한다. 어린이와 청소년들의 배움과 이런 학교와 근본적으로 다른 건축 현장 사이를 연결하도록 돕다 보면, 학교 효과와 통계수치를 내세우는 다른 연구들을 회피하게 된다. 그리고 교사라는 전문 직업에 대한 새로운, 항상 환영받는 것만도 아닌, 도전을 제기한다.

잘못된 장소를 들여다보기

주정뱅이가 가로등 밑에서 열쇠를 찾는데, 그 이유가 거기에 떨어뜨려서가 아니라 불빛이 그곳을 비추기 때문이라는 믿거나 말거나 하는 이야기가 있다. 성취도 차이에 대한 정책 차원의 해결책은 잘못된 장소를 집요하게 들여다보는 격인데, 더 많은 시험, 더 많이, 더 일찍, 그리고 더 길게 교실에서 시간을 보내도록 하고 이를 위해 압력을 가하고 있다. 이는 1장에서 이미 '압력 심화'로 묘사했다.

우리가 생각하는 변화의 방식이 우리가 익숙하게 알고 있는 것과 매우 비슷한 것을 (설사 그것이 더 좋다고 해도) 상상하는 틀에 갇혀 있다면, 또는 우리가 어떻게 시행하는지 알고 있는 것만 하는 데 그친다면, 우리 스스로가 미래로의 진화 과정에 참여하지 못하도록 막고 있는 셈이다. 그 방식은 우리의 머리 위에 기어 올라와서 우리를 알 수 없는 곳으로 끌고 갈 것이다.Papert, 2004

2004년에 쓰인 이 말은 교실 수업이라는 맥락과 아이들이 성장하는 맥락 사이에 서로 만나지 못하는 간극이 점점 더 커지고 있음을 일깨워준다. 이 말 때문에 그렇게나 많은 교육정책이 효과를 거두지 못하고 한계점을 드러낸다는 점을 다시 떠올리게 된다. 미국의 여러 도시와 학교교육구에서 교사들의 성적 조작이 나타난 것은 건강상의 이상 신호 보내기였다. 즉, 어린이와 청소년이 사회를 이루고 있는 세계와 정책 수립 담당자가 살고 있는 세계 사이의 제도적 간극에 대한 대처 방안이었다. 미국의 여러 지역에서 많은 사실이 밝혀졌지만, 2011년 7월 애틀랜타에서 발간된 800쪽의 보고서는 학생들의 시험 점수를 대규모로 조작한 사건을 기록했는데, 그 결론은 이런 성적 조작이 거의 십 년 동안 이루어졌다는 것이다. 이것이 처음 알려진 것은 주정부에서 학생들의 답안지를 조사한 결과 지워진 흔적이 너무 많은 것을 발견하면서부터이다. 교사와 교장들은 오답을 지우개로 지우고 정답을 적어 넣었다고 한다. 한 학교에서는 교직원들이 주말에 피자 파티를 하고 나서 답안지를 고쳤다고 한다. 그해 일 년 동안, 그 학교의 점수는 45%나 뛰어올랐다.

조지아 주 특별 감사원의 보고서는 일제고사와 성적 조작 사이에 뚜렷한 연관성이 있음을 지적하면서, 성적 조작이 교사 개인의 실패에 기인한 것이 아니라 목표 점수를 달성하라는 체계적인 압력 탓에 나타난 것이라고 주장하였다.

"공포, 협박, 보복의 문화가 학교교육구 전체에 퍼졌다. (그리고) …… 시험 결과를 강조하고 성실성과 윤리성에서 벗어나는 예외적인 상태를 공개적으로 찬양했다."

이 보고서를 보면, 학교 지도자들이 달성이 불가능한 시험 점수 목표를 설정하고는 교사와 학교장에게 목표를 달성하라는 불합리한 압력을 행사했다고 한다.『워싱턴포스트』 2011년 8월 11일자 기사, "얼마나 많은 성적 조작 사건이 있어야 우리에게 아침 기상 시간을 알리는 전화와 같은 역할을 할까?How many testing scandals do we need as a wake-up call?"

어느 4학년 교사는 "어떤 수단을 써서라도 이 점수를 달성해야 한다고 들었다", 그리고 "우리는 해고당할 수 있다"고 주장했다. 그 사건에 관련된 모든 교사와 행정직원을 해고한다는 교육청의 반응이야말로 가로등(완전히 엉뚱한 장소)에서 열쇠를 찾는 고전적인 사례이다.

정책의 결점을 교실과 관련성이 한창 떨어진 곳에서 보완하려는 시도가 그런 식으로 제도를 약삭빠르게 조종하는 결과를 가져왔다. 제도를 가지고 이런 극단적인 방식으로 장난치는 것은 아이들과 교사들, 그리고 잘못 고안된 정책에 대한 그들의 전문가로서의 성실성에 막대한 손상을 입히고 만다. 그렇게 광범하게 행해진 성적 조작 증거 앞에서 교사들이 어떻게 신뢰를 얻을 수 있겠는가? 오닐O'Neill 교수는 2002년 레이드Reith 강연, "신뢰에 대한 문제 제기"에서 전문가에 대한 신뢰를 손상시킨 원인은 단순한 수치와 같은 방식으로 설명 책임을 수행했기 때문이라고 주장했다. "내 생각으로는, 우리가 전문가들의 공공 이익을 위한 업무 수행과 그 표준을 과도한 규칙 제정으로 무너뜨릴 수 있으며, 설명 책임에 대한 열망 때문에 눈속임을 묵인하거나 조장할 수 있다. 우리는 더 영리한 방법으로 설명 책임을 확보할 필요가 있다"고 결론지었다. 오닐 교수는 리처드 엘모어Richard Elmore, 2005의 「내부의 설명 책임internal accountability」이라는 논문에 공감을 표했다. 내부의 설명 책임에 따라 전문가의 윤리를 정의하면, 설명 책임 확보의 전제 조건은 동료와 어린이의 협력이다.

목표와 시험에 대한 점검표 뒤집기

우리는 과감하게 창조성을 발휘해야 한다. 목표, 시험, 그리고 점검표로 이루어진 억압의 굴레를 벗어던져야 한다. 교과과정 달성에 필요한 시간 수를 따지고 평가에 대한 감사를 벌이면서 우리를 조종하고 있는 굴레에서 벗어나야 한다. 그리고 이제는 즉각 학교를 신뢰해야 할 때이다. Mick Brookes, 영국전국수석교사협회National Association of Head Teachers

이 인용문에서 '우리'야말로 도전의 핵심이다. 교사라는 전문 직업의 미래가 지금과 달라지려면, '우리'는 (바네트Barnett가 묘사한 대로) 지위를 추구하며 순응하고 순종하는 경향과 투쟁해야 하고, 그간 잘못 적용해온 데서 벗어나 좋은 학교와 교수 활동의 정의로 돌아가야 한다.

　다른 전문직과 비교할 때, 교사는 때때로 영리하고 독립적으로 행동할 것을 요구받기도 하지만, 여전히 지위와 존경을 얻기 위해 씨름해야 하고, 순종하고 순응할 것이라는 기대를 받는다. 21세기의 벽두에 훌륭한 교수 활동과 좋은 학교에 대한 정의를 내리는 사람은 성공적인 교사가 아니라 교육위원회, 행정직원, 교과서 회사, 교과과정 개발 영리기업, 그리고 시험 산업testing industry이다.Barnett, 교사라는 전문 직업의 미래The Future of the Teaching Profession)http://www.divine caroline.com/22354-future-teaching-profession

　카첸마이어와 몰러Katzenmeyer and Moller, 2001가 "교사 지도력이라는 잠자는 거인을 깨워라"라고 얘기한 것은 적절한 비유이다. 그동안 평가 절하당하고 무시되어온 전문성의 자질을 이해하고 이제까지 개발되지 않고 방치되었던 지도력의 막대한 가능성을 찾아낸 것이다. 지도력이라는 개념은 교사들이 자신을 지도자로 보려 하지 않고 지도력을 행사한다고 여기지 않으려는 경향 때문에 축소되어 이해되고 있다. 그들이 자기 교실을 넘어서 주도적인 활동을 하는 경우조차도 그러한 행동을 묘사할 때 다른 단어를 사용하려는 경향이 있다. 우리가 '주체적 활동력agency'과 '지도력leadership'을 별도의 개념으로 보는 환경에 살고 있지만, 그 두 개념은 밀접하게 연관되어 있다.

　　교사의 지도력leadership은 분배distribution를 상징한다…… 그것은 교사에게 학교 내의 공식적이고 위계질서가 뚜렷한 지도력의 한계를 뛰어넘어서 지도력을 행사할 기회를 제공한다. 그것이 관여하는 것은, "단순한 책임의 위임, 방향 지시, 또는 분배의 문제가 아니라, 그들의 지위와 상관없이 변화를 시작하고 유지하는 데서 교사들이 활동 주체가 되고 선택권을 행사하는가의 문제이다."MacBeath의 논문, Frost and Durrant, 2003, p. 173에서 재인용

교사가 교실을 넘어 동료, 학부모, 다른 주체 또는 정책과 함께 활동 주체로 나설 때, 그들은 지도력을 행사하고 있는 것이다. 그들이 집단적인 노력의 일부가 되어 그렇게 할 때, 지도력은 공유된 활동이 된다. 교사 지도력에 대한 글이 있지만, 대부분은 개인 활동 주체와 집단 사이의 연결 지점을 탐색하거나 이해하는 데 실패한다. 교사 지도력은 일련의 활동 흐름 속에서 이해되기보다는 기관의 위계질서 안에서 맡은 역할이나 지위로 해석된다. 지도력의 역할과 활동은 기관의 공식적인 지시보다는 학습과 개선에 필요한 전문지식과 기술로부터 흘러나온다.Elmore, 2008, OECD 2008 자료에서

이탈리아에서 브로토와 바르자노Brotto and Barzano, 2008는 열정적인 교장들을 위한 워크숍을 묘사했는데, "함께 존재하기stare con"와 "위하여 존재하기essere per"의 구분이 주제였다. "함께 존재하기being with"의 특징은 "전염성 있는contagious" 경청, 공감, 팀워크, 그리고 의미 이해이며, "위하여 존재하기being for"라는 상호 간의 권한 위임과 서로에게 봉사하는 행위와 결합되어 있다.2008, p. 235 이것은 미국이라는 맥락에서 교사 지도력을 설명하는 리베르만과 프리드리히Liebermann and Friedrich의 주장에 강한 공명을 일으킨다.

그들(교사들)은 실천 활동을 공개적으로 공유하는 데 따라오는 두려움을 인식하도록 배웠고, 동료의 실천을 드러낼 때 말을 아끼는 것이 중요하다는 것의 의미를 좀 더 예민하게 이해하게 되었다. 그들은 일련의 전략을 개발했는데, 그것의 목적은 공동체를 구축하고 전문성 개발에 참여한 교사들로부터 전문지식과 기술을 이끌어내기 위한 것이다. 그렇게 하면 그들은 고무되어 협력 작업을 수행하고 성공 사례와 질문을 가지고 대중에게로 나아간다.Liebermann and Freidrich, 2007, p. 49

라틴아메리카의 에콰도르, 칠레, 멕시코, 파라과이에서는 나라마다 정치, 사회, 경제의 역사가 크게 다르지만, 교사가 정책 지시사항의 수동적인 자세를 줄이고 교육하는 과정을 만들어가는 데 더욱 적극적으로 참여하자는 공감대가 커지고 있다.Aguerrando and Vezub, 2011

교실에서 생활하는 일상 속에 질문을 제기하고 자기 스스로 평가하는 문화가 깊이 뿌리박혀 있을 때에 비로소, 학교는 진정한 배움을 가로막고 있는 것을 드러내야 한다는 확신을 가진다. 그리고 활동 주체로서 높은 자각으로 무장되어 있을 때, 어떻게 변화를 가져올 수 있는지 보여줄 수 있다.p. 66

정책 수립 담당자와 학부모, 그리고 대중의 생각을 변화시킬 정도의 도전이 잘 묘사된 사례는 동유럽의 여러 나라인데, 그곳에서는 관습과 권위의 무게 때문에 영향력을 행사하려는 교사들은 큰 불이익을 감수한다. 동유럽에서 실시된 교사 지도력을 위한 국제적인 프로젝트는 출발지점에서부터 누가 지도하고 누가 따르는지 그리고 누가 말하고 누가 경청하는지에 관한 문화적인 전제가 워낙 깊이 뿌리박혀 있어서 저항을 받았다. 데이비드 프로스트David Frost가 묘사하듯이 "그 시도는, 교사 편에 서서 지도력을 행사하는 것이 정부 당국에 의해 체제 전복이나 불법 행동으로 판단될 수 있었다. 그리고 교사들에게, 모든 교직원은 평등하다는 암묵적인 행동 수칙을 위반하는 건방진 행동으로 보일 수 있었다."2011, p. 19

지루Giroux, 1992는 그의 주장에 타협의 여지를 거의 남기지 않았는데, 문화와 정치에 기인한 장애물이 얼마나 억압적이든 상관없이, "교사는 그들이 지식을 조직, 생산, 중개, 그리고 실천으로 바꾸는 데 대한 책임을 져야 한다. 그렇게 하지 않으면, 그들은 지식을 학생에게 전달하는 단순한 기술적인 매개체로 보일 위험이 있다. 왜냐하면 그들이 수용한 지혜를 비판 없이 재생산하는 과정에서 자기 자신을 지워버리기 때문이다."p.120

하지만 이 조언에는 두 가지 중요한 전제가 내포되어 있다. 하나는 교사의 전문가로서의 자율성을 실현해나갈 문화를 만들 만큼 충분히 자신감과 용기가 있는 고위 지도자가 있다는 전제이다. 두 번째는, 교사가 자기 교실을 넘어서 지도력을 발휘하는 활동 주체임을 자처하고 나설 만한 자신감, 회복력, 힘을 가지고 있다는 전제이다. 문제는 영웅과 같은 역할을 하는 교사 또는 교장을 강조할수록 그것이 교사들의 권한을 위축시킬 수 있다는 점이다. 영국의 연방정부가 발표한 다음과 같은 선언문에 시작 단계의 위험이 있다.

이 정부의 교육에 대한 전망의 핵심은 학교 지도자들에게 좀 더 많은 권한과 통제권을 주는 것이다. 단순히 자신이 속한 학교에서 개선을 추진하기보다 우리나라 전체의 교육제도를 아우르는 개선을 추진하라는 것이다.교육부Department of Education, 2010

수석교사들은 정치적인 상급자에게 효과를 입증해야 하고 표준, 목표, 모범 사례, 실행 성과 비교와 같은 거대 담론에 충실해야 할 의무가 있으며, 그러한 것이 갖고 있는 헤게모니가 강력하고 억압적이어서 교사 혼자서는 대항하기가 사실상 불가능하다. 이런 정책이 교사를 실패에 이르게 하는 지점은, 전문가라는 자격을 주고 활동 주체가 되도록 통제하며 조정하는 지도력의 구조가 (교사)개인과 집단의 자기 효능감을 좌지우지할 때 나타난다. 이런 환경에서 그 지도력 구조는 학습과 지도력에 있어 교사의 잠재능력에 대한 자신감을 떨어뜨리기 일쑤이다. "분권형 지도력distributed leadership"이라는 용어가 정치 용어 사전에 이제 등장했지만, 그것은 위계질서 속에서 권한을 위임하는 한 형태로, 교사가 순종을 위하여 책임감을 나눠 갖고 그에 상응하는 설명 책임을 지는 것을 의미하는 것 같다. 만약 교사가 지루Giroux가 제의한 대로 지도력을 행사하고 책임을 지려고 한다면, 교수학습에 대해 우리가 알고 있는 것과 그것의 방해 요인과 성공 요인에 대한 전제를 뒤집는 저항 문화를 크게 일으켜야 하고 집단적 의지와 연대의식을 가져야 한다.

존 뱅스John Bangs, 2011에 따르면, 그러한 집단적 의지가 모아지는 계기는 교원단체/교원노조가 나서서 간섭과 지원 서비스가 사라진 빈 공간을 찾아내서 그것을 채워주는 활동을 할 때 마련된다. 많은 나라에서 주로 경제적인 동기로부터 출발하여 지방자치 수준으로 권력을 이양하는 진보적 흐름이 생겼는데, 그 때문에 전문성 개발, 학교 네트워크와 제도 수준에서 정책 담론과 정책의 영향력을 가지고 노동조합이 개입할 여지가 생겼다.

> 교육에 대한 국가의 책임이 줄어들면서 노동조합이 그 빈 공간을 채울 기회를 가지는 것처럼 보인다. 노조는 교사들이 집단적인 활동 주체로 더 많이 나설 기회를 만들게 된다. 권력과 책임을 학교에 넘기는 것은 (교원)노조가 나설 기회를 많이 열어주는데, 그를 통해 교사들은 전문성 담론에 참여하고, 전문가로서 실천 사례 정보를 주고받으며, 자신의 학교에서 변화를 이끌 자신감을 얻는다. 교사들 스스로 만든 조직은 전국 단위의 전문가 학습공동체를 제공하며, 그 속에서 교사들은 학습을 더 많이 하고 정책을 만드는 데 기여할 수 있다.Bangs, 2011 출판 예정

지도와 지도 제작자

소수아Saussois가 지도와 지도 제작자를 구분한 것은 적절한 비유이다. 그는 지도를 필사본과 비교한다. 교육제도의 지도는 우리가 보고 있는 바와 같이 목적지로 가는 다양한 길을 알려주지만 우리가 멀리 여행을 해도 우리는 우리 앞에 놓여 있는 지형의 본질을 바꿀 수는 없다. 교육 분야에서 지도 제작자가 된다는 것은 다른 지형을 상상하는 것이고, 어떤 제도와 미래상에 대한 형상을 그려보는 것이다.

위에서 인용한 교사개발원이 수립한 표준을 살펴보면서, OECD의 교수학습에 관한 국제조사연구TALIS의 결론을 보면, 교사의 자기 효능감이 변화를 주도하는 교사를 온전하게 만든다는 암시가 있다. 즉, 자기 효능감이 있는 교사는 청소년의 학습뿐만 아니라 자신이 속한 학교의 정책과 방향에 변화를 가져올 수 있다.

지도력은 다양한 방식으로 표현되는데, 때로는 공식적으로 아니면 비공식적으로, 다른 사람을 지지, 지원, 안내하고, 필요할 때는 뒤로 물러나 있을 수 있으며, 동료의 활동을 격려하는 방식이다. 지도력의 다른 한쪽 면은 추종인데, 다른 사람이 이끌도록 허용하는 자신감이 있어야 하며, 교실, 학교, 또는 지역사회 공동체 수준에서 필요하다. 지도력은 역할이나 지위라기보다는 활동으로 표현된다. 데이비드 프로스트도 비슷한 취지로 교사 지도력이 숙제로 내준 임무를 해결하는 것처럼 인식되는 경향에 대해 문제 제기를 하였다. 유클Yukl의 지도력에 대한 정의, "의도적인 영향력"을 인용하면서, 레이스우드와 릴Leithwood and Riehl, 2003은 이렇게 말한다.

대부분의 경우에 지도력에 대한 정의의 핵심에 두 가지 기능을 포함시킨다. 지시사항을 만들어 제공하고 영향력을 행사하는 것이 그것이다. 지도자는 공유된 목표를 달성하기 위하여 다른 사람을 동원하고 함께 일한다.[p. 2]

'지시'라는 생각은 어떤 사람들의 머릿속에 어렴풋이 위협을 받는다는 느낌을 갖게 한다. 그들에게 지도력이란 단어는 즉각 위계질서에 대한 생각을 떠올리게 하고, 그것은 누군가가 권위를 가지고 다른 사람들에게 영향을 미칠 결정을 하게 되는 상황에 대한 상상이다. 레이스우드와 릴의 말을 다시 써보자. "지도력은 공유된 목표를 달성하기 위하여 다른 사람들을 동원하고 함께 일하는 것에 관여한다." 이 작은 변화로 이 개념이 좀 더 많은 것을 포용하는 방식으로 만들어진다.

훌륭한 교사는 자기 자신만이 가지고 있는 가장 훌륭한 충동을 어떻게 따라가야 하는지 언제나 알고 있다. 그리하여 혁신과 자신이 정한 우선 과제가 맞아떨어지는 지점에서 혁신을 일으키고, 정책 지시 사항이 자신의 교육관과 도덕 가치에 상반될 때 저항한다. 훌륭한 교사는 자신이 활동 주체라는 생각을 과소평가하지 않으며 주도권, 자기 확신, 주체의식을 포기하는 희생자 사고방식에 공모자가 되는 것을 거부한다. 학교의 배움과 변화는 아래로부터 일어난다는 것을 이해하는 고위지도자 집단 중에서 가장 앞선 사람들이 이런 교사에게 지지, 격려, 권한 위임을 해줄 가능성이 있다. 그러나 그런 지지가 없을 때, 그들은 동료의 조언이라는 또 다른 지지의 원천을 찾아 나서고 동료들을 끌어모아 비공식 네트워크와 교원노조·교원단체 같은 공식 네트워크에 가입시킨다.

안토니오 마차도Antonio Machado의 스페인어로 된 말을 인용해보자. "Caminante no hay camnino, se hace camino al andar-여행자여, 길

이 없다." 우리는 걸어가면서 길을 만든다. 지도력이란 다른 사람이 뒤따라올 길을 만드는 것이기도 하지만, 좀 더 모험을 한다면, 아무도 가지 않은 길에서 꼭 미리 정해진 목적지를 향해 가는 것이 아니라 종종 새롭고 예전에 생각지도 못했던 목적지로 가기도 한다.

앵거스 맥도날드Angus MacDonald라는 스코틀랜드의 전직 수석교사이고 지방교육청 고문이 경고한 대로, 잘 닦여진 길에서 너무 멀리 벗어나서 방황하는 것은 테라 인코그니타Terra Incognita가 "여기 괴물이 있다Here be Monsters"MacBeath, 1998, p. 168라고 말한 곳에 들어가는 것이다. 그러나 모험심, 자신감, 신뢰는 동료들의 강력한 지원에서 생겨나는데, 교사 조직이야말로 "자신감 있는 불확실성"을 키우는 데 필요한 지원을 제공할 수 있다. 필리파 코딩글리Phillipa Cordingley, 2012는 "서로 상처받기 쉬움"이라는 용어로 회복력 있고 쾌활한 교사들이 비슷하게 보여주는 기질을 확인해주었다.

바위와 소용돌이 사이에서

찰스 햄프덴 터너Charles Hampden Turner가 쓴 말로, 이것은 바위와 소용돌이 사이에 있는 "이러지도 저러지도 못하는 공간"이다. 바위가 상징하는 가치-일관성, 투명성, 신뢰도, 실행 성과 비교는 소용돌이로 표현되는 가치인 선택, 다양성, 역동성, 즉흥성, 자율성과 서로 대척점에서 있다. 보수와 급진적 변화, 확실성과 불확실성, H1과 H3 사이에는 불가피한 긴장이 있다. 레스터Leicester와 동료들이 주장하듯이, "긴장을 해결하려고 하지 않고 억누른 상태에서 타협책을 찾아내는 일은 매우 쉽다."p. 35 그들은 윌리엄 깁슨William Gibson의 공리를 인용한다.

"미래는 이미 이곳에 와 있다. 다만 불균등하게 흩어져 있을 뿐이다. 그러나 우리는 먼저 우리가 찾고자 하는 것이 무엇인지 알아야만 한다."

삼 년 전에 핀란드에서 열린 OECD/CERI 학술회의에서 티모 란키넨 Timo Lankinen은 제삼의 지평이라고 판단하는 것에 대해 열한 가지 측면을 요약하였다.

- 유비쿼터스 기술, 유비쿼터스 기회
- 협력하는 사회구성주의 학습
- 문제에 기초한 교수 활동
- 진보적인 조사연구과 실험을 통한 학습
- 동료 간의 피드백과 협동
- 맥락에 맞는 진정한 학습 공간
- 지역사회의 네트워크에 근거하고 기술과 사회관계를 기초로 한 공공 토론장
- 손으로 직접 하는, 일터에서 동료들 사이에 이루어지는 실제 생활과 관련된 학습 계획
- 이동통신수단으로 여럿이 소통하는 공간에서 이루어지는 학습
- 다양한 교수 방법의 혼합과 학습 교재의 혼성 사용
- 공공 부문과 사적 부문의 동반자 관계

Lankinen, 2008

어떤 사람이 자기의 목적지로 가는 길을 묻는 상황에 대한 오래된 농담이 하나 있는데, 그 사람에게 돌아온 대답은, "음-, 내가 당신이라면, 나는 여기서부터 시작하지 않을 거요." 란키넨의 유비쿼터스, 협력

학습, 네트워크, 그리고 탐험을 목적으로 한 (학습의) 원칙이 무엇인지 깨닫는 순간, 여기서부터 출발하지 않는 것이 이상적이다. 하지만 핀란드가 그것을 인식한 최초의 나라 중 하나이듯이 교원단체나 교원노조를 함께 모험을 떠나려는 동반자 관계로 만들지 않고서 목적지에 도달하기는 어렵거나 불가능할 것이다.

연결 짓기

토론토 대학의 벤 레빈Ben Levin은 강한 교사 조직과 교육제도의 성공 사이에 직접적인 관련이 있음을 규명한다.

오늘날 많은 교육에 대한 언급에서 교원노조가 개혁에 부정적 영향을 끼치는 것으로 가정하고 있다. 몇몇 해설자들은 노조의 반대를 제압하는 것이 개선을 만들어내는 데 가장 핵심적인 것 중 하나 또는 단 하나의 가장 중요한 것이라고 한다. 반면에 많은 다른 이들은 그것을 필요한 일 중 하나로 본다. 그러나 여기에 흥미로운 관찰 결과가 있다. 실제로 국제교육 평가에서 상위권을 차지한 모든 나라에는 강한 교원노조가 있다. 핀란드, 한국, 일본, 캐나다, 호주 등이 그 예이다. 물론 그러한 연관성을 일변화하려는 것은 아니지만, 강한 교원노조와 좋은 성적 사이에 꼭 갈등이 있는 것은 아님을 알 수 있다. 더욱이 교원노조의 영향력을 약화시키기 위해 조치를 취한 몇몇 나라는 그에 따른 어떤 개선 성과라도 보여주지 않았다. 영국 같은 경우, 교사 부족 문제를 개선하기 위해, 그리고 학생들의 학습 결과를 개선하기 위해 수많은 (정책)수단을 동원해야 했다.Levin, 2010

그가 이어서 주장하는 바에 따르면, 교사 조직이 전문적인 실천 행위의 기초가 되는 지식을 창조하는 데, 그리고 "전문가들의 학습을 조직하고 지원해주는 더 나은 방법"을 찾는 데 핵심 역할을 할 수 있다.[p. 1] 이런 관점은, 정책 수립 담당자와 교원노조의 관계에 대해 광범한 연구를 수행했던 니나 배시아Nina Bascia의 지지를 받는다.[예: Bascia, 2009]

사실, 교원노조는 교사가 하는 일의 실제 조건에 대해 구체적인 관심을 보여주는 거의 유일한 조직이다. 그들은 교육 분야 의사결정자들과 함께 구체적인 정책의 문제를 논의하는 자리에 초청받는 경우가 거의 없기 때문에, 교사조직은 이미 내려진 결정에 뒤따라가며 대응할 수 있을 뿐이다.[p. 3]

교사 조직과 정부 사이에 공개 토론회가 있어왔고, 정말로 지금도 존재하지만, 그것이 가장 흔하게 열리는 곳은 유럽이다. 교원노조, (사립학교)고용주, 정부 사이에 사회적 동반자 관계라는 형식이 2002년부터 2010년까지 영국(잉글랜드와 웨일스)에서 존재했고, 비슷한 대화 형식이 핀란드와 노르웨이 같은 나라에 있다(그러한 동반자 관계의 기원과 배경에 대해서 소개한 참고 문헌은, Bangs, J.[2006], "사회적 동반자 관계: 그것의 더 넓은 맥락": 3~19세 종합 의무교육진흥을 위한 공개 토론 "Social Partnership: The Wider Context," Forum : For Promoting 3–19 Comprehensive Education).

비록 드물게 성사되지만, 교사 조직과 정부 사이의 대화가 이루어지면 좋은 결과를 가져올 수 있다는 것을 보여주는 증거는 충분하다. 그것은 공식 합의서에 근거하는지 여부와는 상관이 없었다. 그런 증거에서 출발하고, 교사조직이 교사들 편에 서서 정책의 변화를 만들어낼 수 있다는 믿음을 기초로 하여 교사 지도력 향상에 대한 조사연구를 충분히 수행할 수 있다. 또한 그 증거와 믿음에 근거하여 교사를 대변하는 단체와 노조에게 정책에 대해 안내할 수 있다.

　　지도력이 있는 역할과 행동은 학습과 개선을 꾸준히 수행하면서 얻은 전문지식과 기술에서 흘러나오는 것이지, 기관의 공식 지시사항으로부터 나오는 것이 아니다.Elmore, 2008 - OECD, 2008에서 인용

　　교원단체, 학자, 그리고 정책 수립 담당자를 같은 테이블에 모셔오려는 진보적인 생각을 실천한 곳은 미국의 전국위원회였는데, 교사 지도력에서 중대한 진전을 이룩하려는 시도를 시작하였다. '교사 지도자 모델 표준Teacher Leader Model Standards'을 개발한 곳은 미국의 교사지도력탐색협의회Teacher Leadership Exploratory Consortium이다. 여기에서 양대 교원노조는 모델 표준을 작성하고 그에 대한 홍보를 위한 웹사이트를 구축하는 데 주도적인 역할을 하였다.

　　교사라는 전문 직업의 미래에 대한 토론은 미래의 모습을 점쟁이, 연구기관, 정부나 기업의 고위직들이 결정할 것이라고 가정할지 모른다. 그렇게 산만한 공간에서 모든 사람이 자기주장을 고집하겠지만, 그들의 야심찬 청사진은 공염불에 그칠 수 있다. 그런 경우란 어린이와 청소년의 생활을 일상적으로 접하며 행동을 취하기에 가장 가까이 있는 교사들의 참여가 없는 때이다. 이것이 암시하는 바는 대화하려는 의도와 선의를 끌어내기 위한 수많은 수단이 필요하다는 것이다. "Dia logos"라는 그리스어는 우리가 아주 많이 잘못 사용하는 단어Dialogue의 어원인데, 번역하자면 "그것을 통해 흘러나오는 의미"이며, 이해하고자 하는 욕구와 여기에 현재 실현되어 있는 미래를 찾아 나서려는 열망 때문에 시작되는 참여의 과정이라는 뜻이다.

참고 문헌

Aguerrando, I. and Vezub, L.(2011), Leadership for Effective School Improvement: Support for Schools and Teachers' Professional Development in the Latin American Region in T. Townsend and J. MacBeath, *Leadership for Learning: International Perspectives*, 691-719.

Bangs, J. & MacBeath J. (forthcoming) Collective leadership; the role of teacher unions in encouraging teachers to take the lead in their own learning and in teacher policy, in *Professional Development in Education*.

Bangs, J., Galton, M. & MacBeath, J.(2010), *Re-inventing schools, Reforming teaching: From political vision to classroom reality*, London: Routledge.

Bascia, N.(2008), *What Teachers Want from their Unions: What We Know from Research*. The Global Assault on Teaching, Teachers and Their Unions. Eds: Mary Compton and Louise Weiner. Palgrave MacMillan.

Bascia, N.(2009), *Pushing on the Paradigm: Research on Teachers' Organisations as Policy Actors*. In G. Sykes, B. Schneider and D. N. Plank(Eds.), Handbook of Educational Policy Research. New York: Routledge.

Biesta, G.(2011), 'The future of teacher education: Competence, evidence or wisdom?' Talk delivered at Oxford University, April 2011.

Brotto, F. and Barzano, G.(2008), Leadership, learning and Italy: a tale of two atmospheres, in J. MacBeath and Y. C. Cheng *Leadership for Learning: International perspectives*, Rotterdam: Sense Publishers.

Claxton, G.(2006), 'Expanding the capacity to learn: a new end for education?' Keynotes address British Educational Research Association, Warwick, September 6, 2006.

CERI(2011), *Innovative Teaching for Effective Learning Centre for Educational Research and Innovation*, Paris, OECD.

Cooperrider, D. and Suresh Srivastva, S.(1987), Appreciative Inquiry in Organisational Life, *Research in Organizational Change and Development*, Vol. 1, pages 129-169.

Cordingley, P., Bell, M., Evans, D. & Firth, A.(2003), *What do teacher impact data tell us about collaborative CPD?* London: DfES/EPPI/CUREE.

Cordingley, P.(2012), Address to the Future of the Teaching Profession conference in Cambridge, February 16-17.

Department for Education(2010), Michael Gove speech to the National Conference of Directors of Children's and Adult Services http://www.education.gov.uk/inthenews/speeches/a0066543/michael-gove-to-thenational-conference-of-directorsof-childrens-and-adult-services.

Dumont, H., Istance, D. & Benavides, F.(2010), *The Nature of Learning: Using Research to Inspire Practice*, Paris: OECD.

Elmore, R.(2005), *Agency, Reciprocity, and Accountability in Democratic Education*, Consortium for Policy Research in Education, Boston, MA.

Giroux, H.(1992), *Border Crossings*. Routledge: London.

Heschel, A.(1969), *The Prophets*. New York: Harper Rowe.

Jacobiene, A., Meirink, Imants, J., Paulien C., Meijer, P.C. and Verloop, N.(2010), Teacher learning and collaboration in innovative teams, *Cambridge Journal of Education*, 40 (2).

Katzenmeyer, M. and Moller, G.(1996), Awakening the Sleeping Giant., Thousand Oaks, CA: Sage Publications Inc, Corwin Press.

Lankinen, T.(2008), 'Pedagogy for tomorrow: The view from Finland'. OECD/ CERI Schooling for Tomorrow, Conference, Finland, October 2008.

McNeely, C., and Falci, C.(2004), School connectedness and the transition into and out of health risk behaviors among adolescents: A comparison of social belonging and Teacher Support, *Journal of School Health*, 74, 284-292.

OECD(2002), *Attracting, Developing, and Retaining Effective Teachers*. Paris: OECD Directorate for Education, Employment, Labour, and Social Affairs.

OECD(2010), *Innovative Teaching for Effective Learning*, Centre for Educational Research and Innovation, Paris: OECD.

Leithwood, K. A., and Riehl, C.(2003), *What we know about successful school leadership*, Philadelphia, PA: Laboratory for Student Success, Temple University.

Levin, B.(2010), *How to Change 5000 Schools A Practical and Positive Approach for Leading Change on Every Level*, University of Auckland Centre for Educational Leadership.

Levin, B.(March 12 2010), Education This Week-Canadian Edition. Available online at http://www.educationalpolicy.org/publications/etw/us/commentary/ etwuscom_100312.html.

Parry-Langdon N(ed)(2008), *Three years on: survey of the development and emotional well-being of children and young people*, Cardiff: Office for National Statistics.

Perkins, D.(2002), *King Arthur's Round Table: How Collaborative Conversations Create Smart Organisations*, Hoboken, New Jersey: John Wiley and Sons.

Resnick, L.(1987), Learning in school and out, *Educational Researcher*, (16). 9. pp. 13-20)

Schleicher, A.(2011), *Building a High Quality Teaching Profession. Lessons from Around the World*. Organisation for Economic Co-operation and

Development. Available online at www.oecd.org/dataoecd/62/8/4706177.pdf. Last accessed December 22nd 2011.

Scottish Executive(2006), *Working and learning together to build stronger communities*, Edinburgh, Scottish Executive Guidance for Community Learning and Development.

Teacher Development Agency(2008), *Professional Standards for Qualified Teacher Status and Requirements*.

Timperley, H. and Earl, L.(2011), 'Professional Learning' in 'State of the Art-Teacher Effectiveness and Professional Learning, Paper presented at the 24th International Congress for School Effectiveness and Improvement, Limassol, Cyprus, 4-7 January 2011. http://www.icsei.net/icsei2011/State_of_the_art/State_of_the_art_Session_B.pdf.

교원 평가의 활용과 오용

OECD 국가를 중심으로

THE USE AND MISUSE OF TEACHER APPRAISAL
An overview of cases in the developed world

로라 피가졸로Laura Figazzolo
국제교원노조연맹 연구소 자문위원, 2013년 발표

약자 목록

AEU	호주교원노조	NUT	영국교원노조
AFT	미국교원연맹	NZEI	뉴질랜드 교육연구소
AIPTF	인도초등교사연합	MET	효과적인 교수 활동 측정
APPR	연간 전문 직업 성과 측정		도구
ASTI	아일랜드 중등교사협회	OAJ	핀란드교원노조
CPD	전문성개발 계속교육	OECD	경제협력개발기구
DLF	덴마크교원노조	PACT	캘리포니아 교사에 대한
EFTO	캐나다 온타리오 초등교사		성과 측정
	연합	PAR	동료 평가
EI	국제교원노조연맹	PISA	국제학력평가 프로그램
ETUI	유럽연합 노조 연구소	PRSD	성과 평가와 교직원 개발
EU	유럽연합	NZPPTA	뉴질랜드 후기 초등교사
FDSZ	헝가리 고등교직원노조		협회
GEW	독일교원노조	SNES-FSU	프랑스교원노조
GL	네덜란드 녹색좌파당	SNUipp-FSU	프랑스 대학 연구소 교직원
ILO	국제노동기구		노조
INTASC	교원 평가와 지원을 위한	SLO	학생의 학습 목표
	주정부 간 협의체(미국)	STPCD	학교 교사의 급여와 근무
ISEA	뉴질랜드 독립학교 교직원		조건에 관한 문서
	협회	TALIS	교수학습에 관한 국제 설문
ITU	이스라엘교원노조		조사(OECD 주관)
JTU	일본교원노조	TAP	교사 승진 프로그램
KI(ITU)	아이슬란드 교원단체	TED	교원 평가와 개발
KPT	헝가리 노총 교원지부	TUACOECD	노조자문위원회
KTU	한국 전국교직원노동조합	UEN	노르웨이교원노조
LCH	스위스 교사협회	UK	영국
NASUWT	여교사 학교장협회(영국)	US	미국
NEA	미국교원노조	VAM	성과향상도 평가방법

추천의 글

올해 열린 '교사라는 전문 직업에 관한 국제회의International Summit on Teaching Profession'는 교원 평가의 방법에 초점을 맞추고 있다. 이 문제는 청소년의 학습과 교사의 전문성을 근본에서부터 좌우할 사안이다. 평가로 인정을 받는다고 말하는 교사도 많지만, 그것을 불신하는 교사들도 많다.

「교원 평가의 활용과 오용」이라는 보고서는 국제교원노조연맹EI이 교원 평가를 둘러싼 논쟁과 OECD 국가들의 교원노조들이 겪은 서로 다른 경험을 분석한 결과이다. 국제회의의 참석자와 참관인에게 배포되었는데, 이 보고서가 교원 평가에 대한 교사들의 관점을 분석한 유일한 자료이다.

21세기에 가르친다는 일은 교사에게 교실에서 사용할 폭넓은 기능과 능력을 갖출 것을 요구할 뿐 아니라, 전문가로서 동료 교사, 학부모, 지역사회 공동체의 사람들과 지속적인 대화를 나누도록 요구한다. 교원 평가로 교사의 학습과 자신감을 강화한다면 최선이 될 것이다. 이렇게 되려면 훌륭한 피드백과 상호 간에 성찰이 이루어져야 하는데, 이는 협력과 소통을 요구하는 어떤 형태의 일에서도 마찬가지이다. 평가가 긍정적인 영향을 가져오려면, 교사들이 그 과정을 통해 매일 하고 있는 일에 대해 도움을 받는다고 판단해야 한다. 무엇보다도, 교사들로부터 신뢰받는 평가여야 한다. 그렇지 못하면, 교사의 자기 효능감과 효과성을 높이는 데 철저하게 실패할 것이다.

이 연구의 결과를 살펴보면, (교원)평가가 (전문성)개발에 도움이 된다고 보는 모든 나라에서, 평가를 강제하고 있다고 보는 사람들이 있다. 국제교원노조연맹EI의 견해는, 교원 정책 안에서 교원 평가는 교사들 그리고 교원단체와 협력하여 개발되어야 하며 교원 평가에 관여하는 모든 사람들이 그 목적에 동의해야 한다는 것이다.

국제회의에 필요한 보고서를 작성하는 데 국제교원노조연맹EI에 자문을 구해준 OECD에 감사하며, 교원 평가에 대한 설문조사 도구를 사용하는 데 동의해준 것에도 고마움을 표하고 싶다. 「교원 평가의 활용과 오용」이라는 이 보고서가 교사들과 정책 수립 담당자에게 똑같이 교원 평가 발전 방안에 대한 귀중한 정보를 전해주리라고 믿는다.

국제교원노조연맹 사무총장 프레드 반 리우벤Fred Van Leeuwen

연구 결과 요약

많은 나라에서 교원 평가를 정기적으로 실시하고 있으며, 최근 이삼 년 사이에 더욱더 많아졌다. OECD 회원국의 교원노조에서 국제교원노조연맹EI에 제공한 정보를 보면, 교원 평가의 방법은 보통 자기 평가, 동료와 학교장에 의한 평가, 학생, 그리고 그보다 빈도수가 낮지만, 학부모에 대한 설문조사, 감사관이나 감사기관 또는 평가기관에 의한 외부의 평가 등을 포괄한다. 평가방법에는 좀 더 공식적이고 객관적인 접근법(예: 절차와 기준을 설정하는 공식적인 성과-관리 제도의 일부로서) 또는 비공식적이고 주관적인 접근법(예: 교사들과의 비공식적인 토론, 인터뷰, 개인의 전문성 개발 계획 정하기) 등으로 다양하다. 전형적인 평가 기준은 교사의 교과목과 교수학습 방법에 대한 지식, 교수 방법에 대한 어느 정도의 평가, 근무 중 받는 연수의 수준, 그리고 점차 증가하는 것으로서 표준화된 시험을 통한 학생의 성과 측정 등이 있다. 학교평가제도는 주로 자체적으로 제공하는 교육 서비스의 책임을 지고 있는 지역 교육청이 주관하는 경향이 있으며, 중앙정부의 교육부 또는 기관의 평가를 받는다. 교원 평가는 보통 승진과 연계되고 보직의 변화로 이어지며(그 정도는 다양함), 교사의 전문성 개발을 위한 다른 기회에의 참여를 유발한다. 교원 평가를 급여 그리고 급여 인상과 연계하는 전국 단위의 계획이 있는 경우는 흔하지 않다.

교원 평가를 활용하는 경우가 많지만, 교사들은 그것을 시행하는 방법에 우려를 표현하였고, 또한 그것이 가르치는 일과 사기에 미치는 영향에 대해서도 발언하였다. 교사들이 우려하는 지점은 교원 평가를 성과와 급여에 연결시킬 기미가 있다는 점이다. 교원노조가 자주 지적한 사항은, 교장이나 다른 고위 직원들이 교원 평가를 만족스럽게 수행할 훈련을 받지 않았고, 시간과 도구가 부족하다는 점이다. 또한 교원 평가의 기준과 수단으로 어떤 것을 선택하느냐도 우려의 대상이다. 특히, '혁신적인' 성과향상도 평가방법이 개발되고 있는 곳에서 그런 우려가 나타났다.

특히, 많은 교원노조와 그 조합원들이 학생에 대해 표준화된 문항으로 실시하는 성취도 평가를 교원 평가의 기준으로 사용하는 것에 우려를 제기하였다. 몇몇 나라(특히 미국)에서, 현재 시행되고 있는 정책은 시험 점수를 우선시하면서 그 점수가 불안정함을 입증하는 증거조차 무시한다. 시험 결과에 근거한 평가를 바탕으로 교사들의 순위가 발표될 경우 교사들의 걱정은 커지는데, 불만족스러운 순위로 인해 교사들의 평판에 치명적인 결과를 가져올 수도 있다.

그러한 사례 때문에 평가의 근거를 교원 평가에 적용할 때 신중할 필요가 있다. 학생의 성취도는 하나의 영역에 불과하다.―특히 그것을 표준화된 시험 점수에 근거해서만 평가할 경우에 그러하다. 학생의 성취도는 전문적인 기준, 교실 수업 관찰, 교과과정 개발, 그리고 교수 활동 및 교사의 관점과 관련된 광범위한 요인에 근거하기 때문에, 종합적인 측정 방법이 좀 더 가치 있는 정보를 제공할 수 있을 것이다. 교원 평가 계획과 정책을 교사와 교원노조가 참여해 정할 경우에, 종합적인 접근 방법이 교사의 신뢰를 얻고 가치 있는 정보를 제공할 수 있을 것이다.

그런 이유로, 교원 평가 논쟁에서 종합적인 접근에 대한 인지도가 높아
지고 있다.

1장
연구 배경

1.1. 연구 문제의 근거 제시

교원 평가는 많은 나라에서 정기적으로 실시되고 있으며, 최근 이삼 년 동안 더욱 많이 실시되고 있다. 교원 평가를 실시하는 지역의 범위가 넓어지고 있음에도 불구하고, 교사라는 전문 직업의 여러 부분에서 평가의 활용에 문제 제기를 하고 있다. 평가를 수행하는 데 쓰이는 방법뿐 아니라 교사의 일과 사기에 미치는 영향에 대해, 그리고 교사의 급여까지 적용 대상이 되는 곳에서는 그에 대한 문제 제기가 일어나고 있다.

2011년 7월 남아공화국 케이프타운에서 열린 가장 최근의 국제교원노조연맹EI 총회는 "교사라는 전문 직업의 미래"에 대한 결의문을 채택하였다. 거기에서 교원 평가를 교직원들이 미래에 일하게 될 환경의 중요한 요소로 정식화하였다. 특히, 국제교원노조연맹EI은 교원 평가가 교사의 강점과 개발에 대한 욕구를 찾아내는 피드백에 근거해 이루어져야 한다고 주장한다.

교사들은 그들이 전문가로서 느끼는 요구뿐만 아니라, 그들의 강점에 대해 정직하게 말할 수 있어야 하며 이 때문에 처벌받지 않을 것이라고 여겨야 한다. 개인에게 금전적 보상을 주는 것, 예를 들면, 성과급과 같은 것이 학교에서 효과를 발휘한다는 증거는 없다. 교원 평가가 교사들에게 필요한 양질의 전문성 개발 기회를 찾아내서 제공할 때 긍정적인 효과를 발휘한다는 증거는 수도 없이 많다.^{EI, 교사라는 전문 직업의 미래에 대한 결의문, 2011년 7월}

교육정책 수립 같은 것을 제외하고, 잠깐 트위터만 찾아봐도 교원 평가라는 문제가 폭넓은 수준에서 얼마나 민감한 문제로 취급되는지 알 수 있다. 이 논쟁에 참여하는 사람은 학생, 학부모, 교사, 교장, 교육 전문가, 그리고 정보를 충분히 가지고 있는 일반 대중까지 아우른다. 교원 평가라는 주제로 하루에 100개 이상의 트위터 제목이 언급된다. 비슷하게 페이스북으로 검색해도 교원 평가라는 주제를 가진 페이지 또는 그룹이 많이 나타난다.

인터넷에서 교원 평가처럼 인기 있는 주제로 토론한다면, 트위터와 같은 사회관계망social network은 OECD 회원국에서 시행 중인 교원 평가 방법을 찾는 데 필요한 이상적인 환경을 제공한다. EI는 교원 평가의 좋은 사례와 나쁜 사례를, 그것도 최신의 사례를 찾아낼 수 있다.

1.2. OECD의 교원 평가에 대한
설문조사에 국제교원노조연맹EI의 참여

- 2013년 교사라는 전문 직업에 관한 국제회의에 대한 OECD 기조 발제 보고서와
  EI의 연구 보고서(「교원 평가의 활용과 오용」)의 관계에 대한 EI의 견해

2012년 10월 OECD는 EI도 참여한 2013년 국제회의 기획위원회에서

교원 평가와 전문성 표준에 관한 설문조사에 대한 협의를 진행하였다. 설문조사에서 OECD는 회원국의 교육부 장관으로부터 교원 평가 정책에 대한 정보를 수집하려 했다. 그 보고서는 국제회의의 이해 당사자들(EI 포함)과 협의 아래 작성되고 있었다. 설문조사는 국제회의에 참석하는 정부 당국자들에게만 이루어졌기 때문에, 교원노조의 관점에서 나온 증거를 포함시키는 것이 중요하다고 느꼈다. EI의 고위 자문위원이고 국제회의 기획위원인 존 뱅스John Bangs는 EI 회원단체인 교원노조에 보충을 위한 설문지를 보냈다.

그 설문지 문항은 2013년 교사라는 전문 직업에 관한 국제회의의 주제와 관련된 세 가지 질문에 기초를 두고 작성하였다. 그 설문지의 문항은 다음과 같다.

- 정책 수립 담당자는 교사의 자질, 교사라는 전문직, 그리고 사회를 어떻게 정의하는가? 그 기준은 무엇이고 누가 정하는가?
- 교사의 자질을 어떻게 평가하는가? 어떤 제도가 시행되고 있으며, 평가는 어떻게 이루어지는가?
- 교원 평가가 학교의 개선과 교사의 자기 효능감에 어떻게 도움을 주는가? 교원 평가는 교수학습 활동에 어떤 영향을 끼칠 것이라고 기대하는가?

결국 EI는 OECD와 별도의 설문조사를 교원노조를 대상으로 실시하기로 결정했다. EI 연구소 자문위원인 로라 피가졸로Laura Figazzolo에게 설문지 응답과 설문지에 서술된 의견을 분석해달라고 의뢰했다. EI 연구소에서 자금 지원을 받아 이루어진 교원 평가에 대한 이 연구 작업 안에 그분의 분석 결과가 포함되었다. EI 회원단체들이 제공한 의견은 영국이나 미국의 교원노조들의 숫자만큼 다양하고 많은 양의 정보를 제공해주었다. 설문조사지를 작성해 보내준 곳은 OECD 19개 회원국의 27개 EI 회원단체였다.

이 연구 보고서는 OECD가 2013년 국제회의에 제출한 보고서와는 완전히 별개가 되었다. EI의 견해로는 이 연구 보고서와 OECD의 보고서 둘 다 정책 수립 담당자와 교사들에게 귀중한 자료가 될 것이다. EI는 설문지 양식을 활용할 수 있도록 협조해준 OECD에 감사드린다.

1.3. 조사연구의 목적

이 보고서가 의도하는 바는 교원 평가에 대한 정책을 위주로 벌어지는 논쟁에 대한 정보를 제공하는 것인데, 특히 EI와 그 회원단체들이 이것을 활용해 그들의 이익을 지킬 수 있게 하려는 것이다. 이런 목적으로 교원 평가방법에 대해 인터넷 플랫폼에서 조사를 벌였다. 그다음에 조사연구 결과를 분석하여 2013년 국제회의 참가자들과 교원노조 그리고 OECD와 공유하였다.

1.4. 연구 방법론

이 연구는 두 가지 방법을 주로 활용하였다.

첫째는 트위터인데, 교원 평가의 활용과 오용에 대한 중요한 사례를 찾아내고 편찬하기 위해 관련된 정보를 찾았다. 그것도 새롭게 나타나고 있는 경향에 주목했다. 이 조사 작업에서는 교원노조가 정보의 주요 제공자가 되었다. 이 목적을 위해 @EI_Research라는 특별계정special account을 만들고, 트위터를 사용했으며, 교원 평가#Teacher_assessment라는 주제를 토론용으로 내세웠다.

트위터는 유용한 도구임이 입증되었지만, 정보의 출처로서는 도전적인 시도였다. 교원노조로부터 지속적으로 그리고 즉각 피드백을 받는 것은 매우 어려웠는데, 그들 중 소수만이 트위터를 실제로 사용한다는 이유 또는 트위터 계정을 가진 경우에도 어쩌다 한 번씩 쓰기 때문이었다. 하지만 트위터는 다른 이해 당사자들의 의견을 듣는 데는 엄청나게 귀중한 수단이 되었는데, 언론인, 실천가, 교사, 학생, 학자, 연구자 등으로부터 200개 이상의 글을 수집하였다.

둘째는 OECD의 설문지에 대한 EI 회원단체들의 답을 분석한 것인데, 이 문제에 대한 교원노조의 시각을 그대로 보여주었다. 특히 28개의 응답이 19개 OECD 회원국에서 도착하였다.(표 1)을 보라 OECD 회원국이 아닌 곳의 상황을 보여주는 응답을 하나 추가로 받았는데, 인도에서 온 것이다.

〈표 1〉 설문지 응답을 보내준 곳

교원노조 이름	나라 이름
AEU	호주
CTF, EFTO	캐나다
DLF, GL	덴마크
OAJ	핀란드
SNES-FSU, SNUipp-FSU	프랑스
GEW	독일
KPT, FDSZ	헝가리
Ki	아이슬란드
JTU	일본
KTU	한국
ISEA, NZPPTA, NZEI	뉴질랜드
UEN	노르웨이
Solidarnosc	폴란드
Lararforbundet	스웨덴
LCH	스위스
NUT, NASUWT	영국
NEA, AFT	미국

1.5. 시간 계획표

이 연구는 2012년 10월에 시작하여 2013년 1월에 끝났다. 그 결과는 2013년 1월 초까지의 최신 정보와 의견을 반영한 것이다.

2장
OECD 국가들의 교원 평가 살펴보기
-국제교원노조연맹EI이 주관한 연구와 국제노동기구ILO의 관점

존 맥베스John MacBeath[2012, p. 58]의 주장을 살펴보자.

학교 효과성에 대한 수십 년간의 연구 결과, 교사가 차이를 가져온다는 것을 발견한 이후로, 연구의 초점은 교사 효과로 이동하였다. 평가와 업무수행성과 측정을 전 세계 모든 정부에서 받아들였다. 그러나 훌륭한 교사를 나쁜 교사와, 그리고 뛰어난 교사를 단순히 좋은 교사와 구분해주는 것은 무엇인가? 어떤 기준이 사용되며 누구의 판단이 작용하는가?-정책 수립 담당자? 학생? 또는 교사 자신? 그런 지식을 어떤 목적에 맞추어 사용할 것인가? 교사라는 전문 직업의 미래에 도움이 된다는 사실을 입증해줄 것이라며 시행되는 감사와 자기 평가로부터 우리가 배우는 것은 무엇인가?

뱅스와 프로스트Bangs and Frost, 2012, p. 27는 다음의 질문에 공감을 표했다. 교사의 업무수행성과에 대한 평가는, 교사들이 전문가로서 학습하는 것을 장려하는 환경에서 나타나는 공유하는 설명 책임shared accountability을 성찰하는 것이라기보다는, *교사에게 행해진 어떤 것으로* ...... (그리고) ...... '업무수행성과 관리performance management'로 보아야

하지 않을까?(이탤릭체는 이 보고서 작성자가 추가함)

국제노동기구ILO는 전문가로서 교사의 학습을 장려하는 환경에서 공유하는 설명 책임에 대한 성찰을 강조하는 견해에 찬성한다. ILO의 문서[2012]는, 자율성과 설명 책임이라는 틀 안에서, 다음 두 가지에 초점을 맞춘 교원 평가 원칙을 강조한다.

(1) 전문가로서 실천 행위를 개선하고 기능과 역량에 존재하는 약점을 찾아내기 위해 규범에 근거하여 진단하는 평가, (2) 교수학습의 결과를 교육적으로 권위 있는 표준에 비추어 책임을 설명할 수 있는 것이어야 한다.

2.1. OECD 국가의 교원 평가 실태

이번에는 OECD 국가들에 존재하는 제도와 경향을 살펴보겠다. 그 자료는 (1) 회원국들에 대해 OECD가 최근에 조사한 결과, (2) 교원 평가에 대한 EI의 설문조사 응답에 기초를 두고 있다.

오스트리아

공식적으로 세 가지 방법이 존재한다.[OECD, 2011/4] (a) 학교장이 교원 평가를 수행한다. (b) 특별히 문제가 되는 경우(예: 학부모가 심각한 불만을 제기한 경우) 감사관이 학교에 파견되어 교원 평가에 참여한다. (c) 자신의 수업을 스스로 평가하는 것은 교사의 임무이다. 미리 정해진 절차나 방법이 있는 것은 아니다. 실제로, 교원 평가를 제도에 근거하여 실시하지는 않는다. 학부모의 보고서에 의해 알려지고 학교 행정가가 수업을 관찰한 결과 심각하게 문제가 드러나는 경우를 제외하고, 공식적인 교사의 업무 수행에 대한 평가는 거의 시행되지 않는다. 학교장이 교원 평가를 수행하는 경우는 어쩌다 있는 일이다.

호주

교원 평가는 학교와 교육청에 따라 다양하다. 보통 그 과정에는 시행 계획, 개인 개발 계획, 성취도 인정, 평가와 피드백이 포함된다. 이렇게 함으로써 교사와 그들의 부서 관리자가 개선해야 할 영역과 (전문성)개 발의 기회를 정식화한다.OECD, 2010 학교에서 수행성과에 초점을 맞춘 경 영 과정을 이끌어갈 책임은 보통 교장과 학교의 지도자에게 주어진다. 실제의 평가과정은 교사와 부서 관리자 또는 감독자(supervisor, 교감) 사이에 이루어지는 것이 보통이지만, 교장이 절차를 준수하는 정도를 확인하고 정부의 관련 부서 또는 제도에 정해진 당국자에게 보고할 책 임을 질 것이다.

호주교원노조AEU는 전국 단위의 상황을 다음과 같이 요약한다. 정규 직 교사, 기간제 교사, 수습 교사는 해마다 의무적으로 평가를 받는다. 평가는 신규 교사 임용 시에도 적용된다. 평가에 활용되는 범위는 수 습 기간 수료, 교사 자격증 수여와 등록, 업무수행성과 관리performance management에 관련된다. 교원 평가는 공교육을 담당하는 주정부 당국이 개발하고(비정부학교non-government schools의 경우에는 규칙이 다양함), 단체협 약에 따라서 정해진다. 그런 경우, 일부 교원 평가방법은 단체협약에 포 함된다. 그리고 평가를 다른 교사(아마도 학교 지도부에서 임명함)가 수행 할 수 있으며, 다른 경우에는 학교 지도자가 진행한다.

보통의 경우에, 평가를 기획하고 실행하는 사람은 이런 임무 수행 에 필요한 훈련을 받는다. 남부호주South Australia 또는 태즈메이니아 Tasmania에서는 중앙정부에서 정한 교수 활동 표준에 비추어 평가가 이루어지는데, 그 외 대부분의 지역에서는 주정부의 교수 활동 표준을 기준으로 평가한다. 지역과 학교에 따라 약간의 변동이 있지만, 보통의 경우에 교원 평가의 영역은 기획, 준비, 교수 활동, 교실 환경, 전문성 개발 수료, 학교 발전에 대한 기여도, 지역사회와의 연계 등이다. 활용되는 평가 도구와 정보의 출처는 서로 확연히 다른 종류가 있는데, 다음과 같은 경우가 가장 흔하다. 교실 수업 관찰, 목표 설정과 해당 교사와의 인터뷰/대화, 교사의 자기 평가(남부호주에서 요구됨), 교사의 실적 목록portfolio과 시험testing, 학생의 결과물과 피드백(태즈메이니아에서 특별히 요구됨), 그리고 학부모의 피드백(태즈메이니아에서 특별히 요구됨). 평가는 교사가 개선해야 할 점을 찾아내고 지원하려는 목적으로 계획되고, 교사의 전문성 개발 계획을 작성하는 데 사용된다. 그렇게 되는 경우에, 그것은 전문성 개발에 대해 알려주는 기회가 될 수 있다.

북부지역(Northern Territory, NT)에서는, 교원 평가가 승진을 결정하는데, 승진을 원하는 교사는 업무수행성과 평가performance review 과정을 꼭 거쳐야 한다. 그것은 또한 교사의 경력 진급의 속도에 영향을 미치는데, 뉴사우스웨일스(New South Wales, NSW), 빅토리아Victoria, 태즈메이니아 주정부 관할의 학교와 일부 비정부학교에서 그렇다. 그 외의 주에서 교원 평가는 어떤 영향도 미치지 않는데, 가톨릭 재단 학교에서도 그렇다. 어떤 경우에, 평가는 교사의 기본 급여에 영향을 미친다(NSW, Victoria, Tasmania는 업무수행성과 평가를 급여 인상과 연계한다). 뉴사우스웨일스, 북부지역, 빅토리아에는 평가 결과에 동의하지 않을 경우 이의를 제기하는 절차가 있다.

벨기에

플랑드르 지역공동체

플랑드르의 교원 평가과정은 긍정적인 과정을 지향하고 진행 중인 활동에 근거한다. 평가의 기준은 모든 교직원이 의무적으로 가지고 있는 각 개인의 직무 분석에 기초한다. 평가는 적어도 4년마다 한 번 이루어져야 한다. 각각의 교직원에게는 두 명의 평가자가 있는데, 첫 번째 평가자는 안내와 코칭의 책임을 맡는다. 정부에서는 평가자 훈련을 권장하고 자금을 지원한다.[OECD, 2010a]

프랑스어 사용 지역공동체

벨기에의 프랑스어 사용 지역공동체에서는 교사가 네트워크에 속한다. 이 네트워크에서 인사담당 관리자는 교원 평가를 개발할 책임을 진다. 학교장의 요청에 따라 감사관 또한 교원 평가에서 역할을 한다.[OECD, 2011]

캐나다

캐나다에서는 교원 평가에 대한 규정이 지역마다 다르다. 캐나다교원노조CTF와 온타리오 주 초등교사연합EFTO에 따르면 대체적인 상황은 이러하다.

보통, 교원 평가의 접근방법은 수습 교사 수료, 교사 자격증 수여 또는 등록, 그리고 업무수행성과 관리로 이루어진다. 캐나다에서는 이런 과정에서 특정한 개선 목표 설정과 그 목표 달성에 필요한 지원을 요구한다. 정규직 교사, 기간제 교사, 수습 교사 모두 평가를 받는다. 이런 평가는 모든 교사가 5년마다 해야 하는데, 고용상의 지위 변화 이전(예:

승진, 정규직으로의 전환 또는 획득) 또는 신규 교사들에게 실시한다. 자발적으로 평가를 받을 수도 있다. 그러나 지역마다 평가의 요구 내용이 다양하고, 많은 지역에서 평가를 의무화하지 않는 성장 모형을 활용한다.

교원 평가를 설계하는 것은 중앙정부, 지역 정부기관, 교사(그리고 교원노조), 그리고 학교의 지도자이다. 교사들은 학교의 발전 계획과 자신의 전문가로서 달성할 목표에 대비하여 평가를 받는다. 특별히, 교사들이 평가받는 영역은 기획과 준비, 수업, 교실 환경 등이다. 사용되는 평가 도구는 교실 관찰, 목표 설정, 평가받는 교사와의 인터뷰/대화, 교사의 자기 평가, 그리고 실적 목록이다. 학부모에 대한 설문조사는 보다 넓은 목표에 대해 실시하는데, 교원노조(CTF와 EFTO)는 평가를 인기 경쟁으로 축소시켜서는 안 된다고 강조한다.

교원 평가는 "업무수행성과가 낮은" 것으로 판정된 교사들을 위한 전문성 개발 활동을 제공하는 것으로 이어질 수 있는데, 이 경우에는 맡고 있는 일의 변화뿐만 아니라 직무연수를 받을 기회를 추가로 부여받기도 한다. 교원 평가는 또한 교사의 경력 진급 속도에도 영향을 미친다.

넓게 말해서, 캐나다의 학교 분위기는 교사들이 서로 돕는 것을 장려하는 문화이다. 교원 평가는 경쟁하는 활동이 아니라, 미리 정해진 실천 행위의 표준에 비추어 수용할 수 있는 정도를 측정하는 것이다. 이렇게 함으로써 교직원들은 모든 학생들이 가장 좋은 수행성과를 확실하게 거둘 수 있도록 함께 일하는 것을 보장받는다. 학교는 교사의 순위를 따지는 것보다 전체적으로 교수 활동의 질을 높이는 데 관심이 있다. 진실로, 학생의 학습이 모든 전문가들의 책임이 되고, 전체의 목표는 모든 학생이 최대의 개선을 이루어내는 것이다. 이 과정은 몇 가지 가정에 기초를 두고 있다. a) 어떤 교사도 모든 학생에게 최선이 될 수는 없다. b) 모든 학생은 어떤 종류의 교수 활동으로부터 도움을 받을 수 있다. c) 인기가 곧 훌륭한 교수 활동은 아니다.

〈Box 1〉 평가에 관한 온타리오 주 교사의 목소리를 듣는 프로젝트
Ontario's Teacher Voice on Assessment (TVA) Project

이 연구TVA 프로젝트는 온타리오 교원노조가 교육부의 재정 지원을 받아서 시작한 것이다. 온타리오 주의 중등학교 교실 수업에서의 평가와 성적 부여 활동을 탐구하기 위해 시작되었다. 2010년 거의 6,000명의 고등학교 교사(교원노조 조합원)들을 대상으로 교실 수업에서의 평가에 대해 온라인으로 조사하였다. 교사들을 대상으로 한 인터뷰 또한 온타리오 주 전체에 걸쳐서 실시하였다.

- 온타리오 주 중등학교 교실의 평가에서 교사의 결정을 좌우하는 맥락은 무엇인가?
- 학습과 평가에 대한 교사의 신념은 무엇인가?
- 응답자들의 성별, 나이, 가족, 학력, 소득 수준 등은 어떠한가?
- 교사들이 사용하는 자료는 무엇이며, 그것이 유용하다고 느끼는가?
- 평가의 전략, 평가 문항 만들기, 참고 사항 제시하기, 피드백, 채점, 성적 부여, 기록, 성적표 작성 등과 관련하여 교사가 하는 일은 무엇인가?
- 평가, 채점, 성적 부여 등과 관련하여 교사가 겪고 있는 문제점은 무엇인가?

보고서를 만드는 일에 추가하여, 이 설문조사 결과는 교사들에게 평가와 성적표 작성에 필요한 자료를 만드는 일에 쓰일 것이다.

출처: 교사를 대상으로 한 교실 수업에서의 평가에 대한 설문조사, OECTA Agenda,
2011년 2월 www.otffeo.on.ca/english/media_room/press_releases/report2010%20.pdf.

체코공화국

교원 평가의 영역을 다루고 있는 주요 문서는 없다. 관례적으로 교사는 채용될 때 평가를 받고, 또한 일하는 과정을 수석교사가 관찰하는 중에 평가가 이루어진다. 평가 결과는 교사의 경력 단계와 급여 수준을 결정하는 데 영향을 미친다.[OECD, 2011a] 개별 학교에 대한 감사는 불규칙하게 이루어지는데, 보통 삼 년에서 오 년의 간격을 두고 시행된다. 하지만 모든 교사가 평가를 받는 것은 아니다. 평가는 점검하는 기능을 하는 것으로 받아들이는 게 가장 흔한 경우이고, 교사의 업무수행성과는 가설에 근거한 업무수행표준과 비교된다. 그러나 교육계에 "업무

수행표준" 개념에 대한 합의는 존재하지 않는다. 왜냐하면 교사 개인과 감사관에 따라서 다르게 생각하기 때문이다. 전국에 적용되는 교사 업무수행표준이 있다면, 교사의 활동을 평가하는 지침이 되고 교육계에 존재하는 모든 개념을 통일할 수 있겠지만, 아직 승인되지 않았다.

그러므로 학교장이 교원 평가에 대한 책임을 지고 있지만, 중앙정부에서 정한 기준 또는 방법이 있는 것은 아니다. 자기 평가, 동료 평가, 학생과 학부모에 의한 평가 같은 방법을 추가로 사용하는 것을 권장한다.

덴마크

가장 최근의 OECD 자료에 따르면[OECD, 2011b], 교사들은 2년간의 수습 기간을 수료하면 공식적인 교원 평가를 받지 않는다. 민중학교Folkskole 교사들은 예외이다.

그러나 교원노조GL, DLF의 응답에 따르면, 정규직 교사는 해마다 평가를 위한 개인 단위의 인터뷰를 하며 경력 단계를 올리는 결정을 하기 전에도 한다. 학교 지도자들과 교사들 사이에 계속되는 대화를 통해 교원 평가가 이루어지기도 한다. 공식적인 평가는 지방정부의 책임이다. 학교 지도부가 기획하고, 개별 교사의 전문성 개발 계획을 참고로 하여 개인 단위의 인터뷰를 통해 교원 평가가 이루어진다. 이런 수단을 통해 교수 활동, 계획, 준비, 교실 환경, 전문성 개발 프로그램 수료, 그리고 학교 발전에 대한 공헌도를 평가한다. 교원 평가를 통해 교사들에게 전문성 개발 활동에 대한 정보를 주지만 경력 단계나 급여에 영향을 주지는 않는다. 대부분의 교사들에게 교원 평가는 필요한 전문성 개발의 기회를 얻고 맡은 일을 바꾸는 기회가 된다. 예를 들면, 일정 기간 동안 임시로 특별한 임무를 맡을 수도 있다.

핀란드

핀란드교원노조OAJ가 확인한 바에 따르면 공식적인 교원 평가는 없다. 하지만 대부분의 학교는 일 년 단위로 전문성 개발에 대해 토론하고 평가한다.

프랑스

국가 공무원인 감사관이 교원의 업무수행성과를 평가할 주요 책임을 진다. 감사관이 교육과 행정 분야의 기준에 근거하여 모든 교사들에게 점수를 준다. 교사들은 대략 4년마다 한 번씩 평가를 받는다.OECD, 2011/4

프랑스교원노조SNES-FSU, SNUipp-FSU에 따르면 교원 평가의 종합적인 양상이 드러난다. 모든 교사가 평가를 받고 평가는 보통 100점을 만점으로 점수로 표시된다. 행정 분야의 점수는 학교의 지도자(학교장 chef d'établissement)가 교사에게 해마다 준다. 교수 활동 분야에 대한 점수는la notation pédagogique 학교 단위의 감사관이 교사 개인별 인터뷰를 통해 부여하는데, 때때로 교실에서 교사의 활동을 입증하는 자료에 근거하여 주기도 한다. 그 감사관은 사용 중인 교과과정과 교수 활동 방법을 중앙정부에서 개발한 표준에 대비하여 평가하고, 교사 각자의 책임과 임무에 대해서도 점수를 준다. 이 점수는 교사의 경력과 급여 상승 모두에 영향을 미친다. 교수 활동과 관련된 점수 전체가 교사의 경력 단계 상승을 결정하지만, 교수 활동을 평가할 감사관이 부족하다고 알려져 있다. OECD[2011/4]에 따르면, 초등학교 수준에서, 350명의 교사를 한 명의 감사관이 담당한다고 한다. 중등학교 수준에서는 400명당 한 명이라고 한다. 보통 그렇듯이, 중등교사들은 "직무수행기준"을 가지고 있으며 7년마다 또는 10년마다 한 번씩 감사관의 평가를 받는다. 행정 분야의 점수에 한정해서 말하자면, 학교의 지도부와 마찰은 비교적 적다고 알려져 있다. 하지만 지난 5년간, 위의 두 교원노조에 보고된 바로는, 점점 더 많은 학교장이 교사들에게 행정 활동(예를 들면 학교 안에서 열리는 회의 참가 등)을 더 많이 하도록 압력을 가하고 있다고 한다.

프랑스에서 학교의 감독school director은 교수학습 기능과 교과과정에 대해 교사의 업무수행성과를 판단할 수 없도록 되어 있다. 그/그녀는 다음의 세 가지 기준에 근거하여 평가를 제공할 뿐이다. 밝은 분위기 rayonnement, 시간 엄수ponctualité, 부지런함assiduité이 그것이다. 다른 말로 하면, 평가에서 교사에게 요구하는 것은 모든 학급 구성원을 정해진 시간에 가르치라는 것, 그리고 학교에서 열리는 필수회의에 꼭 참석하라는 것이다.팀워크, 12월, 3월, 5/6월에 하는 학생에 대한 3회의 평가

사르코지 대통령 임기 동안, 교육부 장관이 교원 평가를 학교 지도자들이 단독으로 시행하는 방안을 제안하면서 변화를 시도했다고 교원노조는 말한다. 2011년 12월 15일, 교원노조 SNES-FSU는 그런 계획에 반대하는 파업을 하자고 호소했는데, 그 제도가 시행되면 임의대로 평가하는 방식이 될 것이라고 믿었기 때문이다. 파업 때문에 그 계획은 취소되기에 이르렀는데, 올랑드 신임 대통령이 약속을 하였다.

독일

교사들은 정기적으로 공무원 신분에 변화가 생기기 전에 평가를 받는다. 교육문화부 장관은 교원 평가를 위한 지침서를 만든다. 교원 평가는 평가 작업과 평가 기준을 꼭 포함한다.

독일교원노조GEW에 따르면, 모든 정규직 교사, 기간제 교사, 수습 교사는 교원 평가를 받는데, 수습 기간 수료와 동료 평가가 기초를 이룬다. 의무적으로 (일정 기간마다) 받는 평가가 있고 선택할 수 있는 평가

도 있다. 보통 평가는 고용상의 지위에 대한 결정이 내려지기 전과 불만이 제기된 경우에 시행된다. 평가의 규칙은 정부 당국자가 만들고 훈련을 받은 학교 감사관과 지도자가 시행한다. 평가의 기준은 교사의 업무에 대한 설명서, 학교의 개발 계획, 학교의 내부 규정 등이다. 교수 활동, 계획과 준비, 교실 환경, 전문성 개발의 수료 등과 같은 분야를 평가한다. 평가의 도구는 교실 관찰, 개인별 인터뷰와 목표 설정, 교사의 자기 평가, 그리고 실적 목록 등이다. 평가를 통해 교사에게 전문성 개발 활동에 대해 알려주고, 안식년을 주거나 맡은 책임에 변화가 있을 수 있다. 교사의 급여에는 영향을 미치지 않는다.

그리스

교육제도에 대한 평가는 교사와 학생에 대한 평가와 주로 연결되어 있다. 자료 수집은 투입 측면과 과정(교수 활동을 포함) 그리고 결과에 집중하여 이루어진다.

헝가리

OECD[2010b]에 따르면, 최근까지 교원 평가에 관한 중앙정부의 법규는 없었다. 하지만 지난 이삼 년간 두 가지 주요한 변화가 있었다. 먼저, 공교육법을 개정하면서 교육기관의 질 관리를 위한 프로그램에 교원 평가와 관계된 기준을 포함하고 평가 절차에 대한 규칙을 정하도록 규정하였다. 두 번째 변화는 중앙정부와 지방자치정부가 운영하는 학교에서 근무하는 교사 대부분이 이제 공무원으로서 자격을 가지게 되었다. 교사의 일에 대해 교육법과 다른 교육 규칙으로 통제하는데, 예를 들면, 교육기관의 운영에 대해 규정한 법령이 있다. 교사 고용의 어떤 영역을 법으로 정했지만 일반적으로 공무원으로서 법적 지위를 보장한 것이다. 교사를 공무원으로 분류하면서 교원평가제도에 변화가 일어났지만, 교원 평가를 하는 데 대한 학교 단위의 자유는 아직도 충분히 유지되고 있다.

교원노조KPT, FDSZ에 따르면, 헝가리의 모든 교사는 해마다 또는 사오 년에 한 번씩 평가를 받고 있다. 평가 영역은 업무수행성과 관리, 수상 실적, 수습 기간 수료, 교사 자격증 획득 또는 등록이다. 민원이 제기되거나 고용상 지위에 대한 결정을 내릴 경우에도 역시 평가를 진행한다. 공식적인 평가는 학교 지도자들, 교사들, 지역 교육청 담당자, 학부모들이 기획하는데, 보통 교사 개인의 전문성 개발 계획과 맡고 있는 책무를 살펴보고, 지역 단위로 정해진 표준과 학교의 내부 규정을 참고한다. 사용되는 평가 수단은 교실 관찰, 교사의 자기 평가, 학생들의 결과, 그리고 설문조사이다. 이를 통해 교수 활동, 계획과 준비, 교실 환경, 전문성 개발의 수료, 학교 발전에 대한 공헌도, 지역사회 공동체와의 연계를 평가한다. 평가를 통해 교사에게 전문성 개발 활동에 대해 정보를 주지만, 경력상 승진이나 급여에는 영향을 미치지 않는다. 평가는 전문성 개발을 위한 더 높은 단계의 기회 제공으로 이어지는데, 실적이 뛰어난 경우에는 공개하여 전파하거나 상을 준다.

아이슬란드

아이슬란드 교원노조ITU에 따르면, 교원 평가는 의무 사항이다(1996년부터 법에 규정됨). 모든 교사는 두 가지 유형의 평가를 받는다. 자기 평가와 외부 기관(교육문화부가 주관하여 5년마다 실시함)의 평가. 자기 평가(중앙정부가 양식을 정함)는 고등학교 학교장(30명 조금 넘는 수준)의 책임 아래 진행된다.

교원노조에 따르면, 법 규정이 처음 생길 때 목표는 학교의 일과 업무 수행을 다양한 시각에서 평가하고자 하는 것이었지만, 현재는 재정과 전문가 두 가지가 모두 부족하여, 대부분의 학교에서 일 년 또는 이삼 년에 한 번 학생들이 온라인으로 설문조사를 실시하는 것으로 평가를 하고 있다.

교원노조가 지적하는 긍정적인 측면은, 그런 평가에 처벌이라는 요소가 없으며 위협이나 정신적인 고통을 주는 분위기에서 시행되는 것이 아니라는 것이다. 교장과 대리인들이 교사와 성과에 기초하여 인터뷰를 하도록 되어 있고, 교사의 강점과 약점을 알려준다는 의미에서 지원하는 목적이 있다고 한다. 하지만 교원노조가 보기에 학교장이 교원 평가 결과를 활용하는 데 필요한 전문성을 항상 가지고 있지는 않다. 때때로 경험이나 전문성이 부족한 경우가 있다. 교원노조에 따르면, 외부 기관이 하는 교원 평가는 조금 단편적이고 심각할 정도로 전문성이 부족하여 갈등이 일어난다. 전체적으로 이런 역동성 때문에 교수 활동의 질을 개선하기 위한 중요한 요소로서 교원 평가에 대한 신뢰성은 떨어졌다.

아일랜드

OECD[2011/4]의 보고에 따르면 두 가지 양식의 평가가 있다고 한다. (1) 감사관이 교사의 일에 대한 평가를 하고 보고하는 것(초등 수준에서 가장 흔함), (2) 초등 이후 단계에서는 감사관이 학교 전체에 걸쳐서 평가하는 데 중점을 둔다.

교원노조ATI가 아일랜드의 교원 평가 규정을 대략 설명해주었다.

교사라는 전문 직업에 대한 법적 기구인 교수활동회의Teaching Council는 교사의 채용, 수습 운영, 등록을 관할한다.www.teachingcouncil.ie 2013년에 교사의 채용과 수습 운영을 위한 전국 단위의 절차가 도입될 것이다. 현재는, 초등교사는 전문가수습과정professional probation process을 거치지만, 중등교사는 고용수습과정employment probation process을 이수한다. 2012년에 학교의 자체 평가를 초등과 중등학교에 도입하였다. 학교는 지침서를 받아서 수행하지만 동료 평가를 포함하여 어떤 수단을 사용할지에 대해 융통성/선택권을 가진다. 교원노조의 요구에 따라, 동료 평가peer review라는 용어는 사용되지 않는다. 대신, 지침서에는 "교수학습에 대해 전문가로서 협력하는 평가professional collaborative review of teaching and learning"라고 나와 있다. 학교 자체 평가 지침서School Self-Evaluation Guidelines에는 이렇게 되어 있다. "오랜 시간에 걸쳐서, 교수학습에 대해 전문가로서 협력하는 평가가 학교에 정착되어 주된 흐름이 되면, 평가에 참가하는 사람의 범위가 넓어져서 동료 교사, 교장, 교감으로 확대되고 정해진 절차에 따라 협력하는 평가를 하게 될 것이다."

"교원 평가"라는 말을 학교의 평가 절차에서 사용하지 않았지만, 위에서 언급한 접근법에 따라 모든 교사가 평가를 받는다. 그러나 위에서 언급한 대로, 전문가로서 갖추어야 할 역량이나 행위에 대한 관심에 대응하기 위한 법률상의 절차가 있다. 또한 교수활동회의가 내년에 "실천에 맞추기Fitness to Practice"라는 의무사항을 도입하는데, 여기에 교사의 전문 역량과 행위를 『전문가 행동 수칙Codes of Professional Conduct』이라는 책자에 규정된 기준에 따라 평가하는 모델이 포함된다. 기술이라는 측면에서, 교원 평가가 이러한 규정대로 실시하기 위해 개발되고 있지는 않다. 그러나 교원노조와 학교 관리자들은 위의 절차에 따라 운영을 하고 있다. 교수활동회의의 37명 구성원 중에 22명은 교사이다. 교원노조, 관리자, 학부모, 교대/사대 교수, 학교 지도력 관련 전문가와 같은 외부 기관과 협의하는 동반자 관계 모델이 관례이다.

운영하는 절차에는 전문가로서 역량 부족 또는 부적절한 행위가 무엇인지에 대한 정의가 나와 있지 않다. 교수활동회의의 행동수칙이 전문가로서의 행위와 역량에 대해 참고하고, 지시하며, 근거로 삼을 수 있는 유일한 공식 정의이다. 합의된 운영 절차 아래에서, 교사들은 필요한 전문성 개발을 수행할 수 있도록 조언을 구하고 지지를 얻고 있다.

이스라엘

이스라엘교원노조ITU에 따르면, 수습 기간 수료, 교사 자격증 취득과 등록, 그리고 뛰어난 성과에 대한 시상 계획(고등학교 교사만 해당, 초중등은 해당 없음) 등이 교원 평가를 규정한다. 교원 평가의 주된 목표 중 하나는, 전문가로서 근무하는 경력 전체 기간에 걸쳐서, 훈련과정, 안내, 직무연수에 업무수행성과 측정을 강하게 연계시키려는 것이다.

수습 교사와 삼 년 또는 십삼 년 후에 승급하려는 교사들은 평가를 받는다. 그들은 일 년에 세 번 평가를 꼭 받아야 하며, 고용상의 지위 변화에 대해 결정하기 전, 신규로 임용될 때, 그리고 민원이 제기될 때 또한 평가를 받는다.

평가는 초등과 중등학교의 경우에는 교육부에서 계획하고 고등학교는 지역 교육청이나 학교운영위원회가 계획한다. 평가자는 교장, 교수학습 담당 교감, 그리고 특별한 교수 활동 주제에 관한 전문가인 교감이다. 교사들은 전문가로서 맡은 임무(예: 직무 분석)와 자신들이 만든 전문가로서의 목표에 비추어 평가를 받는다. 교원 평가의 영역은 계획, 준비, 교수 활동, 교실 환경, 전문성 개발 수료, 학교 발전에 대한 공헌도, 지역사회 공동체와의 연계, 교수 활동 주제에 대한 특별한 지식, 그리고 학생들의 다양한 집단에 대해 통합적으로 접근하는 태도 등이다. 사용되는 도구와 정보의 출처는 교실 관찰, 목표 설정, 교사와의 인터뷰 또는 대화, 교사의 자기 평가, 교사의 실적 목록portfolio, 그리고 학생의 결과물 등이다. 거기에 더하여, 특별한 주제에 대한 지침을 기초로 실천 행위를 평가하기도 한다.

평가는 승진을 결정하고 교사의 경력 진급 속도에 영향을 미치는데, 어떤 경우에는 공개적으로 시상을 하기도 한다. 뛰어난 성과를 보여준 몇몇의 경우, 즉 높은 평가 점수를 달성한 교사에게는 감사관이 좀 더 특별한 역할/직업으로 전환하도록 격려한다.

이스라엘에는 새로운 지평이라고 불리는 교육 개혁 아래에서, "훌륭한good"교사에 대한 정의를 내리는 데 공통의 수단을 사용해야 한다는 공감대가 있다. 이 수단으로 평가 절차와 직무 연수에 대한 정보를 줄 수 있다. 평가 수단 1번은 전문가로서의 역할과 윤리에 대한 개념인데, 가르치는 역할을 규정하고 조직과 제도에 대한 충실성을 다루고 있다. 평가 수단 2번은 지식에 대한 것인데, 가르치는 주제에 대한 지식을 다룬다. 평가 수단 3번은 교수학습의 과정에 대한 것인데, 계획, 조직, 교수 활동 방법, 학습을 지원하는 환경에 대한 평가와 학습 활동을 다룬다. 평가 수단 4번은 전문가 공동체와의 동반자 관계에 대한 것인데, 학교의 전문가 공동체와 그보다 넓은 전문가-지식공동체에 신경을 쓴다.

이탈리아

교사들은 신규 임용 과정이 끝나는 시기에 정규 교사가 평가를 요구할 때, 그리고 빈약한 성과 때문에 징계 절차에 들어가거나 면직될 경우에 평가를 받는다.[OECD, 2011/4]

일본

일본교원노조JTU에 따르면, 모든 정규직 교사가 일 년에 한 번씩 교육위원회, 교장, 또는 교감에 의해 평가를 꼭 받아야 하며, 이는 교사의 자격을 유지하고 업무수행성과를 관리하기 위한 목적이다. 교사들은 그들이 맡은 책임과 전문가로서 세운 목표에 대해 평가를 받으며, 평가의 기초는 교수 활동, 계획과 준비, 전문성 개발의 수료, 그리고 지역공동체와의 연계 등이다. 사용되는 수단은 교실 관찰, 목표 설정, 그리고 자기 평가와 동시에 실시하는 개인을 대상으로 한 인터뷰 등이다. 교원 평가는 교사의 전문성 개발, 경력, 상여금(높은 성과를 보인 경우에 지급)과 기본급에 영향을 미친다. 그리고 뛰어난 성과를 보인 경우에는 공개적인 시상을 받을 수도 있다.

한국

OECD[2011c]에 따르면, 한국의 교원 평가 틀은 다음에 서술한 규정들로 이루어져 있다.

a) 업무수행성과에 대한 교원 평가[옮긴이 주: 근무평정]—이것은 교사의 자질, 태도, 업무수행성과를 평가하는 것을 말하는데, 교장, 교감, 그리고 동료 교사에 의해 평가가 이루어진다. 평가는 정확하고 공정한 인사 행정 자료를 공급하는 것과 교수학습의 질을 높이는 것을 목적으로 하며 정기적으로 제도에 근거하여 시행된다. 교수학습의 목적이라는 관점에서, 이 제도는 교사들에게 자기 평가를 위한 정보를 제공하며, 교수 활동의 질을 높이기 위해 물질적 지원과 교수 활동에 대한 안내를 제공하고, 교사의 질적 개선을 가져오기 위한 방향과 표준을 설정한다. 이 평가제도는 전국 단위에서 그리고 공립학교에서만 실시한다.

b) 성과급 제도가 교원 평가에 포함되어 실시되는데, 교사의 잠재능

력이나 학교 조직에 대한 공헌도보다는 실제로 거둔 성과에 기초하여 성과급 비율을 책정한다. 이 업무수행성과에 대한 평가 결과는 교사가 자신이 맡아오던 역할과 기능을 재평가하는 데 영향을 미친다.

c) 전문성 개발을 위한 교원 평가는 그 핵심 의도가 피드백을 제공하여 교사가 자신의 전문가로서 능력을 높이도록 만들려는 것이다. 그것은 또한 교사의 교수 능력을 높이고 학교의 행정가, 교감, 교장, 그리고 교사들이 가진 관리 능력을 발전시키려는 것이다. 모든 사람이 평가를 받는다. 복합 영역으로 이루어진 평가 수단은 전체 교육공동체의 의견을 수렴하는데, 학생과 학부모는 설문지에 만족도를 표시하는 방법으로 정보를 제공한다.

전국교직원노조KTU에 따르면, 모든 교사가 해마다 평가를 받으며 그것은 교사 동료 평가와 높은 성과에 대한 보상을 동반하는 업무수행성과 관리의 일부분이다. 교육부와 지역 교육청이 평가를 계획하며, 학교의 지도자, 교사 자신, 그리고 학생이 참여하여 수행한다. 그 평가의 참고 대상은 계획, 준비, 교수 활동, 일반적인 학급 통제에 초점을 맞춘 중앙정부의 교수 활동 표준이다. 평가는 다양한 도구를 사용하는데, 학부모와 학생에 대한 설문조사, 동료 간 평가, 그리고 학교지도자와의 협의 등이다. 교원 평가는 교사의 진급 속도와 성과급(높은 업무수행성과를 보인 교사에게 지급)에 영향을 미치는데, 직무 연수를 위한 별도의 기회를 제공하기도 한다. 불공정하다고 여겨질 경우에 교원 평가에 대해 이의를 제기하는 절차가 있다. 그러나 전국교직원노조의 말에 따르면, 실제로 이의를 제기하려면 엄청난 용기가 필요하다.

네덜란드

교육위원회가 교직원의 채용, 훈련, 그리고 평가를 책임지고 있다. 교사들은 학교장과 (보통 격년제로) 업무수행성과에 대한 인터뷰를 통해 평가를 받는다. 교원 평가는 교실 관찰을 포함한다. 중등학교에서는, 교사의 동료와 학생들 또한 협의의 대상이 될 수 있다. 어떤 학교는 해마다 평가를 위한 인터뷰를 하는데, 이것은 업무수행성과에 대한 인터뷰와 별개의 것이다. 평가는 동료에 대한 태도와 전문성 개발뿐만 아니라 업무수행성과까지 포함하여 이루어진다.

뉴질랜드

교직원의 업무수행성과 관리에 대한 책임은 보통 교장에게 맡겨져 있다.OECD, 2011c 그러므로 학교 지도자는 교원 평가의 조건을 만들고, 교원 평가 절차의 질을 개선하여 시행하며, 개선을 위하여 평가 결과를 활용하는 것에 이르기까지 핵심 역할을 한다. 교원 평가의 결과는 다른 목적을 위하여 사용된다. 이런 목적에 포함되는 것은 교사 등록, 급여 인상, 전문가로서 실천을 개선하는 것 등이다.

교원노조들ISA, NZEI, NZPPTA은 뉴질랜드의 상황에 대한 종합적이고 자세한 묘사를 제공했는데, 모든 교사가·급여를 인상하기 위해서는 해마다 정해진 표준에 비추어 평가를 받아야 한다. 수업을 할 자격을 유지하기 위해 평가를 받아야 하는데, 일련의 평가 기준은 교수 활동, 준비와 계획, 교실 환경, 전문성 개발의 수료, 학교 발전에 대한 공헌도, 지역사회와의 연계 등이다. 학교 역시도 해마다 업무수행성과 관리/평가과정을 거쳐야 한다. 일반적으로, 이런 평가를 위한 표준/기준은 급여 인상과 자격증 등록과 관련된 다른 일련의 기준에 기초를 두고 있다.

대부분의 학교는 교사의 전문성 개발과 학생의 학습에 초점을 맞추어 합의한 목표를 수행한다는 데 기초하여 평가를 진행해왔다. 교원노조에 따르면, 이 결과 지난 십 년간 학생의 학습의 질이 개선된 것처럼 보이는데, PISA와 같은 국제평가에서 뉴질랜드의 순위를 올리는 결과로 나타났다. 교사들은 성과급과 자율학교charter schools에 강력하게 저항하였는데, 이 두 가지를 뉴질랜드 정부는 계속 추진하였다. 평가와 연계되어 공식적으로 경력 진급이 이루어진 경우는 없지만, 학교가 자체적으로 교사들을 위한 경력 진급 경로를 수립하기 때문에, 평가 결과가 그에 영향을 미쳤을 수도 있다. 공식적으로, 경력 진급은 직위에 대해 공개된 신청을 통해 이루어지고 학교는 자체의 요구 사항/기준에 따라 임명한다.

노르웨이

국가가 정한 법규에 따르면 교원 평가는 반드시 시행되어야 하지만, 평가의 과정은 법으로 정해지지 않았으며 지침으로서 참고할 표준이나 전국 단위의 업무수행 기준이 없다. 교원 평가는 전국 단위의 질 평가 체제national quality assessment system의 일부로 간주되지 않는다.OECD, 2011d 교사를 채용하는 기관에서는 학교 재단이 자유롭게 교원 평가를 위한 자신만의 틀을 만들 수 있지만, 교사의 실천 행위의 질을 평가하는 제도적인 틀을 갖고 있는 곳은 거의 없다. 이렇기 때문에 교사들이 그들의 고용주로부터 전문적인 피드백을 받거나 외부 기관에 의해 자신들의 활동에 대한 가치를 인정받을 기회가 제한된다. 노르웨이에서 교사들에게 피드백을 제공하는 가장 공통된 기회는 교직원들 사이에 해마다 이루어지는 대화인데, 보통 학교의 지도자와 함께 대화하는 형식을 취한다.

노르웨이교원노조UEN에 따르면, 교원 평가 도구는 업무수행성과 관리(특히 수도 오슬로에서), 그리고 교실에서의 대화와 설문지에 기초하여 진행하는 교수 활동에 대한 학생들의 평가로 구성된다. 교원 평가는 지역에 따라 다양하다. 어떤 곳은 학생에 대한 설문조사를 거의 의무화하고 있는데, 이는 학교 지도자들의 교실 수업 관찰과 결합되고 대화와 성찰의 시간으로 이어진다. 하지만 설문조사지를 만드는 일은 교사와 학생의 참여를 배제하고 지역 수준의 정치인과 행정가(군 단위)들이 한다. 하나의 예외가 있다면 그것은 베스트폴드Vestfold 군 지역인데, 교사와 학생 모두가 설문조사를 계획하는 과정에 참여한다. 여기서는 성공적인 평가과정을 위해서 계획 과정에 교사가 참여하는 것이 필수로 여겨진다. 2011년 교육훈련이사회Directorate for Education and Training와 노르웨이교원노조, 그리고 노르웨이학생회의Norwegian Student Council는, 노르웨이지역당국자협회Norwegian Association of Local and Regional Authorities, KS, 연구자, 그리고 학교 실천가들school practitioners[Box 2를 보라]과 협력하여, 전국에 적용되는 지침서를 함께 만들었다. 그 목적은 교원 평가에 대해 공통의 접근법을 장려하고 목표를 적극적으로 공유하기 위해서였다.

<Box 2> 노르웨이의 학생과 교사를 위한 전국 단위의 지침

> 2011년 교사와 학생에게 적용되는 전국 단위의 지침을 노르웨이교원노조와 노르웨이학생회의가 만들어서 교육훈련이사회의 동의를 얻었다. 노르웨이지역당국자협회(KS), 연구자, 그리고 학교 실천가들school practitioners의 협력이 있었다. 그 지침과 절차를 지방자치단체/학교가 의무적으로 따라야 하는 것은 아니지만, 교사와 학생이 함께 교수 활동을 평가하고 개선하기 위해 노력하는 곳에서 대화에 기초한 평가가 이루어지도록 도움을 주려는 대표적인 시도이다.
>
> 이 지침에 따르면, 피드백을 할 때는 학생 또는 교사가 적극 나서서 변화시키거나 영향을 미칠 수 있는 요소에 초점을 맞추라고 강조한다. 그 요소는 학습 목표, 학습 전략, 교수 활동의 내용과 조직 등이다. "교수 활동 평가"의 목적은 좀 더 좋은 교수 활동과 훈련에 공헌하는 것이고, 전체적으로는 더 나은 학습 환경을 만드는 것이다.
>
> 좀 더 많은 정보가 필요하다면 노르웨이 말로 된 지침을 다운받을 수 있다.
> http//www.utdanningsforbundet.no/upload/Grunnskole/Udir_Veileder_Undervisningsvurdering_8nov2011.pdf.

노르웨이에서는 전문가의 경력 진급에 대한 공식적인 제도가 없기 때문에, 교사의 급여는 경력에 따라 4년, 8년, 10년, 16년마다 자동으로 올라가는 중앙정부와 교원노조 간 단체협약에 따라 정해진다. 그러나 지역에 따라 임금협상이 부분적으로 이루어지기 때문에 평가 결과가 지역 수준의 급여 인상의 기준으로 사용될 수도 있다. 평가 결과는 또한 학교에서 지도부 지위를 차지하기 위한 경쟁이 벌어질 때 기준으로 활용될 수도 있다.

폴란드

폴란드 교사의 업무수행성과 평가는 학교 지도자들이 시작하지만 학교회의, 또는 학부모회의의 요구에 따라 수행될 수도 있다.[OECD, 2011/4] 이 평가는 학생의 관점을 포함할 수도 있다. 부정적인 평가를 받은 교사들은 훈련을 더 받고 후속 평가의 대상이 될 수도 있다.

교원노조Solidarnosc에 따르면, 모든 교사가 의무적으로 평가를 받아야 하는데, 특히 승진이나 고용상의 지위가 변할 때 그렇다. 그 평가는 교사에게 승진의 기회가 되고 급여가 인상되는 계기가 될 수도 있다. 초중등의 모든 학교장은 교사의 전문가로서의 업무수행성과에 대한 평가를 수행한다. (교사 자신 스스로 주도하거나 교육부, 학교회의, 학부모회의의 요구에 따라 하거나) 이 평가의 기간 동안 학교장은 학생회의 의견을 들을 수도 있다. 두 번의 평가(승진에 관계된 평가 포함) 사이의 간격은 일 년보다 짧아서는 안 된다. 학교장은 평가의 요구가 들어온 지 삼 개월 이내에 교사의 업무수행성과에 대한 평가를 해야 할 의무가 있다.

교사의 전문가로서의 학식에 대한 평가는 승진과 관련이 있는데 학교장이 수행하며 (교사의 전문성 개발 계획을 기초로 함) 다음의 경우에 한다. (1) 훈련 중인 교사와 계약직 교사인 경우-지도교사의 평가와 학부모회의의 의견을 기초로 한다, (2) 임용된 교사인 경우-학부모회의의 의견을 기초로 한다.

학교 교과목에 대한 전문가, 고용주(지역 당국자), 관리감독 부서 대표들(임용된 교사와 졸업증서를 가진 교사)로 구성되는 특별위원회가 교사의 업무수행성과를 평가한다. 최종 결과는 교사가 제출한 문서에 대한 평가, 그 교사와의 인터뷰(또는 시험)에 기초하여 나온다. 그 문서는 파일 형태로 수집되는데 교육부의 규정에 정해진 기준을 충족해야 한다. 그 파일에 포함될 내용은 전문성 개발 계획, 진전 사항에 대한 보고서, 수석교사에 의한 평가, 전문성 개발 계획에 언급된 임무를 완수했음을 증명하는 문서(종이, 사진, 그림 또는 영상), 교사가 자신의 기능을 제대로 수행했음을 확인해주는 증명서(의무는 아님), 그리고 그 교사가 훈련 과정에 참여했음을 확인해주는 (수석교사에게 제출한) 증명서 등이다.

학위나 졸업증서를 받으려는 교사는 반드시 그 파일에 다음을 포함해야 한다. 몇 가지 과제를 완성한 보고서, 학생과 관련된 교육문제를 진단하고 해결하는 데 대한 분석, 규정에 정해진 임무에 참여했음을 증명하는 문서 등. 이 문서란 교육 프로그램을 준비하여 시행한 것, 공개 강의를 한 것, 지역사회 공동체와 협력한 것, 적어도 두 가지의 출판물과 보고서를 준비한 것, 평가자로서 임무를 수행한 것 등에 대한 것이다. 전문성 상승이라는 사다리를 한 칸씩 올라가기 위해 필요한 요구사항들 때문에 교사의 전문 역량이 발전한다. 이 규정은 계약직 교사가 자신이 일하고 있는 학교의 특성을 고려하여 교육자로서 임무를 정확하게 수행하는 것과 관련이 있다. 또한 신규 교사가 자기가 맡은 일을 조직해내고, 자신의 행동의 효과를 분석 평가하여, 그에 따라 수정하고, 자기가 맡은 일에 최신 지식을 적용하고, 교육법의 규정을 준수하는 것과 관련이 있다. 졸업증서를 가진 교사는 학교에서 맡은 일의 질을 개선하는 목표를 가지고 활동을 추진하고, 다른 교직원들과 경험과 지식을 나누며, 자신의 활동을 글로 출판하고 지역사회 공동체와 협력한다.

포르투갈

포르투갈의 모델은 제도 안에서 모든 종류의 교사를 평가하는데, 유치원과 대학까지 정규직과 계약직 교사 모두, 모든 경력 단계의 교사, 교육제도상의 모든 학교 유형에서 가르치는 교사에 해당된다. 평가는 2년마다 학기 말에 시행되는데, 그중 1년 이상 가르친 교사에게 적용된다.OECD, 2009

하지만 포르투갈에는 두 가지 특수한 경우가 있다. (1) 수습 기간 중인 교사에 대한 평가는 해당 수습 기간 동안 수행한 일에 대해서만 이루어진다. (2) 계약직 교사에 대한 평가는 계약 기간(일 년 미만일 수 있음)이 끝날 때와 재계약을 시작하기 전에 수행해야 한다. 교원 평가는 학교 수준에서 이루어지며 동료 평가에 기초하는 것이 대부분으로 내부 평가 방식을 따른다. 학교는 평가과정에 대한 시간 계획을 짜고, 특별한 평가 도구와 수단을 고안하고, 평가자의 요구를 정식화하고, 평가에 관련된 일을 분담하고, 그리고 평가 결과에 따른 후속 작업을 수행한다. 이렇게 평가과정을 만든 의도는 그렇게 해야 특정 학교의 맥락에 맞을 것이기 때문이다. 사상 최초로 학교에게 평가 도구를 개발하도록 요구한다는 점에서 이 모델은 현재의 교육기관이 가지는 문화와 실천에서 벗어나는 것이다.

슬로바키아

2003년 이래로 학교 지도자들이 교직원에 대한 평가를 해마다 하도록 되어 있다.[OECD, 2011/4] 평가는 학교 감사를 위해 개발된 방법에 기초를 두고 이루어지며, 교육과정에 초점을 맞춘다. 2003년 이전에, 교사는 신규 임용 기간을 마치면서 평가를 받았다.

스웨덴

교원 평가는 법으로 정해지지 않았고, 정규직 교사의 업무수행성과를 평가하기 위한 공식 절차는 존재하지 않는다.[OECD, 2011e] 평가의 주된 형식은 학교 지도자와 교사 개인 사이에 이루어지는 개인의 전문성 개발에 관한 정기적인 대화이지만, 교사의 업무수행성과를 어떻게 평가할지를 알려주는 지침은 거의 없다.

교원노조[Lararforbundet]에 따르면, 이를 대신하여, 몇 가지 의무적인 평가가 존재한다. 교원 평가를 위해 사용되는 접근법은 수습 기간 수료, 교사 자격증 획득과 등록, 업무수행성과 관리 선상에서 이루어지지만 뛰어난 성과에 대한 보상 계획이 있다. 모든 정규직 교사와 수습 교사는 처음 교직에 들어올 때 또는 고용상의 지위를 변화시키는 결정을 할 때 평가를 받아야 한다. 평가는 중앙정부에서 계획하고 학교 지도자들이 수행하는데, 전국교육자위원회의 간섭을 받는다. 평가는 중앙에서 정한 교수 활동 표준에 근거하여 이루어지며, 교수 활동, 계획과 준비, 전문성 개발 완성도, 학교 발전에 대한 공헌도 등에 초점을 맞춘다. 평가 도구는 교실 수업 관찰, 목표 설정, 그리고 인터뷰이다. 보통 평가에 따라 결정되는 영역은 승진, 교사의 기본급 그리고 업무 능력이 떨어지는 교사와 맡은 업무가 바뀌는 교사를 위한 전문성 개발 기회 제공 등이다.

스위스

교원노조LCH에 따르면, 평가는 주canton마다 서로 다르다. 대략 말하자면, 모든 교사가 다음과 같은 시기마다 평가를 받는다(수습 기간 수료, 교사 자격증 획득 또는 등록, 업무수행성과 관리, 우수자 시상 계획, 또는 동료 평가). 평가는 의무적으로 실시되며 일 년에 한 번 또는 사 년에 한 번씩 시행된다. 소수의 몇몇 주에서는, 평가에 따라 급여 인상에 영향을 준다. 하지만 스위스 전체를 보면, 경력상의 변화와 신임 교사의 직위를 결정하는 데 영향을 준다. 평가를 계획하는 주체는 지방교육청, 교육위원회, 감사관과 지도자들인데, 실제 실행을 누가 하는지는 주마다 각각 다르다. 교원노조는 보통의 경우에 평가의 개발에 영향을 미친다. 평가자는 외부 평가자, 감사관, 학교 지도자, 교육위원회, 그리고 다른 교사들이다. 지역별 표준과 학교의 규정이 교원 평가의 기준이다. 평가의 초점은 교수 활동, 계획과 준비, 전문성 개발의 완성도, 그리고 교실 환경 등이다. 평가 도구는 교실 수업 관찰, 동료 평가, 목표 설정과 인터뷰, 학생에 대한 설문조사, 자기 평가, 그리고 실적 목록 등으로 이루어진다. 두세 개 주의 중등학교를 제외하고, 평가는 교사의 급여 인상에 영향을 미치지 않는다.

터키

학교의 지도자는 교사의 연간 계획을 승인하고, 점검하며, 약점을 찾아내어 정식화한다. 그들은 또한 교사의 전문성 개발에 대해 책임을 진다.

영국United Kingdom

2012년 잉글랜드에서는, 해마다 하는 교원 업무수행성과 평가의 지침서를 개정하는 문제가 관심을 끌었다. 학교는 반드시 급여 정책과 업무수행성과 관리 정책을 개발해야 하며, 그 정책 속에서 교사의 업무수행성과를 학교 개선 계획 그리고 학교 자체 평가 계획에 연결시켜야 한다. 또한 교실 수업 관찰을 포함하고 요구가 있을 때는 훈련 기회를 제공해야 한다.[OECD, 2011/4] 영국교원노조(NUT, 교사와 강사의 연합체) 그리고 전국수석교사연합National Association of Head Teachers은 이 계획을 시행하기 위한 지침서를 만들어서 관심을 끌었다.

2012년 웨일스에서는, 개정된 지침서가 문제로 대두하였다.[OECD, 2011/4] 학교 의사결정 주체는 업무수행성과 관리 정책을 수립해야 하고 해마다 교사들을 평가해야 한다. 정책은 반드시 학교의 업무수행성과 목표치를 설정하고 점검 체계를 수립해야 한다.

북아일랜드에서는 교사들이 해마다 보통 다른 교사로부터 평가를 받는데, 교사의 관리 능력이나 교과과정에 정해진 책무에 대해 다룬다.[OECD, 2011/4] 평가는 두 번의 교실 수업 관찰과 학기 초에 설정한 목표에 대한 평가에 기초하여 이루어지며, 실제 행위, 전문성 개발, 학생과 교과과정에 나타난 발전이라는 영역을 포함한다. 평가는 또한 학교 발전 계획에 연결되어야 한다.

스코틀랜드에서는, 교사들은 개인 단위로 평가받지 않는다.

교원노조(NUT와 NASUWT)는 영국의 서로 다른 행정구역 단위로 조합원을 모집하는데, 각각의 정부에서 운영하고 있는 서로 다른 교원 평가 정책을 다음과 같이 요약하고 있다.

잉글랜드

최소한 한 학기 동안 운영 중인 학교(maintained school, 지역 교육청이 운영함)에 고용된 모든 교사와 지역 교육청이 고용한 순회 교사

(unattached teachers, 특정 학교에 얽매여 있지 않음)는 학교교원 평가 규정(2012년 제정)에 따라 평가를 받는다. 이에 근거하여 운영 중인 학교 각각은 평가를 위한 자신들의 계획서를 만들 재량을 가진다. 학원 Academies과 대안학교free school는 자기만의 평가제도와 업무수행성과 관리체계를 수립할 수 있다. 각 학교에서 평가는 급여 인상과 연결되어 있다. 이 평가 규정이 업무수행성과 관리 규정 역할을 하는데, 교사의 전국 단위 급여와 근무조건에 관한 문서School Teachers' Pay and Conditions Document, STPCD에 연계된다.

평가의 기간은 보통 학기 운영과 맞추어 운영된다. 그러나 교사가 짧은 기간 동안만 고용된 경우라면, 평가 기간은 계약이 지속되는 기간 동안이 될 것이다. 신규 교사 임용은 보통 일 년(또는 일 년에 상당하는 기간)에 걸쳐서 완성된다. 운영 중인 학교maintained school에서는, 학교 지도자들 또는 평가 권한을 위임받은 교사가 교사들을 평가한다. 하지만 그런 임무는 교사의 업무상 부서 관리자에게 위임될 수도 있다. 수석교사도 평가를 받는데, 학교의 의사결정 주체가 조언과 지원을 제공해줄 외부의 자문위원을 임명해야 한다. 학원과 대안학교는 누가 평가를 수행할지 스스로 결정할 수 있다. 교원 평가를 수행하는 사람들이 훈련을 받아야 할 의무는 없지만, 학교와 고용주들이 약간의 훈련을 제공할 수도 있다.

운영 중인 학교는 전국의 교사 표준에 비추어 교사를 평가한다. 하지만 평가 대상에 좀 다른 기준을 포함하기도 하는데, 그 기준들이란 지역에 따라 정해진 표준, 교사의 직무 분석, 학교 개발 계획, 학교 정책, 절차와 규정, 그리고 전문가로서 달성해야 할 목표(학교의 교사 그리고/또는 다른 교사가 정의해 낸 것) 등을 의미한다. 거의 모든 학교가 교실 수업 관찰을 평가과정의 일부로 활용한다. 그런 경우에, 관찰 대상이 된 교사는 그들이 피드백과 지원을 받고 싶은 영역과 관찰의 초점이 될 부분을 정하는 데서 적극적인 역할을 할 것이다. 학생들의 시험 성적은 교사의 업무수행성과를 판단하는 데 활용되는데, 교사들은 특정한 시험 또는 시험 성적 목표를 달성해야 하고, 학생들이 특정 수준의 진전을 이루어냈는지 보여주어야 한다. 어떤 학교는 업무수행성과 관리/평가과정으로 학생들의 설문조사 결과와 피드백을 활용한다.

교사가 지속적인 전문성 개발을 수행해야 한다는 기대가 있지만, 교사가 전문성 개발을 반드시 수행하도록 돕기 위해 만들어진 새로운 교사의 표준Teachers' Standards에는 뚜렷한 요구 사항이 존재하지는 않는다. 교사들은 자신에게 맞는다고 여기는 지위를 선정하고 신청할 수 있으며, 이에 따라 보통의 급여를 받는 데서 벗어나 보다 높은 급여 체계를 적용받을 수 있다. 이력서를 받은 고용주는 교사의 현재 고용주로부터 받은 추천서를 주목할 것이다. 이 추천서는 업무수행성과 관리/평가의 결과를 포함할 수 있는데, 꼭 그것에 한정하지는 않는다.

학교 교사의 급여와 근무조건에 관한 문서STPCD는 운영 중인 학교에 근무하는 교사에게 적용되고 TUPE 규정으로 보호를 받는 대안학교 교직원에게도 적용된다. STPCD는 전국적으로 정해진 급여 기준표를 정하고, 위의 학교에 근무하는 교사들은 그 기준표에 근거하여 급여를 인상해나가야 하며, 만족스러운 업무수행성과를 거두었느냐에 따라 성과급의 규모가 많이 다르다. 급여와 근무조건은 STPCD에 의해 정해지는데 지위에 따라 자문(교원노조의 자문을 포함)을 받는 과정을 거쳐서 개선된다. 어떤 학원들은 STPCD의 용어를 계속 활용하는 것을 선택했지만, 다른 곳에서는 신임 교직원에게 다른 용어와 조건을 적용할 것이다. 하지만 새로운 평가제도는 학교들이 평가제도를 만들도록 허용했는데 그것을 급여와 업무수행성과에 직접 연결시킨다.

새로운 평가 규정은 교사들이 평가 결과에 이의를 제기할 권리를 인정하고 있지 않다. 예전의 업무수행성과 관리 규정에는 교사들이 이의를 제기할 권리를 인정했다. 그러나 각 학교는 자체의 이의 제기 과정을 운영할 수도 있다.

웨일스

운영 중인 학교와 지역 교육청에 고용된 교사들 모두는 2011년 제정된 학교 교원 평가 규정에 의해 평가를 받는다. 이 규정은 (수습 기간을 수료하고) 임용 과정 중에 있는 교사에게는 적용되지 아니하며 능력 검증 과정capability procedure에 있는 교사에게도 적용되지 않는다. 평가 결과는 급여 인상에 직접 영향을 주지 않는다. 웨일스의 학교교원 평가 규정은 평가의 순환이 계속된다고 밝히고 있다. 교사가 짧은 기간 동안 고용되거나 새로운 학교로 옮기는 경우에는 평가 기간이 더 짧을 수도 있다.

웨일스에서는 업무수행성과에 관한 자료를 활용하는 데 대한 관심이 늘어나고 있다. 2011년의 규정은 학생의 학업수행성과에 관한 정보를 꼭 참고하도록 하고 있고, 전문가로서 교사의 실천 행위를 개발하고 개선한 것과 같은 다양한 정보를 참고해야 한다고 명백히 밝히고 있다. 교사의 실천 행위에 대한 판단 기준을 학생의 학업수행성과에 관한 정보와 같은 맥락에서 생각해야 한다.

학교의 의사결정 주체, 지역 교육청, 수석교사는 반드시 최소한 일 년에 한 번 학교 업무수행성과 관리 정책을 수립하고 유지해야 한다. 여기에 평가에 대한 학교의 규정이 들어간다. 의견 불일치가 있을 때, 지역 교육청이 그 학교의 업무수행성과 관리 정책을 결정해야 한다. 평가의 순환과정이 시작되기 전에, 평가를 하는 사람과 받는 사람이 만나서 평가를 위해 계획을 세우고 준비를 하는데, 평가 목표를 공유하고 그것을 달성하기 위해 필요한 지원과 훈련 기회를 찾아본다. 평가의 세부적인 초점을 지역 차원에서 결정하지만, 규정에 따라 그 목표는 전국적인 맥락을 고려하고 정부 정책에 맞추어 설정해야 한다.

수석교사가 평가자를 임명한다. 대부분의 경우에, 평가자는 수석교사이거나 부서 관리자이다. 평가를 위해 특별한 훈련을 받을 필요는 없다. 교사들은 학생의 학업 수행성과에 대한 정보를 참고하여 평가를 받고, 평가와 관련된 다른 요인은－직무 분석, 급여 인상 기준, 학교 개선 계획에 명시된 학교 전체와 부서의 목표, 웨일스 교육부에서 때때로 정해주는 전문적인 표준, 교사 자신이 스스로 세운 전문가로서 달성할 목표, 그리고 어떤 식으로든 이미 이수한 전문성 개발 교육 등이다.

평가 규정에 따르면, 교사들은 평가의 순환주기 동안 받은 지원과 수행한 전문성 개발 활동의 최신 기록을 유지해야 하고, 이것이 그 목표를 달성하거나 방해하는 쪽으로 어떻게 영향을 미쳤는지도 기록해야 한다. 계속적인 전문성 개발에 대한 단체협약은 없고, 교원노조가 보기에, 재정 지원은 부족하다. 교원노조의 견해로는, 현실에서 우선순위를 다투는 여러 과제가 있고 설명 책임을 중시하는 체제가 고위험부담을 감수하는 특성이 있으므로, 많은 학교에서 계속적인 전문성 개발을 우선순위로 두지 않는다는 것이다. 교원 평가는 합당한 자격이 있는 교사들에게 주는 급여 인상 기회와 직접적인 연관이 있다. 평가 회의를 마치면 평가자들은 높은 급여 체계를 적용받아 급여 인상의 대상이 될 자격이 있는 교사를 추천해야 한다. 평가에 나온 정보를 급여와 승진을 결정할 때 참고할 수 있다.

평가를 받은 교사는 그 결과에 대해 이의를 신청할 수 있다. 그들은 또한 의견 불일치가 있는 지점을 기록으로 남겨달라고 계획회의와 평가과정에서 요구할 권리가 있다.

스코틀랜드

스코틀랜드에는 공식적인 업무수행성과 관리제도가 없다. 하지만 교원등록 임시 규정에 따라, 신규 임용 교사는 수습 기간을 수료해야 하고 수료 기간을 끝내면서 그들이 정규직 등록을 위한 표준을 달성했다는 것을 보여주어야 정규직이 될 수 있다. 교사가 수습 기간을 수료하는 방법은 일 년간 임용 계획에 따르든지, 아니면 시간을 보다 유연하게 쓰는 경로를 거치는 것이다.

신규 임용 기간 내내 정보를 실적 목록에 수집한다. 임용 계획에 참여한 수습 교사들 각자는 자신을 지원해주는 사람 또는 조언자mentor를 학교에서 가질 수 있을 뿐만 아니라 지역 교육청에 있는 수습 지원 관리자Probation Support Manager로부터 추가 지원을 받을 수 있다. 시간을 유연하게 사용하는 경로를 선택한 신규 교사는 증거 자료를 모아서 실적 목록을 작성해야 하지만, 이때 고용주가 해주는 지원은 매우 적다. 정규직이 되면, 교사는 경력 전체 기간에 걸쳐서 전문 역량의 표준에 도달하는 수준을 유지해야 한다. 단기 기간제 교사가 아닌 다른 교사들은 일 년에 최대 35시간까지 지속적인 전문성 개발을 수료해야 한다는 계약조건이 있다. 교사의 지속적인 전문성 개발은 개인적으로 하는 전문성 개발, 국가에서 제공하는 학점 인정 코스 참가, 작은 규모로 학교에서 진행하는 활동, 그리고 교원노조가 제공하는 전문성 개발 프로그램과 같이 다양한 전문성 개발 활동으로 구성되어야 한다.

북아일랜드

장학금을 지원받는 학교의 교사 모두는, 시간제 또는 임시직을 포함하여, 업무수행성과 평가와 교직원 개발Performance Review and Staff Development, PRSD 계획에 참여해야 한다. 이 PRSD 계획은 교사의 전문성 개발을 지원하는 것을 목표로 하고 있다. PRSD 계획의 기초가 되는 몇 가지 원칙은 전문가주의, 비밀 보호, 민감성, 개방성과 투명성, 평등과 공정성, 신뢰와 자신감이다. PRSD 계획의 과정이 지향하는 목표가 교사의 전문성 개발의 지속과 촉진 그리고 학교의 계속적인 개선이라는 점을 인식하도록 하기 위해, PRSD 계획을 만드는 과정에 모든 사람이 참여하도록 하고 있다. 그것은 또한 참가자들에게 "업무수행성과를 분석하기 위한 접근법을 인정하고 지원하도록" 요구하는데, 그 평가과정은 "협상을 통해 동의를 얻은 것이며, 증거에 기초하고 전문적인 측면을 강조하는 것으로, 교사의 헌신성, 강점, 그리고 훌륭한 실천 행위를 인식해나가는 과정이기 때문이다."

PRSD 계획은 학교 개선에 연계되어 있고, 국가적인 사업으로서 일년 단위로 순환하면서 운영된다. 하지만 이 계획은 학교 개선에 대한 관련성을 명확히 하고 있기 때문에 교사 개인의 PRSD에 포함된 목표도 학교 수준에서 설정된다. 이 규정을 만든 의도는 교사가 그런 목표를 설정하는 과정에 적극적으로 참여하게 하려는 것이다.

학교의 교장이나 교장이 임명한 교직원(보통은 그 교사의 부서 관리자)이 교원 평가를 진행한다. 학교장의 평가에 대해 학교운영위원회에서 임명한 두 명 이상의 평가자가 다시 평가하며, 그 전에 고용기관의 자문을 구한다. 각각의 고용기관은 그 지역의 PRSD 계획을 감시하고 조언을 제공할 만큼 충분히 훈련을 받고 신뢰가 있는 사람을 임명한다. 평가를 받을 교사가 규정한 목표와 같은 참고 사항을 활용할 수도 있지만, PRSD의 목표는 학교 개발 계획과 연계되어야 한다.

이 규정은 교실 수업 관찰을 꼭 하도록 하고 있다. 총 합계 한 시간 동안 두 번의 교실 수업 관찰을 하고 나서 평가 내용에 대한 토론을 한다. 교사들이 교실 밖에서 구체적인 책무를 맡고 있는 곳에서는, 교실 수업 관찰 중 한 번은 그 임무를 수행하는 과정을 관찰하는 것으로 대체할 수 있다. PRSD 계획은 교사의 전문성 개발을 지원하는 의도이고, 그 평가과정에는 개인의 인격과 전문성을 개발하는 데 대한 토론을 포함해야 한다. 하지만 교사가 계속하여 전문성 개발에 참여하거나 수료해야 한다는 규정은 뚜렷하게 나와 있지 않다. 명확하게 능력과 연계하는 점을 보면, 이 규정이 업무수행성과가 낮게 보이는 교사에게만 적용된다는 의미이다. PRSD 계획과 경력의 진급 사이에 뚜렷한 연관은 없다. 모든 직책이 교사들에게 개방되어 평등한 경쟁을 벌여야 한다. 하지만 PRSD의 과정은 교사가 다른 직책에 응모할 때 도움이 되는 경험과 증거를 모을 수 있도록 도와줄 수 있다. PRSD 계획과 급여 인상 사이에 직접 관련은 없다. 그러나 교사들이 급여 체계상의 진급을 하려면 PRSD 과정에 참여해야 한다.

미국

낙오방지법No Child Left Behind에 교사와 교실 수업의 어떤 영역에서든 일을 하고 있는 준-전문가에게 필요한 자질에 대해 규정하고 있다. 이 법에 따르면, 주정부는 핵심 과목을 맡고 있는 모든 교사가 2005/6학년도 말까지 높은 자질을 가져야 한다는 목표를 달성할 계획을 세워야 한다. 교원 평가는 주정부마다 다양하다.OECD, 2011/4

미국교원노조NEA와 미국교원연맹AFT의 요약 설명에 따르면, 미국에서 교육은 주정부의 관할 사항이어서 주정부마다 자신의 법률과 계약서contracts를 가지고 주정부 안에서 사용할 다양한 접근법이 나타날 수 있다. 교사 자격증은 교원 평가에서 드물게 사용된다. 하지만 자격증을 평가와 연계시키려는 제안이 점차 늘어나고 있다. 이런 구상에 따르면, 평가 성적이 나쁜 교사는 자격을 상실한다. 동료 평가는 수년 동안 두세 곳에서만 시행되었지만, 이제는 새로운 교원평가제도를 개발하면서 점차 많이 활용되고 있다. 때때로 그런 접근법은 주정부 법률이 아니라 계약서에 명기된다. 예를 들면, 플로리다 주 상원의 736법률은 동료 평가만 제외하고 다 허용하였다. 뉴저지 주에서는 평가를 금전 보상에 연결시키는 것이 법에 나와 있지 않지만, 뉴저지 주 뉴어크Network 지역 계약서에는 가능하도록 되어 있다. 현재는 미국 전체에서 교원 평가에 위의 모든 것을 연결시키고 있다.

모든 공립학교에서 수업을 맡은 교사는 평가를 받는다. 사립학교 교사는 교원 평가에 관련된 법률을 따르지 않아도 된다. 하지만 이제는 수업을 하지 않는 교육자와 지원하는 교직원도 평가의 대상으로 삼는 제도를 개발하고 시행하자는 운동이 성장하고 있다.

대부분의 주정부 법률과 다른 규정은 수습 교사의 경우 정규 교사 또는 무기 계약직 교사가 되기 전에 평가를 받도록 하고 있다. 정규직 교사는 훨씬 빈도수가 낮게 평가를 받는 경향이 있다. 하지만 평가과정은 주마다 행정구역마다 서로 다를 수 있다. 시간의 총량, 관찰의 빈도, 최근 교원 평가 보고서에 기록된 주요 발견 등이 평가과정에 중요한 영향을 미칠 수 있다. 어떤 제도에서는, 일 년에 다섯 번 수업 관찰을 하고(워싱턴 DC의 학교), 다른 경우에는 한 번 정도에 그친다. 정규직이 아닌 신규 교사는 일 년에 세 번 평가를 받고 경력이 많은 교사는 일 년에 두세 번 받는다. 학교교육구 단위는 모든 교사에게 학년 말에 최종 등급을 주어야 한다는 법 규정이 있다. 주정부는 해마다 또는 좀 더 자주 하는 평가를 하도록 요구하는 법률과 규정을 통과시키기 시작하고 있다.

대부분의 교원평가제도와 평가 틀은 주정부 기관이 개발하였지만, 종종 지역행정기구에서 그 절차와 과정을 통제하기도 한다. 미국의 대부분 지역에서 주정부가 기본적인 평가 요인을 설정하고 지역행정기구가 교원노조와 협의하여 세부적인 제도를 개발한다. 단체협상이 이루어지는 곳에서, (교원)평가는 그런 토론의 일부가 된다. 하지만 교원 평가를 단체협상의 주제로 삼는 것을 금지하는 곳이 급속도로 증가하고 있다(예: 워싱턴 DC, 테네시 주, 위스콘신 주). 이것이 의미하는 바는 교사가 참가할 수 없으며, 학교지역구 행정당국이 규칙을 정한다는 것이다.

교장은 수석 평가자이다. 교원평가제도가 좀 더 위험부담이 큰 것이 되고 있다는 점 때문에, 평가자들에 대한 훈련을 하고 신뢰성을 가지고 있음을 보여주어야 한다는 요구가 더 많이 제기된다. 덧붙이자면, 새로운 법률에 의해 일 년 단위의 평가가 늘어나면서, (평가)역량을 갖춰야 할 필요도 증가하고 있다. 그 수요가 늘면서, 좀 더 많은 수의 외부 평가자와 다른 교사들이 평가자로 봉사자로 일하기 위한 훈련을 받고 있다. 평가자를 훈련하자는 요구의 질과 신뢰성은 행정구역 단위마다 아주 다양하다. 교원노조에 따르면, 어떤 경우에는 평가자들에게 평가 매뉴얼만 주고서 "훈련을 받았다"라는 답변을 하게 한다고 한다. 다른 곳에서는 평가자들이 깊이 있는 훈련과 자격 수여과정을 반드시 거쳐야 한다. 흥미롭게도 게이트 재단Gate Foundation이 최근에 마친 연구에서 대다수의 교장들이 훌륭한 교수 활동이 무엇인지를 규정하지 못한다는 결과가 나왔다.

주에 따라서 다르지만, 교수 활동 표준을 학교교육구 또는 주정부가 정한다. 예를 들면, 콜로라도는 학교교육구가 활용할 수 있는 교수 활동 표준을 가지고 있는데, 그것을 사용하지 않을 거라면 자신들이 평가를 통해 승인할 표준을 만들어야만 한다. 대부분의 교원평가제도는 조사연구 작업을 기초로 하여 만들어진 전문적인 교수 활동 표준에서 뽑아낸 교수 활동 표준을 포함하고 있다. 예를 들면, 전문적 교수 활동 표준 국가위원회National Board of Professional Teaching Standards, 캘리포니아 교사에 대한 업무수행성과 평가 기준Performance Assessment for California Teachers, PACT, 또는 주정부 간 교원 평가 협의체의 핵심적인 교수 활동 표준 모델Interstate Teacher Assessment and Support Consortium's (InTASC) Model Core Teaching Standards. 대부분의 교원평가제도는 위에서 언급한 교사의 업무수행성과의 모든 측면을 평가할 표준과 요소를 포함하고 있다.

많은 정부기관이 교원 평가의 중요한 요소로서 학생의 성취도를 포함하는 방향으로 이동하고 있다. 그 자료는 표준화된 시험(일제고사)에서의 성적이나 학습에 대한 다른 측정수치이다(예: 성과향상도 평가방법이 뉴욕의 연간 전문직 업무수행성과 평가Annual Professional Performance Review에 사용됨).

미국 안에서, 전통적인 평가방법은 교실 수업 관찰에 전적으로 의지했지만 새로운 평가제도는 다양한 도구와 정보의 출처를 활용하고 있다. 교실 수업 관찰과 학생의 성장과 학습이라는 요소는 최근 개발된 평가제도 대부분에서 발견된다. 이런 종합적인 교원평가제도는 교실에서의 실천 활동에 대한 증거, 교사가 자신이 속한 전문가 집단에 한 공헌, 전문가로서 성장, 학생의 성장과 학습에 대한 교사의 공헌도 등을 포함한다. 교원평가제도와 전문성 개발 사이에 존재하는 연관성의 정도는, 전문성 개발을 위해 제공되는 활동의 질만큼이나 다양하다. 이제까지, 평가 계획은 전문성 개발과 연결되어 있지 않았지만, 이제는 변하기 시작하고 있다.Box 3 교원 평가와 개발을 보라

나라 전체에서 학생의 학습 목표Student Learning Objectives, SLOs와 학생에 대한 설문조사 또한 도입되기 시작하였다.

〈Box 3〉 미국에서 전문성 표준의 활용

교수 활동의 완성도를 규정하는 전문성 표준professional standards은 경력 있는 교사에 대한 평가 지침서로서 "전문적 교수 활동 표준을 위한 국가위원회National Board for Professional Teaching Standards"가 처음으로 만들었다. 점차로 몇몇 주정부가 모여서 함께 일하면서, 교육부고위관료회의Council for Chief State School Officers의 도움을 받아서, "주정부 간 신임 교사 평가와 지원을 위한 협의체Interstate New Teacher Assessment and Support Consortium, InTASC"를 만들었다. 여기에 위에서 언급한 전문성 표준을 신임 교사를 위한 표준으로 번역하였고, 이것을 40개 주에서 신임 교사 자격증 수여를 위해 적용하였다. 최근에 InTASC가 만든 교수 활동 표준을 개정하여 공통의 핵심 표준Core Common Standards과 일치시켰는데, 그 목적은 표준을 제정하기 위해 필요한 교사들의 지식, 기능, 이해 수준을 반영하기 위한 것이었다. 이런 표준들이 성적 향상에 근거한 수치value-added measures보다 훨씬 더 안정적으로 교수 활동에 대한 평가치를 등급으로 표시할 수 있게 하는 기초가 되었다. 동시에, 그 표준들은 *학생의 학습에 대해 교실에서 얻어낸 증거를 포함함으로써 교사의 성과향상 효과value-added effectiveness를 예측할 수 있음을 최근의 대규모 연구larger-scale studies에서 입증하였다(원저자 강조).* 그리하여 학생의 학습에 근거하여 평가를 하도록 만들었다. 하나의 전형으로 업무수행성과 평가의 요구 사항에 따라서 교사들은 이미 설정된 표준에 관련된 교수 활동의 단위 안에 자신의 계획과 교수 활동을 문서로 작성한다. 교사들은 그것을 특수교육을 받는 학생, 영어 학습자옮긴이 주: 이민자 자녀, 영상 미디어 비평 수업 등에 적용하고 학생이 학습한 증거에 대해 평가하도록 요구받는다.

많은 연구에서 발견한 바에 따르면, 자격심사국가위원회National Board Certification의 평가과정은 다른 교사보다 학생의 성취도를 높이는 데 좀 더 많은 효과를 보인 교사를 가려낸다. 똑같이 중요하게 이 연구가 발견한 바는, 교사들이 국가위원회의 평가과정에 참여하는 것이 그들의 실천에서 개선을 촉진한다고 한다. 코네티컷과 캘리포니아에서 신규 교사에게 적용했던 비슷한 업무수행성과 평가는 주정부에서 실시하는 시험에서 학생의 성적을 예측할 수 있었음을 발견하였다. 캘리포니아의 교사에 대한 업무수행성과 평가 Performance Assessment for California Teachers, PACT도 역시 교사의 역량을 개선하고, 이것을 수단으로 적용한 교사 교육 프로그램에서 개선을 가져오는 데 효과가 있음을 입증하였다.

출처: Strauss, 2011; Daring-Hammond, 2011.

교원 평가의 영향은 행정구역별로 다양하다. 어떤 지역에서는 경력 관리와 지도자가 될 기회에 영향을 미칠 수 있지만, 다른 곳에서는 거의 영향을 미치지 못한다. 교원 평가를 급여와 연결시키는 경우는 미국 전체에서 아주 적은 수의 행정구역에서, 그것도 교사와 연구자들의 반대가 늘어나는 것을 무릅쓰고 실시하려 하고 있다.

미국에서 교원평가제도는 단체협상의 결과이든 또는 만나서 협의한 결과 탄생한 것이든 그 형태가 다양하지만, 대부분의 교원평가제도는 이의 신청 절차를 포함하고 있다. 행정당국이 이의 제기 절차를 보다 능률적인 것으로 그리고 투명하게 만들려고 시도하면서, 교원노조가 보기에, 어떤 절차는 없어지거나 생략되고 있다.

최초에 교원평가제도는 복종을 지향하는 것이었는데, 그때 교원노조는 그 절차를 투명하고 공정한 것으로 만드는 데 집중하였다. 지금은 새로운 교원평가제도가 교사의 전문성을 개발하고 지원하는 데 더 집중하고 있다. 그래서 교원노조 NEA는 교원 평가에 대한 종합적이고 온전한 제도적 접근을 시도하고 있다.[2010]

〈Box 4〉 뉴욕 주의 교원 평가와 개발
Teacher Evaluation and Development, TED

TED는 교원 평가와 개발을 위한 제도인데, 뉴욕 주의 여섯 개 노사혁신팀labor/management Innovation Team이 교사의 실천 행위와 학생의 학습을 진전시킨다는 연장선상에서 평가를 통합하기 위해 만들어졌다.

미국교원연맹AFT과 미국교육부의 자금 지원을 받아서, TED는 과감한 조사연구를 하였고, 뉴욕 주의 법 규정에 맞추어 학교 현장에서 검증을 하였다. 그 학교 현장에서 지도자들이 이 프로젝트에 헌신한 시간과 지적인 자산은 셀 수조차 없다. 참가한 모든 사람들은 "그것을 올바르게 하는 것"에 충실하였으며, 차세대의 교원 평가를 만들고 알려주는 훌륭한 제도를 만들려고 노력하였다.

이 TED가 특별한 이유는 다음과 같다.

- 교사가 자신들의 평가를 받는 사람이 아니라 참여자가 되도록 한다.
- 뉴욕 주 교수 활동 표준과 교사 실천 행위 규칙Teacher Practice Rubric, NYSUT에 맞추어 교사 효과성을 측정하는 다양한 방법을 묘사한다.
- 교원 평가가 의미 있는 전문가들의 대화와 지속적인 발전에 대한 디딤돌이 되도록 제공한다.
- 평가와 전문성 개발을 통합해주는 동료 간의 지원과 평가Peer Assistance and Review를 위한 과정으로서, 평가과정의 세부 사항을 현장에 있는 사람들이 개발하고 그곳에 적용하면서 정한다.
- 교수학습의 조건을 설정하고 문서화할 필요를 포함한다.
- 이 제도를 긍정적으로 사용하기 위해 평가를 하는 사람과 받는 사람에게 훈련할 필요가 있다.

출처: TED 지침서-교사의 성장과 학생의 학습을 함께 진전시키는 통합적 제도.
노사혁신팀이 개발함. www.nysut.org/ted.

최근에 교원노조가 교원 평가에서 나타난 최상의 실천 사례에 대한 논의에 참가하였지만, 표준화된 시험에서 결정된 학생의 성취도와 교원 평가제도를 연결 짓는 데 대해서는 저항이 계속되고 있다.

<Box 5> 교사 진전 프로그램
Teacher Advancement Program, TAP

교사 진전 프로그램TAP은 "주정부 간 신임 교사 평가와 지원을 위한 협의체Interstate New Teacher Assessment and Support Consortium, InTASC"와 "전문적 교수 활동 표준을 위한 국가위원회National Board for Professional Teaching Standards"의 표준에 근거해서 만들어졌다. 그뿐만 아니라 코네티컷 주에서 만들어진 표준에 근거한 평가규칙에도 기초를 두고 있다. TAP은 나흘 동안 훈련 프로그램을 이수하고 자격증을 받은 교장, 멘토 교사, 또는 주임 교사master가 일 년에 네 번에서 여섯 번까지 교사를 평가하는 제도이다. 훌륭한 교수 활동의 지표가 되는 것은 학생에게서 나타나는 바람직한 결과와 연결되어 있음이 증명되는 실천 행위들이다. 교사도 역시 그 규칙과 그것이 교수학습 활동에 미치는 영향에 대해 공부하며, 비디오테이프로 기록한 교수 활동 장면을 보고 그 규칙을 근거한 평가를 하며, 그리고 실천 행위에 대한 평가에 참여한다. 관찰이 끝나고 나서는, 평가자와 교사가 만나서 발견한 점에 대해 토론을 하고 지속적인 성장을 위한 계획을 작성한다. 지속적인 전문성 개발, 멘토링, 그리고 교실 수업에 대한 지원으로 교사가 이런 기준에 도달하도록 돕는다. TAP을 시행하는 학교에 근무하는 교사들에 따르면, 이 제도는 밀도 있게 전문성 개발을 지원하는 것을 동반하면서 교사들의 실천 행위에서 개선을 이루어내고 있다. 그리고 이 제도를 시행하는 많은 학교에서 학생들의 성취도에 좋은 결과를 가져오는 데 필요한 일에 구체적인 책임을 다하고 있다.

출처: http://www.infoagepub.com/products/downloads/tap_overview.pdf.

2.2. 요약과 해석-교원 평가의 세부 계획에 대한 평가

대부분의 행정구역에서 교원 평가방법에는 다음 요소가 포함된다. (a) 자기 평가, (b) 동료와 학교 지도자의 평가, (c) 학생에 대한 (그리고 그보다는 드물지만 학부모에 대한) 설문조사/평가, (d) 감사관, 감사기관, 평가기관을 통한 외부 평가, 그리고 최근에 나타난 (e) 학생의 학업 수행성과와 시험 점수. OECD의 교수학습에 관한 국제조사연구Teaching and Learning International Survey, TALIS에 참가한 나라들 중에서 살펴보면,

평가의 세부 계획에 외부 평가보다는 학교 내부에서의 평가가 더욱 자주 나타나는 경향이 있다. 예를 들면, 노르웨이와 포르투갈의 교사 4분의 3 이상이 보통의 경우에 외부 평가자로부터 피드백을 받지 않는다. 이탈리아에서는 외부 평가가 실제로 존재하지 않는다.^{OECD TALIS, 2009}

나라들 전체를 볼 때, 평가는 여러 수단을 통해 이루어진다. 보다 공식적이고 객관적인 접근(예: 공식적인 업무수행성과 관리 제도의 일부로서 절차와 기준을 설정함)에서부터 좀 더 비공식적이고 주관적인 것까지(예: 교사와의 비공식적인 토론, 인터뷰, 개인의 전문성 개발 계획에 대해 정의 내리기).^{OECD TALIS, 2009} 보통 평가 기준에 포함되는 것은 교사의 교과목과 교수학습에 대한 지식, 교수 방법에 대한 약간의 평가, 직무 연수의 수준, 그리고 점차 늘어가는 추세인데, 표준화된 시험에서의 학생의 학업수행성과 측정치 등이다.

유럽의 많은 나라에서는, 외부에서 공통되게 정한 학교 평가 세부 계획의 절차를 통해 교사 개인을 평가하지는 않는다. 이는 유리디스 Eurydice의 유럽 교육에 대한 최근의 핵심 자료에 의해 확인된 사실이다. 그러나 몇몇 나라에서는 교사들이 어떤 특정한 환경에서 평가를 받을 가능성이 있다.^{Eurydice, 2012} 에스토니아, 아일랜드, 스페인에서는, 교사들이 승진을 신청하거나 신규로 임용되었을 때 평가를 받는다. 아일랜드에서는 감사관이 교육위원회의 요구에 따라 교사들을 평가하기도 한다. 북유럽 국가에서는 교사들이 개인별로 평가받지 않고, 또한 (덴마크에서는) 외부의 평가를 개인이 받지 않아도 된다. 내부의 자체 평가는 정도의 차이가 있지만 모든 나라에서 받는다. 하지만 항상 의무적인 것은 아니다. 잉글랜드, 웨일스, 아이슬란드와 같은 몇 나라를 예외로 하고, 학교평가제도는 지방 당국과 교육위원회에 주된 권한이 있고, 자신들이 제공한 교육 서비스에 대해 평가할 책임을 진다. 예를 들면, 덴마크와 노르웨이는 지방 당국이 각 학교를 하나씩 평가할 의무가 있다.

교원 평가는 종종 경력 진급 그리고 책무의 변경과 연계되며(정도의 차이는 있음), (직무연수를 통한) 전문성 개발 기회를 더 제공하는 것과 연결된다. 월급 또는 급여 인상과의 연계는 동일하지 않다. 연계가 있는 곳은 스웨덴, 영국, 미국, 한국이며, 없는 곳은 이탈리아, 핀란드, 덴마크, 아이슬란드, 포르투갈, 프랑스, 노르웨이다.

교원 평가가 많은 나라에서 정기적으로 실시되고 점차 공통의 것으로 되고 있음에도 불구하고, 교사들(그리고 교원노조)이 보기에, 교장과 다른 고위 관료들은 교원 평가를 만족스럽게 수행할 훈련, 시간, 도구를 종종 갖추지 못하고 있다. 게다가 학생의 시험 점수에 기초하는 소위 "성과향상도 평가방법value-added methods, VAM"이 도입되어갈수록 우려를 더하고 있다.

여러 나라에서 교원의 업무수행성과에 대한 평가를 일관되게 충분한 자원을 동원하여 시행하는 제도가 보이지 않기 때문에, 교사들은 자신의 일에 대해 적절한 인정을 받지 못할 위험을 감수하고 있으며, 전문성 개발의 우선순위를 알려줄 체계적인 정보조차 거의 없는 실정이다. 이런 점이 교사들에게 전문가로서 고립감을 키워주고, 그들의 노력이 인정받지 못한다는 생각만 강화시킨다.OECD, 2005 이에 대한 대안으로, 교원 평가에 대한 종합적인 접근방법에 대한 인식이 확산되고 있다. 이 방법은 교수 활동에 관련된 다양한 요인을 고려하며, 교사의 참여와 협력 아래 고안된 것이다. 이것을 현장 교사들이 좀 더 많이 주도함에 따라 교사와 그들의 발전에 초점을 맞춘다.

〈Box 6〉 OECD 이외의 나라(인도와 중국)를 살펴봄

1. 인도

인도의 교원노조 AIPTF에 따르면, 인도에서 모든 교사는 수습 기간 수료 시에 주정부와 지역 당국으로부터 평가를 받는다. 평가는 교사의 전문가로서 달성할 목표에 대비하여 이루어지는데 그들의 일상적인 일과 관련된 많은 측면을 고려하면서 이루어진다. 일상적인 일이란 수업 준비, 교실 환경, 수업, 지역공동체와의 연계 등이다. 평가의 도구는 교사들이 스스로 치르는 시험에 초점을 맞춘다. 평가가 승진을 결정하지만, 전문성 개발에 영향을 미치지는 않는다. 그럼에도 평가로 안식년을 주는 근거를 삼기도 한다.

2. 중국 농촌 지역에서의 교원 평가

중국 학교는 교사의 업무수행성과를 해마다 제도에 근거하여 엄격하게 실시하는 예외적인 사례이다. 전국에서 의무화되어 있는데, 이 평가는 교장에 의한 평가, 학생의 평가, 출판물의 숫자, 학생의 시험 점수, 교사의 출근 기록, 교사의 서비스가 이루어지는 기타 영역 등을 포함한다. 교장이 평가하는 중점은 교사의 열정, 혁신적인 교수 방법의 활용, 질서를 유지하는 능력, 학생의 관심과 문제점에 대한 관리 등이다. 평가의 서로 다른 영역에 대해 채점 체계를 활용하여 점수를 준다. 이 점수에 근거하고 그해 교수 활동의 교육적 배경을 고려하여, 교사들의 순위를 조정한다. 간쑤 성의 초등학교를 예로 들면, 교사의 자질에는 네 가지의 등급이 있다. 인턴jianxiqi, 2등급xiaojiao erji, 1등급xiaojiao, 최고급xiaojiao gaoji. 공식적인 자질의 등급은 교사의 업무수행성과의 매우 많은 영역에 대한 정보를 통합하여 결정되기 때문에, 그 등급은 교사의 자질에 대한 정보를 독특한 방법으로 측정한 수치를 제공해준다. 이런 측정수치는 다른 나라에서 찾아볼 수 없는 것이다.

출처: Park and Hannum.[2011]

3장
새롭게 나타난 경향과 발전상

이번에는 교원 평가에 새롭게 나타난 최신 경향과 발전상에 대해 서술하고자 한다. 앞에서 광범하게 언급한 바와 같은 전통적인 방법이 아직 더 많이 대부분의 나라에서 사용되고 있지만, 두 가지 경향이 새롭게 나타나는 듯하다. 첫 번째 경향은 평가 자료를 출판하여 공개하는 소위 성과향상도 평가방법value-added methods, VAMs의 활용이다. 두 번째 경향은 앞의 것과 반대되는 것처럼 보이는데, 평가에 대한 종합적 접근으로서 점차 많은 지지를 받고 있다.Isore, 2009; MacBeath, 2012

3.1. 성과향상도 평가방법VAMs

성과향상도 평가방법은 교사의 효과성과 보상을 표준화된 학생의 시험 성적에 점점 더 많이 연계시키는 것으로, 교사, 교원노조, 그리고 일반적인 실천가들로 하여금 많은 우려를 갖게 하였다. 프로세-저메인 Froese-Germain, 2011이 지적한 대로, 이 방법은 자료에 근거하여 설명 책임을 따지는 분위기에서 유래된 것인데, 미국 전역에서 점차 공통으로 실시되고 있다. 예를 들면, LA 통합학교교육구Unified School District는 교사가 생산한 "성과향상도value-added"의 결과물로서 표준화된 시험에서 거둔 학생의 성적을 활용하는 곳 중의 하나이다(교사의 업무수행성과에 대한 성과향상도 측정수치는 교사가 추가로 들어간 수업 시간에 치른 시험에서 얻은 점수와 연결된다). 시카고에서 보고된 다른 이야기에 따르면, 시카고 시장 람 이매뉴얼Rahm Emanuel 같은 개혁가들은 교사에 대한 평가의 절반 정도를 학생의 시험 점수와 연결시키려 한다.Strauss, 2012

이런 방법에서는 학생이 거둔 결과를 맥락에 비추어 이해하기보다는, 표준화된 계산식을 통해 나온 자료에 순전히 의존해서 종합적인 판단을 하려는 것이다. 그러나 베이커Baker 등[2010]이 강조하듯이, 성과향상도 평가방법VAM의 측정치는 통계 모델, 자료를 얻은 연도, 수업을 한 학급에 따라 불안정함이 증명되었다. 베이커 등[2010]의 연구를 보면, 어느 해에 무능하게 보였던 교사가 그다음 해에 엄청나게 다른 결과를 달성할 수 있음을 실제로 증명한다. 성과향상도 평가방법VAM의 불안정성은 어느 특정한 연도에 교사에게 맡겨진 학생들의 개성의 차이에서 오는 것일 수 있으며, 특정한 평가 수단으로 인해 나타난 것일 수도 있다. 다음과 같은 요인도 포함한다. 작은 규모로 추출된 표본 집단의 학생들(소외된 학생에게 봉사하는 학교 그리고 학생 이동이 아주 많은 학교에서는 대표성이 그나마 너무 작다), 학교 안팎에서 학생의 학습에 영향을 미치는 다른 요인들, 그리고 교사가 가르쳐야 할 교과과정 수준에 뒤떨어지거나 학급에서 학생들의 다양한 수준 차이를 측정하지 못하는 시험 문제.

교사 이외의 아주 많은 요인이 학생의 학습 결과에 강력한 영향을 미치고 있음이 발견되었다. 여기에 포함되는 것은 다른 교사, 강사, 또는 교수 활동 전문가의 영향; 학교의 조건─교재의 질, 전문가와 강사의 지원, 학급 규모, 자원, 학습 환경; 그리고 학습에 영향을 미치는 다른 요인들이다.

기술적인 증거를 살펴본 후에 베이커 등[2010]과 다른 연구자들[Burris, 2012: Strauss, 2012]이 내린 결론은, 표준화된 시험에서 거둔 학생들의 점수가 학교 지도자들이 교사의 효과성을 판단할 한 가지 도구일 수 있지만, 그런 점수는 종합적인 평가의 일부일 뿐이라는 것이다. 교사들이 교실 수업에서 하고 있는 것과 그것이 학생들의 학습에 얼마나 도움이 되는 지를 보다 정확하게 평가하려는 모든 관련 요소들 간의 균형을 맞추는 것이 합리적인 평가에 필수적이다.

덧붙이자면, 교사에 대한 평가와 처벌을 학생들의 시험 점수와 연계 시키다 보면, 교사들은 가장 도움을 필요로 하는 학생을 가르치는 것 을 회피할 수 있다. 또한 시험 결과에 영향을 미치는 예측불허의 변수 들이 많고 애초에 불공정한 경쟁임을 알기 때문에 그런 평가는 교사 의 사기를 떨어뜨린다.[Baker et al., 2010] 예를 들면, 교사들이 보통의 학생이 아닌 영어에 서투른 학생들[옮긴이 주: 이민자 자녀]이나 장애를 가진 학생을 맡아 가르치면 교원 평가에서 낮은 등급을 받게 된다. 통계적 방법으로 학생의 특성에 대한 변수를 통제할 때조차 이런 결과가 나온다.[Darling-Hammond, 2012] 설문조사 결과를 보면, 교사의 사기 저하와 감정 소모는 시험에 기초를 두고 설명 책임을 확보하려 노력할 때, 특히 돌봄의 필요가 큰 학교에서 나타났다.

성과향상도 평가방법[VAM]을 적용하면 교과과정을 협소하게 만든다. 사실 중요한 교과과정이 어느 것인지는 시험에 나오느냐에 의해 결정된다. 현재 유행하는, 여러 보기 중 하나를 고르는 낮은 수준의 시험 문제에서 가장 높은 점수를 얻게 만드는 교사는, 좀 더 많은 도전을 요구하는 학습에서 학생들의 점수를 더 높이지 못하는 경우가 종종 있다.[Darling-Hammond, 2012] 어떤 견해에 따르면, 객관식 문제 풀이를 가르치도록 압력을 받으면 조사연구, 글쓰기, 복잡한 문제 해결과 같은 것을 덜 강조하게 된다고 한다. 이런 영역이야말로 학생들이 다른 선진국 학생들과의 경쟁에 필요한 역량을 갖추는 데 필요한데 말이다.^{Darling-Hammond,} 2012

결론적으로, 성과급 제도에 관한 한, 교사에 대한 평가와 보수를 학생의 시험 성적에 연결시키는 것은 여러 차원에서 문제가 있다. 그것이 문제가 되는 작지 않은 이유로, 그것이 교사들 사이의 동료성과 협력을 무너뜨리는 경쟁 심리를 강화하기 때문이라는 점을 들 수 있다.^{Froese-} Germain, 2011

〈Box 7〉 교원 평가에서 '성과향상도value-added'를 활용하는 정당한 방법

어떤 견해에 따르면, 성과향상도 평가방법VAM에 기초한 접근법은, 표본 집단에 사용하는 경우에, 문제의 주요 원인을 해결할 효과적인 도구가 될 수 있다. 표본 집단에 적용하는 접근법이 "피드백을 주는 나선형 구조feedback loop"가 되어서 다른 나머지의 사람들이 잘하고 있음을 확인시켜주는 데 사용될 수 있으며, 여기에 성과향상도 평가VAM와 관찰 두 가지 모두 활용해야 한다고 주장한다. 예를 들면, 성과향상도에 있어서 업무수행성과가 낮은 교사를 찾아냈다면 관찰을 통해서 이를 확정하는데 (그리고 그들이 개선해가도록 돕는다), 또 다른 한편으로 관찰로 찾아내기 어려운 업무수행성과를 성과향상도 평가를 통해 알아낼 수도 있다.

이런 접근법에서 확인되는 또 다른 점은, 성과향상도 평가는 높은 위험부담이 있는 인사상 결정을 할 때 첫째가는 결정 요인이 아니라는 점이다. 이와 달리 대안이 되는 방법에서는, 성과향상도가 교사의 업무수행성과를 더 자세히 살펴보도록 경각심을 주는 요소일 뿐이며, 실제 결정은 전문가의 교실 수업 관찰에 근거한다.

표본 집단에 사용하는 방법은 학교가 평가에 필요한 자원을 중요한 곳(예를 들면, 업무수행성과가 낮은 교사와 학급에 대한 관찰자)에 집중하도록 도울 수 있다. 경제적으로 재정적으로 어려움이 많은 요즘 같은 시기에 학교가 자원을 조심스럽게 안배해야 하기 때문에, 이 점은 매우 중요하다.

표본 집단에 사용하는 방법을 모든 학년과 과목에 적용하면 플로리다 주처럼 모든 학년과 과목에 시험을 확대하는 불행한 반응을 피할 수 있다. 성과향상도 평가방법은, 표본 추출이 제대로 되었는지 시험하는 데 도움을 줄 수 있다. …… 교사가 있는 학급에서라면, 평소에 시험을 보지 않는 학년과 과목에도 적용할 수 있다.

표본 집단에 사용하는 방법은 교육계의 지도자들에게 그들이 최상의 인사상 결정을 하고 있는지 알 수 있다는 자신감을 주기에 충분한 정보를 확인해준다. 그리고 그들의 인사상 선택이 복잡한 민원이나 소송 그리고 부주의한 해고 조치로 점철되지 않도록 해줄 것이다.

출처: 『워싱턴포스트』 2012년 12월 4일, D. H. Harris의 기사에서 요약함.

9월의 첫 두 주 동안, 교장 해리 레오나달티스Harry Leonadartis는 학생의 시험 점수로 교사를 평가하는 방법을 새롭게 도입한 학교의 교장(뉴욕 주)들에게 설문조사를 했는데, 교사들이 받은 등급이 교사들의 기술을 정확하게 반영하는지를 알아보기 위한 것이었다. 500명 이상의 뉴욕 주 교장들이 답변을 보내왔다.

73%의 답변에 의하면, 일부 교사들에게 준 '비효과적ineffective'이라는 등급이, 교장들이 관찰한 결과와 그 교사에게 배운 학생들의 학업수행성과를 살펴볼 때, 매우 정확하다고 할 수 없거나 부정확한 것이었다. 대부분의 교장들은 학생들의 시험 점수가 전체적으로 교사의 능력을 매우 정확하게 반영한 것은 아니라고 말하였다.

설문지의 서술하는 부분에, 몇몇 교장은 아주 훌륭한 특수교사가 '비효과적' 등급을 받았다고 보고하였다. 한 교장은, "우리 학교에서 가장 다루기 힘든 학생들을 스스로 원하여 맡았던 두 명의 뛰어난 교사가 '비효과적'이라는 등급을 받았다. 그들은 속이 너무 상했고, 나도 그러하였다"고 말한다. 또 다른 교장은, "15년 이상을 가르쳐온 교사가 '비효과적'이라는 등급을 받았는데…… 시험으로 측정할 수 없는 방법으로 학생들을 돌봐온 교사였다." ……

다른 교장들도, 낮은 등급을 받은 교사들이 종종 학생과 학부모 모두에게서 칭송받는다고 말한다. 어떤 교장들은, 내년에는 그 교사들이 맡을 학급을 바꾸어주고 손이 좀 덜 가는 학생들을 맡겨서 이 훌륭한 교사들이 낮은 등급을 받지 않도록 보호해야 한다고 말하였다.

의도하지 않았던 결과가 학생들에게서 나타나기 시작하고 있다.

출처: Burris(2012)의 요약. 원문: V. Strauss and C. Burris,
「새로운 교원 평가가 학생들에게 피해를 주기 시작했다」.
New teacher evaluations start to hurt students
설문지 응답지는 2012년 9월 30일자 『워싱턴포스트』에 있음.

평가 자료를 출판하여 공개하는 것은 특히 논쟁거리가 된다. 2010년 여름, 『LA타임스』는 6,000명 이상의 LA 초등학교 교사의 업무수행성과 등급을 발표하였다. 그것은 읽기와 수학 시험 성적을 기초로 하여 '효과적인' 또는 '비효과적인'이라는 등급으로 나누어 교사 개인의 이름과 직책까지 밝힌 것이었다. 이것은 교사들에게 큰 충격을 주었고 사람들 사이에 광범한 논쟁을 일으켰다. 콜로라도 대학 교육정책센터가 발간한 연구 자료에 따르면, 『LA타임스』에 발표된 등급을 결정하는 평가방법에 심각한 오류가 발견되었다고 한다. 즉, 그 방법은 "신문에 발표할 만한 등급으로서의 근거를 충분히 가지고 있지 않다."Froese-Germain, 2011 최근에, 뉴욕 시 교육부는 1만 2,000개 이상의 공립학교 교사에 대한 성과향상도 평가 점수를 공개하겠다고 발표하였다. 교원노조UTF가 개인의 이름을 익명으로 해달라는 요구를 제기했지만, 맨해튼 법정은 이를 허용하지 않았다.^{Otterman, 2011}

〈Box 9〉 성과향상도 평가(그리고 그 결과의 발표)는 교수 활동에 손상을 가져온다

> 뉴욕 시에서 수천 명의 교사에 대한 성과향상도 평가VAM의 결과를 공개하면서, 『뉴욕포스트』에서 등급을 "최악의 교사worst teacher"로 표현한 분의 이름까지 발표하였다. 기자는 그 교사, 파스칼 마우클라Pascale Mauclar를 쫓아다니면서 "최악의 교사"라는 제목으로 충격을 주고, 그녀의 기능과 헌신성이 부족하다는 식의 의문점을 제기하면서 신문 지면을 꽉 채웠다.
>
> 마우클라는 경험이 많고 평판이 좋은 교사인데 영어를 모국어로 사용하지 않았다. 그녀는 시내에서 가장 힘든 학교 중의 하나인 초등학교에서 영어를 말하지 않는 새로운 이민자 학생들을 가르쳤다. 그녀의 학교, PS11은 뉴욕 시로부터 A등급을 받았고 뉴욕 시에서 가장 존경받는 교장선생님, 안나 에프칼피데스Anna Efkarpides가 이끌고 있었다. 그 교장은 마우클라를 아주 훌륭한excellent 교사라고 선언하였다. 가장 문제가 되는 것은 시에서 점수를 공개하면서 등급에 있어서 오류의 여지를 너무나 많이 가지고 있음을 공개한 것이다. 오류의 범위가 수학에서는 30%, 영어에서는 50% 이상이었다. 곧 이 점수들을 가지고 새로운 교원평가제도에 대한 협상에 들어가는데, 그대로 실시된다면 뉴욕 주의 대부분의 교사를 '효과적인' 등급보다 낮은 등급으로 판정할 것이다.
>
> 미국에서 교원 평가를 전체적으로 다시 손봐야 한다는 데 모두가 동의한다. 성공적인 제도가 존재하기는 하지만, 대부분의 학교교육구에서는 제시간 안에 개선을 못해내는 교사를 제거하거나 개선으로 이끄는 데 도움을 주는 접근법을 사용하고 있지 않다. …… 진실로, 많은 주에서 이 정책을 실시하는 이유는 정말로 필요한 재정 지원에 연방정부가 이를 연계시키고 있기 때문이다. 그러나 이제까지의 경험으로 보아 전망이 밝지 않다. 최근 테네시 주와 뉴욕 주에서 실시한 교원 평가에 대한 실험은 교사들이 학생들의 시험 성적을 근거로 평가와 보상을 받을 때 성취도의 개선이 나타나지 않았다. 워싱턴 DC에서도, 기대와 달리, 시험 성적에 근거한 교원평가제도가 실시된 이후로 전국일제고사에서 읽기 시험 성적이 떨어졌고 성적 차이는 커졌다. 포르투갈에서 시험 성적에 근거한 성과급 제도를 연구한 결과, 교사 사이의 경쟁이라는 부정적 효과에다가 협력과 지식 공유의 감소를 가져왔다. …… 그러나 이것은 미국에서 정책 수립 담당자들을 제지하지 못했다. 텍사스 주 휴스턴에서, 성적이 향상된 점수 크기에 따라 보상을 주거나 해고했는데, 교사들은 그들이 하고 있는 것과 해마다 등급을 정하는 방식 사이의 관련성을 거의 발견하지 못하였다. ……
>
> 그러면, 대안은 무엇인가? 다른 전문 직업에서처럼, 교사의 교수 활동을 평가하는 전문가들이 전문적인 표준에 근거하여 치밀하고 지속적으로 평가해야 좋은 평가가 시작될 수 있다. 평가자는 교실 수업을 관찰하고, 학생들의 수업 결과와 학교/학교교육구의 평가 결과를 가지고 증거 자료를 보충한다. 연구 결과를 보면, 이런 종류의 평가에서 나온 피드백은 학생들의 성취도를 개선한다. 왜냐하면 그것은 교사들에게 그들이 하고 있는 것에 대해 더욱 좋은 것을 도입할 수 있도록 도와주기 때문이다. 동료들 사이에 도움을 주고 프로그램을 평가하도록 하는 제도 또한, 능력이 부족한 교사를 찾아내고, 그들에게 집중하여 도와주고, 만약 개선이 되지 않으면 효과적으로 쫓아내는 방법이 된다.

> 우리가 교수 활동을 진정으로 개선하기를 원한다면, 우리는 효과적인 평가를 하고 있
> 는 그런 학교교육구뿐만 아니라 높은 학업수행성과를 내는 나라들을 주목해야 한다. 그
> 런 나라들은 아주 훌륭한 준비, 현장에서의 협력, 그리고 지속적인 전문성 학습을 확고하
> 게 보장함으로써 전문화된 교수 활동을 보여주고 있다.
>
> 출처: Education Week, 2012년 5월 3일자. Linda Darling-Hammond의 기사 요약.

3.2. 종합적인 접근방법

성과향상도 평가방법VAMs과는 반대로, 교원 평가에 대한 종합적 접
근방법은 그 인지도가 높아지고 있다. 거기에는 교수 활동과 관련된 많
은 요인들을 고려하고 있고, 교사와 그들의 전문성 개발에 더욱 많이
초점을 맞추고 있다.

무엇보다도, 이 방법은 평가과정의 개발에 교사들이 참여해야 한다
는 공감대를 갖고 있다.Isore, 2009 미국에서도 동료 간 지원과 평가 프로
그램을 사용하는 지역에서는, 전문성이 높은 멘토 교사가 평가의 일부
를 수행하고 있고 어려움에 빠진 교사에게 지원을 제공한다.Strauss, 2012;
Newon et al., 2010 뉴욕 주의 교원 평가와 개발TED은, 교사가 자기 자신에
대한 평가를 계획하고 실시하는 과정에 모두 참여한다는 점에서, 실천
행위자들이 개발한 또 다른 도구이다.Box 4 이런 제도의 핵심 특징은 평
가에 사용된 도구를 개발하면서 함께 조언을 해주는 선생님이나 멘토
를 포함한다는 것이다. 여기서 멘토란 동료 교사를 지원하는 멘토로서
활동할 시간을 갖고 있고, 학교 수준 또는 담당 교과목 수준에서 뛰어
난 기량을 가진 교사를 말한다. 그리고 이 제도의 또 다른 특징은 교사
와 행정 담당자 모두가 추천 사항을 작성하는 데 토론자로서 참여하는
공정한 과정 속에서 평가가 이루어진다는 점이다. 이런 접근법을 사용

하는 경우, 교수 활동을 개선하는 것뿐만 아니라 계약 기간을 연장하거나 정규직으로 전환할 교사를 성공리에 구별해내고 밀도 있는 지원과 인사상의 조치를 해줄 수 있었다.

두 번째로, TED와 같은 종합적인 접근방법은 전문성 표준에 기초하여 개발되었는데, 이 표준을 평가 도구로 전환한 것이었다.[Box 4] 거기에는 학생의 학습에 대한 교실 관찰 결과를 포함하였고, 최근 이루어진 대규모의 조사연구 결과, 교사의 성과향상도가 가져올 효과를 예측할 수 있음을 보여주었다. 요약하자면, 이 접근법은 다른 교원 평가방법과 비교할 때 좀 더 안정적인 방법으로 학생의 학습을 평가할 기반을 제공해준다. 많은 학교와 학교교육구에서, 교원 평가는 매우 정밀하게 묘사된 실천 행위의 표준에 근거하여 이루어지고 있으며, 교사와의 인터뷰와 교수 활동에 대한 관찰을 포함하는 증거 수집을 거쳐서 평가가 이루어진다. 때때로 수업 계획, 숙제, 학생의 활동 표본과 같은 다른 요소들도 포함한다.[Strauss, 2011; Newton et al., 2010]

게이트Gate 재단에서는 지역 수준에서 교원 평가를 할 때, 학생의 성취도를 평가의 도구로 사용하는 근거를 제공할 별도의 도구를 발견하기 위해 연구 작업을 시작하였다. "효과적인 교수 활동 측정 프로젝트 Measure of Effective Teaching Project, MET"에서 위에 언급했던 표준에 근거한 평가방법과 같은 취지의 수많은 평가 도구를 개발했는데, 교사를 관찰하고 비디오 영상으로 남기는 것과 같은 새로운 것도 있다. 그것을 보충하는 다른 실천 사례[수업 계획, 숙제 등]도 있는데, 이것들에 대해 효과적인 교수 활동 표준에 따라 점수를 매길 수 있다.[Strauss, 2011; Newton et al., 2010] 평가 도구에는, 학생들의 성취도와 연결 정도가 큰 교사의 실천 행위에 대한 학생들의 설문지 답변도 포함된다.

교사들 사이의 협력 역시 교원 평가의 핵심 요인이 될 수 있다. 예를 들면, 싱가포르와 같은 나라에서는 교원평가제도에서 그러한 평가를 아주 많이 강조한다. 이 접근법을 지지해주는 연구를 살펴보면, 학생들의 성과향상도가 큰 경우 교사들이 팀으로서 함께 일하고 학교 개선을 위해 협력하는 수준이 높다고 한다.

어떤 제도에서 교사들에게 특별히 요구하는 것 가운데 하나는, 학생들의 학습에 대한 증거를 효과성을 전체적으로 평가하는 데 포함시키라는 것이다. 즉, 교실 수업, 학교 수준의 문서, 특정 과목이나 강좌에서 학생들의 학습에 대한 사전 사후 평가 측정수치, 교수 활동과 관련하여 학생들이 이루어낸 성취도에 대한 증거 등을 포함시키라고 한다. 교사의 실천 행위에 대한 평가를 보충하기 위해 학생들에 대한 평가를 다양하게 활용하라고 요구했던 애리조나 주의 승진 프로그램에 대한 연구에서 밝혀진 바에 의하면, 연구 기간 전체에 걸쳐서, 이 평가에 참여하는 교사들이 학생들의 학습 성과를 평가하기 위한 평가 도구를 지역 사정에 맞게 만들 수 있는 능력을 키웠음을 보여주었다. 즉, 시험 전후의 평가를 진행할 수단을 개발할 능력뿐만 아니라, 음악, 체육, 미술과 같이 수치로 나타내기 어려운 영역에서도 학습 성과를 측정할 결과물을 정의할 수 있는 능력을 포함하여, 학생의 학습이 성장하는 것을 점검하는 능력을 키울 수 있었다.[Strauss, 2011; Newton et al., 2010]

이것과 매우 관련성이 높은 예를 덧붙이면, 건강한 교과과정 개발의 중요성에 대한 인식이 확산되고, 학교교육구의 목표와 교육과정을 좀 더 일치시키며, 그리고 보다 높은 수준의 내용, 기능, 수업 전략의 중요성을 더 많이 강조하게 된 경우이다. 진실로, 교사 진전 프로그램[Box 5]과 같이 성공적인 제도에서는, 전문가 수준의 평가자가 다양한 수업 관찰 방법과 자료를 일 년에 걸쳐서 사용하여 교사의 수업 실천에 대해 성찰하고 적절한 시기에 의미 있는 피드백을 준다.

요약하면, 교사와 함께 계획하는 접근방법 그리고 교수 활동과 관련된 다양한 요인을 고려할 수 있는 평가방법이 교사를 효과적으로 평가할 귀중한 수단을 제공할 수 있을 듯하다.

〈Box 10〉 교사의 업무수행성과를 평가하는 데서 360도 평가를 위한 장소가 있는가?

폭넓게 얘기하자면, 360도 접근법은, 한 사람(보통은 학교장)의 관점을 대신하여, 업무수행성과에 대한 폭넓은 시야를 가지고 평가를 하도록 권장한다. 그것은 협력을 강조하는데, 결과를 중시하는 업무수행성과 관리가 추구하는 것과는 정반대이다. 그것은 귀중한 자질 몇 가지를 인식할 수 있는 방법이 될 수 있는데, 그 자질을 뭐라고 정의 내릴 수는 없지만 교직원들의 사기에 핵심적 역할을 한다.

하지만 360도 평가의 긍정적 측면이 칭찬할 기회를 주는 것이라고 한다면, 부정적 측면은 서로를 갉아먹는 방법으로 온갖 불만이 터져 나오는 계기가 될 수도 있다. 교사 자신에 대한 의견은 어떻게 표출될지 모르는 것이다. 가장 훌륭한 교사 중 일부는 종종 자기비하를 가장 많이 하고 자신의 실천 행위에 대해 처음으로 문제 제기를 하는 사람이다. 이 과정을 민감한 방법으로 진행하지 않으면, 교사들의 자신감이 무너질 수 있다.

또 다른 관심 사항은 교사들이 동료들에게 좋은 말만 할 수 있다는 것인데, 마치 학생들이 친구를 평가할 때 때때로 그런 것처럼 말이다. 이렇게 하는 이유는 공격으로 받아들일까 염려하는 것이거나 그들의 말이 급여에 영향을 줄 수도 있다는 것을 알기 때문이다. 하지만 평가를 무기명으로 하거나 다양한 관점을 고려한다면 이런 문제는 줄일 수 있다. 평가과정의 일부를 할애하여, 이에 기여하는 사람들, 동료 교사, 학생, 그 외 사람들의 관점을 지지해주는 명확한 사례를 제공해야 한다. 게다가 학생들의 의견까지 고려되어야 한다면, 그들의 답변을 받을 때는 교사의 기호보다는 학생들의 학습에 초점을 맞추어야 한다. 피드백을 평가자들이 미리 충분히 생각해야 하고, 훈련을 받을 필요와 미래의 목표에 대해 서로 공감대에 이를 수 있어야 서로가 이득을 얻는 과정이 될 수 있다.

360도 접근법으로 학교 전체 공동체에 이익을 주는 두 가지 주요한 방법이 있다.

첫째는, 평가과정을 시행하는 데 교직원들이 주인의식을 가지고 참여할 기회를 주는 것이다. 이것은 효과적인 업무 수행이 무엇인지와 그것을 어떻게 평가할 수 있는지에 대한 전체 교직원의 공감대를 만드는 방법이다. 360도 평가를 투명하게 시행하면 교직원 사이에 주인의식을 높일 수 있다. 이 접근법이 처음부터 채택된다면, 교직원들은 평가과정 시작과 동시에 그들 자신이 지속적인 전문성 개발과 그 목표를 스스로 설정할 책임감을 더 많이 느끼게 될 것이다.

둘째는, 교실의 분위기가 교사의 사고방식이나 행동 습관을 반영하는 것처럼, 교직원들은 학교 지도자들의 자질을 반영할 수 있다. 360도 평가방법은 교사가 자신의 업무 수행에 대해 거울에 비춰 볼 기회를 갖는 것이 될 수 있고, 결과적으로 지도자들도 똑같이 그렇게 된다. 그리고 평가의 과정이 지속적인 전문성 개발과 뚜렷한 연관을 갖고 있다면, 그것은 좀 더 의미 있는 일이 될 것이다. 학교가 교직원 개인들의 요구에 맞춘 지속적인 전문성 개발을 계획해주고 그런 프로그램의 비중을 높여줄 수 있는 영역이 있다. 이것이 교사들의 실적 목록으로 다시 나타날 수 있는데, 연습 삼아서 예/아니오 식으로 체크하는 것보다 많은 전문성 개발 실적을 만들어낼 수 있다. 그 실적으로서 자기 성찰의 기록, 동료 관찰, 여행, 추가로 맡은 책무, 그리고 학부모의 피드백까지 모든 것이 평가회의에서 논의할 자료가 될 수 있다.

목적의 공유와 주인의식 수준을 더 높이려면, 평가과정에 모든 교직원들이, 나이와 경력에 상관없이, 참가해야 하는 것이 필수이다. 여기에는 360도 평가방법과 비슷하게 외부 평가자가 들어와서 수석교사를 평가하는 것이 포함된다.

출처: Anna Trethewey의 글 요약(2012년 12월 7일 트위터로 받음).
www.lkmco.org/article/there?place?360a?appraisal?assessing?
teacher?performance?07122012.

4장
결론

교원 평가방법을 둘러싸고 활발한 논쟁이 벌어지고 있는데, 특히 OECD 국가의 대부분에서 사용되던 전통적인 평가방법과 반대로 성과 향상도 평가방법value-added methods을 개발하고 있는 지역에서 그렇다.

많은 교원노조는 표준화된 시험에서 학생이 거둔 성적을 교원 평가에 사용하려 하는 경우 그 성적에 대해 의문을 제기한다. 어떤 나라에서는(특히 미국), 시험 점수에 가장 큰 비중을 두고 있으며 그리하여 그것이 불안정하다는 증거를 무시하고 있다. 이런 정책은 교사들을 표준화된 시험에 맞추어 가르치도록 장려하는(그러므로 교과과정을 협소화함) 경향이 있을 뿐만 아니라, 교사의 협력을 방해하고 있다. 교사와 교원노조의 걱정이 커지는 것은 시험 점수에 근거한 평가에 의해 교사의 순위가 결정되어 공표되는 것이다. 이것은 교사의 평판에 종종 치명적인 결과를 가져오기 때문이다.

덧붙이면, 어느 지역에서 교원 평가를 공식적으로 실시한다는 것이 교육의 질을 좌우하는 핵심 요인은 아닌 것 같다. 국제교원노조연맹이 조사한 PISA 성적 최상위권 네 나라는, 지역 전체에 적용되는 공식적인 교원 평가 계획을 가지고 있지 않다(예: 덴마크, 핀란드, 아이슬란드, 노르웨이). 성과급이 어느 지역의 교육의 질에 영향을 미친다는 증거 또한 없다. 국제교원노조연맹의 조사에서 나타난 바로는, 성적이 좋은 OECD 나라 여러 곳에 그런 제도가 없다.

국제교원노조연맹이 조사한 바에 다르면, 교원 평가 계획이 가치 있고 교육의 질을 개선하는 데 기여하려면, 교사들이 그 계획을 신뢰할 수 있고 공정하다고 생각해야 한다. 교사들이 교원 평가를 가치 있게 보는 경우란, 그것이 질 좋은 전문성 개발 그리고 자신에게 관련성 있는 전문성과 경력에 대한 조언과 같은 긍정적인 결과물을 산출할 수 있을 때이다.

덧붙이면, 교원 평가가 신뢰를 받고 공정하게 보이려면 여러 증거를 고려해야 한다. 교원 평가 계획과 정책이 교사와 교원노조의 참여로 만들어질 때, 종합적인 접근방법은 교사의 신뢰를 얻고 좀 더 가치 있는 정보를 제공할 수 있을 것이다. 보통 그렇듯이, 교원 평가에 대한 논쟁에서 종합적인 접근방법에 대한 인지도가 높아지고 있으며, 더 많은 지역에서 이 제도를 도입하는 데 관심을 보이고 있는데, 이는 교육의 질을 높이기 위한 요구에 부응하려는 것이다.

이조레Isore의 말을 인용하자면, "효과적이고 공정하며 신뢰할 수 있는 평가 계획은 교사들이 그 제도를 거의 모두가 수용하고 활용한다는 것을 전제로 한다……. 보통 그렇듯이, 종합적인 접근방법 개발에는 비용이 많이 들 것이지만, 높은 질의 교육에 대한 요구, 전문성 개발을 통한 교수 활동의 개선, 그리고 교사의 지식, 기능, 역량에 대한 인정 등을 조화롭게 포용하는 데 꼭 필요하다."Isore, 2009, p. 32

참고 문헌

Baker, P., Barton, E., Darling-Hammond, L., Haertel, E., Ladd, H. F., Linn, R.L., Ravitch, D., Rothstein, R., Shavelson, R. J., and Sheppard, L. A.(2010), *Problems with the Use of student test scores to evaluate teachers* Economic Policy Institute http://epi.3cdn.net/b9667271ee6c154195_t9m6iij8k.pdf.

Bangs, J. And Frost D.(2012), *Teacher Self-efficacy, Voice and Leadership - Towards a Policy Framework for Education International*, Education International Research Institute and University of Cambridge Faculty of Education. Brussels: Education International.

Burris, C.(2011), The dangers of building a plane in the air, *The Washington Post*-The Answer Sheet. 30 September 2011.

Darling-Hammond, L.(2012), *Value-Added Evaluation Hurts Teaching http://www.edweek.org/ew/*articles/2012/03/05/24darlinghammond_ep.h31.html Education Week, 3 May 2012(Retrieved from Twitter on 2 October 2012).

Education International(2011), *EI Resolution on the Future of the Teaching Profession*, 1.1.2 E, July 2011; http://www.ei-ie.org.

Froese-Germain B.(2011), *Weighing In On the Teacher Merit Pay Debate*, March 2011, CTF Notes.

Harris, D. H.(2012), *A valid way to use 'value added' in teacher evaluation The Washington Post*, 4 December 2012; http://www.washingtonpost.com/blogs/answer-sheet/wp/2012/12/04/thefuture-of-teacher-evaluation-how-value-added-could-be-used/(Retrieved from Twitter on 5 December 2012).

International Labour Organisation(2012), *Handbook of good human resource practices in the teaching profession*, Geneva: ILO.

Isore, M.(2009), *Teacher Evaluation: Current Practices in OECD Countries and a Literature Review*, OECD Working paper 23, Paris, OECD.

MacBeath, J.(2012), *Future of Teaching Profession Education*, International Research Institute and University of Cambridge Faculty of Education. Brussels: Education International.

Newton, X., Darling-Hammond, L., Haertel, E., & Thomas, E.(2010), *Value-Added Modelling of Teacher Effectiveness: An exploration of stability across models and contexts*. Educational Policy Analysis Archives, 18(23). http://epaa.asu.edu/ojs/article/view/810.

NEA Approach to teacher evaluation and assessment(2010), www.nea.org/assets/docs/HE/TeacherAssmntWhtPaperTransform10_2.pdf.

OECD(2009), *Teacher Evaluation in Portugal*, OECD Review.

OECD(2010), *Review on Evaluation and Assessment Frameworks for Improving School Outcomes, Background Country Report for Australia.*

OECD(2010a), *Review on Evaluation and Assessment Frameworks for Improving School Outcomes, Background Country Report for the Flemish Community of Belgium.*

OECD(2010b), *Review on Evaluation and Assessment Frameworks for Improving School Outcomes, Background Country Report for Hungary.*

OECD(2010c), *Review on Evaluation and Assessment Frameworks for Improving School Outcomes, Background Country Report for Korea.*

OECD(2011), *Cadres d'évaluation en vue d'améliorer les résultats scolaires. Etude thématique de l'OCDE, Rapport de base pour la Communauté française de Belgique.*

OECD(2011/4), *Integrating Formative and Summative Assessment: Progress Toward a Seamless System?* OECD Education Working Paper No. 58.

OECD(2011a), *Review on Evaluation and Assessment Frameworks for Improving School Outcomes, Background Country Report for the Czech Republic.*

OECD(2011b), *Review on Evaluation and Assessment Frameworks for Improving School Outcomes, Main Conclusions, Denmark.*

OECD(2011c), *Review on Evaluation and Assessment Frameworks for Improving School Outcomes, Background Country Report for New Zealand.*

OECD(2011d), *Review on Evaluation and Assessment Frameworks for Improving School Outcomes, Background Country Report for Norway.*

OECD(2011d), *Review on Evaluation and Assessment Frameworks for Improving School Outcomes, Sweden.*

Otterman, S.(2011), Judge rules New York City can disclose names in teacher rankings; Union plans to appeal, *New York Times*, 10 January 2011.

Park, A., and Hannum, E.(2011), *Do Teachers Affect Learning in Developing Countries?: Evidence from Matched Student-Teacher Data from China. Paper prepared for the conference, Rethinking Social Science Research on the Developing World in the 21st Century*, Social Science Research Council, Park City Utah, 7-11 June 2001, April 2002.

TED Handbook-*An integrated system for advancing teacher growth and student learning, developed by labor/management Innovation Initiative Teams http://www.nysut.org/ted.*

Trethewey, A.(2012), *Is there a place for 360° appraisal in assessing teacher performance?* www.lkmco.org/article/there_place_360a_appraisal_assessing_teacher_performance_07122012(Retrieved from Twitter, 7 December 2012).

Strauss, V.(2012), *Getting Teacher Evaluation Right, The Washington Post*-The Answer Sheet, 15 October.

교원 평가와 전문성 표준에 관한 설문조사:
교사라는 전문 직업에 관한 국제회의
International Summit on the Teaching Profession

제3회 교사라는 전문 직업에 관한 국제회의(2013년 3월 13-14일 암스테르담에서 개최됨)는 교원 평가와 전문성 표준에 초점을 맞추고 있다. 국제회의에서 참가자들은 다음의 질문에 대한 토론을 벌일 것이다.

- 정책 수립 담당자는 교사의 자질, 교사라는 전문직, 그리고 사회를 어떻게 정의하는가? 그 기준은 무엇이고 누가 정하는가?
- 교사의 자질을 어떻게 평가하는가? 어떤 제도가 시행되고 있으며, 평가는 어떻게 이루어지는가?
- 교원 평가가 학교의 개선과 교사의 자기 효능감에 어떻게 도움을 주는가? 교원 평가는 교수학습 활동에 어떤 영향을 끼칠 것이라고 기대하는가?

예년에 그랬듯이, OECD는 국제회의 참가자에게 미리 배포할 보고서를 준비할 것이다. 올해 토의 보고서의 많은 자료는 OECD가 실시하고 있는 교수학습에 관한 국제조사연구(Teaching and Learning International Survey, TALIS)를 포함한 교원 평가와 피드백에 관한 연구 작업으로부터 나올 것이다. 그러나 OECD는 현재 진행 중인 조사연구 작업에 포함되지 않은 나라와 지역으로부터 자료를 추가로 확보하려고 한다. OECD가 파악한 바에 따르면, 몇몇 나라는 전국 단위의 교원 평가 규칙을 가지고 있지 않으며, 평가라는 용어보다는 교사에게 주는 피드백을 선호한다. 우리는 이 설문지의 질문 문항을 가능하면 최대 범위의 정보를 수집할 수 있도록 구성하였다.

여러분에게 국제회의 토의 보고서에 필요한 자료를 마련할 수 있도록 15개의 문항으로 된 이 설문지를 작성해주길 당부한다. 객관식으로 제시된 문항은 보고서의 좋은 사례로 인용할 수 있는 것들이다. 여러 개의 교육행정구역으로 나뉜 나라들에게는 국가 수준의 정보를 제공하는 것이 어려울 수도 있다. 가능하다면 질문을 받은 특정한 분야에 대해 평균이 되는 상황과 관련된 정보를 제공해주길 바란다. 하지만 어떤 나라들에서는 평균을 제시하는 것이 불가능할 수 있는데, 이때는 각각의 교육행정구역별로 그 나라에서 흥미 있는 실천을 보여주는 사례를 제공해주길 바란다.

이 문서에 답변을 기록하여 2012년 12월 1일까지 존 뱅스John Bangs와 군타스 카틀락스Guntars Catlaks에게 보내주기 바란다. 메일 주소는 john.bangs@ei-ie.org와 guntars.catlaks@ei-ie.org이다.

여러분의 협조에 미리 감사드린다.

1. 교원 평가가 적용되는 것은 어떤 경우인가요? 해당되는 모든 것을 고르시오.

  □ 수습 기간 수료   □ 교사 등록 또는 자격증 수여
  □ 업무수행성과 관리   □ 성과급
  □ 동료 평가   □ 없음

  더 상세한 정보를 제공해주세요.
  (선택 사항): _____

2. 평가의 대상이 되는 교사는 누구인가요? 해당되는 모든 것을 고르시오.

  □ 모든 교사   □ 정규직 교사
  □ 기간제 교사   □ 비정규직 교사
  □ 임시 교사   □ 수습 교사

  더 상세한 정보를 제공해주세요.
  (선택 사항): _____

3. 교원 평가는 어떤 환경에서 얼마나 자주 이루어지나요?

  □ 의무사항이며 정기적으로 _____회 이루어진다.
  □ 의무사항이나 부정기적으로 이루어진다.

□ 고용상 지위를 결정하기 전에 이루어진다.(예: 승진, 정규직 전환).

□ 전문 직업에 신규 임용된 시기에 집중적으로 이루어진다.

□ 민원이 제기된 경우에 이루어진다.

□ 자원하는 교사에게 이루어진다.

□ 기타 _____(자세히 쓰시오.)

4. 누가 교원 평가를 고안하고 개발하나요? 해당되는 모든 것을 고르시오.

□ 중앙정부 기관   □ 학교 지도자

□ 주정부 기관   □ 학교의 교사들

□ 광역 자치정부 기관   □ 교원노조

□ 기초 자치정부 기관   □ 학생

□ 교육위원회   □ 학부모

□ 경영자 집단

5. 평가자는 누구인가요?

□ 학교 감사관   □ 학교 지도자

□ 교육위원회   □ 다른 교사

□ 학교 외부의 평가자   □ 학생

□ 다른 사람 _____(자세히 쓰시오.)

6. 교원 평가를 기획하고 시행하는 사람은 그런 임무 수행에 필요한 훈련을 받고 있나요?

□ 예.   □ 아니요.

□ 해당 없음.

7. 교원 평가의 기준이 되는 참고 사항은 무엇인가요? 해당되는 모든 것을 고르시오.

□ 중앙정부의 교수 활동 표준   □ 학교 발전 계획

□ 교사의 전문가로서 목표   □ 학교 내부 규칙

□ 지방자치정부의 교수 활동 표준

□ 교사의 전문적인 업무수행 기준(예: 직무 분석 Job description)

□ 더 상세한 정보를 제공해주세요.

(선택 사항): _____

8. 교사의 업무 수행의 어떤 영역을 평가하나요?

□ 계획과 준비   □ 교수 활동

□ 교실 분위기   □ 전문성 개발의 수료

□ 학교 발전에 대한 공헌   □ 지역사회와의 연계

□ 기타 _____(자세히 쓰시오.)

9. 어떤 도구와 정보의 출처를 활용하나요?

□ 교실 수업 관찰   □ 목표 설정과 인터뷰/ 교사와의 대화

□ 교사의 자기 평가   □ 교사의 실적 목록

□ 교사에 대한 시험   □ 학생의 결과물

□ 학생에 대한 설문조사   □ 학부모에 대한 설문조사

□ 동료 평가/ 협의

어떤 정보가 사용되고 어떻게 사용되는지 더 상세한 정보를 제공해주

세요.(선택 사항): _____

10. 교원 평가는 교사의 전문성 개발 활동에 대해 정보를 제공하나요?

□ 예, 모든 교사에게 제공함.

□ 예, 업무수행성과가 낮은 것으로 판명된 교사에게만 제공함.

□ 아니요.

11. 교원 평가는 경력상 진급career advancement에 영향을 미치나요?

□ 예, 평가에 따라 승진promotion이 결정된다.

□ 예, 평가는 교사의 진급progress 속도에 영향을 미친다.

□ 아니요.

12. 교원 평가의 결과는 급여에 영향을 미치나요?

□ 예, 평가는 기본 급여에 영향을 미친다.

□ 예, 업무수행성과가 좋은 교사에게 성과급이 지급된다.

□ 아니요.

13. 교원 평가로부터 다른 결과가 나오나요? 해당되는 모든 것을 고르시오.

□ 안식년

□ 학교에 근거한 조사연구를 할 기회

□ 대학원 후속 연구post-graduate study에 대한 지원

□ 근무 중 전문성 개발 연수를 위한 추가 기회

□ 공식적인 인정/시상

□ 업무 책임상 변화

□ 기타 _____(자세히 쓰시오.)

14. 교원 평가 결과에 불복하여 이의를 제기할 절차가 있나요?

□ 예.   □ 아니요.

□ 관련 없음.

15. 여러분이 생각하기에 다른 나라에서 관심을 갖고 배워갈 수 있다고 생각되는 교원평가제도(전국 또는 지역 수준)의 사례 또는 특징에 대해 아래에 쓰시오. 이 답변에서, 교원 평가와 학생의 학습의 질 사이에 있는 연관성(전국 또는 지역 수준)에 대해 논의해도 좋습니다.

2012Annex I - Questionnaire for Teacher Summit
INTERNATIONAL SUMMIT ON THE TEACHING PROFESSION
Survey on Teacher Appraisal and Professional Standards

The theme of the third annual International Summit on the Teaching Profession, to be held in Amsterdam on 13-14 March 2013, focuses on teacher evaluation and professional standards. During the Summit, delegates will have discussions guided by the following questions:

- How is teacher quality defined by policy makers, the teaching profession and society? What standards are set and by whom?
- How is teacher quality evaluated? What systems are in place and how are the evaluations carried out?
- How do evaluations contribute to school improvement and teacher self-efficacy? What impact can be expected on teaching and learning from teacher evaluation?

As in previous years, the OECD will be preparing a background report to be published and distributed at the Summit and provided to Summit participants ahead of time. Much of the data for this year's report will be taken from the OECD's existing work on teacher appraisal and feedback including OECD's Teaching and Learning International Survey.

However, the OECD is interested in collecting data and examples from additional countries and regions that might not be part of our existing projects on teacher appraisal and standards. The OECD recognizes that some countries do not have national appraisal arrangements and that some also prefer the term 'teacher feedback' to 'appraisal.' The survey questions have been constructed to enable the widest range of information possible.

You are being asked to complete this short survey (15 questions) in order to provide additional data for the Summit background report. Examples provided in the text boxes after the questions below may be used as examples of best practice within the report.

For countries with multiple educational jurisdictions it is likely to be difficult to provide information at the country level. If it is at all possible, countries are asked to provide information about the average situation for the particular aspect being addressed. We understand, however, that averages will not be possible for some countries and we ask instead that these countries provide examples from individual educational jurisdictions that show the interesting practices within the country.

Please provide your answers in the fields of this document and return it by 1 December 2012 to John Bangs at john.bangs@ei-ie.org and copied to Guntars Catlaks at guntars.catlaks@ei-ie.org.

Thank you in advance for your time.

1. Which approaches are used for teacher appraisal? Please select all that apply.
   Please provide additional detail (optional):

2. Which teachers are covered in the appraisal process? Please select all that apply.
   Please provide additional detail (optional):

3. Under which circumstances are teachers appraised, and how often? If "Other" please specify:

- □ Completion of probation
- □ Teacher registration or certification
- □ Performance management
- □ Scheme for rewarding excellence
- □ Teacher peer review
- □ None
- □ All teachers
- □ Permanent teachers
- □ Teachers on fixed-term contracts
- □ Teachers in irregular employment
- □ Substitute teachers
- □ Teachers on probation
- □ Mandatory periodic

Please specify how often

- □ Mandatory non-periodic
- □ Before decisions on employment status(e.g. promotion, conversion or awarding of a permanent contract)
- □ As a focus on teachers new to the profession
- □ As the result of a complaint
- □ Voluntary
- □ Other

4. Who conceives and develops teacher appraisal? Please select all that apply.

5. Who are the evaluators? If "Other" please specify:

6. Do those involved in designing and carrying out appraisals receive training to prepare them for these tasks?

□ Central authority

□ State authority

□ Regional/provincial authority

□ Local authority

□ Intermediate agency(e.g. school inspectorate)

□ School board

□ School leader

□ Teachers in the school

□ Teachers unions

□ Students

□ Parents

□ Business community

□ School inspector

□ School board

□ Other evaluator external to the school

□ School leader

□ Other teachers

□ Students

□ Other

□ Yes

□ No

□ Not relevant

7. Against what references are teachers appraised? Please select all that apply.

   Please provide additional detail (optional):

8. What aspects of teacher performance are appraised?

   If "Other", please specify:

9. What instruments and information sources are used?

 Please provide additional detail on what information is used and how (optional).

 □ Central teaching standards

 □ Regional/local teaching standards

 □ A description of professional duties of teachers
 (e.g. job description)

 □ School development plan

 □ School internal regulations

 □ Teacher professional goals

 □ Planning and preparation

 □ Instruction

 □ Classroom environment

 □ Completion of professional development

 □ Contribution to school development

 □ Links to the community

 □ Other

 □ Classroom observation

 □ Objective setting and interview/dialogue with the teacher

 □ Teacher self-appraisal

 □ Teacher portfolio

 □ Teacher testing

 □ Student results

 □ Student surveys

 □ Parent surveys

 □ Peer review/consultation

10. Does the appraisal inform teacher's professional development activities?

11. Does the appraisal impact on career advancement?

12. Do the results of teacher appraisal impact on pay?

13. What other outcomes may stem from teacher appraisal? Please select all that apply.

    If "Other" please specify:

14. Is there an appeals procedure for teachers who disagree with their appraisal outcomes?
    □ Yes, for all teachers
    □ Yes, for teachers identified as underperforming only
    □ Not
    □ Yes, appraisal determines promotion
    □ Yes, appraisal influences the speed at which teachers progress
    □ No
    □ Yes, appraisal affects the base salary
    □ Yes, a pay allowance is provided for good performance
    □ No
    □ Sabbatical periods
    □ Opportunities for school-based research
    □ Support for post-graduate study
    □ Extra opportunities for in-service professional development
    □ Public recognition/award
    □ Changes in work responsibilities
    □ Other
    □ Yes
    □ No
    □ Not relevant

15. Please use the space below to provide any characteristics or examples from your country's national (or a regional) teacher appraisal system that you think might be interesting for other countries to learn from. In your response, you might consider discussing the link in your country/region between teacher appraisal and the quality of student learning.

삶의 행복을 꿈꾸는 교육은
어디에서 오는가?

미래 100년을 향한 새로운 교육

혁신교육을
실천하는
교사들의 필독서

▶ **교육혁명을 앞당기는 배움책 이야기**
혁신교육의 철학과 잉걸진 미래를 만나다!

핀란드 교육혁명
한국교육연구네트워크 총서 01 | 320쪽 | 값 15,000원

일제고사를 넘어서
한국교육연구네트워크 총서 02 | 284쪽 | 값 13,000원

새로운 사회를 여는 교육혁명
한국교육연구네트워크 총서 03 | 380쪽 | 값 17,000원

교장제도 혁명
한국교육연구네트워크 총서 04 | 268쪽 | 값 14,000원

새로운 사회를 여는 교육자치 혁명
한국교육연구네트워크 총서 05 | 312쪽 | 값 15,000원

혁신학교에 대한 교육학적 성찰
한국교육연구네트워크 총서 06 | 308쪽 | 값 15,000원

혁신학교
성열관·이순철 지음 | 224쪽 | 값 12,000원

행복한 혁신학교 만들기
초등교육과정연구모임 지음 | 264쪽 | 값 13,000원

서울형 혁신학교 이야기
이부영 지음 | 320쪽 | 값 15,000원

혁신교육, 철학을 만나다
브렌트 데이비스·데니스 수마라 지음
현인철·서용선 옮김 | 304쪽 | 값 15,000원

혁신교육 존 듀이에게 묻다
서용선 지음 | 292쪽 | 값 14,000원

다시 읽는 조선 교육사
이만규 지음 | 750쪽 | 값 33,000원

프레이리와 교육
한국교육연구네트워크 번역 총서 01
존 엘리아스 지음 | 한국교육연구네트워크 옮김
276쪽 | 값 14,000원

교육은 사회를 바꿀 수 있을까?
한국교육연구네트워크 번역 총서 02
마이클 애플 지음 | 강희룡·김선우·박원순·이형빈 옮김
352쪽 | 값 16,000원

**비판적 페다고지는
세상을 변화시킬 수 있는가?**
한국교육연구네트워크 번역 총서 03
Seewha Cho 지음 | 심성보·조시화 옮김 | 280쪽 | 값 14,000원

미래교육의 열쇠, 창의적 문화교육
심광현·노명우·강정석 지음 | 368쪽 | 값 16,000원

대한민국 교사, 어떻게 가르칠 것인가?
윤성관 지음 | 320쪽 | 값 15,000원

아이들을 어떻게 가르칠 것인가
사토 마나부 지음 | 박찬영 옮김 | 232쪽 | 값 13,000원

아이들의 배움은 어떻게 깊어지는가
이시이 준지 지음 | 방지현·이창희 옮김
200쪽 | 값 11,000원

북유럽 교육 기행
정애경 외 14인 지음 | 288쪽 | 값 14,000원

모두를 위한 국제이해교육
한국국제이해교육학회 지음 | 364쪽 | 값 16,000원

경쟁을 넘어 발달 교육으로
현광일 지음 | 288쪽 | 값 14,000원

독일 교육, 왜 강한가?
박성희 지음 | 324쪽 | 값 15,000원

대한민국 교육혁명
교육혁명공동행동 연구위원회 지음 | 152쪽 | 값 15,000원

▶ 비고츠키 선집 시리즈
발달과 협력의 교육학 어떻게 읽을 것인가?

생각과 말
레프 세묘노비치 비고츠키 지음
배희철·김용호·D. 켈로그 옮김 | 690쪽 | 값 33,000원

성장과 분화
L.S. 비고츠키 지음 | 비고츠키연구회 옮김
308쪽 | 값 15,000원

도구와 기호
비고츠키·루리야 지음 | 비고츠키연구회 옮김
336쪽 | 값 16,000원

관계의 교육학, 비고츠키
진보교육연구소 비고츠키교육학실천연구모임 지음
300쪽 | 값 15,000원

어린이 자기행동숙달의 역사와 발달 I
L.S. 비고츠키 지음 | 비고츠키연구회 옮김
564쪽 | 값 28,000원

비고츠키 생각과 말 쉽게 읽기
진보교육연구소 비고츠키교육학실천연구모임 지음
316쪽 | 값 15,000원

어린이 자기행동숙달의 역사와 발달 II
L.S. 비고츠키 지음 | 비고츠키연구회 옮김
552쪽 | 값 28,000원

비고츠키와 인지 발달의 비밀
A.R. 루리야 지음 | 배희철 옮김 | 280쪽 | 값 15,000원

어린이의 상상과 창조
L.S. 비고츠키 지음 | 비고츠키연구회 옮김
280쪽 | 값 15,000원

▶ 평화샘 프로젝트 매뉴얼 시리즈
학교 폭력에 대한 근본적인 예방과 대책을 찾는다

학교 폭력 어떻게 만들어지는가
문재현 외 지음 | 300쪽 | 값 14,000원

아이들을 살리는 동네
문재현·신동명·김수동 지음 | 204쪽 | 값 10,000원

학교 폭력, 멈춰!
문재현 외 지음 | 348쪽 | 값 15,000원

평화! 행복한 학교의 시작
문재현 외 지음 | 252쪽 | 값 12,000원

왕따, 이렇게 해결할 수 있다
문재현 외 지음 | 236쪽 | 값 12,000원

마을에 배움의 길이 있다
문재현 지음 | 208쪽 | 값 10,000원

▶ 창의적인 협력수업을 지향하는 삶이 있는 국어 교실
우리말 글을 배우며 세상을 배운다

중학교 국어 수업 어떻게 할 것인가?
김미경 지음 | 332쪽 | 값 15,000원

이야기 꽃 1
박용성 엮어 지음 | 276쪽 | 값 9,800원

토론의 숲에서 나를 만나다
명혜정 엮음 | 312쪽 | 값 15,000원

이야기 꽃 2
박용성 엮어 지음 | 294쪽 | 값 13,000원

▶ 교과서 밖에서 만나는 역사 교실
상식이 통하는 살아 있는 역사를 만나다

 전봉준과 동학농민혁명
조광환 지음 | 336쪽 | 값 15,000원

 교과서 밖에서 배우는 역사 공부
정은교 지음 | 292쪽 | 값 14,000원

 남도의 기억을 걷다
노성태 지음 | 344쪽 | 값 14,000원

 팔만대장경도 모르면 빨래판이다
전병철 지음 | 360쪽 | 값 16,000원

 응답하라 한국사 1
김은석 지음 | 356쪽 | 값 15,000원

 빨래판도 잘 보면 팔만대장경이다
전병철 지음 | 360쪽 | 값 16,000원

 응답하라 한국사 2
김은석 지음 | 368쪽 | 값 15,000원

 김창환 교수의 DMZ 지리 이야기
김창환 지음 | 264쪽 | 값 15,000원

 즐거운 국사수업 32강
김남선 지음 | 280쪽 | 값 11,000원

 영화는 역사다
강성률 지음 | 288쪽 | 값 13,000원

 즐거운 세계사 수업
김은석 지음 | 328쪽 | 값 13,000원

 친일 영화의 해부학
강성률 지음 | 264쪽 | 값 15,000원

 강화도의 기억을 걷다
최보길 지음 | 276쪽 | 값 14,000원

 한국 고대사의 비밀
김은석 지음 | 304쪽 | 값 13,000원

 광주의 기억을 걷다
노성태 지음 | 348쪽 | 값 15,000원

▶ 살림터 참교육 문예 시리즈
영혼이 있는 삶을 가르치는 온 선생님을 만나다!

 꽃보다 귀한 우리 아이는
조재도 지음 | 244쪽 | 값 12,000원

 선생님이 먼저 때렸는데요
강병철 지음 | 248쪽 | 값 12,000원

 성깔 있는 나무들
최은숙 지음 | 244쪽 | 값 12,000원

 서울 여자, 시골 선생님 되다
조경선 지음 | 252쪽 | 값 12,000원

 아이들에게 세상을 배웠네
명혜정 지음 | 240쪽 | 값 12,000원

 행복한 창의 교육
최창의 지음 | 328쪽 | 값 15,000원

▶ 4·16, 질문이 있는 교실 마주이야기
통합수업으로 혁신교육과정을 재구성하다!

 통하는 공부
김태호·김형우·이경석·심우근·허진만 지음
324쪽 | 값 15,000원

 주제통합수업, 아이들을 수업의 주인공으로!
이윤미 외 지음 | 392쪽 | 값 17,000원

 내일 수업 어떻게 하지?
아이함께 지음 | 300쪽 | 값 15,000원

 수업과 교육의 지평을 확장하는 수업 비평
윤양수 지음 | 316쪽 | 값 15,000원

 생각하는 도덕 수업
정종삼 지음 | 328쪽 | 값 15,000원

 교사, 선생이 되다
김태은 외 지음 | 260쪽 | 값 13,000원

 인간 회복의 교육
성래운 지음 | 260쪽 | 값 13,000원

 교사의 전문성, 어떻게 만들어지나
국제교원노조연맹 보고서 | 김석규 옮김
392쪽 | 값 17,000원

▶ 더불어 사는 정의로운 세상을 여는 인문사회과학
사람의 존엄과 평등의 가치를 배운다

 밥상혁명
강양구·강이현 지음 | 298쪽 | 값 13,800원

 좌우지간 인권이다
안경환 지음 | 288쪽 | 값 13,000원

 도덕 교과서 무엇이 문제인가?
김대용 지음 | 272쪽 | 값 14,000원

 민주시민교육
심성보 지음 | 544쪽 | 값 25,000원

 자율주의와 진보교육
조엘 스프링 지음 | 심성보 옮김 | 320쪽 | 값 15,000원

 민주시민을 위한 도덕교육
심성보 지음 | 496쪽 | 값 25,000원

 민주화 이후의 공동체 교육
심성보 지음 | 392쪽 | 값 15,000원

 교과서 밖에서 배우는 인문학 공부
정은교 지음 | 276쪽 | 값 13,000원

 갈등을 넘어 협력 사회로
이창언·오수길·유문종·신윤관 지음 | 280쪽 | 값 15,000원

 오래된 미래교육
정재걸 지음 | 392쪽 | 값 18,000원

 동양사상과 마음교육
정재걸 외 지음 | 356쪽 | 값 16,000원

 대한민국 의료혁명
전국보건의료산업노동조합 엮음 | 548쪽 | 값 25,000원

 교과서 밖에서 배우는 철학 공부
정은교 지음 | 280쪽 | 값 14,000원

 교과서 밖에서 배우는 고전 공부
정은교 지음 | 288쪽 | 값 14,000원

▶ 남북이 하나 되는 두물머리 평화교육
분단 극복을 위한 치열한 배움과 실천을 만나다!

 10년 후 통일
정동영·지승호 지음 | 328쪽 | 값 15,000원

 선생님, 통일이 뭐예요?
정경호 지음 | 252쪽 | 값 13,000원

▶ 출간 예정

근간 **분단시대의 통일교육**
성래운 지음

근간 **수업의 정치**
윤양수 외 지음

근간 **함께 만들어가는 강명초 이야기**
이부영외 지음

근간 **교육의 기적**
장수명 외 옮김

근간 **고쳐 쓴 갈래별 글쓰기 1**
(시·소설·수필·희곡 쓰기 문예 편)
박안수 지음(개정 증보판)

근간 **어린이와 시 읽기**
오인태 지음

근간 **수업 고수들,
수업과 교육과정 재구성을 말하다**
통통 담쟁이 교실수업연구회 지음

근간 **교과서 너머, 교육과정 마주하기**
이윤미 외 지음

근간 **체육 교사, 수업을 말하다**
전용진 지음

근간 **조선족 근현대 교육사**
정미량 지음

근간 **고쳐 쓴 갈래별 글쓰기 2**
(논술·논설문·자기소개서·자서전·독서비평·
설명문·보고서 쓰기 등 실용 고교용)
박안수 지음(개정 증보판)

참된 삶과 교육에 관한
생각 줍기